全国财政职业教育教学指导委员会审定
全国高职高专院校国际贸易专业规划教材

2014-1-087

国际货运代理实务

(第三版)

钱琳伊　张法坤　主　编
　　　姚建凤　副主编

中国财政经济出版社

图书在版编目（CIP）数据

国际货运代理实务/钱琳伊，张法坤主编．—3 版．—北京：中国财政经济出版社，2015.12

全国高职高专院校国际贸易专业规划教材

ISBN 978-7-5095-6489-9

Ⅰ.①国⋯　Ⅱ.①钱⋯②张⋯　Ⅲ.①国际货运-货运代理-高等职业教育-教材　Ⅳ.①F511.41

中国版本图书馆 CIP 数据核字（2015）第 279122 号

责任编辑：张　铮　　　　　　责任校对：黄亚青
封面设计：陈　瑶

中国财政经济出版社出版

URL：http://www.cfeph.cn

E-mail：cfeph@cfeph.cn

（版权所有　翻印必究）

社址：北京市海淀区阜成路甲 28 号　邮政编码：100142
营销中心电话：010-88190406　北京财经书店电话：010-64033436　84041336
北京富生印刷厂印刷　各地新华书店经销
787×1092 毫米　16 开　19.5 印张　471 000 字
2015 年 12 月第 3 版　2015 年 12 月北京第 1 次印刷
定价：38.00 元
ISBN 978-7-5095-6489-9/F·5224
（图书出现印装问题，本社负责调换）
本社质量投诉电话：010-88190744
打击盗版举报热线：010-88190492，QQ：634579818

编委会名单

主　任　李乃君　姚钟华　宫相荣

编　委（排名不分先后）

贺存乡　孟凡明　张君斐　鲁鸿雁　钱琳伊

李　富　王锡耀　马诗琴　徐　冉　谢厚华

张　莉　毛卫娟　叶卫玲　刘艳华　郎晓瑛

张法坤

序

我国对外贸易迅猛发展，贸易增长速度超过了世界上其他任何一个发展中国家，成为继欧盟和美国之后的第三大贸易实体。随着对外贸易的不断扩大，我国外贸行业人才短缺"瓶颈"凸显，各类外贸企业急需大量熟悉外贸业务的复合型、应用型、技能型人才。

近年来，随着我国高等职业教育的迅速发展，高职院校外贸类专业已经为外贸行业输送了一批又一批具有一定理论知识和实践操作能力的专业人员，在一定程度上缓解了外贸企业的人才需求压力。然而，作为承担为企业培养生产、管理、服务第一线人才的高职院校，在探索和培养合格"职业人"的过程中，设置什么样的课程，使用什么样的教材，一直备受关注。国务院《关于大力发展职业教育的决定》中指出：要"实施国家技能型人才培养培训工程，加快生产、服务一线急需的技能型人才的培养，特别是现代制造业、现代服务业紧缺的高素质高技能专门人才的培养"；要"针对高等职业院校学生特点，培养学生的社会适应性，教育学生树立终身学习的理念，提高学习能力，学会交流沟通和团队协作，提高学生的实践能力、创造能力、就业能力和创业能力"。该决定还特别指出：要"加大课程建设与改革的力度，增强学生的职业能力；加强教材建设，开发紧密结合生产实际的实训教材，让优质教材进课堂"。

目前我国高等职业教育的特点是：第一，我国高等职业教育发展迅猛，社会对高素质技能型人才需求旺盛。第二，职业教育办学思想已从计划培养向市场驱动转变，从政府直接管理向宏观引导转变，从传统的升学导向向就业导向转变，明确了"坚持以服务为宗旨，以就业为导向"的职业教育办学方针，提出了"职业教育教学与生产实践、技术推广、社会服务紧密结合"的具体要求。第三，高职学生应具备的主要能力为交流沟通的能力、实践的能力、就业和创业的能力、创造的能力和继续学习的能力。

我们认为，高职教育的教材要彻底改变以往的学科式、压缩饼干式、面面俱到式、平分秋色式的教学方式，要面向生产、建设、服务和管理第一线需要，努力开发体现产学结合、工学交替、融教学为一体的教材。为此，我们组织高等职业技术学院第一线具有创新理念和丰富教学经验的教师，在充分调研的基础上，结合目前各高等职业技术学院教改、教研的实际情况，围绕教育部［2006］16号文件精神，编写了此套高职高专国际贸易专业系列教材。在教材的编写过程中，既考虑到教材体系的完整性和科学性，又考虑到高职教育自身的特点，突出教材的实务性和实操性，按照"理论够用，重实践操作"的编写思路，尽量减少对概念和原理的深入阐述，并且教材各单元模块的设计充分体现了本教材"面向岗位、面向流程"的特点。

本套教材的编写特色是：

1. 职业性、实践性和开放性。本套教材汲取了大量国内外本专业教材的特点与精华，在突出高职教育特色上下功夫，注重培养学生的实践能力。专业基础知识贯彻"实用为主、够用为度"的教学原则，采用广而不深、点到为止的教学方法，强调"学一点、会一点、用一点"，不把知识作为一门学问来学，而是作为一门技艺来学；不强调打下厚实的理论知识基础，而是突出实际技能的培养。

2. 模块式、教案化和流程化。本套教材采用模块式的编写思路，每个模块既是教材的有机组成部分，又是相对完整、独立的教学单位，具有一定的可剪裁性和拼接性。教材可根据不同的教学对象或不同专业的培养目标将内容模块裁剪、拼接，使前后课程互相衔接，不但避免了重复讲述造成的时间浪费，而且也杜绝了因教师个体在表述上的偏差，给学生的学习带来不必要的障碍。同时，所有模块的活动设计流程化，以期最大限度地减轻教师备课、查询资料及设计活动的负担。

3. 任务驱动、项目导向。本套教材注重课程设计，强调教学内容的操作性，把教学目标进一步细化为知识目标和技能目标，并对教与学提出了具体的要求，让教师和学生在教与学的过程中做到心中有数；体现"工学结合"理念，根据职业岗位（群）操作流程来选择并设计内容；学生在模拟具体的国际贸易实务中由浅入深、反复操练，达到记忆深刻、上手快的目的，能迅速适应工作岗位的要求。

本套教材适用于高等职业技术学院、高等专科学校、成人高校、民办高校、各级各类继续教育学院国际贸易专业使用，也可作为外贸从业人员自学进修、专业技能考试和国家相关证书考试的教学参考用书。本套教材是对高素质技能型人才培养适用教材编写进行的探索和尝试，难免存在疏漏，还需不断完善，但所秉承的理念和知识体系、结构及内容，相信会对我国的高职高专教育发展起到积极的推动作用，也希望得到高职院校广大师生的认可和赞同。

全国高职高专院校国际贸易专业规划教材
编 审 委 员 会
2011年6月

编写说明

本书自2008年第一版发行以来,得到了广泛的采用,取得了较好的市场业绩。2011年,结合高等职业教育和国际货运代理领域的新发展、新动态,我们对第一版进行了全面修订:优化了结构体系、更新了教材内容、丰富了表现形式,使教材内容更加适教宜学、清晰易懂。2014年,我们编写的《国际货运代理实务》(第二版)被评为江苏省"十二五"高等学校重点建设教材。

近几年是我国国际货代行业快速发展的时期,货代行业对从业人员的素能要求也日益提升。随着中国对外开放的深入,自贸区建设推进、服务产业开放度提高等发展的影响,货代行业竞争态势亦将日趋加剧,随之而来,对从业者的专业水平等综合素质必将提出更高的要求。鉴于此,为了更好地适应国际货代行业发展的新形势以及对从业者专业水平的高要求,我们对第二版进行了修订。

本次修订内容主要体现在如下几个方面:

(1)全书在保留原有单元模块体系的基础上,调整、形成四大单元:货代基础知识、货代营销、货代实务、货代英语,知识结构更趋于合理、科学。

(2)对国际货运代理企业营销业务模块进行了全面刷新,从实操的层面、微观的视角编撰了货代企业营销业务开展的过程以及作为货代业务员应该具备的素能。

(3)对货代法律法规模块的内容、编撰方式等进行了重新整理与更新。

(4)对各模块的部分案例、习题、技能训练的内容进行了更新,将行业中一些新的、适宜于高职高专学生的知识补充到教材中,使教材内容更新鲜。

(5)本教材配有电子课件和习题答案,使教与学变得更轻松。

本次修订,由无锡商业职业技术学院的老师们和货代企业的业务骨干共同协作完成,具体分工如下:

主　编　钱琳伊(副教授,硕士),修订模块1和模块6。
　　　　张法坤(讲师,双硕士),修订模块5。
副主编　姚建凤(副教授,硕士),修订模块3和模块7。
参　编　杨双林(讲师,硕士),修订模块4和模块8。
　　　　许红妹(讲师,硕士),修订模块2、模块9和模块10。
企业顾问　张浩　常丁丁。

全书由钱琳伊、姚建凤总纂和修改。在此次修订中参考了大量书籍和资料,并得到了很多货代企业及专业经理人的支持和帮助,在此谨向有关作者以及提供资料的公司和人员表示衷心的感谢。

由于时间紧、任务重，书中难免有疏漏和不足之处，敬请同行专家和广大读者批评指正。

编 者
2015 年 10 月

目 录

单元一　货代基础知识 …………………………………………………………（ 1 ）
　模块1　国际货运代理综述 ……………………………………………………（ 3 ）
　　一、国际货物的合理运输 ……………………………………………………（ 3 ）
　　二、国际货运代理 ……………………………………………………………（ 21 ）
　　三、国际货运代理企业的类型与业务范围 …………………………………（ 29 ）
　　四、国际货运代理企业的管理 ………………………………………………（ 32 ）
　模块2　国际货运代理的法律法规 ……………………………………………（ 36 ）
　　一、国际货运代理法律 ………………………………………………………（ 36 ）
　　二、国际货运代理人的权利、义务与责任 …………………………………（ 38 ）
　　三、国际货运代理业务纠纷处理 ……………………………………………（ 48 ）
　　四、国际货运代理的风险防范与索赔实务 …………………………………（ 50 ）
　模块3　国际货运代理与现代物流 ……………………………………………（ 55 ）
　　一、现代物流的概念 …………………………………………………………（ 55 ）
　　二、国际物流 …………………………………………………………………（ 62 ）

单元二　货代营销 ………………………………………………………………（ 76 ）
　模块4　国际货运代理企业营销业务 …………………………………………（ 77 ）
　　一、国际货代营销概述 ………………………………………………………（ 77 ）
　　二、国际货代营销中几种典型工作 …………………………………………（ 78 ）
　　三、货代营销中的后续工作 …………………………………………………（ 94 ）
　　四、货代业务员必备条件 ……………………………………………………（ 97 ）

单元三　货代实务 ………………………………………………………………（101）
　模块5　国际货运代理中的集装箱货运业务 …………………………………（102）
　　一、集装箱的选用与货物装载 ………………………………………………（103）
　　二、集装箱班轮运输概述 ……………………………………………………（108）
　　三、集装箱班轮运输出口代理业务 …………………………………………（114）

四、集装箱班轮运输出口货运单证及流转 …………………………………… (117)
　　五、集装箱班轮运输进口代理业务 ………………………………………… (132)
　　六、集装箱班轮运输进口货运单证及流转 …………………………………… (134)
模块6　国际海上货物运输代理业务 …………………………………………… (137)
　　一、班轮运输业务概述 …………………………………………………… (137)
　　二、国际海上货物班轮运输出口代理业务 …………………………………… (147)
　　三、国际海上货物班轮运输进口代理业务 …………………………………… (155)
　　四、国际海上货物班轮运输主要单证 ………………………………………… (165)
　　五、租船业务 ……………………………………………………………… (186)
模块7　国际航空货物运输代理业务 …………………………………………… (198)
　　一、国际航空货物运输代理业务概述 ………………………………………… (198)
　　二、国际航空运价与运费 ………………………………………………… (208)
　　三、国际航空货运单证 …………………………………………………… (216)
　　四、国际航空货物运输代理实务 …………………………………………… (222)
模块8　国际陆上货物运输代理业务 …………………………………………… (240)
　　一、国际公路货物运输实务 ………………………………………………… (240)
　　二、国际铁路货物运输实务 ………………………………………………… (242)
模块9　国际多式联运业务 ……………………………………………………… (254)
　　一、国际多式联运概述 …………………………………………………… (254)
　　二、国际多式联运实务 …………………………………………………… (256)
　　三、"一带一路"与国际多式联运 …………………………………………… (258)
　　四、多式联运单据与单证业务 ……………………………………………… (259)

单元四　货代英语 …………………………………………………………… (264)
模块10　货代英语 ……………………………………………………………… (264)
　　一、常用货运业务缩略语（英汉对照） ……………………………………… (264)
　　二、常用附加费名称（英汉对照） …………………………………………… (286)
　　三、常用提单名称（英汉对照） ……………………………………………… (287)
　　四、不正常运输的货物种类和代号（英汉对照） …………………………… (288)
　　五、货代英语范文阅读 …………………………………………………… (288)

参考文献 ……………………………………………………………………… (302)

单元一

货代基础知识

【知识目标】

- 知道货物的运输路线和货物运输知识,了解合理运输的意义
- 了解国际货运代理企业的相关知识
- 知道并熟悉与国际货运代理有关的法律法规
- 掌握国际物流的概念,并从国际物流的范畴理解国际货代

【技能目标】

- 能够正确选择货物合理运输的路线
- 能够正确甄别国际货运代理企业的类型
- 能够运用相关的法律法规对简单的货代案例进行分析

 案例导读

UPS 的发展

UPS 公司,全称为联合包裹快递服务公司,是世界上最大的快递承运商与包裹递送公司。UPS 最初作为一家信使公司于 1907 年在美国西雅图成立,年营业额现已达到数百亿美元,全球总部现在美国佐治亚州亚特兰大市。亚太地区 UPS 成立于 1986 年,总部设在新加坡。

2014 年,UPS 全球特快货运服务在全球范围内新增了 12 个始发地和 9 个目的地国家,该服务专为需要紧急运输、有高时效要求且高价值的国际重货而推出。至此,UPS 全球特快货运的服务范围已覆盖全球 50 个始发地和 51 个目的地国家及地区,该服务是企业在新品发布、库存短缺或设备故障更换零部件时首选的货运服务。

在亚太地区，UPS全球特快货运服务新增的始发地兼目的地包括印度尼西亚、新西兰和越南。因此，UPS全球特快货运服务将覆盖亚太地区13个市场。

新增的始发地国家还包括：智利、希腊、以色列、列支敦士登、卢森堡大公国、葡萄牙、波多黎各、斯洛伐克和土耳其。同时，新增的目的地国家包括：智利、以色列、列支敦士登、卢森堡大公国、沙特阿拉伯和土耳其。

在工业制造、零售和医疗保健领域，重量超过70千克的托盘货件十分常见。UPS凭借比其他快递物流服务商更多的货运航线，以及多段业内最快的中转速度，能为这些重货客户提供具有保证的、指定日期到达的门到门递送，其中包含清关服务。UPS提供的从亚太地区始发的递送服务包括隔天送达亚洲城市，以及最快三天送达欧洲及美洲地区等。

早在2004年，UPS将全年的盈利增长预期由原来的12%~18%提高到20%，对于一家年营业收入335亿美元的大公司来说，这样的增幅已属相当可观。

UPS盈利的增长得益于国际业务的强劲增长。之前UPS在美国国内的投递业务占其营业收入的85%，但这种业务已呈逐渐萎缩之势。据JP摩根公司估计，UPS在美国的包裹业务增长速度难以超过美国经济的增长速度。UPS早已意识到这一点，并正在加快向物流管理公司转型。它认为，UPS未来的成功很大程度上依赖于国际投递业务以及物流管理业务。

进入物流管理市场是UPS原有业务的自然延伸。UPS经过几十年的发展，已在全球构建了一个庞大的投递网络，并积累了管理该网络的专业经验。因此，它完全具备为公司客户进行物流管理的相应实力。正是基于这样的考虑，福特汽车公司才把配送系统改造的重任交给了UPS。

多年以来，福特汽车经销商对福特产品配送系统抱怨颇多。2001年，福特公司一名经理找到UPS，后来，UPS与福特成立了一家合资公司，对福特在北美的整个配送网络进行重新设计和改造，包括汽车出厂后的送货路线、汽车在地区分检中心如何处理等。UPS还运用了一套与本公司用来追踪其货物流向类似的跟踪系统，对通过该网络配送的汽车进行密切跟踪。

经过UPS的改进，福特公司一辆汽车从制造厂到送抵经销商手中的时间由原来的平均15天缩短为8天，福特因此每年可减少10亿美元的库存成本，福特的6500家经销商也能够更容易地把握什么车型需求最大。

UPS向客户提出的口号是："我们管理供应链，你们集中力量搞好营销和产品开发。"UPS提供的物流管理服务能帮助客户改善现金流并提高客户的服务和生产效率。

资料来源：根据finance.sina.com.cn等网络资料整理获得。

模块1　国际货运代理综述

【模块任务】

货物经过合理的运输途径才能既快捷又经济地完成交付，在国际贸易中这需要国际运输来完成。其中，国际货代会起着怎样的作用？国际货代企业又是怎样运营的呢？

一、国际货物的合理运输

（一）国际货物运输

1. 国际货物运输的含义

根据《中华人民共和国国家标准物流术语》对运输（Transportation）的解释，运输是指"用设备和工具，将物品从一地点向另一地点运送的物流活动。其中包括集货、分配、搬运、中转、装入、卸下、分散等一系列操作"。运输在经济上有如下特点：

（1）交通运输业不能生产出新的物质产品，它是以吨千米（或人千米）表示客货位移。以货运吨千米为计算单位的交通运输产品量，称为货物周转量，货物周转量等于客、货运量和运输距离的乘积。在运输业中力求将产品的损耗减少到最低限度，尽可能避免一切不合理运输。

（2）各种方式的交通运输只生产同一种产品——吨（人）千米。

（3）交通运输业的产品与生产过程和消费过程不可分离。交通运输业的生产是在流通领域里进行，它不像工农业产品那样可以大量储备，其只能储备多余的运力，来满足运量增长时的需要。因此运输产品有两个内在特点：

①"运输产品"看不见、摸不着，既不能输送，又不能储存。要扩大生产，必须扩大运输能力或不断增加运输手段，以保持充足的后备力量。

②运输工人同其他劳动者一样，也通过自己的劳动创造价值和使用价值，并全部追加到所运送的商品中。

国际货物运输是实现国际贸易中货物从一国（或地区）向另一国（或地区）运送的物流活动，属于国际物流范畴。

2. 国际货物运输的特点

国际货物运输是对外贸易工作中的一个重要组成部分，既具有一般运输的特点，又有本身的特点，主要表现在：

（1）国际货物运输是一项政策性比较强的涉外经济活动。国际贸易运输作为一项涉外活动，要经常同国外发生广泛的联系，这种联系不仅是经济上的，也会牵涉到国际政治问题。对于各种运输业务问题的处理，常常也会涉及国际关系问题，是一项政策性很强的工作。因此，从事国际货物运输的人员同时要有经济观念和国家政策观念，必须配合国家的外交政策进行。

（2）国际贸易运输是中间环节很多的长途运输。国际货物运输一般运距较长。在运输过程中，往往需要使用多种运输工具，通过多次装卸搬运，交换不同运输方式，经由不同的国家和地区。这就需要合理选择运输路线和运输方式，尽量缩短运输距离，缩短货物在途时间，加速货物的周转并降低物流成本。

（3）国际货物运输工作的时间性要求特别强。国际市场竞争激烈，商品价格瞬息万变，进出口货物如不能及时地运到目的地，很可能会造成重大的经济损失，特别是一些鲜活商品、季节性商品和价格敏感性强的商品。因此，外贸运输工作者必须加强时间观念，争时间、抢速度，更好地为我国的对外贸易发展服务。

（4）国际货物运输以远洋运输为主，并由多种运输方式组合。国际货物运输方式有海洋运输、铁路运输、航空运输、公路运输，以及由这些运输手段组合而成的国际多式联运。国际运输方式的选择和组合不仅关系到国际运输交货周期的长短，还关系到国际物流总成本的大小。运输方式选择和组合的多样性是国际运输的一个显著特征。

（5）国际货物运输的风险较大。由于国际货物运输的运距长、中间环节多、涉及面广、情况复杂多变，加之时间性很强，因而风险也比较大。货物在国际运输过程中，需要与不同国家、地区的货主、轮船公司、航空公司、铁路、公路、邮政、港口、车站、商品检验检疫机构、保险公司、银行、海关以及各种中间代理人打交道，任何一环脱节或发生变化，整个工作程序就会受到影响。因此，这是一项复杂多变的运输组织工作。同时，由于各个国家、地区的政策法律规定不一，金融货币制度不同，贸易运输习惯和经营做法也有差别，再加上各种政治、经济形势和自然条件的变化，这些因素都会对国际货物运输产生重大影响。

资料卡

国际货物运输的任务和要求

国际贸易运输工作的任务就是根据每一种商品对运输的特定要求，综合考虑速度、价格、质量等因素，求得其最佳效益。具体来说，对国际货物运输工作的基本要求是"安全、迅速、准确、节省、方便"，通常称为运输工作的"十字方针"。

上述"安全、迅速、准确、节省、方便"要求是一个有机联系的整体。运输企业必须结合市场供求的缓急、商品的特性以及运输路线与运力的不同情况，全面考虑，适当安排，必要时也可有所侧重。因此，在全面贯彻"十字方针"的基础上还有一个"最佳选择"的问题。

3. 国际货物运输的构成要素
（1）国际货物运输的关系方。
国际运输的关系方，即国际物流中运输的参与者和运输服务的提供者。
①承运人。是指专门经营水上、陆路、航空等运输业务的交通运输部门，如轮船公司、铁路或公路运输公司、航空公司等。它们一般都拥有大量的运输工具，专门为社会提供各种

运输服务。

②货主。是指经营进出口商品业务的各类外贸部门或进出口商。它们为履行进出口合同，必须组织和办理进出口商品的运输，是国际货物运输工作中的托运人（Shipper）或收货人（Consignee）。

③运输代理。国际贸易货物大多要远涉重洋，故买卖双方都力求选择最佳的运输方式和运输工具，委托最好的承运人，以最低廉的运费实现货物的安全便捷运输，从而节省费用、降低成本。实践中，货主通常委托国际货运代理实现运输。由于国际货运代理人熟悉各种运输方式、运输工具、运输路线、运输手续和各种不同的社会经济制度、法律规定、习惯做法等，精通国际货物运输各个环节的种种业务，与国内外各有关机构如海关、商检、银行、保险、仓储、包装、各种承运人以及各种代理人等有着广泛的联系和密切的关系，并在世界各地建有客户网和分支机构，具备接受货主委托代办各种货物运输的有利条件。他们以货主利益为出发点，根据货主的不同要求，为货主提供相应的服务。当前，代理行业已渗透到运输领域内的各个角落，成为国际货物运输事业不可缺少的重要组成部分。

（2）国际货物运输工具。

①包装工具，包括包装机械、充填包装机械、灌装机械、封口机械、贴标机械、捆扎机械、热成型包装机械、真空包装机械、收缩包装机械和其他机械。

②装卸搬运工具，包括起重机械、装卸搬运车辆、连续输送机械和散装机械等。

③集装工具，包括集装箱、托盘和集装袋等。

④运输工具，包括汽车、火车、船舶、飞机和管道等。

（3）国际货物运输方式。

根据使用的运输工具不同，国际货物运输主要可分为水路运输、陆上运输、航空运输、集装箱运输、国际多式联运等，具体内容参见本书模块3的"国际货物运输方式"部分。

（二）运输路线

运输路线（Routing）是货物运输行经的路线。路上运输因为道路网和铁路网的发达，使两点之间的路线有非常多的选择性，国际货运代理企业应依据实际情况选择最佳路线。而水路运输和航空运输由于政府对路线管制加上自然条件的限制，可选的余地较小。

1. 海运航线

船舶在两个或多个港口之间从事货物运输的线路称为海运航线。航线中停靠的港口分为基本港（Basic Port）和非基本港（Non－basic Port）。基本港是指港口设备好、货运量大、班轮公司按期挂靠的港口，按国际惯例，运往基本港的货物均按基本费率收取运费，航行在基本港之间的船舶，业内称之为大船、主船（Main Vessel）或母船（Mother/Ocean Vessel）；非基本港又称支线港（Feeder Port）或偏港、僻港、小港（Side Port），是指班轮公司不常挂靠的港口，去该港运输货物要加收费，在支线航道上行驶的船舶一般为小船或称支线船和喂给船（Feeder Vessel）。主船的船名和航次号码都会在海运提单中体现出来。

海运航线分类方法如下：

（1）按船舶营运方式分类。

①定期航线，是指使用固定的船舶，按固定的船期和港口航行，并以相对固定的运价经营客货运输业务的航线。定期航线又称班轮航线，主要装运件杂货物。

②不定期航线，是临时根据货运的需要而选择的航线。船舶、船期、挂靠港口均不固

定，是以经营大宗、低价货物运输业务为主的航线。

（2）按航程的远近分类。

①远洋航线（Ocean-Going/Deep Sea Shipping Line），是指航程距离较远、贯通一个或数个大洋的海上运输路线，包含太平洋航线、大西洋航线、印度洋航线、远东至欧洲和美洲的航线等。我国习惯上以亚丁港为界，把去往亚丁港以西，包括红海两岸和欧洲以及南北美洲广大地区的航线划为远洋航线。

②近洋航线（Near-Seal/Local Shipping Line），是本国各港口至邻近国家港口间的海上运输航线的统称，不跨越大洋，在局部海域较邻近国家间港口运行的海上运输路线，包含地中海航线、波罗的海航线等。我国习惯上把航线在亚丁港以东地区的亚洲和大洋洲的航线划为近洋航线。

③沿海航线（Coastal Shipping Line），是指链接同一个国家沿海各港口之间的海运，属于一国国内航线，如上海—广州、青岛—大连等。

（3）按航行的范围分类。

①大西洋航线：西北欧—北美东海岸航线；西北欧、北美东海岸—加勒比航线；西北欧、北美东海岸—地中海、苏伊士运河—亚太航线；西北欧、地中海—南美东海岸航线；西北欧、北美东海—好望角、远东航线；南美东海—好望角—远东航线。

②太平洋航线：远东—北美西海岸航线；远东—加勒比、北美东海岸航线；远东—南美西海岸航线；远东—东南亚航线；远东—澳大利亚、新西兰航线；澳新—北美东西海岸航线。

③印度洋航线：以石油运输线为主，此外有不少是大宗货物的过境运输。波斯湾—好望角—西欧—北美航线；波斯湾—东南亚—日本航线；波斯湾—苏伊士运河—地中海—西欧、北美运输线；远东—东南亚—东非航线；远东—东南亚、地中海—西北欧航线；远东—东南亚—好望角—西非—南美航线；澳新—地中海—西北欧航线；印度洋北部地区—欧洲航线。

目前，世界海运集装箱航线主要有：远东—北美航线；北美—欧洲、地中海航线；欧洲、地中海—远东航线；远东—澳大利亚航线；澳新—北美航线；欧洲、地中海—西非—南非航线。

 资料卡

世界著名的运河

苏伊士运河，位于埃及东北部，它连接大西洋和印度洋，大大缩减了从欧洲通往印度洋的航程。目前可通航吃水 20.4 米、载重 25 万吨的超级油轮，通过运河平均需时 10 小时。

巴拿马运河，贯穿巴拿马共和国中部，航道水深 13.5~26.5 米，可通行 6.5 万吨以下的船舶。

基尔运河，位于德国东北部，横贯日德兰半岛，沟通波罗的海和北海，可通行吃水 9.4 米、载重 2 万吨以下的船舶。

（4）我国外贸主要海运航线。

①近洋航线：中国—朝鲜、韩国航线；中国—日本航线；中国—越南航线；中国—香港地区航线；中国—俄罗斯远东航线；中国—菲律宾航线；中国—新加坡、马来西亚航线；中国—北加里曼丹航线；中国—泰国、柬埔寨航线；中国—印度尼西亚航线；中国—孟加拉湾航线；中国—斯里兰卡航线；中国—阿拉伯海、波斯湾航线；中国—澳大利亚、新西兰航线。

②远洋航线：中国—红海航线；中国—东非航线；中国—西非航线；中国—地中海航线；中国—西欧航线；中国—北欧航线；中国—南、北美西海岸航线；中国—加勒比、北美东岸航线；中国—南美东海岸航线。

2. 陆运航线

（1）国际铁路货运线的分布。

①西伯利亚铁路。

②欧洲铁路。

③北美横贯东西铁路线。

④西亚—欧洲铁路线。

（2）我国通往邻国及地区的铁路及国境口岸。

①滨州线—自哈尔滨起向西北至满洲里，全长 935 千米。

②滨绥线—自哈尔滨起向东经绥芬河与俄罗斯远东地区铁路相连，全长 548 千米。

③集二线—从京包线的集宁路，向西北到二连浩特，全长 364 千米。

④沈丹线—从沈阳到丹东，越过鸭绿江与朝鲜铁路相连，全长 274 千米。

⑤长图线—西起吉林长春东至图们，横过图们江与朝鲜铁路相连，全长 527 千米。

⑥梅集线—自梅河口至集安，越过鸭绿江直通朝鲜满铺车站，全长 245 千米。

⑦湘桂线—从湖南衡阳起，经广西柳州、南宁到达终点站凭祥，全长 1013 千米。

⑧昆河线—从云南昆明经碧色寨到河口，全长 177 千米。

⑨北疆线—从新疆乌鲁木齐向西到达终点站阿拉山口，全长 460 千米。

内地对中国香港地区的铁路货运，由内地各车站装车运至深圳，深圳站是我国广九铁路中段的终点站，罗湖桥为深圳通往中国香港的铁路口岸。另一条线路是东莞常平经深圳笋岗口岸到中国香港葵涌码头。

（3）我国对外贸易道路运输及口岸的分布。

①对俄罗斯道路运输口岸。

②对朝鲜道路运输口岸。

③对巴基斯坦道路运输口岸。

④对印度、尼泊尔、不丹的道路运输口岸。

⑤对越南地方贸易的主要道路运输口岸。

⑥对缅甸道路运输口岸。

⑦对中国香港、中国澳门的道路运输口岸。

3. 空运航线

使用一种航空器在两个以上的地点之间从事运输的交通路线称之为空运航线。民航从事运输飞行，必须按照规定的线路进行，航线不仅确定了航行的具体方向、经停地点，还根据空中管理的需要规定了航路的宽度和飞行的高度层，以维护空中交通秩序，保证飞行安全。

空运航线按飞机飞行的路线分为国内航线和国际航线。飞机飞行的路线起讫点、经停点均在国内的称为国内航线；飞机飞行的路线跨越本国国境，通达其他国家的航线称为国际航线。航班飞机由始发站起飞按照规定的航线经过经停站至终点站做运输飞行称为航班。

（1）世界上最繁忙的航班。

①西欧—北美间的北大西洋航空线。

②西欧—中东—远东航空线。

③远东—北美间的北太平洋航空线。

此外，还有北美—南美、西欧—南美、西欧—非洲、西欧—东南亚—澳新、远东—澳新、北美—澳新等重要国际航空线。

（2）航区惯例。与其他各种运输方式不同的是，国际航空货物运输中与运费有关的各项规章制度、运费水平都是由国际航协统一协调、制定的。在充分考虑了世界上各个不同国家、地区的社会经济、贸易发展水平后，国际航协将全球分成三个区域，简称为航协区（Traffic Conference Areas，IATA），每个航协区内又分成几个亚区。由于航协区的划分主要从航空运输业务的角度考虑，根据的是不同地区不同的经济、社会以及商业条件，因此与我们熟悉的世界行政区划有所不同。

一区（TC1）包括：北美、中美、南美、格陵兰、百慕大和夏威夷群岛。

二区（TC2）包括：欧洲大陆（包括俄罗斯的欧洲部分）及毗邻岛屿、冰岛、亚速尔群岛，非洲大陆和毗邻岛屿，亚洲的伊朗及伊朗以西地区。本区也是和我们所熟知的政治地理区划差异最多的一个区，它主要有三个亚区：

非洲区：含非洲大多数国家及地区，但北部非洲的摩洛哥、阿尔及利亚、突尼斯、埃及和苏丹不包括在内。

欧洲区：包括欧洲国家和摩洛哥、阿尔及利亚、突尼斯三个非洲国家和土耳其（既包括欧洲部分，也包括亚洲部分），俄罗斯（仅包括其欧洲部分）。

中东区：包括巴林、塞浦路斯、埃及、伊朗、以色列、约旦、科威特、黎巴嫩、阿曼、卡塔尔、沙特阿拉伯、苏丹、叙利亚、阿拉伯联合酋长国、也门等。

三区（TC3）包括：整个欧洲大陆及毗邻岛屿（已包括在二区的部分除外），澳大利亚、新西兰及毗邻岛屿，太平洋岛屿（已包括在一区的部分除外）。其中，南亚次大陆区包括阿富汗、印度、巴基斯坦、斯里兰卡等南亚国家。东南亚包括中国（含港、澳、台地区）、东南亚诸国、蒙古国、俄罗斯亚洲部分及土库曼斯坦等国家、密克罗尼西亚等群岛地区。西南太平洋洲区包括澳大利亚、新西兰、所罗门群岛等。日本、朝鲜区仅含日本和朝鲜。

（3）时区和区时。地球的自转造成了经度不同的地区时刻不同，当飞机跨越经度时，就产生时刻上的不统一。由于时差的换算，对于排航班、更好地进行航空运输尤为重要。

（三）货物运输知识

1. 货物的计量

货物的体积、重量关系到库场堆放、船舶载重量和载货容积的利用程度、货物的装卸和交接，还涉及货物运价和运费的确定。货物的计量包括货物丈量和衡重。

货物的丈量又称量尺，是指测量货物的外形尺寸和计算体积。货物丈量的原则是：按照货件的最大方形进行丈量和计算，某些奇形货件可按照实际体积酌情考虑其计费体积。货物丈量体积是指货件外形最大处的长、宽、高之乘积。即：

$V = L \times W \times H$

其中，V 指货物的丈量体积（m^3）；L 指货物的最大长度（m）；W 指货物的最大宽度（m）；H 指货物的最大高度（m）。

货物的衡量是指衡定货物的重量。货物的重量可分为净重、皮重和毛重（总重），货物衡重应以毛重计算。海上货物运输重量，货物衡重使用的衡制，即货物重量的计重单位为吨（Metric Ton，M/T）。货物的重量原则上应该逐件衡重，但因条件或时间限制，不具备逐件衡重时，可采取整批或分批衡重、抽件衡重并求平均值等方法测得重量。

2. 货物的积载因数

货物积载因数（Stowage Factor, S. F.）是每一吨货物在正常堆装时实际所占用的容积（包括货件之间正常空隙及必要的衬隔和铺垫所占用的空间），单位为 m^3/t，英制为 ft^3/t。货物积载因数的大小说明货物的轻重程度，反映一定重量货物占据船舶多少舱容，或占多少箱容，或占多少库容。货物积载因数的实测方法是：将 1 吨的货物堆积成近似正方形的形状，丈量该货堆最大外形尺寸，由此计算出体积。如货物较重，仅件成堆无法反映出件与件之间的装载空隙，则应采用 9 件货打底，堆高 3 层的方法成堆（共 27 件货），丈量货堆最外形尺寸及 27 件货的总重量，通过计算即可得到 1 吨货物正常堆装的实际体积数值。散装货物的积载因数可用测量单位容量的方法求得。

3. 货物的化学性质

货物的化学性质是指货物的组成成分在一定条件下发生化学变化的性质。如钢铁生锈、化肥失效等都属于化学变化，都是由货物的组成成分所决定的。

4. 货物的物理性质

货物的物理性质是指货物受外界温度、湿度和压力的影响而发生物理变化的性质。在物理变化过程中，货物原来的组成成分没有改变，但是货物的重量、体积和品质发生了变化，为生物化学变化创造了条件，甚至造成作业困难或危险事故的发生。如固体软化、融化或融解；液体气化、凝结或冻结；气体的压力变化或爆炸等。

5. 货物的生物性质

货物的生物性质是指有机体具有生命活动，能分解营养成分的性质，包括货物本身的生命活动和微生物在有机营养体内活动两个方面。例如，鲜果、肉类等主要微生物的生命活动而使营养物质分解；豆类、谷物、禽蛋等通过缓慢氧化（呼吸作用）维持生命。其中，呼吸强度和微生物活动的程度与货物的温度和水分的含量有关。

6. 货物的机械性质

货物的机械性质是指货物在受到外力作用时，具有抵抗变形或破坏能力的性质。货物的机械性不仅与货物本身的性质有关，还与货物所采用的包装质量（包括外形、材料、结构）有关。例如，货物的抗压强度决定了货物的堆码高度或耐压强度。

7. 货物分类及装运要求

（1）按货物装运形态分。

①件杂货（General, Break Bulk Cargo）。成件可数的货物称为件杂货，又可分为：

a. 包装货物（Packed Cargo）：包装种类有箱（Case）、纸箱（Carton）、柳条箱（Crate）、桶（Drum）、包（Bag）、捆（Bale）、盒（Box）等；

b. 裸装货（Non－packed Cargo）：不加包装而成件可数的货物；

c. 成组化货物（Unitized Cargo）：采用一定的办法，把分散的单件货物组合成规格化、标准化的大件货物，如托盘货物（Pallet Cargo）；

d. 集装箱货物（Container Cargo）。

②散装货（Bulk Cargo）。散装货有别于常说的散货，它是指没有包装，一般无法清点件数的粉状、颗粒状或块状货物，其又分为：

a. 干质散装货（Solid Bulk Cargo）；

b. 液体散装货（Liquid Bulk Cargo）。

（2）按货物性质分。

①普通货物（Ordinary Cargo）。又可分为：

a. 清洁货物（Clean Cargo）；

b. 液体货物（Liquid Cargo）；

c. 粗劣货物（Rough Cargo）：是指具有油污、水湿、扬尘和散发异味等特性的货物。

②特殊货物（Special Cargo）。又可分为：

a. 危险货物（Dangerous/Harzardous Cargo，DC；Dangerous Goods，DG）。

b. 冷藏货物（Reefer Cargo）。冷冻、冷藏货大致分为冷冻货和低温冷藏货两种。冷冻货是指货物在冻结状态下进行运输的货物，运输温度的范围一般在 $-10℃ \sim -20℃$ 之间。低温货是指货物在还未冻结或货物表面有一层薄薄的冻结层的状态下进行运输的货物，一般允许的温度调整范围在 $+16℃ \sim -1℃$ 左右。货物要求低温的目的，主要是保持货物的鲜度，有时为了要维持货物呼吸和防止箱内产生水滴而需要在箱内进行通风。使用冷冻、冷藏集装箱装载冷藏货应做到：

- 集装箱具有其所有人出具的集装箱合格证书或文件；
- 集装箱冷藏设备启动、运输、停止装置处于正常状态；
- 集装箱通风孔处于所要求的状态，泄水管保持畅通；
- 集装箱装箱前要经商检机构检验合格，并能达到规定的温度，货物要达到规定的装箱温度；
- 货物装箱时，不能堵塞冷气通道，天棚部分应留有空隙；
- 装载过程中，冷藏装置停止运转；
- 冷冻货物最好不要混载，必须混载时，只有运输温度相同的货物才能装在一起，并要避免有恶臭、污染的货物混载；
- 装载完毕，尽快使制冷设备工作，以尽快达到运输要求的温度。

c. 贵重货物（Valuable Cargo）：包括黄金、白金、铱、铑、钯等稀贵金属及其制品，各类宝石、玉器、钻石、珍珠等制品。

d. 活动植物货物（Livestock and Plant Cargo）：需动植物检疫站颁发动植物检疫证书。

e. 长大笨重货物（Heavy Lift & Lengthy Cargo）：也称重大件（Outgauge Cargo），一般是指超重货（Over Weight Cargo）、超高货（Over Height Cargo）、超宽和超长货（Over Width and Over Length Cargo）。海运或陆运的重大件一般情况下是指每件超过5吨或长度超过9米的货物。航空运输中的重大件一般情况下是指每件超过150千克的货物，或需要一个以上的集装板方能装下的货物。由于其重量和体积较大，一般不需要包装。但在接到货物时必须固定或放在距地面一定距离（5厘米）的平台上，以方便操作。国际展品运输中如果展品长度超过3米、宽度超过2米、高度超过1.8米或单件重量超过3吨，均视为重大件。托运重大件时，请向国际贸易代理企业提供装箱图及表明重心位置。如果托运人没有提供上述资料，由此造成货物的损坏及额外费用，国际贸易代理企业将不予负责。超重货物要注意查看承运人所公布的航线限重，对于超重货物，务必及时向承运人申请，避免因没有及时处理而造成不必要的麻烦与损失。长大笨重货物的装运要求如下所述：

● 超重货。超重不能超过集装箱的最大总重。由于集装箱运输和装卸中所使用的机械都是按国际标准化组织规定的标准最大总重来设计制造的，原先设计的20′集装箱为20长吨（即20 320千克），40′集装箱为30长吨（即30 480千克），这一限度绝对不准超过；现在同样尺寸的集装箱最大总重就多样了，要注意箱门上的参数。配重件时，应当注意使集装箱保持平衡，同时考虑箱容的充分利用。尽可能搭配适当的轻货。装载时必须考虑集装箱底层的最大负荷量，可通过垫板来配置最大负荷量。要对照集装箱规范，绝对不能超过集装箱底层每平方英寸（或每平方米）的最大负荷量。

● 超高货。注意标准集装箱和超高箱的箱门有效高度，如果货物超过两人这一高度，就称为超高货。超高货必须用顶集装箱或框架集装箱装载。

装载超高货时，对于在陆上运输通过桥洞、车站和码头的装卸作业以及船舶装载将带来许多问题，必须引起特别关注。

● 超宽货。舱内集装箱与集装箱之间的横向间隙通常是120～200毫米，其间距大小要根据不同的船舶而定。如果所装的超宽货物不超过上述范围，一般可以与普通集装箱一样装在舱内，为了防止货物横向移动靠在相邻的集装箱上而触破侧壁等事故，要进行充分放入固定。超过尺度而不能装载时，可直接装在舱口盖上，或者用几个框架集装箱，拆去侧立柱，在船的横向并列起来，确保层面面积。其装载方法与散件货相同。因此，能否装载，是由集装箱和舱口放入尺寸、舱盖的强度决定的。

● 超长货。超长货不能装在舱内，因为每一箱格都有横向构建，必须装运时只好装在甲板上，但甲板上有拉紧集装箱的交叉拉杆，因此限制了装载位置。超长货装在框架集装箱上时，其超长量限制在1英尺左右。

集装箱船舶需装载超长、超宽、超高、超重等非标集装箱，应在订舱前由托运人或承运人向港口提出申请，经确认方可装运。

f. 航空运输中的其他特种货物。

● 生物制品：如疫苗、菌苗、抗菌素、血清等生物制品，需托运人提供有关部门出的无菌、无毒证明。

● 骨灰：应装在密封的塑料袋或者其他密封容器内，外加木盒，最外层用布包装。

● 灵柩：需医院出具的死亡证明、殡葬管理部门出具的入殓证明及有关部门（公安、卫检）等出具的准运证明，要求以铁质棺材或木质棺材为内包装，外加铁皮箱和便于装卸的环扣。棺内铺设木屑或木炭等吸附材料，棺材应当钉牢，确保气味不致外漏。

● 鲜活易腐品：托运人应提供最长允许运输时限和运输注意事项，以及有关部门出具的检疫证明。包装要适合其特性，不能污染和损坏飞机、设备及其他物品。某些航空公司的客运机不允许装载有不良气味的鲜活易腐品。

● 枪械、弹药：必须出具出发地或目的地县、市公安局核发的准运证或国家主管部委出具的许可证明。其包装必须坚固、严密，枪械和弹药应分开包装。

（3）按是否适合集装箱运输分。将货物装载于集装箱中进行运输，在技术上是否可能和经济上是否合理，按其适应程度可分为以下几类：

①最适宜货物（Prime Suitable Containerizable Cargo）。属于这一类的货物一般都是价值较高、海运运价也较高，且易于破损和被盗的货物。例如，酒类、医药用品、收音机、纺织品、服装、打字机、照相机、电视机、光学仪器、各种小型电器及小五金等，都属于这类货物。

②适宜货物（Suitable Containerizable Cargo）。属于这一类的货物，其本身价值并不很高，海运运价也比最适宜货物低一些。这类货物破损和被盗的可能性较小。如电线、电缆、铅丝、纸浆、袋装面粉、咖啡、生皮、炭精以及各种轻工业产品等。

③临界货物（Marginal Containerizable Cargo）。这类货物虽然在技术上将它们装入集装箱是有可能的，但因为它们本身的价值和海运运价都很低，受损和被盗的可能性也很小，将它们装入集装箱进行运输，经济效益并不显著，而且它们的形状、重量和包装也难以实现集装箱化。这类货物有钢锭、生铁、原木等。

④不适宜货物。这类货物有的是因货物的物理性质而不能装入集装箱内；有的是因大宗货物运输时使用散装专用船运输大批量散装货；使用滚装船运输大批量的卡车；使用矿山、工程车辆运输反而能提高运输效率的货物，如废钢铁、长 40 英尺以上的桥梁、铁塔、大型发电机等钢铁结构物等。

8. 危险货物的处理

（1）危险货物的分类。危险货物是指具有爆炸、燃烧、放射和腐蚀性等特性，在装卸、运输和储存过程中，容易造成人身财产毁损和（或）环境污染而需要特别防护的货物。联合国危险货物运输专家委员会根据科学技术的发展状况和现代化运输系统的需要，特别是保证人命、财产和环境安全的需要，编写了《联合国危险货物运输规章范本》（*Recommendations on the Transport of Dangerous Goods Model Regulations*，简称《大橙皮书》），同时配套出版了《试验和标准手册》（简称《小橙皮书》）。《大橙皮书》包括危险货物分类原则和各类别的定义、主要危险货物列表、一般包装要求、试验程序、标记、标签、揭示牌、运输单据等，提供了危险货物的运输名称、类别（Class）、联合国编号（4 位）；另外还对特定类别货物提出了特别的要求，但由于大多数国家对散装危险货物定有特别规则，因此这些要求并不适用于散装危险货物。《大橙皮书》内容的推广和普遍采用，相应地减少了国际运输危险货物的障碍。

危险货物的危险性、包装、运输、保管等需要在国际上统一认识，才能使危险货物在各国间顺利流通。因此，根据联合国《大橙皮书》和国际海事组织《国际海上人命安全公约》第 7 章危险货物装运的有关规定，国际海事组织制定了《国际海运危险货物规则》，简称《国际危规》（*International Maritime Dangerous Goods Code*，IMDG Code）。《国际危规》作为国际危险品海上运输的基本制度和指南，得到了海运国家的普遍认可和遵守，主要包括总则、定义、分类、品名表、包装、托运程序、积载等内容和要求。我国政府于 1982 年宣布承认并开始在国际海运中实施《国际危规》。我国交通主管部门以《国际危规》为蓝本，制定并颁布了我国的《水路包装危险货物运输规则》，简称《水路危规》。该规则于 1996 年 12 月 1 日起在我国境内的危险货物水路运输中实施。

《国际危规》根据危险货物的理化性质及对人身的伤害情况，将危险货物分为 9 个

大类:
　　第1类:爆炸品。
　　爆炸品是指在外界作用下,能发生剧烈的化学反应,瞬时产生大量的气体和热量,使周围压力急剧上升,引发爆炸的物质和物品,也包括仅产生热、光、音响或烟雾等一般或几种作用的烟火物品。按危险程度,爆炸品分为6个小类(第1.1~1.6类)。过分敏感或反应性很强以致可能产生自发反应的爆炸性物质禁止运输。
　　第2类:气体。
　　气体是指在50℃、蒸汽压力大于300kPa或在20℃和101.3kPa的标准压力下完全呈气态,经压缩或降温加压后,储存于耐压容器或特制的高绝热耐压容器,或装有特殊溶剂的耐压容器中的物质。这类气体按化学性质及该类气体在运输中的危险性划分为3个小类(第2.1~2.3类)。具有2个小类以上危险性的气体和气体混合物,其危险性的先后顺序为:第2.3类优先于所有其他小类;第2.1类优先于第2.2类。
　　第3类:易燃液体。
　　易燃液体是指闭杯试验闪点低于61℃(包括61℃)时放出易燃蒸汽的液体或液体混合物,或是在溶液或悬浮物中含有固体的液体(如油漆、清漆等,但不包括由于它们的危险性而分在其他类别中的物质);还包括在液态时需加温运输,且在温度等于或低于最高运输温度时放出易燃蒸汽的物质,但不包括不能维持燃烧、闪点在35℃以上的液体,也不包括由于其危险性已列入其他类的液体。易燃液体按闪点不同可分为3个小类(第3.1~3.3类)。
　　第4类:易燃固体、易自燃物质和遇水放出易燃气体的物质。
　　这类货物划分为3个小类(第4.1~第4.3类)。第4类货物除都具有易燃危险性外,有些货物还具有腐蚀性、毒害性和爆炸性等危险特性。
　　第5类:氧化剂和有机过氧化物。
　　这类货物划分为2个小类(第5.1~5.2类)。氧化剂本身未必燃烧,但可释放出氧,能引起或促使其他物质燃烧的物质,如硝酸钠、高锰酸钾等。有机过氧化物可看作氧化氢的衍生物。有机过氧化物是热不稳定物质,并可发生放热的自行加速分解,可能发生爆炸性分解、迅速燃烧、对碰撞或摩擦敏感、与其他物质起危险反应、损害眼睛等。有机过氧化物比氧化剂具有更大的危险性,其中许多物质在明细表中有控制温度和危急温度的要求,如过氧化二丙酰基(控制温度为15℃,危急温度为20℃)等。
　　第6类:有毒物质和有感染性物质。
　　这类货物划分为2个小类(第6.1~6.2类)。有毒物质在常温常压条件下呈液体或固体,有些还具有燃烧、腐蚀等特性。有毒物质在吞食、吸入或与皮肤接触后可能造成死亡或严重受伤,或损害人类健康。有感染性物质是含有已知或有理由认为会使动物或人生病的活性微生物的物质。有感染性物质能引起人畜病态,甚至死亡。运输第6类货物时,人畜中毒的主要途径包括毒物经呼吸道或皮肤侵入人畜体内;另外,还有因事故使毒物经消化道侵入体内。
　　第7类:放射性物质。
　　放射性物质是指放射性比度大于70kbq/kg的任何物质。放射物质能自原子核内部自行放射出人的感觉器官不能察觉的射线。射线的种类主要有α射线、β射线、γ射线和快中子射线等。剂量当量表示生物体受射线照射,每千克重所吸收的相当能量,单位为希沃特(Sv)。用以衡量生物受射线危害的程度,国际公认的人体每年最大允许剂量当量为0.005Sv/年。

第8类:腐蚀性物质。

腐蚀性物质是一种化学性质比较活泼,能与许多金属、有机物及动植物发生化学反应,并使其遭到破坏的物质。腐蚀性物质通过化学作用在接触生物组织时会造成严重损伤,或在渗漏时严重损害甚至毁坏其他货物或运输工具,也可引起其他危险。第8类物质还可能具有易燃、氧化、毒害等一种或多种危险特征。

第9类:杂类危险物质和物品。

这类货物是指在运输中呈现的危险性质不包括上述八类危险品中的物质和物品,如干冰(固态二氧化碳)、蓖麻籽、白石棉等。《国际危规》中列入此类危险货物的还包括在液态下温度≥240℃进行运输或交付运输的物质。另外还有本身是或含有一定量已列入《MARPOL 1973/1978》附则三的海洋污染物的物质。

我国《水路危规》对危险货物的分类与《国际危规》对危险货物的分类基本相同,由9个大类和24个小类组成。其不同之处有:

第1类爆炸品中无第1.6项;

第3类易燃液体分为:第3.1~3.3项等3个小类;

第8类腐蚀性物质分为:第8.1~8.3项等3个小类;

第9类杂类危险物质和物品分为:第9.1~9.2项等2个小类。

《联合国危险货物运输规章范本》中危险品品名表的品名编号是4位数,而中国标准(《水路危规》)规定的危险品品名编号为5位数。第一位是危险货物类别号,第二位是项别号,后三位是危险货物品名顺序号。若顺序号≤500,则其为一级危险品;若顺序号>500,则其为二级危险品。这种编号具有方便、直观的特点,从品名编号本身可直接知道该危险品的危险类别和危险程度。例如,危险品碳化钙(电石),其品名编号为43025,由此可以看出,它属于第4类、第3项、一级遇湿易燃固体危险品。

(2)危险货物装运规定。《国际危规》对危险货物进行了统一的分类,描述了各种危险货物的危险性,对不同危险货物的包装、运输、保管、标志等提出了相应的要求。根据铁道部《铁路危险货物运输规则》(1962)、交通部《水路危险货物运输规则》(1996)、《公路危险货物运输规则》(1992)、《汽车危险货物运输规则》(1982)规定,装运危险货物品名表内已列载的609种有毒化学品时,托运人应向铁路、公路、港务监督部门登记或申报,填写危险品清单,包括一个航次或班次装运的危险货物信息,详细说明所托运的危险货物的危险品学名或技术名称(Shipping Name)、联合国危险品编号(UNDG No. or UN No.)、海运污染物标记(Marine Pollutant, MPT, Y=有污染 N=无污染)、危险品等级(Class No.)、副危险品等级(Vice - Class No.)、包装件数、重量以及装载、危险品页号(Page)、危险品标签(Label)、危险货物闪点(Flash Point)、航运危险品应急措施号(EMS No.)、医疗急救指南号(MFAG No.)及消防防护办法、中毒急救措施等等,并具备规定的包装标志。对品名表中未列的有毒化学品,必须在托运前向运输主管部门提交经省、市化工厅(局)审核的危险技术鉴定书,经交通主管部门审核批准后才能进行。《化学危险品安全管理条例》还规定了载客火车、船舶、飞机机舱不得装运化学危险品,装运化学危险品的汽车应按公安部门指定的行车时间和路线通过市区。危险货物共9类，分为全危品与半危品。

（3）危险货物包装要求。危险货物的包装需达到基本安全要求：

①包装的材质、种类、封口应根据所盛装的货物性质确定。

②包装及其容器要有一定的强度。

③包装应有适当的衬垫材料。

④包装应能经受一定范围内温度、湿度变化的影响。

⑤包装的容积、质量和形式应便于装卸和运输。

其包装分为通用包装和专用包装。一般要求的通用包装适用于第3、4、5.1、6.1、8、9类货物。特殊要求的专用包装适用于第1、2、5.2、7类货物。

①通用包装。《国际危规》将危险货物的通用包装分为三个等级，其含义：Ⅰ类包装（能盛装高度危险性的货物）；Ⅱ类包装（能盛装中度危险性的货物）；Ⅲ类包装（能盛装低度危险性的货物）。

包装类型代码由三部分（或两部分）组成：第一部分用1个阿拉伯数字表示包装的类型（1—圆桶；2—琵琶桶；3—罐；4—箱；5—袋；6—复合包装）；第二部分用1个或2个拉丁字母表示包装材料（对复合包装用2个大写字母，依次表示内容器和外包装的材料，对组合包装仅用1个字母表示其外包装的材料。A—钢；B—铝；C—天然木；D—胶合板；F—再生木；G—纤维板；H—塑料；L—纺织品；M—纸（多层）；P—玻璃、瓷器或石器）；第三部分用1个阿拉伯数字表示一定包装类型的特殊结构、性能。例如，1A1表示非移动桶顶的钢质圆桶。

②专用包装。

第1类危险货物（爆炸品），因对防火、防震、防磁等有特殊要求，其中部分爆炸品需选用物质明细表中规定的或主管部门批准的包装材料、规格和类型的专用包装。第一类爆炸品中其余的物质和物品的包装均应满足上述通用包装Ⅱ类包装要求。

第2类危险货物（气体）均需采用耐压容器的专用包装，根据15℃时容器所承受的压力不同，可进一步分为低压容器（≤2Mpa），中压容器（＞2Mpa≤7Mpa），高压容器（＞7Mpa）。

第7类危险货物（放射性物质）的包装设计及试验必须符合国际原子能机构（IAEA）有关文件的专门规定，按货物的运输指数（TI）分为三个等级：Ⅰ类（TI≈0）；Ⅱ类（0＜TI＜1）；Ⅲ类（TI≥1）。其中，Ⅰ类包装的图案标志为白色，Ⅱ类、Ⅲ类包装的图案标志均呈黄色并须注明TI数值，包装等级号越大，危险程度越高。

第3、第4、第5、第8等类中的某些特殊危险货物也必须采用专用包装，如双氧水、黄磷、碳化钙等。应当注意的是：曾盛装过危险货物的空容器，除经清洗或其他处理外，均应保持其危险货物标志，并按所装过的危险货物对待。

③危险货物的标志。经过试验合格的包装，都应在包装的明显部位标注清晰持久的包装试验合格标志。联合国统一规定了包装试验合格标志。

危险货物的标志由危险货物的标记、图案标志（标签）和标牌组成。标记是指标注在包装危险货物外表的简短文字或符号，包括危险货物的完整学名、联合国编号、海运污染物标记等。图案标志是指以危险货物运输规则中规定的色彩、图案和符号绘制成的菱形标志（见图1-1）。标牌是指放大的图案标志（250mm×250mm），适用于集装箱等较大的运输单元。

图1-1 部分危险货物的图案标志

（4）危险货物装箱要求。使用集装箱装载危险货物运输规则所列的性能作为配载的依据，具体应做到以下几点：

①集装箱有正确的标记、标志，并有"集装箱装运危险货物证明书"；

②集装箱清洁、干燥，适合装货；

③货物符合《国际海运危险货物规则》的包装要求，有正确的标记、标志，并经国家规定的有关部门检验认可；

④每票货物应有危险货物申报单；

⑤不作拼箱，不作直接换装（Cross Docking）（直接换装、越库配送，俗称对装：为赶时间，放在卡车（吨车）上的货于仓库中不卸下而直接装到置于拖车平板上的空箱中。对危险品及重量货，通常不允许对装）；

⑥各种性能不同的危险货物或与危险货物性质不相容的货物禁止同装一箱；

⑦一般箱内不能放普通货物，确有需要与普通货物混装时，危险货物不得装在普通货物的下面，并应装于箱门附近；

⑧包件装箱正确，衬垫、加固合理；

⑨装载后，应按《国际海运危险货物规则》要求在集装箱外部每侧张贴危险货物类别标志。

(四) 国际货物的合理运输

1. 国际货物合理运输的意义

物流合理化在很大程度上依赖于运输合理化。运输虽不会使产品增加，但运输中所消耗的劳动量会追加到被运输的产品上去。据国内外有关资料统计，在社会产品最终成本中，运输费约占10%～30%左右，有的低值产品甚至大大超过这一比例。由此可见，开展合理运输，节约运输的劳动耗费，对降低社会产品的成本起着重要作用。

(1) 合理运输的含义。合理运输就是按照货物的种类、特点以及交通运输条件，合理整合各种资源，采用合适的运输工具和运输方式，选择最佳的运输线路和最优的运输方案，经最少的环节，用最少的运力，花最少的费用，以最快的速度，走最少的里程，把货物安全、完好无损地运到目的地。

(2) 决定合理运输的五个因素。影响运输合理化的因素很多，起决定性作用的有五方面的因素，称作合理运输"五要素"，具体是指：

①运输距离。在运输时，运输时间、运输货损、运费、车辆或船舶周转等运输的若干技术经济指标都与运距有关，因此尽可能就近运输。

②运输环节。每增加一次运输，不但会增加起运的运费和总运费，而且会增加运输的附属活动，如装卸、包装等。应减少运输环节，尤其是同类运输工具的环节，尽可能组织直达、直拨运输。

③运输工具。各种运输工具都有其使用的优势领域，对运输工具进行优化选择，按运输工具的特点进行装卸运输作业，最大限度地发挥所用运输工具的作用。

④运输时间。在全部物流时间中，运输时间占了绝大部分，尤其是远程运输。所以，运输时间的缩短对整个流通时间的缩短具有决定性的作用。运输时间短，有利于运输工具的加速周转，充分发挥运力的作用；有利于货主资金的周转；有利于运输线路通过能力的提高。

⑤运输费用。运输费用是衡量运输经济效益的一项重要指标，也是组织合理运输的主要目的之一。运输费用的高低，不仅关系到运输企业的经济效益，也影响到商品销售成本。

各种运输方式有着各自的适用范围和不同的技术经济特征，选择时必须进行比较和综合分析，首先要考虑运输成本的高低和运行速度的快慢。此外，还要考虑商品的性质、数量的大小、运输距离的远近、市场需要的缓急、风险的程度、国际政治经济形势的变化等。

上述五个要素既相互联系、又互有影响，有时甚至是矛盾的，这就要求运输部门综合比较分析，选择最佳运输方案。在一般情况下，运输时间快、运输费用省是考虑合理运输的两个主要因素，集中地体现了运输经济效益。

2. 国际货物合理运输的实现途径

为实现合理运输，生产、交通运输和流通等各个部门必须通力合作，协同作战，具体来说，要从以下几方面加以努力：

(1) 合理选择运输方式和运输工具。

(2) 尽量发展直达运输。直达运输是追求运输合理化的重要形式，其对合理化的追求要点是通过减少中转过载换载提高运输速度，节省装卸费用、降低中转货损。直达的优势在一次运输批量和用户一次需求量达到了较大量时表现最为突出。但需要注意的是，直达运输的合理性在一定条件下才会有所表现，不能绝对地认为直达一定优于中转，这要根据用户的要求，从物流总体出发作综合判断。如果从用户需要量看，批量大到一定程度时，直达是合理的，批量较小时，中转才是合理的。

 资料卡

不合理运输的表现和类型

不合理运输是在现有条件下可以达到的运输水平而未达到，从而造成了运力浪费、运输时间增加、运费超支等问题的运输形式。目前我国存在的不合理运输形式主要有：（1）返程或启程空驶；（2）对流运输；（3）迂回运输；（4）重复运输；（5）倒流运输；（6）过远运输；（7）运力选择不当；（8）托运方式选择不当。

（3）提高运输工具实载率。运输工具实载率有两个含义：①单车实际载重与运距之乘积和标定载重与行驶里程之乘积的比率，这在安排单车、单船运输时，是作为判断装载合理与否的重要指标；②车船的统计指标，即一定时期内车船实际完成的货物周转量（以吨公里计）占车船载重吨位与行驶公里之乘积的百分比。在计算船行驶的公里数时，不但包括载货行驶，也包括空驶。提高实载率能充分利用运输工具的额定能力，减少车船空驶和不满载行驶的时间，减少浪费，以求得运输合理化。

（4）以技术装载节省运力。在合理运输的要求下，根据货物体积、包装结构、运输工具的特点，在不影响安全的条件下，充分利用运输工具载重量和容积，合理安排装载的货物及载运方法以求得运输合理化，即以技术装载节省运力。其主要做法有以下三种：

①进行轻重搭配技术装载，即把实重货物和轻泡货物组装在一起。在铁路装车方面，重货往往用不足车皮容积，而轻泡货虽用足车皮容积但达不到车轮载重，造成运力损失，对承运人及货主均属不利。实践证明，对运价率相同或相近的货物进行轻重货搭配合并装车，既能用足车吨，又可用足容积。如零担货并成整车发运；利用整车空隙搭配运价率相近的零担货并整车发运；把同线不同站货物并成整车发送，然后分卸到不同车站等方法均能节省运输费用。在航运装船方面，如利用装钢铁等重量货船舱搭配装棉花、羊毛条等轻泡货，也可达到充分利用船舶载重和容积，既满装又满载的目的。

②实行解体运输，即对一些体大笨重、不易装卸又容易碰撞致损的货物，将其拆卸装车，分别包装。

③改进堆码方法，即根据车船的货位情况和不同货物的包装形状，采取各种有效的堆码方法，如平装、补装、顺装、立装、叠装、骑装、跨装、套装、扣装、架装等。

（5）通过流通加工，便利运输合理化。不少产品由于本身形态及特性问题，很难实现运输的合理化，如果进行适当加工，就能够有效地解决合理运输问题，如将造纸材料预先加工成干纸浆，然后压缩体积运输，就能解决运输不满载的问题；轻泡产品预先捆紧包装成规定尺寸，装车就容易提高装载量；水产品及肉类预先冷冻，就可提高车辆装载率并降低运输

18

损耗。

（6）改进包装方法、提高包装质量。改进包装对减少货损、货差起着至关重要的作用，还可以减少商品损失，提高商品价格。各类货物要根据运输方式、运输路程远近和商品性质，合理地选择包装物料，以提高包装质量、保护商品的安全。如羊毛等，用机器打包，较用人力打包体积可缩小很多；石油原用铁桶装运，既增加包装费用，又不利于自动化运输，自从改用大油轮散装装运，用管道和自动泵操作后，运费节省效果非常显著。

（7）发展特殊运输技术和运输工具。依靠科技进步是运输合理化的重要途径。例如，专用散装及罐车解决了粉状、液状物运输损耗大、安全性差等问题；袋鼠式车皮、大型半挂车解决了大型设备整体运输问题；滚装船解决了车载货的运输问题，集装箱船比一般船能容纳更多的箱体，集装箱高速直达车船加快了运输速度等，都是通过先进的科学技术来实现运输合理化的。

 资料卡

部分国家港口特殊规定简介（一）

荷兰：①鹿特丹港自1996年1月1日开始采用"绿奖"制度，对5万载重吨以上的油轮，按其设备、航运等方面的情况评出等级，若取得高等级，在进港运费方面给予折扣。②鹿特丹港务局对安全且无害于生态环境的船舶，在停泊该港时减收港口费。

日本：日本港务局对进口烟花规定：①去第二卸货港的烟花船舱，在第一卸货港不准开舱，即使其中有第一卸货港的货物也不例外；②每票提单烟花的重量不得超过毛重80吨。

新加坡：新加坡港方规定装有危险品的船只不得停靠码头，必须在危险品锚地卸驳，然后由驳船运往港务局指定码头的仓库交收货人，费用由船方付。因此，船方在承运去新加坡的危险品时，要求发货人付危险品补贴。

菲律宾：①用麻袋包装的进口货物，必须先经熏蒸才得进口。②危险品不能卸在码头仓库，必须由收货人直接派船或用车直接提货。

巴基斯坦：卡拉奇港务局规定，对进口纸袋包装的炭粉、石墨粉、二氧化镁及其他染料等，必须打托盘或适当装箱，否则不予卸货。另外，巴基斯坦不接受挂印度、南非、以色列、韩国和中国台湾地区旗帜的船舶靠港。

伊朗：伊朗《税法》第90款规定，在伊朗港口装货出口，不论其在何处支付运费，均按运费的50%征收运费税。对进口货免征运费税。

（8）正确选择运输路线和装卸中转港口。在整个运输过程中，除了合理选择运输方式和运输工具外，还有正确选择路线的问题。一般来说，有多条运输路线时，应尽量安排直达运输。必须中转的进出口货物，也应选择适当的中转港、中转站。对进出口货物的装卸港口，在签订贸易合同时要注意正确选择，一般尽量选定班轮航线经常停靠的港口，自然条件、装卸设备较好的港口和费用较低的港口。至于进口货物的卸船，应根据货物流向和大宗货物用货部门所在地来考虑，如挑选得当，对于加速港口疏运、减少货物压港、满足市场需要关系极大。出口货物的装运港原则上应靠近出口货物产地或供应地点。

上述这些都是组织合理运输的必要措施，而组织合理运输既要考虑经济效益，也要考虑社会效益。在制订运输方案时，还必须考虑客观现实条件的可行性。最优的运输方案是相对的，在一定的时期内、一定的条件下和一定的范围内适用，而随着时间、地点、范围和其他条件的变化，合理的程度会改变。所以，必须不断地研究新情况，采取新措施，做到与时俱进。

资料卡

部分国家港口特殊规定简介（二）

阿拉伯联合酋长国：迪拜和阿布扎比港卫生当局规定凡进口食品，必须注明失效期，并随船带有卫生健康说明书，否则港方不予卸货。

沙特阿拉伯：沙特政府规定所有运往沙特的货物不准经亚丁转船。吉达和达曼港务局规定：①凡运往该两港的货物必须在装运港打托盘，集装箱货物也要先打托盘后装箱。②袋装货每包净重不得超过50千克。③货物文件的各项内容必须详细，若收货人是银行，则应列明最后提单持有人的详细名称和地址。④收货人须在船舶到港后两个星期内提货，否则将予以拍卖。

阿根廷：阿根廷法律规定，收货人遗失提单必须向海关申报，经海关同意后由船公司或由船公司委托代理签发另一套提单，同时向有关机构递交一份声明，认定原始提单失效。

坦桑尼亚：坦桑尼亚港务局规定，凡运往达累斯萨拉姆港交给坦桑尼亚或转运到赞比亚、扎伊尔、卢旺达和布隆迪等国的货物，需在包装的显著位置刷上不同颜色的十字标志，以便分类，否则船方将收取货物分类费。

3. 国际货物合理运输与国际货运代理

国际货运代理属于运输中间人的性质，在承运人和托运人之间起着桥梁作用。它们有的代表承运人，向货主揽取货物，有的代表货主向承运人办托运，有的兼营两方面的业务。

国际货物运输代理以专业顾问身份提供货物运输咨询服务时，其业务内容通常可以分为以下具体项目：

（1）向客户提供有关法律、法规、规章、惯例和运输信息；

（2）就货物的运输路线、运输方式、运输方案提出意见和建议；

（3）就货物的包装、装载形式提出意见和建议；

（4）就货物的进出口通关、清关、领事、商品检验、动植物检疫、卫生检验要求提供咨询意见；

（5）就货物的运输单证和银行要求提出意见和建议；

（6）就货物的运输保险险种、保险范围等提供咨询意见；

（7）就货物的理赔、索赔提出意见和建议。

目前，国际货运代理所从事的业务超过了其原来狭义的概念范围，大量的国际货运代理开始从事第三方物流业务。

资料卡

部分国家港口特殊规定简介（三）

肯尼亚：肯尼亚政府规定，凡对肯尼亚出口的货物均需在肯尼亚的保险公司投保，不接受 CIF 条款。

尼日利亚：为防止不法商人套汇，尼日利亚中央管理部规定，所有进口货物发出前需经瑞士通用公证行分支代理机构检验合格，取得"CLEAN REPORT OF FINDINGS"，收货人方可清关提货。

澳大利亚：澳大利亚港务局规定木箱包装货物进口时，其木材需经熏蒸处理，并将熏蒸证书寄收货人。如无木材熏蒸证书，木箱将被拆除烧毁，更换包装的费用均由发货人负担。

加拿大：加拿大政府规定，去该国东岸的货物，冬季交货最好在哈利法克斯和圣约翰斯，因为这两个港口不受冰冻影响。

新西兰：新西兰港务局规定，集装箱的木质结构及箱内的木质包装物和垫箱木料等必须经过检疫处理后方可入境。

二、国际货运代理

国际货运代理行业的兴起是国际贸易发展到一定程度必然的产物。由于国际货运代理长期从事国际货物运输的代理业务，能做到以最低廉的运费和最快的速度实现货物的安全便捷运输，节省了客户的时间和精力，降低了商品的成本，为客户赢得利润，并且可以避免不必要的损失和延误。

资料卡

国际货运代理行业早在公元 10 世纪就已建立，初期为报关行，其从业人员多系从国际贸易企业而来，人员素质较高，能为货主代办相当一部分国际贸易业务和运输事宜，随着贸易的发展，逐渐派生出一个专门行业，在其发展过程中，有些国家曾试图取消它，让货主与承运人直接发生业务关系，减少中间环节，但都未成功。因为构成国际货运市场的货主、货运代理、船东（或其他运力）、船代四大主体，与港务码头、场、站、库等客体不能相混，不能兼营，不能交叉经营，取消代理行业会使国际货运市场竞争秩序出现混乱。

（一）国际货运代理概述

1. 国际货运代理的概念

国际货运代理协会联合会（FIATA）对货运代理下的定义是：货运代理是根据客户的指示，并为客户的利益而揽取货物运输的人，其本人并不是承运人。货运代理也可以依据这些条件，从事与运送合同有关的活动，如储货（也含寄存）、报关、验收、收款。

1995 年 6 月 29 日公布的《中华人民共和国国际货运代理业管理规定》（以下简称《管理规定》），国际货运代理业被定义为："接受进出口业务货物收货人、发货人的委托，以委托人的名义或者以自己的名义，为委托人办理国际货物运输及相关业务并收取服务报酬的行业。"目前我国普遍采用的是《管理规定》所作的定义。

国际货运代理企业作为代理人从事国际货物运输代理业务，是指国际货运代理企业接受进出口货物收货人、发货人或其代理人的委托，以委托人的名义或者以自己的名义办理有关业务，收取代理费或佣金的行业；作为独立经营人从事国际货物运输代理业务，是指国际货运代理企业接受进出口货物收货人、发货人或其代理人的委托，签发运输单证，履行运输合同并收取运费以及服务费的行为。

2. 国际货运代理的主要工作内容

（1）代表货主的利益，选择运输方式和运输线路、订舱、仓储、安排短途运输、缮制各种运输单据，办理报关、报检、投保等相关手续。

（2）代表承运人的利益，揽货、签发运输单据等。货代本身并不拥有货物的所有权和运输工具，只是为他人提供服务的中间人，在社会经济结构中属于第三产业。

3. 国际货运代理的作用

（1）为发货人服务。

①组织协调作用。国际货运代理人历来被称为"运输的设计师"，"门到门"运输的组织者和协调者。凭借其拥有的运输知识及其他相关知识，组织运输活动，设计运输路线，选择运输方式和承运人（或货主）——提供更专业化的服务。

协调货主、承运人及其与仓储保管人、保险人、银行、港口、机场、车站、堆场经营人和海关、商检、卫检、动植检、进出口管制等有关部门的关系，可以省却委托人时间，减少许多不必要的麻烦，专心致力于主营业务。

②专业服务作用。国际货运代理人的本职工作是利用自身专业的知识和经验，为委托人提供货物的承揽、交运、拼装、集运、接卸、交付服务，接受委托人的委托，办理货物的保险、海关、商检、卫检、动植检、进出口管制等手续，甚至有时要代理委托人支付、收取运费，垫付税金和政府费用。国际货运代理人通过向委托人提供各种专业服务，可以使委托人不必在自己不够熟悉的业务领域花费更多的心思和精力，使不便或难以依靠自己力量办理的事宜得到恰当、有效的处理，有助于提高委托人的工作效率。

③降低成本作用。国际货运代理人掌握货物的运输、仓储、装卸、保险市场行情，与货物的运输关系人、仓储保管人、港口、机场、车站、堆场经营人和保险人有着长期、密切的友好合作关系，拥有丰富的专业知识和业务经验，有利的谈判地位，娴熟的谈判技巧，通过国际货运代理人的努力，可以选择货物的最佳传输路线、运输方式，最佳仓储保管人、装卸作业人和保险人，争取公平、合理的费率，甚至可以通过集运效应使所有相关各方受益，从而降低货物运输关系人的业务成本，提高其主营业务效益。

④资金融通作用。国际货运代理人与货物的运输关系人、仓储保管人、装卸作业人及银行、海关部门等相互了解、关系密切、长期合作、彼此信任，国际货运代理人可以代替收、发货人支付有关费用、税金，提前与承运人、仓储保管人、装卸作业人结算有关费用，凭借自己的实力和信誉向承运人、仓储保管人、装卸作业人及银行、海关部门提供费用、税金担

保或风险担保，可以帮助委托人融通资金，减少资金占压，提高资金利用效率。

⑤沟通控制作用。国际货运代理人拥有广泛的业务关系，发达的服务网站，先进的信息技术手段，可以随时保持货物运输关系人之间、货物运输关系人与其他有关企业、部门的有效沟通，对货物进行运输的全过程进行准确跟踪和控制，保证货物安全、及时运抵目的地，顺利办理相关手续，准确送达收货人，并应委托人的要求提供全过程的信息服务及其他相关服务。

⑥咨询顾问作用。国际货运代理人通晓国际贸易环节，精通各种运输业务，熟悉有关法律、法规，了解世界各地有关情况，信息来源准确、及时，可以就货物的包装、储存、装卸和照管，货物的运输方式、运输路线和运输费用，货物的保险，进出口单证和价款的结算，领事、海关、商检、卫检、动植检、进出口管制等有关部门的要求等向委托人提出明确、具体的咨询意见，协助委托人设计、选择恰当的处理方案，避免、减少不必要的风险、周折和浪费。

（2）为承运人服务。货运代理向承运人订舱，议定对承运人和发货人都公平合理的费率，安排适当的时间交货以及以发货人的名义解决与承运人的运费账目等问题。

国际货运代理与班轮公司关系密切，越来越多的班轮公司给国际货运代理一定的佣金以此承认其在提高业务方面的有益作用。近年来，随着国际贸易中集装箱运输业务量的增长，国际货运代理公司引进"集运"与"拼箱"服务，使他们与班轮公司及其他承运人如铁路承运人之间建立起更为密切的联系。

（3）为港口服务。货运代理接运整船货物或装运整船大部分货物，在合理流向的前提下可以争取船舶在货运代理所在地港口装卸，这就为港口争揽了一条船的货源。

（4）为海关服务。正因为此，目前，世界上80%左右的空运货物，70%以上的集装箱运输货物，75%的杂货运输业务，都控制在国际货运代理人手中。我国80%的进出口贸易货物运输和中转业务（其中，杂散货占70%，集装箱货占90%），90%的国际航空货物运输业务都是通过国际货运代理企业完成的。

（二）国际货运代理业的发展

1. 世界国际货运代理业的现状

20世纪50年代以来，随着世界各国经济贸易往来的日益频繁，跨国经济活动的增加，世界经济一体化进程的加快，国际货运代理行业在世界范围内迅速发展，国际货运代理人队伍不断壮大，并已成为促进国际经济贸易发展，繁荣运输经济，满足货物运输关系人服务需求的一支重要力量。经过几十年的发展，世界各国已有国际货运代理公司40000多个，从业人员达800~1000万人之众。在经济比较发达的西欧主要国家，平均每个国家都有300~500家国际货运代理公司。其中，联邦德国有4500多家，法国也有2000多家。在美洲，仅20世纪90年代的美国，就有货运代理公司6000多家。在亚洲，日本拥有国际货运代理公司400多家，新加坡拥有国际货运代理公司300多家，韩国、印度分别拥有200多家。我国香港地区拥有国际货运代理公司1000多家，台湾地区拥有近260家。目前，世界上80%左右的空运货物，70%以上的集装箱运输货物，75%的杂货运输业务，都控制在国际货运代理人手中。

货运代理行业的发展并不平衡。总的来讲，发达国家的国际货运代理行业发展水平较高，制度比较完备，国际货运代理公司多数规模较大，网络比较健全，人员素质较高，业务比较发达，控制了世界国际货运代理服务市场。发展中国家的国际货运代理行业发展比较缓慢，制度不够完备，国际货运代理公司多数规模较小，服务网点较少，人员缺乏培训，以本国业务为主，市场竞争能力较差。

2. 中国国际货运代理业的现状

中国的货运代理行业起步较晚，历史较短，但是由于国家重视，出台政策予以鼓励，实现了规范发展，发展十分迅速。2010~2013年四年间，国际货运代理企业的数量达到32160家，整个行业以市场为导向，整体实力得到提升。目前，中国80%的进出口贸易货物运输和中转业务（其中，散杂货占70%，集装箱货占90%），90%的国际航空货物运输业务都是通过国际货运代理企业完成的。

3. 中国国际货运代理企业的发展方向

改革开放30多年来，随着中国对外贸易的高速增长，中国国际货运代理业的发展方兴未艾，已成为一个初具规模的新兴服务产业。但从整体上讲，中国目前国际货运代理业的现状可概括为：经营规模小、资产规模小，服务功能少、专业人才少、竞争力弱、融资能力弱、服务质量参差不齐、缺乏网络或网络分散，经营秩序不规范。随着经济全球化带来的挑战及中国货运市场的进一步开放，中国的国际货运代理业必将分化重组。未雨绸缪，在这种大背景下，关注思考中国国际货运代理企业的发展方向就显得十分必要。中国货运代理企业发展方向应定位于规模化、专业化、网络化、物流化。

（1）规模化。规模化作为中国货运代理企业发展的一项基本战略，是合理配置其现有资源、推动其永续经营的必由之路。规模化是货运企业应对经济全球化挑战的必然选择。经济全球化的实质就是优化配置全球资源，由其引发的主要特征是世界范围内产业结构的调整和转移。其中一个突出表现就是合并、收购、重组之势风起云涌、高潮迭起。就航运业来说，"东方海外"收购"美国总统"，"马士基"收购"海陆"就是明显例证。这两年航运市场由低迷趋向活跃，经营业绩表现不俗，一方面是世界经济持续增长的驱动；另一方面，与航运业的兼并收购所产生的规模经济性密切相关。规模化是整合中国目前中小货运代理企业资源的内在要求。

随着货运市场的进一步开放，实力超群的外资货运代理企业将大显身手，相当一批势单力薄的货运代理企业将被淘汰出局，出路之一就在于联合、重组，搞战略联盟。而从货源、资金、网络的规模化入手，走规模经营之路，正是实施这一战略必要而有效的一步。以资产和效益为纽带，打破地域、行业、企业等界限，在业务上通过空运销售代理、海运订舱代理或指定代理、一程租船经营等方式，租金货源的规模化、集约化。在财务上，通过集中融资、吸纳外资、私营等民间资本，从资金上为推动规模经营提供保障。在管理上，通过经理层年薪、职工内部持股，竞聘上岗等机制创新，加大货运代理企业横向间联合、兼并、重组的步伐，整合货运代理行业固有资源，推动其发展壮大。

（2）专业化。从完善服务功能，开展集约经营的角度出发，专业化服务是对货运代理企业的基本要求。目前我国多数货运代理仍停留在"代办运输"的中间人角色，服务功能单一、管理水平落后，客户需求只能低层次的得到满足，随着市场竞争的加剧和客户需求的提高，货运代理企业还应当完成向独立运输经营人的角色转换，为此就必须拓宽服务功能，提升服务档次，在业务操作、员工素质、企业文化等方面按专业化服务的标准规范企业行为，从战略、成本、质量、营销等方面提高企业的管理水平。

专业化是培育货代企业核心竞争力的必然要求。企业的核心竞争力是指企业最擅长的业务，是企业品牌、主业、实力、创新能力等综合资源优势的外化。而专业化是培育和增强企业核心竞争力的重要途经，一个货代企业只有立足于专业化经营，才能将它区别于其他企业的地方淋漓尽致地表现出来，通过核心竞争力来凝聚利润，从而使其在激烈的市场竞争中立于不败之地。国际货运代理的业务范围十分广阔，专业化服务的内容就是要求货代企业以培育和增强企业核心竞争力为目的，在空运、整箱、拼箱、海运、租船、集港疏运、仓储分拨、物流配送等业务上选择其中的一两项作为主业，在市场开发、企业战略、人才选用、管理规范等资源配置方面采用密集性的营销策略，稳扎稳打、滚动发展，最终成为市场领导者。

目前，我国相当一批中小货代企业货源、资金、人才等资源有限，瞄准专业化发展目标，是他们迎接挑战，参与市场竞争激烈的明智选择。

（3）网络化。网络化有三层递进含义：①货运代理企业有形的国内外营运网点的建设。货运代理作为国际运输的一项辅助服务，发展到成熟阶段就必须有一定的网络支撑，否则既缺乏滚动发展的后劲，也会使满足客户需求的理念流于形式。目前，除一些大型货代和一些合资货代拥有相对比较完善的网络设施外，中国其他货代企业普遍缺乏网络培育，这是导致中国货代企业竞争力不高的一个重要原因。②总部对货代企业营运网点的资源能统一调配，通过网络运作追求规模效益。这就要求各营运网点之间不能各自为政、自相残杀，而是根据业务和战略发展的需要联成一体，服从总部的集中指挥和管理协调。这正是泛亚班拿、辛克、联邦快递等跨国货代的经营之道。③货代企业这些星罗棋布的网点怎样联结的问题。信息化、网络化的时代特征决定了利用 Internet、EDI、E-mail 等先进的传输方式，构筑无形的信息管理系统，通过电子商务实现内部资源网络化运作，这是联结这些分割的有形网点的最快捷和最有效手段，唯有如此，才能达到提高效率、降低成本、共享资源的目的。

（4）物流化。第三方物流作为现代物流的核心思想之一，对于货运代理企业优化产业结构、提高竞争力、培育新的利润增长点无疑具有重要意义。物流在中国还不是一种成熟的产业，国内外客户需求又有很大不同，根据本国特色，确定符合我国国情的货代物流产品是适应市场的首要条件。另外，由于中国货运代理企业长期处于低层次的粗放经营状态，系统组织能力很低，又缺乏有效的全球网络，提供全球供应链的管理服务有一定难度。所以，我国的货代企业首先要解决的是如何根据自己的条件，融入到全球物流体系之中，开发不同层次的物流服务，最大限度地在物流产业中受益。

根据我国货代企业服务创新的目标，有以下几种模式选择：①以提高服务附加值为目标的基础物流服务。运输、仓储、包装、分拨是物流的基本环节，也是物流系统的实际执行者，并构成了物流产业的基本需求。②以培育新的客户群为目标的个性化物流服务。客户对运输和物流的需求具有多样性，特别是中小型客户，自身的商务功能有限，需求更具有特殊性，这是一个巨大的潜在客户群。为这些客户提供包括运输、仓储、商务等附加服务在内"量体裁衣"式的灵活物流服务，不仅可以有效地支撑货代主业，还可以增加附加收入。③以实现产业更新为目标的第三方物流服务——系统物流服务。第三方物流是介于客户和实际物流承担者之间，为生产商提供物流设计、控制和供应链管理的物流服务模式。这是物流服务体系中的最高层。这种服务不同于货运代理和承运人提供的劳务和基础设施的服务，而是采取虚拟经营的方式，销售专业物流决策和管理技能，主要职能是总体成本控制和对供应链实施动态监控，代表了物流需求的最本质思想。当中国的货运代理企业实现这一物流服务，实际上已经完成了由单纯货运代理服务向货运代理物流服务的升级，可以说达到了物流服务的最高境界。

需要指出的是，物流服务不是一种定型的东西，物流服务模式仅仅代表了三种方向，我国的货代企业完全可以根据自身特点，进行优化组合，最大限度地发挥自身的资源优势，设计出自己的综合物流服务产品。规模化、专业化、网络化和物流化作为我国货代企业发展应确立的四项战略，规模化和网络化侧重企业的组织结构和经营方式，而专业化和物流化侧重企业的管理形态和经营内容，它们相互渗透、互为贯通，统一于我国货代企业发展的实践和战略部署中。其中最核心的是专业化、规模化，这是因为货代企业靠专业化服务创出品牌效应后，为创造新的市场份额，既要通过营运网点的延伸提升经营规模，也必须运用信息管理系统将各支点对接起来才能真正实现满足客户需求的经营理念。货代企业打造特色品牌、加快网络建设的目的也无不是为了把市场蛋糕做大，实施这种战略的本身就隐含着推进规模化经营的过程；现代物流的两大核心思想是专业服务和系统整合，联系我国货代企业的现状，货代企业向现代物流经营转型的前提就是在培育核心竞争力和壮大网络规模两大任务上有所突破，这恰好反映了专业化和规模化思想的本质要求。

（三）国际货运代理流程

图1-2概括了国际货运代理全流程。委托人的委托是从揽货、接单、接货开始的，如果委托人是货物的收、发货人，则国际货运代理企业起的是货主代理人的角色；如果委托人是承运人，则国际货运代理企业起的就是承运人代理人的角色；揽货部门是接业务找市场的部门。大型的国际货运代理企业往往把揽货员接下的单全部交由商务人员处理，以利于公司业务规范化管理；中小企业商务人员只处理熟客和重要客户以及棘手的合同、法律问题，揽货员的客户自行管理。签完委托代理合同后，包含订舱、报关报检等具体的流程操作由操作部来完成每一个环节的活动和记录其过程，有的公司把这两个部门合而为一。配载配送是技术性较强的工作，虽然它们是操作的一环，但却是货物运输特别是远程运输的开始和结束，也是货差货损和延迟交付较为集中的环节，为了完成得更好，不少企业由一个独立的部门来处理，以确保货运安全。货代客服是全流程的服务质量评估和保障部门，是代表企业形象的部门，它处理客户投诉、查询，还进行市场调研和服务质量考核。货代财务负责每一个环节的成本控制、核算，包含款项的回收，是国际货运代理企业赢利的保证。以下就不同运输方式可能引起流程的细微不同作一简短的介绍。

1. 国际货物海运代理业务流程

（1）出口流程。市场销售（货物询价、揽货员报价等）→委托运输（客户接受报价并传货运资料等）→审核资料→订舱→做箱（门到门：收到船公司回传的装货单后与客户确认做箱时间、地点）→传装货单与派箱纸给拖车行打提箱单→安排到码头提箱→提箱后传公司资料、箱号、封条号、装货单给客户→提箱后到客人指定的地方装货—客户装箱后还重箱回码头→认真核对码头收箱后给的重箱纸—把重箱纸交给客户→通知客户传正确的装箱资料；内装：收到船公司回传的装货单后与客户确认送货时间、地点→客户送货入仓→把入仓单交给客户→要求客户补提单资料→报检报关（整理客户资料、报关资料传给报关厅）→配船→同客户核对确认提单→传确认后的提单资料给船公司→出正本提单→财务对账（待船公司核对账单后付款给船公司，开客户发票）→正本提单、

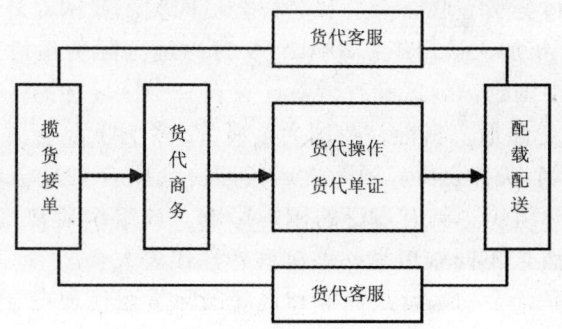

图1-2 国际货运代理流程

发票的发放（客户需结消费用）→航班跟踪→信息服务。

(2) 进口流程。接受委托→卸货地订舱→接运工作→报检报关→监管运输→费用结算→提取货物。

2. 国际货物铁路运输代理业务流程

(1) 出口流程。市场销售→委托运输→审核资料→制运单（整车：向铁路提计划→批计划→受理；零担：直接受理）→配车→报检报关→请拨空车→货物进站→装车（监装及施封）→取重车发运→费用结算→口岸交接（审核、换装、签署交接文件）→班列跟踪→信息服务。

(2) 出口流程。接受委托→口岸交接→报检报关→分拨分运→费用结算→提取货物。

3. 国际货物道路运输代理业务流程

国际货物道路运输分为吨车和集装箱拖车，集装箱拖车增加提空箱的环节。

(1) 出口流程。市场销售→委托运输→审核资料→制运单（整车：到客户指定地点装货；零担：入仓→配车）→报检报关→重车发运→费用结算→班车跟踪→信息服务。

(2) 进口流程。接受委托→报检报关→分拨分运→费用结算→提取货物。

4. 国际货物空运代理业务流程

(1) 出口流程。市场销售→委托运输（客户填托运书传给空运代理）→审核单证→预配舱→预订舱→接受单证→制单→接货→标签→配舱→出口报关→出仓单→提板箱→装板箱→签单→交接发运→费用结算→航班跟踪→信息服务。

(2) 进口流程。代理预报→交接单、货→理货仓储→理单与到货通知→制单与报关→收费与发货→送货与转运。

（四）国际货运代理相关的行业组织

1. 国际货运代理协会联合会（法文缩写为FIATA，并作为国际货运代理协会联合会的标识。法文全称Fédération Internationale des Associations de Transitaires et Assimilés，英文全称International Federation of Freight Forwarders Association）

FIATA于1926年5月31日在奥地利维也纳成立，总部设在瑞士苏黎世，是一个非营利性的国际货运代理行业组织，其目的是保障全球货运代理的利益并促进行业发展。FIATA在各大洲设有办事处，亚洲和太平洋地区办事处设在印度孟买。国际货运代理协会联合会的最高权力机构是会员代表大会，下设代表大会主席团，对外代表FIATA，对内负责FIATA的日常管理。FIATA设有四个地区委员会——非洲和中东、美洲、亚太以及欧洲委员会。其会员分为：一般会员、团体会员、联合会员和名誉会员四类。我国对外贸易运输总公司作为一般会员的身份，于1985年加入该组织。2000年9月中国国际货运代理协会成立，次年作为一般会员加入FIATA。中国台湾地区和香港特区各有一个区域性的一般会员，台湾地区以中国台北名称在FIATA登记注册。目前，我国大陆有20多个联合会员，香港地区有105个联合会员，台湾地区有48个联合会员。国际货运代理协会联合会是全球运输行业中最大的非政府组织和非营利性国际组织，具有广泛的国际影响。该组织通常每年9月在全球（非洲/中东、美洲、亚太和欧洲）不同城市举办一次世界性代表大会。

国际货运代理协会联合会的宗旨是保障和提高国际货运代理在全球的利益。其主要贡献有：提供各国立法参考的《国际货运代理示范法》；推荐各国国际代理企业采用《国际货运代理标准交易条件》；制定了FIATA运送指示、FIATA货运代理运输凭证、FIATA货运代理收货凭证、FIATA托运人危险品运输证明、FIATA仓库收据、FIATA可转让联运提单和FIATA收发货人联运重量证明等单证格式范本。

2. 国际航空运输协会（International Air Transport Association，IATA）

该协会的前身是由6家航空公司组成的国际航空交通协会，1945年改名为国际航空运输协会，总部设在加拿大蒙特利尔，协会在纽约、巴黎、伦敦和新加坡设有分支机构。协会的最高权力机构为每年召开的全体会议，大会的执行委员主持日常工作。协会在瑞士日内瓦设有结算中心，统一办理会员公司的财务结算。协会成员必须是持有国际民用航空组织成员国政府颁发定期航班许可证的航空公司。

国际航空运输协会的宗旨是：为了世界人民的利益，促进安全、正常而经济的航空运输；为直接或间接从事国际航空运输工作的各空运企业提供合作的途径；与国际民航组织以及其他国际组织通力合作。协会的主要任务是：（1）协商议定运段；（2）协商制定国际航空客货运价；（3）协议规定承运人的责任和义务；（4）统一结算各会员间以及会员与非会员间联运业务账目；（5）开展业务代理等。

目前，中国内地共有中国国际航空公司、中国东方航空公司等13家航空公司为国际航协会员公司。

3. 中国国际货运代理协会（China International Freight Forwarders Association，CIFA）

该协会成立于2000年9月6日，是在中华人民共和国境内注册的国际货运代理企业自愿组成的非营利性质的行业协会。

中国国际货运代理协会的宗旨是：维护我国国际货运代理行业的利益，保证会员企业的正当权利，促进我国国际货运代理行业的健康发展。

中国国际货运代理协会的主要业务范围是：协助政府主管部门依法规范国际货运代理企业的经营行为，整顿行业秩序；开展行业市场调研，编制行业统计；组织行业培训及行业发展研究；承担政府主管部门委托的部分职能；为会员企业提供信息咨询服务；代表全行业加入国际货运代理协会联合会，开展同业国际交流。

中国国际货运代理协会的主要任务是：协助政府部门加强行业管理；为政府制定行业发展规划和管理政策提供建议；保护会员的合法权益；维护国际货运代理行业经营秩序；保护行业利益，维护行业信誉；组织行业人员的业务培训等11项。同时，中国国际货运代理协会负责国际货运代理企业业务备案的具体组织实施工作。

4. 我国各地区国际货运代理协会

货代市场的发展迫切需要有一个行业组织来协调企业和政府、企业与市场的关系。上海在1992年率先成立了国际货运代理的行业协会，随后各地区的国际货运代理行业协会在后来的10年中也纷纷成立。这些行业协会都是由国际货运代理企业自愿组成的、非营利性的行业组织，接受地区外经贸主管部门和民政部门的监督管理。随着经济发展，特别是我国加入WTO以后政府职能不断转变，行业管理将进入一个政府监管与行业自律并重的新阶段。

协会作为联系政府与会员之间的纽带和桥梁，其职能主要是：服务政府和会员企业，通过服务增强行业组织的凝聚力；协助政府部门对本地区国际货代企业实施行业管理，运用法律法规指导督促企业依法经营，维护国际货代行业的经营秩序，促进行业的健康发展；与政府有关部门建立沟通协商机制，及时反映涉及会员集体利益的意见和建议，依法维护本行业利益；负责本行业业务培训；组织会员国内外业务考察，推动会员企业间的横向交流与合作；向会员企业提供各种有关行业信息，以及承担行业调查、行业统计、公信证明等职能。

三、国际货运代理企业的类型与业务范围

（一）国际货运代理企业的主要类型

1. 国际货物运输代理企业

国际货物运输代理企业是指接受出口货物的收发货人的委托，代为办理国际货物运输及相关业务并收取相关服务费用的企业，简称货代企业。货代企业本身不是货物的承运人，是货主与承运人的中间人。货代企业通过为货主提供安排运输、仓储、安排接货、货物的集装和分拨、办理相关手续、代为保险、代为报关报检等服务项目获得运费的差价、佣金和服务费等利益和报酬。

根据我国的有关规定，国际货运代理企业必须在商务部或地方外经贸主管部门办理备案手续后方可经营。目前我国货代企业主要从事的是：海上货物运输代理业务；航空货物运输代理业务；国际陆路（铁路、公路）运输代理业务和国际多式联运业务。由于国际货物运输主要是通过海运和空运来完成的，海运代理业务和空运代理业务占了货代业务的绝大多数。货代企业通过自己的特长和优势获得优惠的运价，既为货主提供服务，也为自己获得利益。

（1）海上运输代理业务。由于海运成本相对低廉，目前世界上80%的国际货物运输都是由海运完成的，因此，海运代理业务占了货代业务的大半部分，其主要从事着国际集装箱货物和件杂货运输代理业务。从事海运代理业务，必须掌握国际海运航线地理知识，熟悉与海上运输和进出口业务相关的法律、法规和国际公约，熟悉船舶的航运知识、船舶和码头的货物装载知识、集装箱知识、运价和各种附加费用的有关规定等。

（2）航空运输代理业务。航空运输速度快、安全及时、运输环节少，因而被越来越多的人所采用。一方面，客户为了运送那些价值昂贵的货物、鲜活的产品、易腐和季节性强的商品往往选用航空运输；另一方面，由于国际贸易竞争激烈，货主为了把握商机，争取高利润，也普遍采用航空运输来提高自己的竞争力。从事空运代理业务，必须掌握国际航线和各国的航班情况，熟悉与航空运输和进出口业务相关的法律、法规和国际公约，熟悉各类机型和各种装载知识，会计算各类航空运费，并懂得如何合理地组织运输，以利于节约运输

成本。

（3）国际陆路（铁路、公路）运输代理业务。国际陆路（铁路、公路）运输代理业务虽然不是国际货物运输代理的主要业务，但因其运输便捷、运量大、成本低、受气候影响比较小等，有时也具有不小的市场，特别是在与内陆地区连接的大陆桥运输和联合运输中起到了很大的作用。从事国际陆路（铁路、公路）运输代理业务的企业必须掌握国际陆路运输的相关业务，熟悉铁路、公路主要干线，熟悉有关铁路、公路运输和货物装载知识，了解集装箱相关知识等。

（4）国际多式联运业务。国际多式联运是20世纪80年代兴起的一种国际货物运输方式，通过两种以上的运输方式将多程运输交由一个承运人完成。把传统的海海、空空、陆陆单一运输有机地结合起来，为客户提供经济、安全、合理、迅速、简便的运输服务。国际多式联运业务有别于传统的代理业务。国际多式联运的经营人虽然可能不具有运输工具，但其还是以承运人的角色为客户提供服务，不但要承担代理人的责任，还要承担国际货物运输人的责任。国际多式联运企业不仅需要熟悉代理业务，还必须熟悉相关承运人的业务知识。

2. 船舶代理企业

船舶代理企业是指接受船舶所有人的委托，代办与船舶有关的一切业务的企业。船舶代理业务范围很广，主要包括船舶进出港业务、货运业务、船舶供应和船舶服务方面等业务以及其他服务性业务等。

根据我国的有关规定，船舶代理企业必须经交通部批准方可经营。船舶代理企业主要分为两类：船务代理企业和订舱代理企业。在国际货运代理业务中，订舱代理企业主要从事船舶订舱业务。我国的国际货运代理企业往往有着不同的背景，有些企业背靠船公司，具有船公司的优先订舱权，且可以代为承运人签发承运合同，实际上这些货代企业就扮演着船舶代理的角色。

3. 无船承运人

无船承运人是指在国际货物运输中的契约承运人，而不是实际完成运输的实际承运人。国际货运代理企业进入运输领域、开展单一方式运输或多式联运业务时，由于与委托人订立运输合同并签发自己的运输单证（FCT、FBL等），对运输负有责任，因而已经成为承运人。但是，由于它们一般并不拥有或掌握运输工具，只能通过与拥有运输工具的承运人订立运输合同，由他人实际完成运输，它们实际的角色是自己不完成运输任务，但要承担订立货物运输合同的责任。

4. 第三方物流经营人

第三方物流的本质就是通过运用各种信息技术，将传统的仓储、运输、装卸、包装等货物流动的活动系统化、专业化。第三方物流作为国际货运代理的一种发展，可以看作是国际货运代理业务的延伸和拓展，实际上就是将传统的货运代理和新的增值服务结合起来，以达到降低货物的流通成本，为客户提供便捷、低廉的服务，经营人自己通过服务的延伸获取更多的利润。

第三方物流经营活动由于业务范围的扩大，涉及的服务领域和项目也在增加，经营人的责任和风险也随之增大。由于第三方物流经营人在我国属于起步和发展阶段，其名称和业务的范围并没有一个明确的界定。

资料卡

国际货运代理人与无船承运人的识别方法

一、合同的约定

根据合同的名称和内容判断该合同属于运输合同或代理合同,进一步判断货运代理公司的法律身份(无船承运人或货运代理人)。如果合同的名称与合同的内容不一致(如合同的名称为运输合同,而合同的内容中没有运输合同的基本条款),则以合同的内容为准。

二、是否签发无船承运人提单

1. 看提单格式

在货运代理公司使用自身格式的无船承运人提单(提单抬头印制了货运代理公司名称)的情形下,一般应认定其为无船承运人;反之,在货运代理公司没有使用自身格式的无船承运人提单,而是由船公司签发船东提单的情形下,则船公司为承运人,货运代理公司一般为代理人。

2. 看提单的签署

一般而言,船东提单以船公司为抬头,由船舶代理人代签。无船承运人提单通常由货运代理公司自己签署,其签署应与抬头一致,即表明"作为承运人"(As carrier)。然而,现实中往往并非如此。绝大多数货运代理公司即使使用其无船承运人提单,在签署时仍然表示其"作为代理人"(As agent 或 As agent for the carrier)。目前法院新的观点认为:在识别无船承运人的场合,在签署与格式(抬头)不一致的情况下,以格式为准,因为所谓的 Carrier 其实并不存在。

三、收取报酬的形式

目前货运代理公司取得报酬的主要形式为包干费用,即由货主一次性向货运代理公司支付包括货物运费和货运代理公司利润在内的费用。货运代理公司在收取货主支付的费用之后(或之前),向船公司支付较低的运费,其中差额为货运代理公司的利润。这种收费方式,也常常被当事人(一般为货主)引以为判断货运代理公司法律身份的理由:收取运费是承运人的权利,货运代理公司收取运费,可以表明其承运人的身份。

四、其他方法

在上述条件均不能判断的情况下,识别货运代理公司的身份,首先需要从货运代理公司对委托人的询价答复、托运单或委托书的内容、船公司签发给货运代理公司的提单等方面综合考虑。

(二)国际货运代理企业的业务范围

国际货运代理人的业务范围相当广泛。至于具体某个国际货运代理企业的经营范围,应以其经营许可证上核准的业务范围为准,但须符合《中华人民共和国国际货运代理业管理规定实施细则》。

根据《中华人民共和国国际货运代理业管理规定实施细则》的规定,国际货运代理企业的经营范围如下：

（1）揽货、订舱（含船租、包机、包舱）、托运、仓储、包装。

（2）货物的监装、监卸、集装箱的拆箱、分拨、中转及相关的短途运输服务。

（3）报关、报检、报验、保险。

（4）缮制签发有关单证、交付运费、结算及交付杂费。

（5）国际展品、私人物品及过境货物运输代理。

（6）国际多式联运、集合（含集装箱拼箱）。

（7）国际快递（不含私人信函）。

（8）咨询及其他相关国际货运代理业务。

四、国际货运代理企业的管理

1. 货运代理主要管理部门

按照我国政府的有关规定，商务部和各省、自治区、直辖市、经济特区、计划单列市的政府商务主管部门对国际货运代理行业进行监督管理。其主要职能是：①制定和执行国际货运代理行业的政策、法规和规章；②审批外商投资国际货运代理企业；③主管国际货运代理企业备案工作；④规范行业的经营行为和经营秩序，处罚违规行为；⑤指导行业协会开展工作。

根据《中华人民共和国行政许可法》和有关规章规定，国务院和地方商务主管部门赋予中国国际货运代理协会和各地方行业协会部分行业的管理职能，主要体现在协调政府与国际货运代理企业的关系、企业的备案、企业的年审、业务人员的培训和行业自律等方面。另外，国务院公路、水路、铁路、航空、邮政运输主管部门以及联合运输主管部门根据与本行业有关的法律、法规和规章，也对国际货运代理企业的设立及其业务活动进行不同程度的管理。目前，我国对国际货运代理行业实行的是以商务部门为主、其他相关管理部门参与、行业协会自律的管理体制。

2. 国际货运代理行业管理主要法律依据

到目前为止，国际货运代理行业管理的主要法律依据是：1995年6月6日国务院批准，当年6月29日由对外贸易经济合作部颁发的《中华人民共和国国际货运代理业管理规定》（以下简称《管理规定》）；1998年8月28日对外贸易经济合作部颁发的《中华人民共和国国际货物运输代理业管理规定实施细则》（以下简称《实施细则》）；对外贸易经济合作部于2002年12月21日颁发的《中华人民共和国外商投资国际货运代理业管理规定》；2003年12月7日商务部颁发的《外商投资国际货运代理业管理规定（补充规定）》。

《管理规定》和《实施细则》明确了国际货运代理业的定义，规定了对外贸易经济合作部是国际货运代理行业的业务主管部门，并对业务管理的方法和途径进行了规范。在《管理规定》和《实施细则》中明确了国际货运代理企业的设立条件、审批程序、业务范围和对违规行为的处罚。由于《管理规定》和《实施细则》中有关国际货运代理企业的审批程序与后来的《中华人民共和国行政许可法》相冲突，从2004年5月19日起，《管理规定》和《实施细则》中有关国际货运代理企业经营资格审批的规定不再执行。

根据《管理规定》和《实施细则》的规定，设立国际货运代理企业必须具备固定的经营场所、必要的营业设备和一定数量的专业人员。国际货运代理企业最低注册资本为：经营海上国际货物代理业务企业，注册资本最低限额为500万元人民币；经营航空国际货物运输代理业务企业，注册资本最低限额为300万元人民币；经营陆路国际货物运输代理业务或者国际快递业务企业，最低注册资本限额为200万元人民币。兼营两项以上业务（包括两项）的，注册资本最低限额为其中最高一项的限额。如果企业需要设立分支机构，每设立一个分支机构，应增加注册资本50万元人民币。

《中华人民共和国外商投资国际货运代理业管理规定》规定了外商投资国际货运代理企业的定义，外商投资国际货运代理企业的设立条件、审批程序、经营期限等问题。《外商投资国际货运代理业管理规定（补充规定）》允许中国香港、澳门地区服务企业在内地以合资、合作、独资形式设立国际货运代理企业，规定了此类企业的最低注册资本等问题。

由于我国对国际货运代理行业存在着多头管理的现象，除国务院对外经济贸易管理部门（现商务部）以外，国务院和其他行政管理部门也制定了相应的法规和规章，从不同的角度对国际货运代理行业和企业进行了不同程度的管理。如国务院颁布的《中华人民共和国国际海运条例》和交通部发布的《中华人民共和国国际海运条例实施细则》，对无船承运人和国际船舶代理经营者进行了界定，规定了无船承运人的申请资格、申请条件、审批程序、经营范围和无船承运人提单申请办法；明确了国际船舶代理企业及其设立分支机构的申请手续等规定。国家民航总局颁布了《中国民用航空快递业管理规定》，明确了航空快递的定义，规定了经营航空快递业务企业的条件和审批程序。交通部、铁道部联合颁发的《国际集装箱多式联运管理规则》，规定了国际集装箱多式联运经营人的定义，经营集装箱业务企业的审批条件、审批程序和业务范围等。海关总署颁发的《中华人民共和国海关对报关单位注册登记管理规定》，对报关单位的类别、登记注册许可、登记注册程序、报关行为内容等进行了明确的规定。国家质量监督检验检疫总局颁发的《出入境检验检疫代理报检规定》，规定了代理报检单位的注册登记、设立条件和报检的行为规范等具体内容。

3. 国际货运代理的权利

国际货运代理企业的主要业务是接受货主的委托，代理客户完成国际贸易中的货物运输任务，货主是委托方，货代是代理人。根据我国《合同法》的有关规定，国际货运代理企业主要有以下权利：

（1）为客户提供货物运输代理服务获取报酬。

（2）接受委托人支付的因货物的运送、保管、投保、报关、办理汇票的承兑和其他服务所发生的一切费用。

（3）接受委托人支付的因货代不能控制的原因致使合同无法履行而产生的其他费用（如果客户拒付，国际货运代理人对货物享有留置权，有权以某种适当的方式将货物出售，以此来补偿应收取的费用）。

（4）接受承运人支付的订舱佣金。

（5）按照客户的授权，可以委托第三人完成相关代理事宜。

（6）接受委托事务时，由于货主或承运人的原因致使货代受到损失，可以向货主或承运人要求赔偿损失。

4. 国际货运代理的义务

国际货运代理义务是指国际货运代理在接受委托后，对自己的代理事宜应当从事或不应当从事的行为，以及在货运代理业务中与第三人应当或不应当从事的行为。国际货运代理企业一经与货主（委托人）签署合同或委托书，就必须根据合同或委托书的相关条款为委托人办理委托事宜，并对在办理相关事宜中的行为负责。归纳起来其义务分为两类：

（1）对委托人的义务。其主要表现在：①按照客户的指示处理委托事务的义务；②亲自处理委托人委托事务的义务；③向委托人如实报告委托事务进展情况和结果的义务；④向委托人移交相关财物的义务；⑤就委托办理的事宜为委托人保密的义务；⑥由于自己的原因，致使委托业务不能按期完成或造成委托人的生命或财产损失，进行赔偿的义务。

（2）对委托事务相对人的义务。其主要体现在：①如实、按期向有关的国家行政管理部门申报的义务；②如实向承运人报告货物情况的义务；③缴纳税费、支付相关费用的义务；④由于货主或货代本身的原因，致使相关人的人身或财产损失的赔偿的义务。

5. 国际货运代理的责任

国际货运代理的责任是指国际货运代理作为代理人和当事人两种情况时的责任。

（1）作为代理人的责任。国际货运代理作为纯粹的代理人，通常应对其本人及雇员的过错承担责任，其错误和疏忽主要包括：①未按指示交付货物；②尽管得到指示，办理过程中仍然出现疏忽；③报关有误，运往错误的目的地；④未能按必要的程序取得再出口（进口）货物退税；⑤未取得收货人的货款而交付货物；⑥对其经营过程中由于国际货运代理的责任，造成第三人的财产灭失、损坏或人身伤亡。

（2）作为当事人的责任。国际货运代理作为当事人，是指在为客户提供货运代理服务中以其本人的名义承担责任的独立合同人。他对因履行国际货运代理合同而雇用的承运人、分货运代理的行为或不行为而负责。

在这种代理中，他与客户接洽的是服务的价格，而不是收取代理手续费。特别当国际货运代理以经营人的身份提供多式联运服务时，作为国际货运代理的标准交易条件中的纯粹代理性质的条款就不再适用了。其合同义务受他所签发的多式联运提单条款的制约，即使此时国际货运代理本人并不拥有船舶或其他运输工具，也将作为多式联运经营人对全程负责，承担如同承运人的全部责任。

6. 国际货运代理的免除责任

免除责任又称免责，是指根据国家法律、国际公约、运输合同的有关规定，责任人免于承担责任的事由。国际货运代理与承运人一样享有免除责任。对于国际货运代理，免除责任通常体现在国际货运代理标准交易条件或与客户签订的合同中，归纳起来主要包括以下七个方面：

（1）客户的疏忽或过失所致；

（2）客户或其代理人在搬运、装卸、仓储和其他处理中所致；

（3）货物的自然特性或潜在缺陷所致，如由于破损、泄漏、自燃、腐烂、生锈、发酵、蒸发，或由于对冷、热、潮湿的特别敏感性；

（4）货物的包装不牢固、缺乏或不当包装所致；

（5）货物的标志或地址错误、不清楚、不完整所致；

（6）货物的内容申报不清楚或不完整所致；

（7）不可抗力所致，如战争、海啸、飓风等灾害造成的货物的灭失。

需要说明的是，尽管有上述免责条款的规定，国际货运代理仍需对因自己的过失或疏忽而造成的货物灭失、短少或损坏负责。

另外，作为委托人，应当在国际货运代理对其征询有关业务或处理意见时，及时予以答复，对要求国际货运代理所做的工作亦应及时给予各种明确的指示。如因指示不及时或不当而造成的损失，国际货运代理不承担任何责任。

【复习题】

1. 简述国际货运代理的概念、主要工作内容和作用。
2. 有哪些国际货运代理行业组织？
3. 有哪些国际货运代理企业主要类型？
4. 简述国际货运代理的流程。

【案例分析】

这是一个很简单的行业，从业者都是小学文化程度。但以 99.999999% 的精确性，它入选了"吉尼斯世界记录"，年收益高达 1.8 亿卢比，它成为许多经济管理学院研究、讨论的案例。

这一切都得益于孟买拥有一个独特的速递网络，专门提供从顾客家到顾客指定地点的送餐服务。从事这一行业的人员被称作"达巴瓦拉"，"达巴"在印度语中是"饭盒"、"小桶"的意思，"瓦拉"指某类人，合在一起就是送盒饭的人。达巴瓦拉在送餐时都穿着印度传统的白色长袍，头戴船形小白帽。每到中午时分，在孟买城区纵横交错的大街小巷穿梭的达巴瓦拉是孟买一道独特的风景。

在孟买，目前约有 5000 名达巴瓦拉，要为 20 万名顾客送餐。达巴瓦拉同属于孟买盒饭供应者协会，相互之间有明确的分工和协作，是一个有机的整体，绝不会单打独斗。这种餐盒是印度最常见的。餐盒上标有一些数字和字母，表明它来自何方、将要前往何地。外人对此一头雾水，达巴瓦拉却烂熟于心。牢记标志的含义是达巴瓦拉入行的基本功，也是保证送餐顺利的前提。达巴瓦拉装盒饭的工具一般是一个 2.5 米长、55 厘米宽的木条箱，每个能装 40 盒左右。达巴瓦拉要头顶这个沉重的木条箱，在旅客中快速穿行并安全地登上列车。火车在一个站的停留时间是两分钟，所以达巴瓦拉必须动作敏捷、争分夺秒。

与此同时，在城区各个火车站站台上，早有另一批达巴瓦拉在等候。火车到站后，他们从同伴手中接过餐盒，再次按区分拣，落实到每个达巴瓦拉头上。这些人会把餐盒送到顾客指定的地点。吃过饭，顾客只要将餐盒放回原处，达巴瓦拉就会按照来时的方法将它运抵家中。

达巴瓦拉的组织结构分为三层。最高层是协会执行委员会，负责组织、协调、处理紧急事务、福利和对外交往。第二层是协会内 20~25 个达巴瓦拉小组的负责人。他们一般是经验丰富的老达巴瓦拉，监管一个小组的工作运行。第三层就是具体干活的达巴瓦拉。

达巴瓦拉与协会不是雇佣与被雇佣关系，而是成员关系。每个达巴瓦拉都是股东，都享有分红的权利。他们在加入协会时都必须缴纳一定的资本金。最低投资要求是两辆自行车、一个木条箱、一套白色传统服装和一顶标志性的帽子，这几项约合5000卢比（5卢比约合1元人民币）。

达巴瓦拉的工作是艰辛的，不仅需要体力，还必须与时间赛跑。他们的行规就是：无论发生什么，必须准时送达。印度媒体曾报道过这样一件事：一个骑自行车送餐的达巴瓦拉在路口等红灯时被一违规卡车撞倒身亡。同伴们赶到后，有人处理善后事宜，有人立即继续他未完的工作。当盒饭到达目的地时，只比平时晚了30分钟。

达巴瓦拉的文化程度都不高，一般是小学毕业。他们的月收入为4000~5000卢比，这个水平已足够他们养家糊口。此外，协会还提供紧急援助、子女就学等福利。

孟买的这个送餐网络反映出货物运输系统的哪些要素和特征？

【技能训练】

运用互联网查找我国目前几大国际货运代理企业，并结合其实际业务，分析其业务经营范围和具体的业务内容。

模块2　国际货运代理的法律法规

【模块任务】

要求学生了解国际货运代理相关法律、货代的法律地位及责任；掌握国际货运代理业务纠纷处理方法与风险防范方法。

一、国际货运代理法律

（一）国际货运公约

1. 《海牙规则》

《海牙规则》规定承运人对所承运的货物负有绝对安全的责任，而免责的范围仅为：①天灾或不可抗力；②国王的敌人；③货物本身的缺陷；④包装不牢；⑤货物的投弃。

《海牙规则》作为一个国际货运公约，仅适用于参加该规则的国家，但没有加入该规则的一些国家在制定提单和开展实际航运业务中执行的内容与《海牙规则》并无区别，该规则的主要内容有：①承运人的责任和义务；②承运人的免责事项；③货物托运人的责任和义务；④承运人的赔偿责任限制；⑤索赔与诉讼时效；⑥公约的适用范围。

资料卡

英国、美国等一些国家还存在一种不成文的规定

即承运人应默示保证：①订立运输合同时应保证船舶绝对适航；②保证船舶合理速遣；③保证船舶不会有不合理的绕航。

2. 《维斯比规则》

1963年国际海事委员会在斯德哥尔摩会议上订立了一个对《海牙规则》的修改议定书。会议期间，代表采访了附近的哥特兰岛的海运古城维斯比，并在那里由会议主席正式签署了该规则的修改建议，因此习惯上将该规则称《维斯比规则》。该规则于1968年2月在布鲁塞尔的会议上正式通过，并定名为《布鲁塞尔1968年议定书修改的海牙规则》，于1977年生效。《维斯比规则》对《海牙规则》修改的主要内容有：①扩大了公约的适用范围；②提高了承运人的赔偿责任限制；③对侵权行为的请求；④提单的最终证据。

3. 《汉堡规则》

1978年3月，联合国主持在汉堡召开了海上货物运输会议，通过了《1978年联合国海上货物运输公约》，简称《汉堡规则》，该规则至今未生效。《汉堡规则》对《海牙规则》的修改主要内容有：①扩大了货物范围，货物包括活的动植物和舱面货；②扩大了承运人的责任期限；③修改和废除了承运人的免责条款；④扩大了公约的适用范围；⑤延长了索赔诉讼的时效；⑥提高了赔偿责任限制；⑦对提单作了定义规定等。

4. 《联合国国际货物多式联运公约》

《联合国国际货物多式联运公约》是国际货物运输方面第一个多式联运的公约。该公约的制定对国际集装箱运输和国际多式联运的意义是十分重大的。该公约除序言外，分总则、多式联运单证、多式联运经营人的赔偿责任、发货人的赔偿责任、索赔与诉讼、补充规则、海关事项、最后条款八个部分，共40条，外加一个有关事项条款的附件。

（二）中国国际货运代理的法律

1. 《海商法》

中国于1992年11月7日通过了《海商法》，于1993年7月1日施行。《海商法》共15章，主要内容有：①适用范围为调整海上运输关系和船舶关系。海上运输是指海上货物运输和海上旅客运输，包括海江之间、江海之间的直达运输。但海上货物运输合同的规定不适用于我国港口之间的海上货物运输。船舶是指海船和其他海上移动式装置，但是用于军事的、政府公务的船舶和20公吨以下的小型船艇除外。船舶包括船舶属具。②详细规定了海上货物运输合同、海上旅客运输合同、船舶租用合同、海上拖航合同、海上保险合同的成立，双方当事人的权利义务、违约责任等。③实行海事赔偿责任限制原则，即船舶所有人、救助人可依法规定限制赔偿责任。该法还规定"中华人民共和国缔结或者参加的国际条约同本法有不同规定的，适用国际条约的规定；但是，中华人民共和国声明保留的条款除外。中华人民共和国法律和中华人民共和国缔结或者参加的国际条约没有规定的，可以适用国际惯例"。

2. 《国际货物运输代理业管理规定》

为了规范国际货运代理行为,保障进出口货物收货人、发货人和国际货运代理企业的合法权益,1995年国务院批准由商务部(原外经贸部)发布了《国际货物运输代理业管理规定》、《中华人民共和国外商投资国际货运代理业管理规定》,对国际货运代理的部分相关问题做出了规定。在此基础上,1998年进一步制定了《国际货物运输代理业管理规定实施细则》对此问题加以补充,该细则于2004年1月1日实施。《实施细则》中规定国际货运代理企业可以作为代理人或者独立经营人从事经营活动,其经营范围包括:①揽货、订舱(含租船、包机、包舱)、托运、仓储、包装;②货物的监装、监卸、集装箱装拆箱、分拨、中转及相关的短途运输服务;③报关、报检、报验、保险;④缮制签发有关单证、交付运费、结算及交付杂费;⑤国际展品、私人物品及过境货物运输代理;⑥国际多式联运、集运(含集装箱拼箱);⑦国际快递(不含私人信函);⑧咨询及其他国际货运代理业务。

二、国际货运代理人的权利、义务与责任

(一)国际货运代理人作为代理人的权利、义务与责任

1. 国际货运代理人作为代理人的权利

(1)报酬请求权。国际货运代理是以代办海上货物运输为营业之人,报酬请求权对其更显重要。

国际货运代理委托分为"特别委托"和"概括委托"。其中,特别委托是指双方当事人约定国际货运代理为委托处理一项或者数项指定事务的委托;概括委托是指双方当事人约定国际货运代理人处理一切事务的协议。

根据2012年5月1日起施行的《最高人民法院关于审理海上货运代理纠纷案件若干问题的规定》(以下简称《货代纠纷司法解释》第九条规定"货运代理企业按照概括委托权限完成海上货运代理事务,请求委托人支付相关合理费用的,人民法院应予支持"。显然,在双方没有明确约定的情况下,国际货运代理请求委托人支付概括委托下的费用,法院可以根据具体的情况,支持国际货运代理合理费用的请求。当然国际货运代理应进行初步的举证,而"合理的费用"则需要根据具体的情况判定。

(2)费用偿还请求权。我国《合同法》第398条规定"委托人应当预付处理委托事务的费用。受托人为处理委托事务垫付的费用,委托人应当偿还该费用及其利息。"显然,国际货运代理为处理事务垫付的必要费用,如垫付运费、港杂费、关税等,委托人均有义务偿还该费用及其利息。

(3)留置权。《货代纠纷司法解释》第七条规定"海上货运代理合同约定货运代理企业交付处理海上货运代理事务取得的单证以委托人支付相关费用为条件,货运代理企业以委托人未支付相关费用为由拒绝交付单证的,人民法院应予支持。合同未约定或约定不明确,国际货运代理企业以委托人未支付相关费用为由拒绝交付单证的,人民法院应予支持,但提单、海运单或者其他运输单证除外"。

由此可见,国际货运代理可以有条件地扣押提单等运输单证。换言之,当国际货运代理与委托人明确约定了交付单证以委托人支付费用为条件,则国际货运代理可以扣押包括提单在内的运输单证,如果没有约定,则只能扣押除提单、海运单等不具有物权属性的运输单证

之外的商业单证。

 相关链接

　　A货运代理有限公司接受B进出口有限公司委托，为其办理了一批出口货物从上海至伦敦的国际海上运输手续。运输完成后，B公司未能按照双方约定向A公司支付各项运杂费15000元。A公司多次催收未果，遂扣留了B公司的报关单。双方几经交涉，但一直未能就付费和退还报关单问题达成一致。最后，A公司向法院提起诉讼，要求B公司支付拖欠的运杂费及相应利息。B公司随即提出反诉，称A公司扣留报关单导致自己未能在规定期限内办理出口退税手续，从而造成B公司损失出口退税人民币8000余元，要求A公司予以赔偿。
　　案例研讨：A公司是否有权扣押报关单？

2. 国际货运代理人作为代理人的义务

（1）谨慎尽职的义务。国际货运代理只有积极行使代理权，尽勤勉和谨慎的义务，才能实现和保护委托人的利益。比如，大陆法系民法要求代理人尽到一个"善良家长"对自己事务所应尽的责任，英美代理法则要求代理人对其所代理的事务给予"应有的注意"。因此，国际货运代理在执行任务时应做到合理谨慎、尽职尽责，在合理时间内履行其义务，但合同另外约定的除外。

（2）自己处理委托事务的义务。国际货运代理合同是基于当事人之间的相互彼此信赖，因此，国际货运代理应当亲自处理委托事务，不得将事务转委托他人处理，但合同另有约定或在紧急情况下为委托人利益除外。

　　所谓转委托，又称复代理、再代理，是指代理人将委托人委托的事务在特殊情况下转委托给他人（称为复代理人）代理的行为。关于转委托认定问题，《货代纠纷司法解释》第五条规定，"委托人与货运代理企业约定了转委托权限，当事人就权限范围内的海上货运代理事务主张委托人同意转委托的，人民法院应予支持。没有约定转委托权限，货运代理企业或第三人以委托人知道货运代理企业将海上货运代理事务转委托或部分转委托第三人处理而未表示反对为由，主张委托人同意转委托的，人民法院不予支持，但委托人的行为明确表明其接受转委托的除外。"

　　显然，《货代纠纷司法解释》采取了严格控制转委托的司法政策，以禁止转委托为原则。如果双方当事人约定了转委托权限，货运代理企业在约定权限内转委托他人办理相关事务主张转委托经委托人同意的，应予以认定。在没有约定转委托权限的情况下，如果仅仅是委托人知道货运代理企业将相关事务转委托他人而没有表示反对的，则不认为转委托经同意。

（3）勤勉履行报告的义务。我国《合同法》第401条规定："受托人应当按照委托人的要求，报告委托事务的处理情况。委托合同终止时，受托人应当报告委托事务的结果。"

　　报告义务分为两种：一种是事务处理过程中的报告义务；一种是事务终止时的报告

义务。

如货运代理未能勤勉履行对委托人的报告义务，可能导致其须承担包括赔偿货值在内的重大法律风险。

（4）代理成果交付的义务。我国《合同法》第404条规定："受托人处理委托事务取得的财产，应当转交给委托人。"就货运代理合同而言，应当转交的"财"既包括货运代理接收的货物，也包括货运代理在合同履行过程中取得的各种单证，如从承运人处取得的提单、从海关取得的报关单等。

（5）保密的义务。国际货运代理对在为委托人完成代理活动中获悉的委托人的商业秘密以及委托人提供的信息、成交机会、后来合同的订立情况等，应按照合同的约定保守秘密。国际货运代理如违反保密义务致使委托人受损害的，应承担损害赔偿责任。

3. 国际货运代理人作为代理人的责任

（1）国际货运代理作为直接代理的责任。所谓直接代理，是指代理人在进行代理活动时以委托人的名义，进行代理活动的法律后果直接由被代理人所承受的代理制度。

国际货运代理作为直接代理，应承担的法律责任如下：

①对委托人的法律责任。

我国《民法通则》做了如下规定：

第一，代理人不履行职责而给被代理人造成损害的，应当承担民事责任。

第二，代理人和第三人串通，损害被代理人利益的，由代理人与第三人负连带责任。

第三，代理人在非因紧急情况而事先没有征得被代理人同意，事后又未被追认的情况下转委托的，由代理人对自己所转委托的行为负民事责任。

②对第三人的法律责任。根据我国《民法通则》第63条"被代理人对代理人的代理行为，承担民事责任"的规定，国际货运代理的代理行为所产生的民事法律关系，其民事权利和民事义务的承担者只能是被代理人和第三人，而不包括代理人。因此，国际货运代理在履行代理义务过程中对第三人产生的责任应由委托人负责，但是，以下所述情况除外：

第一，国际货运代理没有代理权、超越代理权或者代理权终止后实施民事法律行为所产生的法律责任，但经委托人追认的行为，或者委托人知道国际货运代理以自己的名义实施民事行为而不做否认表示的，应由委托人承担责任。

第二，第三人知道国际货运代理没有代理权、超越代理权或者代理权终止，仍与其实施民事行为而给他人造成损害的，由第三人与国际货运代理负连带责任。

第三，委托书授权不明的。此时被代理人应当向第三人承担民事责任，国际货运代理负连带责任。

第四，代理事项违法。在国际货运代理知道委托代理的事项违法仍然进行代理活动的，或者被代理人知道国际货运代理的代理行为违法而不表示反对的，由被代理人与国际货运代理负连带责任。

（2）国际货运代理作为间接代理的责任。所谓间接代理，是指代理人在进行代理活动时以自己的名义，进行代理活动的法律效果间接由被代理人所承受的代理制度。

根据合同法的有关规定，基于订约时第三人是否知道委托关系，国际货运代理作为直接代理时，应承担以下两种不同的法律后果：

①订约时第三人知道委托关系的，委托人对代理人的代理后果承担责任，除非有特殊

约定。

国际货运代理以自己的名义，在委托人的授权范围内与第三人订立合同，第三人在订立合同时知道国际货运代理与委托人之间的代理关系的，该合同直接约束委托人与第三人，但有确切证据证明该合同只约束国际货运代理和第三人的除外。

②订约时第三人不知道委托关系的，通过委托人的介入权和第三人的选择权，委托人可能承受代理行为的后果。

国际货运代理以自己的名义与第三人订立合同时，第三人不知道国际货运代理与委托人之间的代理关系的，国际货运代理因第三人的原因对委托人不履行义务，国际货运代理应当向委托人披露第三人，委托人因此可以行使国际货运代理对第三人的权利，但第三人与国际货运代理订立合同时如果知道该委托人就不会订立合同的除外。国际货运代理因委托人的原因对第三人不履行义务，国际货运代理应当向第三人披露委托人，第三人因此可以选择国际货运代理或者委托人作为相对方主张其权利，但第三人不得变更选定的相对人。委托人行使国际货运代理对第三人权利的，第三人可以向委托人主张其对国际货运代理的抗辩。第三人选定委托人作为相对人的，委托人可以向第三人主张其对国际货运代理的抗辩以及国际货运代理对第三人的抗辩。

由此可见，在国际货运代理作为间接代理时，国际货运代理具有对外索赔、理赔的协助义务，而且也有可能直接对第三人承担责任。

（3）货运代理的举证责任。根据《货代纠纷司法解释》第十条规定，委托人以货运代理企业处理海上货运代理事务给委托人造成损失为由，主张由货运代理企业承担相应赔偿责任的，人民法院应予支持，但货运代理企业证明其没有过错的除外。

显然，委托人向货运代理人索赔，只需要证明其实际遭受损失，且损失与货运代理人处理货运代理事务具有因果联系即可。在满足上述两个条件下，法院即推定货运代理人应承担赔偿责任，除非货运代理人能够证明其没有过错。此外，根据过错推定的一般理论，如果货运代理人能够证明委托人存在过错，则也可以免除或减轻自身的责任。因此，本条加大了货运代理企业的举证责任，对货运代理人较为不利。

（4）货运代理选择无船承运人或代为签发提单的责任。在实务中，一方面，货运代理企业接受委托人订舱委托后，选择未在我国交通主管部门办理登记的无船承运人订立海上货物运输合同的情况时有发生；另一方面，有些货运代理企业接受不具有资质的无船承运人的委托，代为签发提单。鉴于以上种种弊端，《货代纠纷司法解释》特别设定三个条文对货运代理企业违规行为进行规范。

①不当选任的民事责任。《货代纠纷司法解释》第十一条规定，货运代理企业未尽谨慎义务，与未在我国交通主管部门办理提单登记的无船承运业务经营者订立海上货物运输合同，造成委托人损失的，应承担相应的赔偿责任。

显然，在满足如下两个条件的情况下，货运代理人应承担赔偿责任。一是未尽谨慎义务，与未办理提单备案的无船承运人签订运输合同；二是造成委托人损失。因此，货运代理人想要免责，则需要证明，其已经尽到了谨慎义务或者委托人没有受到损失。

由此可见，针对实践中少数货运代理企业为追求自身利益，将委托人的货物交给不具有资质的无船承运人运送的情况，《货代纠纷司法解释》明确货运代理企业对其不当选任承运人应当承担相应的赔偿责任。因此，货运代理在代委托人向境内、境外无船承运人订舱时，应本着对货主负责的态度，选择合格、合法的无船承运业务经营者，并谨慎订立海上货物运输合同，否则，货运代理企业应对其不当选任承担民事责任。

②货运代理人与无船承运人在一定条件下承担的连带责任。实践中，有些货运代理企业接受不具有资质的无船承运人的委托，代为其签发提单。从法律上来讲，货运代理人接受无船承运人的委托签发提单，货运代理企业的身份只是代理人。但是，根据《民法通则》第六十七条之规定："代理人知道被委托代理的事项违法仍然进行代理活动的，或者被代理人知道代理人的代理行为违法不表示反对的，由被代理人和代理人负连带责任。"作为委托人的无船承运人未将提单进行备案，违反了《国际海运条例》的有关规定，属于非法行为。因此，货运代理企业如果知道无船承运人的提单未进行备案而接受其委托签发提单，性质上属于《民法通则》中规定的违法代理。

基于此，《货代纠纷司法解释》第十二条规定："货运代理企业接受未在我国交通主管部门办理提单登记的无船承运业务经营者的委托签发提单，当事人主张由货运代理企业和无船承运业务经营者对提单项下的损失承担连带责任的，人民法院应予支持。货运代理企业承担赔偿责任后，有权向无船承运业务经营者追偿。"

基于此，作为货运代理企业，应当制定运输单证的签发、审批流程并严格执行。在接受承运人委托代为签发运输单证的，应当严格审核承运人的资信状况，订立书面委托合同，取得承运人书面授权，并保留运输单证签发过程中的文件记录。在代无船承运人签发提单时，应当特别注意审核该无船承运人是否具备无船承运人经营资质和代签提单是否已在上海航交所进行登记，禁止代为签发未经登记的无船承运人提单，并特别注意防范境外无船承运人与收货人相互勾结的欺诈行为。否则，货运代理人如受其委托签发提单，则需要承担连带责任，同时，根据《货代纠纷司法解释》第十一条的规定，货运代理还可能面临委托人追究其选任不当的责任。在委托人指定未合法登记无船承运人的情况下，如委托人要求公司向第三人代为转交、传递有关运输单证时，各公司应当谨慎处理，可以建议委托人直接转交、传递，也可以在充分评估风险后，在法务人员指导下实施。

值得注意的是，本条并没有要求货运代理企业"知道"无船承运人的违法状况，即提单没有备案。因此，只要货运代理企业接受了上述无船承运人的委托，即需要承担连带责任。因此，本条规定的责任属于严格责任，对《民法通则》的规定做了突破。

③行政处罚。《货代纠纷司法解释》第十四条规定，人民法院在案件审理过程中，发现不具有无船承运业务经营资格的货运代理企业违反《中华人民共和国国际海运条例》的规定，以自己的名义签发提单、海运单或者其他运输单证的，应当向有关交通主管部门发出司法建议，建议交通主管部门予以处罚。

（二）国际货运代理作为居间人的权利、义务与责任

1. 国际货运代理作为居间人的权利

（1）获得报酬的权利。《合同法》第四百二十六条规定"居间人促成合同成立的，委托人应当按约定支付报酬。对居间人的报酬没有约定或者约定不明确的，依照本法第六十一条的规定仍不能确定的，根据居间人的劳务合理确定。居间人提供订立合同的媒介服务而促成合同成立的，由该合同的当事人平均负担居间人的报酬。"

①视居间合同类型不同，报酬的给付义务有所不同。在报告居间合同中，因居间人仅为委托人报告订约机会，并不与委托人的相对人发生关系，因此，报告居间人仅由委托人承担

给付义务；在媒介居间合同中，因为交易双方当事人都因为居间人的媒介而得益。因此，除另有约定外，由双方当事人平均负担居间人的报酬。

②居间人行使报酬请求权采取报酬后付，即以合同因其报告或媒介成立为限。合同未成立的，不得请求报酬；合同虽成立但无效时，居间人也不能请求报酬。

③居间人违反诚实信用原则的方法由相对人收受利益，或违反其对于委托人的义务而为有利于相对人的行为的，不得向委托人行使报酬请求权。

（2）居间费用偿还请求权。居间人进行居间活动所支出的费用，为居间费用。

①居间人与委托人在居间合同中确定居间活动费用由委托人承担的，委托人应当支付居间人的居间活动的必要费用，委托人未支付，由居间人垫付的，居间人有权请求委托人按合同的约定偿还居间人的居间活动费用。此外，居间人违反其对于委托人的义务而做出有利于委托人的相对人的行为，或者违反诚实信用原则的方法而由相对人收受利益时，即使事前约定有费用偿还请求权，也无权行使。

②居间人未促成合同成立，有权要求委托人支付活动费用。《合同法》第四百二十七条规定："居间人未促成合同成立的，不得要求支付报酬，但可以要求委托人支付居间活动支出的必要费用。"

③居间人促成合同成立的，其居间活动费用一般计算在委托人支付的报酬中，其居间活动费用应由居间人负担，《合同法》第四百二十六条第二款规定："居间人促成合同成立的，居间活动费用由居间人负担。"显然，居间人不得再要求委托人偿还居间活动费用。

2. 国际货运代理作为居间人的义务

（1）报告订约机会或媒介订约的义务。

①在报告居间合同中，居间人应忠实、尽力地完成此项义务。居间人就订约事项应就其所知，据实地报告给委托人。例如，相对人的信用情况，相对人将用于交易的标的物的存续状态等。依照诚实信用原则，居间人就一般对于订约有影响的事项不负有积极的调查义务。居间人对于相对人而言，并无负有报告委托人有关情况的义务。

②在媒介居间合同中，居间人应将有关订约的事项据实报告给各方当事人，对明显无支付能力或无订约能力的当事人，居间人不得为其媒介。

（2）忠实和尽力的义务。

①忠实义务是指居间人就自己所为的居间活动，都有遵守诚实信用原则的义务：其一，居间人应将所知道的有关订约的情况或商业信息如实告知给委托人。其二，不得对订立合同实施不利影响，影响合同的订立或者损害到委托人的利益，例如劝阻购买者订约。其三，居间人对于所提供的信息、成交机会以及后来的订约情况，负有向其他人保密的义务。

②尽力义务是指居间人应尽力促进将来可能订约的当事人双方，排除双方所持的不同意见，并依照约定准备合同，对于相对人与委托人之间所存障碍，加以说服和克服，促进当事人达成合意。

（3）隐名和保密的义务。在媒介居间中，如果当事人一方或双方指定居间人不得将其姓名或商号、名称告知对方，居间人就负有不将其姓名或商号、名称告知对方的义务，这就是隐名义务，这种居间又称为隐名居间或隐名媒介。是否允许公开自己的名称和姓名是居间合同当事人的权利。因此，无论是委托人还是其交易相对人，都可以指定居间人不得将其姓名或名称告知其相对人。那么，居间人在交易双方订立合同之中或之后都应履行隐名义务。

居间人对在为委托人完成居间活动中获悉的委托人的商业秘密以及委托人提供的信息、成交机会、后来合同的订立情况等，应按照合同的约定保守秘密。居间人如违反隐名和保密义务致使隐名当事人或委托人受损害的，应承担损害赔偿责任。

（4）介入义务。居间人的介入义务是指在隐名居间中，在一定情形下由居间人代替隐名当事人以履行辅助人的身份履行责任，并由居间人受领对方当事人所为的给付的义务。居间人承担介入义务与居间人的隐名义务是一致的，是为了保证隐名当事人保持交易秘密目的的最终实现。居间人仅在一定情形下负有介入义务，并不享有介入的权利。换言之，只有在保护隐名当事人利益的前提下，才有居间人的介入义务，而不存在居间人基于特定情形主张介入的权利问题。

（5）其他义务。居间人在居间活动中应当遵守法律、法规和国家政策，遵循商事惯例和交易习惯，不得从事违法的居间活动；居间人原则上不得同时为委托人和相对人的居间人。

3. 国际货运代理作为居间人的责任

（1）违约责任。居间人违反合同约定义务的，应当根据合同约定承担相应的违约赔偿责任。

（2）损害赔偿责任。《合同法》第四百二十五条规定：居间人故意隐瞒与订立合同有关的重要事实或提供虚假情况，损害委托人利益的，不得要求支付报酬并应承担损害赔偿责任。

显然，法律并未强制居间人向委托人提供与订立合同有关的信息，但是法律要求居间人对于其所提供的与订立合同有关的重要信息必须真实。因此，居间人的损害赔偿责任，是以居间人在报告订约信息时并无故意隐瞒重要事实或提供虚假情况为前提，换而言之，居间人无恶意时，不负担合同责任。

（三）国际货运代理作为当事人的权利、义务与责任

国际货运代理作为当事人，比如，无船承运人、多式联运经营人时，具有多重身份：对货主（托运人和收货人）而言，他是承运人，对区段承运人（实际承运人）而言，他是货主（托运人和收货人）。

1. 国际货运代理作为当事人时应具有承运人的权利与义务

以作为无船承运人为例，对于托运人、收货人而言，他应具有承运人的权利与义务。

（1）权利。作为承运人，无船承运人既享有诸如运输费用请求权、赔偿请求权、变更合同以及对于既未能按约向承运人付清约定的运输费用又未提供相应的担保的，可以在合理的限度内行使货物留置权，并可在规定时间内申请法院拍卖该货物以偿还所欠的费用和要求货方履行其他义务等承运人应享有的权利。

（2）义务。作为承运人，应承担如下义务：

①保证运输船舶适航；

②妥善而谨慎地管理货物；

③按约定的或通常的运输路线运输；

④在约定期限或合理期限内将货物运输至约定地点；

⑤从事公共运输时不得拒绝托运人通常而合理的运输要求；

⑥签发运输单证。

2. 国际货运代理作为当事人时应具有货主的权利与义务

以作为无船承运人为例，对于区段承运人（实际承运人）而言，他应具有货主（托运人与收货人）的权利与义务。

（1）作为托运人和收货人的权利。作为托运人和收货人，无船承运人除了应享有要求船公司接收与运输约定的货物以及签发运输凭证（提单、运单等）、变更运输合同、在目的地收取货物及所附运输单证、货物交付前要求检验和损害赔偿请求权等托运人或收货人应享有的权利外，还应承担托运人和收货人应承担的义务。

（2）作为托运人的义务。无船承运人作为托运人应承担的义务主要如下：

①支付运输费用（预付）；

②按照适用的法律、法规等办理货物托运手续，填写有关运输单证并确保其记载与货物的实际情况相一致；

③对需要包装的货物，按公约、法律法规或双方约定的要求进行包装；

④在货物的包件上记载有关的与运输单据内容一致的运输标志，运输标志应清楚、准确和完整；

⑤办理货物运输所需要的审批、报关、报验等手续，并将办理完有关手续的文件、单证提交给实际承运人；

⑥保证完成双方议定采用的交接方式下应承担的全部工作按照合同约定的时间、地点及要求向实际承运人交付约定的货物；

⑦对于危险货物，除了应按照有关危险货物运输的法律法规进行妥善包装，做出危险货物标志和标签外，还应将其正式名称和性质以及应当采取的预防危害的措施书面通知实际承运人，如果违反此规定，实际承运人有权拒绝承运，也可以采取相应措施以避免损失的发生，由此产生的费用由无船承运人承担；

⑧对于需要专人照料的货物，应安排人员押运；

⑨及时将有关运输单证交给收货人并通知其取货；

⑩货物按声明价值运输时，应办理相应手续，提交货物声明价格清单，并按规定交付额外附加费等；

⑪如果合同约定由托运人提供与运输有关的材料如加固材料、绑扎材料、垫舱物料等并进行安排绑扎、加固，则应及时提供约定的材料并安排人员进行绑扎和加固；

⑫对于某些要求在货物装船后必须进行熏舱的货物如大米等，应安排人员进行熏舱，如果还要求船上人员下船，则还应安排旅社并负担相应的费用。

（3）作为收货人的义务。无船承运人作为收货人应承担的义务：

①支付运输费用（到付）；

②办理货物运输进口所需要的审批、报关、报验等各种手续；

③持有关运输单证到无船承运人或其代理处办理领取货物的手续；

④按规定时间、地点提取货物和所附的单证；

⑤在规定时间内对于货损或延迟交付损失提出书面通知。

3. 国际货运代理作为当事人时的责任

（1）国际货运代理作为无船承运人的责任。无船承运人的法律地位与责任应与《汉堡规则》和我国《海商法》中的承运人的地位与法律责任相同。根据我国《海商法》的规定，承运人是指本人或委托他人以本人名义与托运人订立海上货物运输合同的人。实际承运人是指接受承运人委托，从事货物运输或者部分运输的人，包括接受委托从事此项运输的其他人。

对于承运人与实际承运人的责任划分，现有国际公约或法律中基本采取如下原则：

①承运人对实际承运人的行为负连带责任，但承托双方事先有约定的除外。

承运人的连带责任表明：承运人应当对合同约定的全部运输负责。承运人除了对自己及自己的受雇人或代理人的行为负责外，还必须对实际承运人及其受雇人或代理人的行为负责。可见，承运人的责任范围相当广泛，尤其在实务中，承运人很难控制实际承运人对其受雇人或代理人的选择。然而，如果法律不做出如此规定而免除承运人对实际承运人的受雇人或代理人的行为负责，货方的利益则难以保障，继而会影响商业关系的稳定。因而，实务中，为了减少上述风险，承运人不仅应选择合适的实际承运人，也应约束实际承运人选择合适的受雇人或代理人，并且做好监督工作。

由于国际运输常常涉及多式联运或多次转运，承运人所承担的风险相当大。因而，为了减少承运人的风险，法律允许承运人与托运人以合同的方式，指定履行部分运输合同的实际承运人，并清楚地表明："货物在指定的实际承运人掌管期间发生的灭失、损失或者延迟交付，承运人不负赔偿责任。"然而，承运人与托运人达成的有关限制或免除其对多式联运或多次转运中任何特定阶段的责任的条款，如欲对其他提单/运单持有人发生效力，则必须在提单或运单中明示以便让其知悉。

②实际承运人对其履行的运输承担与承运人同等的法律责任。这一原则表明：实际承运人对自身及其受雇人或代理人的行为责任仅限于自己履行的运输期间，而且，由于他与托运人无合同关系。因而，对于承运人与托运人间约定的诸如扩大承运人责任范围、放弃承运人所享有的责任限制或放弃免除责任等超出法定责任等超出法定责任的条款，只有在实际承运人以书面方式表示接受时才对实际承运人发生效力。因此，承运人在接受此类义务之前，应考虑实际承运人是否接受，否则将由自己承担此类义务。

③承运人、实际承运人及他们的受雇人或代理人的赔偿总额不能超出法定限额。这一原则表明：托运人或收货人无权以分别追索赔偿的方式取得双倍赔偿。这也说明实际承运人对其履行运输承担责任的同时，也享有法律所规定的有关承运人的权利及责任限制与法定免责事项。

④承运人与实际承运人可按他们之间的合同约定相互追偿。当承运人或实际承运人赔偿了托运人或收货人以后，承运人与实际承运人可按他们之间的合同约定相互追偿。

⑤一般情况下，向承运人或实际承运人提出的索赔或发出的指示具有同等效力。按照我国《海商法》第85条的规定，当货物由实际承运人交付时，收货人依照规定在向实际承运人或承运人提交的有关货物、损坏、灭失等通知，与向承运人或实际承运提交的书面通知具有同等效力。

（2）国际货运代理作为多式联运经营人的责任。多式联运经营人责任是指其按照法律规定或运输合同的约定对货物的灭失、损害或延迟交付所造成损失的违约责任，它由责任期间、责任基础、责任形式、责任限额、免责等几部分构成。

从20世纪50年代到70年代末，一些国际公约已考虑了国际货物多式联运问题，目前比较有影响的国际公约和规则主要包括以下三个：

①《联合运输单证统一规则》（Uniform Rules for a Combined Transport Document）。该规则由国际商会（ICC）于1973年制订，1975年修订，是最早的国际多式联运规则。作为民间规则，其适用不具有强制性，需由当事人在多式联运合同中自愿采纳。

②《联合国国际货物多式联运公约》（United Nations Convention on International Multi-modal Transport of Goods）（以下简称《联合国多式联运公约》）。该公约于1980年5月24日获得通过，但因迄今未满足公约规定的"公约在30个国家批准或加入后12个月开始生效"的条件，而尚未生效。不过，尽管该公约至今仍未生效，但对各国有关多式联运的法律及其后的国际惯例都产生了重大的影响。

③1991年联合国贸易和发展会议/国际商会（UNCTAD/ICC）多式联运单证规则。20世纪90年代，鉴于《联合国多式联运公约》迟迟未能生效，既担心因多式联运经营人的抵触心理而使它永远不能生效，也想证实所谓多式联运公约在理论上不会带来严重后果的的论点是否属实，国际商会建议把《联合运输单证统一规则》和《联合国多式联运公约》合并，制定新的规则，使之在《联合国多式联运公约》生效之前，供当事人在多式联运合同中自愿选用，以暂时弥补公约的空缺。为此，联合国贸易和发展会议（UNCTAD）会同国际商会（ICC）在对《联合运输单证统一规则》做出修订的基础上，共同制定了1991年联合国贸易和发展会议/国际商会《多式联运单证规则》（以下简称1991年《多式联运单证规则》）。该规则作为民间规则，其适用不具有强制性，需由当事人在多式联运合同中自愿采纳。

目前我国多式联运责任形式主要有以下几种：

①责任分担制（Dispersion of Liability）。责任分担制是指多式联运经营人和各区段的实际承运人仅对自己完成区段的货物运输负责，各区段的责任原则上按该区段适用的法律予以确定。在这种责任形式下，多式联运经营人并不承担全程运输责任，这显然与多式联运的基本特征相矛盾，故目前很少被采用。而且在许多情况下，只要多式联运经营人签发全程多式联运单据，即使在多式联运单据中声明采取这种形式，也可能会被法院判定此种约定无效而要求多式联运经营人承担全程运输责任。

②网状责任制（The Network System of Liability）。网状责任制是指多式联运经营人对全程运输负责，货物的灭失或损坏发生于多式联运的某一区段的，多式联运经营人的赔偿责任和责任限额，适用调整该区段运输方式的有关法律规定。如果货物的灭失、损坏发生的区段不能确定（俗称为"隐藏损害"），多式联运经营人则按照海运法规或双方约定的某一标准来确定赔偿责任和责任限制。目前，大多数国家的多式联运经营人均采用网状责任制。1973《联运单证统一规则》、1991年《多式联运单证规则》和我国《海商法》、《合同法》均采纳了该责任制。

③统一责任制（Uniform Liability System）统一责任制是指多式联运经营人对货主赔偿时不考虑各区段运输方式的种类及所适用的法律，而是对全程运输按一个统一的原则并一律按一个约定的责任限额进行赔偿。统一责任制是与多式联运的基本特征最为一致的责任形式，然而，由于适用于各运输区段的国际公约或者法律所确定的区段承运人的主责任不同，而且可能低于多式联运经营人根据统一责任制所承担的责任，这意味着多式联运经营人向货方承担赔偿责任后，面临着不能向造成货物损害的区段承运人全额追偿

的危险，从而无法预见其最终承担的责任。因此，目前尚没有多式联运经营人愿意采用这种责任形式。

④经修正的统一责任制（The Modified Uniform Liability System）。经修正的统一责任制是指多式联运经营人对全程运输负责，并且原则上全程运输采用单一的归责原则和责任限额，但保留适用于某种运输方式的较为特殊的责任限额的规定。这种修正通常针对多式联运的海运阶段，且有利于多式联运经营人。经修正的统一责任制在最大限度上保留统一责任制的优点，同时通过对其加以修正，缓和统一责任制下各区段运输方式责任体制之间存在的差异和矛盾，较好地适应运输法律发展的现状，使多式联运中的运输风险在承托双方间得到较为合理的分配。《国际多式联运公约》采用的是此种责任制。该公约对货物的灭失、损坏和迟延交付规定了统一的归责原则，并对多式联运是否包含海运规定了两种统一的责任限制，同时该公约进一步规定，如果能清楚地知道货损发生的运输，则该运输区段所适用的国际公约或国内法又规定了比上述限额高的限额，则应优先适用该公约或该国家法律。

三、国际货运代理业务纠纷处理

大型货运代理企业因其工作的特性，在日常业务操作中常会遇到客户投诉。如何处理好客户投诉并将投诉转为营销活动，就是通常所说的危机公关。

（一）日常业务中可能产生的操作失误

1. 业务人员操作失误

计费重量确认有误；货物包装破损；单据制作不合格；报关/报验失误；运输时间延误；结关单据未及时返回；舱位无法保障；运输过程中出现货物丢失或损坏等情况。

2. 销售人员操作失误

结算价格与所报价格有差别；与承诺的服务不符；对货物运输过程监控不利；与客户沟通不够，有意欺骗客户等。

3. 供方操作失误

运输过程中货物丢失或损坏；送（提）货时不能按客户要求操作；承运工具未按预定时间起飞（航）等。

4. 代理操作失误

对收货方的服务达不到对方要求，收货方因而向发货方投诉，影响公司与发货方的合作关系等。

5. 客户自身失误

客户方的业务员自身操作失误，但为免于处罚而转嫁给货代公司；客户方的业务员有自己的物流渠道，由于上司的压力或指定而被迫合作，但在合作中有意刁难等。

6. 不可抗力因素

天气、战争、罢工、事故等所造成的延误、损失等。

以上情况都会导致客户对公司的投诉。

（二）对不同的失误，客户有不同的反应

1. 偶然并较小的失误，客户会抱怨

失误给客户造成的损失较小，如公司处理妥当，会使多年的客户关系得以稳定。

2. 连续的或较大的失误会遭到客户投诉

客户抱怨客服人员处理不当，此时客户又会接到他的客户的投诉，转而投诉货代等。

3. 连续投诉无果，使客户沉默

由于工作失误，客户损失较大，几次沟通无结果。如果出现这种情况，一般会出现两种结果：一是客户寻求新的合作伙伴；另一种则是客户没有其他的选择，只能继续与原企业合作。

所有这些可以归纳为四步曲：客户抱怨、客户投诉、客户沉默、客户丢失。这些情况在刚出现时，只要妥善处理是完全可以避免的。因为当客户对你进行投诉时，就已说明他还是想继续与你合作，只有当他对你失望、选择沉默，才会终止双方的合作。

（三）正确处理投诉，会带来相应商机

1. 据专业研究机构研究表明，圆满解决客户投诉的，其广告效应比媒体广告高两三倍。
2. 投诉被圆满解决的客户将会比其他客户更加忠诚，他们甚至会积极地赞美并宣传货代公司的产品及服务。
3. 有效解决有难度的投诉，会提高客服人员今后与客户打交道的技巧。

（四）客户投诉处理五大技巧

1. 虚心接受客户投诉，耐心倾听对方诉说

客户只有在利益受到损害时才会投诉，作为客服人员要专心倾听，并对客户表示理解，并做好纪要。待客户叙述完后，复述其主要内容并征询客户意见，对于较小的投诉，自己能解决的应马上答复客户。对于当时无法解答的，要做出时间承诺。在处理过程中无论进展如何，到承诺的时间一定要给客户答复，直至问题解决。

2. 设身处地，换位思考

接到客户投诉时，首先要有换位思考的意识。如果是本方的失误，首先要代表公司表示道歉，并站在客户的立场上为其设计解决方案，待客户确认后再实施。问题解决后，至少还要有一两次征求客户对该问题的处理意见，争取下一次的合作机会。

 相关链接

某货运公司的A、B两名销售人员分别有一票FOB条款的货物，均配载在D轮从青岛经釜山转船前往纽约的航船上。开船后第二天，D轮在釜山港与另一艘船相撞，造成部分货物损失。接到船东的通知后，两位销售人员的解决方法如下：

A销售员：马上向客户催收运杂费，收到费用后才告诉客户有关船损一事。

B销售员：马上通知客户事故情况并询问该票货物是否已投保，积极向承运人查询货物是否受损并及时向客户反馈。待问题解决后才向客户收费。

结果：A的客户货物最终没有损失，但在知道事实真相后，对A及其公司表示不满并终止合作。B的客户事后给该公司写来了感谢信，并扩大了双方的合作范围。

3. 承受压力，用心去做

当客户的利益受到损失时，着急是不可避免的，以至于会有一些过分的要求。作为客服

人员此时应能承受压力,并用专业的知识、积极的态度解决问题。

 相关链接

某货运公司接到国外代理指示,有一票货物从国内出口到澳洲,发货人是国内的H公司,货运公司的业务员A与H公司业务员D联系订舱并上门取报关单据。D因为自己有运输渠道,不愿与A合作,而操作过程中又因航班延误等原因对A出言不逊,不予配合。此时,A冷静处理,将H公司当重要客户对待。此后,D丢失了一套结关单据,A尽力帮其补齐。最终,A以自己的服务、能力赢得了D的信任,同时也得到了H公司的信任,使合作领域进一步扩大。

4. 有理谦让,处理结果超出客户预期

纠纷出现后要用积极的态度去处理,不应回避。在客户联系你之前先与客户沟通,让他了解每一步进程,争取圆满解决并使最终结果超出客户的预期,从而达到在解决投诉的同时抓住下一次商机。

5. 长期合作,力争双赢

在处理投诉和纠纷的时候,一定要将长期合作、共赢、共存作为一个前提,以下技巧值得借鉴:①学会识别、分析问题;②要有宽广的胸怀、敏捷的思维及超前的意识;③善于引导客户,共同寻求解决问题的方法;④具备本行业丰富的专业知识,随时为客户提供咨询;⑤具备财务核算意识,始终以财务的杠杆来协调收放的力度;⑥有换位思考的意识,勇于承担自己的责任;⑦处理问题时留有回旋的余地,任何时候都不要将自己置于险境;⑧处理问题的同时要学会把握商机。通过与对方的合作达到双方共同规避风险的共赢目的。

 相关链接

C公司承揽一票30标箱的海运出口货物由青岛去日本,由于轮船暴舱,在不知情的情况下被船公司甩舱。发货人知道后要求C公司赔偿因延误运输而产生的损失。

C公司首先向客户道歉,然后与船公司交涉,经过努力,船公司同意该票货物改装3天后的班轮,考虑到客户损失将运费按八折收取。C公司经理还邀请船公司业务经理一起到客户处道歉,并将结果告诉客户,最终得到谅解。该纠纷圆满解决,货主经理非常高兴,并表示:"你们在处理纠纷的同时,进行了一次非常成功的营销活动。"

此外,客服人员应明白自己的职责,首先解决客户最想解决的问题,努力提升在客户心目中的地位及信任度,通过专业知识的正确运用和对公司政策在不同情况下的准确应用,最终达到客户与公司都满意的效果。

四、国际货运代理的风险防范与索赔实务

在业务活动中,当货运代理是代理人时,其责任主要是履行代理的职责,其义务主要是

"合理谨慎",仅对因代理的过失给客户造成的损失承担责任,以及对第三人的选任和对第三人的指示承担责任。当货运代理是当事人时,要承担合同项下的责任,承担相应的风险。由于货运代理业务的复杂性和法律地位的多变性,正确地认识自己的身份,是正确地享有权利、承担义务的前提和基础。

> 建立健全内部规章,制定标准业务流程,对可能出现因疏忽造成风险的业务环节进行科学、全面的分析,使业务环节程序化、制度化,并不断完善,同时加强检查力度,使因疏忽大意造成损失的概率降到最低。
> 明确托运人的权利和责任,分清货运代理人与托运人权利和责任的界限,不要越俎代庖,替人受过。
> 对货主实行资信等级考察制度,对不同等级的货主实行不同的对待策略,同时提高警惕性,时刻注意保护自身的权益。

(一) 货运代理业务经营风险及防范对策

1. 未尽代理职责

货运代理人在作为代理身份时,一定要谨慎履行合理的职责,这是对货运代理人最基本的要求。然而在实践中,货运代理企业往往由于疏于管理、马虎大意,未能尽到合理的义务,因自身的过错而给托运人造成损失,如选择承运人不当;选择集装箱不当;未能及时搜集、掌握相关信息并采取有效措施;对特殊货物未尽特殊义务;遗失单据;单据缮制错误。

2. 超越代理权限

货运代理人作为代理人时,其代理行为应当在托运人的委托范围内,如果超越了委托范围,擅自行事,则由货运代理人自行承担责任。在业务实践中,货运代理人处处为托运人着想,为了货物及时出运不惜超越代理权限代行托运人的权利,如签发各类保函、承诺支付运费、同意货装甲板、更改装运日期、将提单直接转给收货人等,这些行为有的可能托运人一无所知,有的可能事先得到托运人的默许或口头同意,但一旦出现问题,托运人便会矢口否认,由于没有证据证明托运人的认可,货运代理人往往要为自己超越代理范围的行为承担责任。

3. 货主欺诈

很多货运代理人为了承揽生意、吸引货主,往往采取垫付运费及其他相关费用的方式,而这一点恰恰被个别货主钻了空子。个别货主往往在前几票业务中积极付费、表现出具有良好信誉的假象,在获取货运代理人的信任后,在随后的某一大票业务中由货运代理人垫付巨额费用后、人去楼空,而他们自身可能就是收货人,在贸易方式中无形减少了运输的成本。货主为了逃避海关监管,可能会虚报、假报进出口货物的品名以及数量,当货运代理人(包括报关行)代其报关后,经海关查验申报品名、数量与实际不符时,货运代理人可能首当其冲遭受海关的调查和处罚。在集装箱运输方式下,由于货物不便查验,货主可能会实际出运低价值的货物而去申报高价值的货物,并与收货人串通(或者收货人就是该货主或其关联企业)伪造出具假发票、假信用证、假合同,当货物到达目的地,通过各种手段骗取无单放货后,发货人凭正本提单向货运代理人索要高于出运货物实际价值的赔偿。

4. 随意出具保函

目前,倒签、预借提单现象屡禁不止,凭保函签发清洁提单或无单放货的情况更为普遍。船公司为了规避自己的风险，一般在货主提出上述要求时要求货主出具保函，但经常由于货主远在异地或者货主的资信不能得到船公司的信任和认可，往往会要求货运代理人出具保函以保证承担由此引起的一切责任，或要求货运代理人在货主出具的保函上加盖公章，承担连带担保责任。货运代理人为向货主体现自己"优质"的服务质量，一般随意地按照船公司的要求出具保函。货运代理人此时仅是货主的代理人，出具保函的行为是超越代理范围的自身行为，因此货运代理人所承担的风险责任也远远超越了其应当所承担责任的范围。

5. 法律适用问题

货运代理人作为国际多式联运经营人时，由于货物运输可能同时采取几种运输方式，货物运输的路段也会涉及几个国家，每一种运输方式所适用的法律不同，其规定的责任区间、责任限额、责任大小都不尽相同，而不同国家的具体法律规定又是不同的，这样就有可能导致法律适用问题给货运代理人造成损失。

（二）国际货运代理索赔实务

国际货运代理索赔（Claim）是指国际货运代理依约或依法向造成损失的责任人（比如发货人、收货人、区段承运人、港站经营人等）进行追偿的过程。

各种运输方式下货运事故索赔的程序基本上是相同的，主要包括以下步骤：

1. 发出书面的货损通知

目前，规范各种运输方式的国际公约与法规中均要求货主应在索赔时限内向承运人发出货损、货差的通知，索赔人必须遵循其规定。

所谓索赔通知时限（也称作货物灭失或损害通知时限），是指有关运输的国际公约或国内法律中所规定的收货人或其代理人在收受货物后，应用书面形式向承运人或其代理人提出表明货物的损坏、灭失、延迟交付情况，并提出保留索赔权利的书面声明的期限。

（1）对于货物灭失或损坏的书面通知。书面通知有效应同时满足：①通知必须是书面的，口头通知不发生效力；②通知必须在规定的时间内递交；③通知必须递交于承运人及其代理人；④必须表明有关货损或灭失情况。

如果货物交付时收货人已经会同承运人进行联合检查或者检验的，或者已记载于双方交接的文件上，则收货人无须再提交上述书面通知。

在法定时间内未提交书面通知，可能会产生如下三种后果：第一，货物状况良好的初步证据。在海运公约或法律、公路货运合同公约中规定：如果收货人未在规定的时间内提出书面通知，则货物的交付可视为承运人已经按照运输单证的记载交付以及货物状况良好的初步证据。第二，丧失索赔权。《华沙公约》、我国民用航空法、《国际铁路货物联运协定》等规定：除非承运人有欺诈行为，否则收货人未在规定时间内递交书面的索赔通知将丧失索赔权。第三，后果视不同情况而区别对待。在《联合国国际货物多式联运公约》中，除了对货物灭失、损坏规定了一般索赔通知时限，并规定未能及时通知则视为多式联运经营人按货物状况良好交付的初步证据外，还进一步规定：如果在货物交付之日或应当交付之日后6个月内，没有提出书面索赔通知，并说明索赔的性质和主要事项，则在期满后失去诉讼时效。

（2）对于延迟交货损失的书面通知。收货人应在规定的时间向有关承运人或其代理人提交书面的延迟损失通知。

如果收货人未在规定的期限内提交书面通知，各种运输方式下的国际公约或法律均规定收货人将失去索赔权。

2. 货运索赔权利的保全措施

为了保证索赔得以实现，需要通过一定的法律程序采取措施，使货运事故责任人对仲裁机构的裁决或法院的判决的执行履行责任，这种措施就称为索赔权利的保全措施。

在实践中，国际货运代理可采取的保全措施主要有留置责任人的运输工具，如扣船，以及要求责任人提供担保，比如，现金担保或保函担保。

3. 提交索赔申请书或索赔清单及随附单证

索赔申请书、索赔函或索赔清单是索赔人向货运责任方正式要求赔偿的书面文件。索赔函的提交意味着货损责任方正式向被索赔人提出索赔要求，也就是说，如果索赔方仅仅提出货损通知，而没有递交索赔申请书或索赔清单，或出具有关的货运单证，则可解释为没有提出正式索赔要求，被索赔方不会受理货损、货差的索赔。因此，索赔在提出书面的货损通知后，应尽快地备妥各种有关证明文件，在规定的时效内向责任人正式提交索赔要求。

索赔人除了提交索赔函外，还应该提供能够证明货运事故的原因、损失程度、索赔金额、责任所在以及索赔人具有索赔权利的单证，这些单证主要有提单或运单正本、商业发票、装箱单、货损货差理货报告及货物残损检验报告、修理单、权益转让书、往来电传等。

4. 解决争议

对于国际货运业务中发生的争议，主要有和解、调解、诉讼和仲裁四种解决办法。

（1）和解。和解（Consultation, Negotiation）也称为协商，是指在发生争议后，由当事人双方直接进行磋商，自行解决纠纷。和解的方式大致分为四种：自行解决、委托代理解决、仲裁庭外和解、法院庭外和解。和解的优点是，解决争议时间短，费用低或没有费用，不伤和气，有利于以后的进一步合作。其不足是，当事人达成的和解协议不具有强制执行力，任何一方的反悔都会使协议无法履行，所以对不具备和解条件或达成和解协议但因各种原因无法履行的争议，应采取其他有效途径及时解决，以避免拖延时间，导致超过有关时效从而丧失胜诉权。

（2）调解。调解（Conciliation）是指在第三者的主持或参与下解决当事人之间的争议。根据调解人的不同，调解可分为法院调解、仲裁机构调解、其他单位和公民个人调解。调解人在进行调解时，必须遵守三项原则，即当事人自愿原则，查明事实、分清是非的原则和合法原则。在调解的情况下，除当事人在调解协议上签字盖章外，调解人也要签字盖章。是否有第三者参加是调解与和解的主要区别。调解与仲裁和诉讼的主要区别是：调解的结果更多地体现了争议主体的意志，最后的解决办法还须经当事人一致同意才能成立，而仲裁和诉讼更多地体现了仲裁者或法院的意志。

（3）诉讼。诉讼（litigation）是当事人以起诉的方式，由法院依据法定程序行使审判权来解决双方争议的一种途径。它是解决各种争议方式中最权威和最有效的一种。这通常是由于争议所涉及的金额较大，双方都不肯让步，不愿或不能采取友好协商或仲裁方式，或者一方缺乏解决问题的诚意，必须通过向法院提出诉讼来解决。

（4）仲裁。仲裁（Arbitration）是指双方当事人在争议发生后，依据仲裁条款或仲裁协议，自愿将争议提交某一临时仲裁机构或某一国际常设仲裁机构审理，由其根据有关法律或公平合理原则做出裁决，从而解决争议。仲裁和诉讼的不同点主要在于当事人之间通过仲裁协议，达成自愿仲裁的合意是仲裁的必备条件；相同点是仲裁裁决与法院判决都具有法律效力，当事人必须履行，否则，另一方当事人有权申请法院强制执行。

上述处理国际货物运输争议的几个途径，在性质、特点、效力等方面各不相同，但解决争议中的作用都是不可忽视的。除诉讼和仲裁不可以同时并用外，其他各种途径可以单用或共用。某一争议应该采用什么途径解决，要根据争议的具体情况而定，如果争议的案情复杂，分歧较大，当事人之间互不相让，通过和解或调解途径难以解决，应及早采取诉讼或仲裁方式解决。

【复习题】

1. 有关国际货运代理的法律有哪些？
2. 处理国际货运代理业务纠纷有哪些方法？
3. 实践中，国际货运代理实务承担的责任主要有哪几种？
4. 列举货运代理业务经营风险及防范对策。

【案例分析】

A 是广州市的一家货代，B 是深圳市的一家进口公司，C 是湖南省的一家工业供销公司。C 于 2014 年 3 月 10 日持 B 致 A 的信件，向 A 办理 8 吨化工原料进口的代理手续，并随函附有按 CIF 条件的进口合同副本一份，在该合同的副本上由 B 公司的业务员手书注明收货人名称、地址、电话、联系人及用卡车运至某地某库字样。事隔 3 个月后，货从国外运抵广州，于是 A 向 C 发出"进口到货通知书"，在通知书的注意事项第五条内注明货运内地，加批加保由货代统一办理。A 办好进口报关、纳税等事项后，以自己的名义委托广州市一家具有营运资格的车队（以下称承运人）将货物运往合同副本上指定的某地某库。不料货物在运输途中由于驾驶员违章操作，导致与另一卡车相撞后车货俱毁。事后，C 以 A 转交他人运输、又未履行加保为由，向 A 提出赔偿。A 以造成货损是承运人的责任而拒赔。双方经多次协商未果，最后 C 向法院起诉。

原告 C 称：我公司委托 A 办理货物到港后的一切手续，并将货物运至某地某库。双方既已确定委托运输关系，即应受到法律保护，但被告方擅自转交第三者运输又未履行加保手续，结果导致货物灭失，理应负赔偿责任。

被告 A 称：该业务根据 B 的信件而受理，我们只与 B 建立了法律关系，原告只是这笔业务的收货人，我们之间没有法律关系。货物灭失的责任在承运人，原告在向 B 购买货物时，理应知道国内段的风险已转至自身，原告自己没有转移风险，又未委托他人代为转移，理应自行承担风险。

被告 A 称：进口到货通知书注意事项第 5 条规定：凡集装箱进口货物在港口拆箱转运内地的货物统一由我司代办加批加保手续。但该条不适用于本案。因广州人保的"特别条款"的加批加保并不包括 CIF 条款，CIF 条款系在国外投保。

【问题】

1. 如果你是法官，你将如何判决？

2. 应吸取的教训有哪些？

【技能训练】

实践中，判断货运代理是代理人还是当事人可以根据几个方面来综合考量？（学生查找资料后进行讨论）

模块3　国际货运代理与现代物流

【模块任务】

要实现国际物流的总目标，为国际贸易和跨国经营服务，应考虑如何使各国物流系统相互接轨。如何选择最佳的方式与路径，以最低的费用和最小的风险，保质、保量、适时地将货物从某国的供方运到另一国的需方。

一、现代物流的概念

自从人类社会有了商品交换，就有了运输、仓储、装卸等活动。现代物流要求将运输、仓储、装卸等功能加以整合，用整体优化和系统的观点来解决物资流动过程中的问题，以达到成本最低等效益优化的目标。

（一）物流的定义

2001年我国颁布国家标准《物流术语》（GB/T18354-2001），并规定物流对应的英文为 Logistics。其对物流的定义是："物流是物品从供应地向接受地的实体流动过程，根据实际需要将运输、储存、装卸、搬运、包装、流通加工、配送、信息处理等基本功能实现有机结合。"

资料卡

Logistics 的原意

logistics 的原意是"军事后勤"，是指军事后勤部门运用应用数学、运筹学以及系统工程的一些方法，研究前方基地、后方供应基地、中间供应基地的分布，各基地间的海陆空交通手段，来解决运输军事物资等方面的问题。

（二）第三方物流的概念

现代物流的形式按照提供物流服务的主体不同，分为自营物流和第三方物流。自营物流是指工商企业在经营活动中使用自己的设施和工具来完成的物流，包括自营运输、自营保管和自营包装等。这样的物流适用于以下三种情况：一是企业生产的商品品种多、标准化程度低、实行样品销售困难，从而只能实行商流和物流合一；二是兼做销售、收款和配送；三是企业的运输量适中，运输量波动较小。否则，必然导致运输效率低下、物流综合成本上升、增加城市的交通拥挤、浪费能源。

第三方物流是由相对"第一方"发货人、"第二方"收货人而言的第三方专业企业来承担企业物流活动的一种物流形态。它通过与第一方或第二方的合作来提供其专业化的物流服务，它不拥有商品，不参与商品买卖，而是为顾客提供以合同为约束，以结盟为基础的，系列化、个性化、信息化的物流代理服务，包括设计物流系统、信息传输、报表管理、货物集运、选择承运人、货代人、海关代理、信息管理、仓储、咨询、运费支付和谈判等。

第三方是相对于第一方供应方和第二方需求方而言的，它是通过第一方或第二方，或者与这两方的合作来提供专业化的物流服务。中华人民共和国国家标准（GB/T18354-2001）《物流术语》中第三方物流的概念是："第三方物流是指由供方与需方以外的物流企业提供物流服务的业务模式。"第三方就是指提供物流交易双方的部分或全部物流功能的外部服务提供者。在某种意义上可以说，它是物流专业化的一种形式。

作为国际物流领域内新兴的产业，第三方物流也是指向货主提供物流代理服务的各种行业。过去很少能由一个企业代理货主全部环节的物流服务，往往局限于仓库存货代理、运输代理、托运代办、通关代理等局部业务，而完善的第三方物流则是全部物流活动系统的全称代理。

（三）第三方物流的特点

1. 信息网络化

信息流服务于物流，信息技术是第三方物流发展的基础。在物流服务过程中，信息技术的运用使物流活动实现了信息共享，促进了物流管理的科学化，提高了物流服务的效率。

货代与第三方物流在物流功能上的区别

货代在功能上较为单一，属于第三方物流中的一个环节；而第三方物流则是多功能的综合性、一体化的物流企业。在我国一些大型物流企业中，如外运公司，内部都设有货代部、船代部、陆运部、空运部等不同的职能部门。

---

2. 关系合同化

首先，第三方物流是通过合同形式来规范物流经营者和需求者之间的关系。物流经营者根据合同的要求，提供多功能直至全方位一体化的物流服务，并以合同来管理所提供的物流服务活动及其过程。其次，第三方物流企业联盟也是通过合同形式来明确各物流联盟参与者之间的关系。

3. 功能专业化

第三方物流企业所提供的服务是专业化的服务。对于专门从事物流服务的企业而言，它的物流设计、物流操作过程、物流管理都应该是专业化的，设备设施都应该是标准化的。

4. 服务个性化

第三方物流企业根据物流需求者的要求，提供针对性强的个性化服务和增值服务。

（四） 第三方物流企业的优势

第三方物流企业具体如下优势：

1. 专业优势

通过专业化的发展，第三方物流企业有能力开发信息网络并且积累针对不同物流市场的专业知识，包括运输、仓储和其他增值服务。许多关键信息，如卡车运量、国际通关文件、空运报价和其他信息等通常由第三方物流企业搜集和处理。第三方物流企业通过投资来获得这些信息更为经济，因为可以通过为大量客户提供服务而分摊成本。

通过物流外包，制造企业和商业企业可以降低因拥有运输设备、仓库和其他物流过程中所必需的投资，改善企业的盈利状况，把更多的资金投在公司的核心业务上。许多第三方物流企业在国内外都有良好的运输和分销网络，希望拓展国际市场或其他地区市场以寻求发展的企业可以借助这些网络进入新的市场。

2. 规模优势

由于拥有较大的购买力和货物配载能力，第三方物流企业可以从运输公司或者其他物流服务商那里得到比他的客户更为低廉的运输报价，可以从运输商那里大批量购买运输能力，然后集中配载很多客户的货物，大幅度地降低单位运输成本。

3. 服务优势

企业利用第三方物流可以向最终客户提供超过自己提供给他们的更多样的服务品种，如提供本企业一时不能满足客户要求的暂时缺货、短时的仓储管理等服务，为顾客带来更多的附加价值，提高顾客满意度。

第三方物流还能促使企业实现资源优化配置，将有限的人力、财力集中于核心业务，同时有利于企业节省费用、减少资本沉淀、减少库存、提升企业形象。第三方物流提供者对于物流需求者不是竞争对手，而是战略伙伴，它们为客户着想，通过全球性的信息网络使客户的供应链管理完全透明化，使客户随时可通过 Internet 了解供应链的情况。第三方物流提供者是物流专家，他们利用完备的设施和训练有素的人员对整个物流活动实现完全的控制，减少物流的复杂性，它们通过遍布全球的运送网和服务提供者（分承包方）大大缩短交货期，帮助客户改进服务、树立自己的品牌形象。第三方物流提供者通过"量体裁衣"式的物流系统设计，制订出以顾客为导向、低成本、高效率的物流作业方案，为企业的市场竞争创造有利条件。

4. 信息优势

专业的第三方物流供应商能不断地更新信息技术和设备，而普通的单个制造公司通常一时难以更新自己的资源或技能；不同的零售商可能有不同的、不断变化的配送和信息技术需求，第三方物流公司能以一种快速、更具成本优势的方式满足这些需求，而这些服务通常是制造商一家难以做到的。同样，第三方物流供应商还拥有满足一家企业的潜在顾客需求的能力,从而使企业能够接洽到零售商。

许多第三方物流企业与独立的软件供应商结盟或者开发了内部的信息系统,这使它们能够最大限度地利用运输和分销网络,有效地进行货物追踪,进行电子交易,生成提高供应链管理效率所必需的报表和进行其他相关的增值服务。许多第三方物流企业已在信息技术方面进行了大量投入,可以帮助客户搞清楚哪种技术最有用、如何实施、如何跟上日新月异的物流管理技术发展。与合适的第三方物流企业合作可以使企业以最低的投入充分享用更好的信息技术。

电子商务的出现推动了产业的重组,物流产业的功能会逐渐强化。比如,在电子商务环境下,消费者通过网上的虚拟商店购物并在网上支付,信息流和资金流的运作过程很快完成,剩下的工作就只有实物的物流处理,专业化物流中心成为所有企业和供应商对用户的唯一实物供应者,可见第三方物流企业的作用越来越突出。

 小案例

美国赖德专业物流公司向一家床垫制造商席梦思公司提供一种新技术,使后者彻底改变了自己的经营方式。在合作前,席梦思公司在每一个制造厂储存了2万~5万个床垫来适时满足客户的时尚需求。合作后,赖德在席梦思公司的制造厂安排一个现场物流经理。当订单到达时,该经理使用特殊的软件来设计一个把床垫发送给客户的优化顺序和路线,随后这一物流计划被发送到工厂,在那里按照确切的数量、款式和顺序制造床垫并全部及时发送。该项物流合作从根本上降低了席梦思公司对库存的需求。

（五）第三方物流的合同管理

第三方物流的合同管理涉及第三方物流提供者与其客户企业之间的合同磋商以及怎样避免双方合作失败等内容。第三方物流提供者在与其客户企业进行合同磋商时应特别关注双方在签约时将会面临的关键问题,如合同的执行标准及其衡量标准以及定价等。

1. 合同的执行标准及其衡量标准

这是托运人（客户企业）与第三方物流服务供应商在签订合同过程中首先应协商解决的问题,但在实践中却有大量的合同根本未对此做出规定,由此导致了合同双方在有关服务提供、合同执行方面的争议。

在双方的合同磋商过程中,如何明确提供服务的标准和尺度是最重要的,其中五个最难解决的问题中,与服务标准有关的问题就占了三个。当合同签订后并付诸实施时,最容易引起双方争议的就是托运人对第三方物流服务供应商提供的服务不满意,如表3-1所示。

2. 合同的定价

为满足客户的要求,同时也为自己谋求利益,第三方物流服务供应商应努力与其客户协调在价格结构上的不同观点,以期满足客户的特殊需要。在定价过程中,双方都会意识到所有的成本因素对双方价格结构是至关重要的。实践中,最理想的做法就是明确界定这些成本

因素的内涵，从而使双方都清楚这个价格是如何制定出来的。这也是在现实中人们为什么倾向于与资产基础供应商合作的原因，因为资产基础供应商是以自己的物流资产作为提供物流服务的基础，懂得什么样的成本因素与价格结构可以换回什么样的利润或回报，这样往往可以制定出比较合理的价格。

 相关链接

美国著名的货运代理人罗伯特·斯皮拉（Robert Spira）是一位专门研究第三方物流合作协议方面的资深专家。他在作为运输法律暨物流政策协会的主席期间，曾就托运人与第三方物流服务供应商签订合同的情况进行了细致的调查，并就如何规范合同的问题发表了见解，其中，如何衡量服务进展程度被视作最棘手的问题。

在该次调查中，有近8%的合同中根本没有关于第三方物流供应商提供的服务应满足何种标准的规定。斯皮拉认为，至少有以下5个原因使托运人在签订合同时忽略或轻视了服务标准的规定：

1. 预期结果不清楚

不是每个托运人都清楚他们想要第三方物流服务供应商给自己提供何种服务。

2. 准备不足

因为托运人急需第三方物流服务供应商的服务，所以即使托运人知道自己需要什么，也没有足够的时间来给出服务标准和衡量标准，便草草签订了合同。

3. 信息不准确

托运人对他们所需服务做出的假设是建立在不现实的基础上的。

4. 缺乏信任

托运人不愿将自己真正的长期商业目标透露给第三方物流服务供应商。

5. 过分的信任

托运人允许第三方物流服务供应商自己来制定服务标准或延迟制定标准。

斯拉皮认为，如果说有什么事情是最重要的话，那就是需要在充足的时间内用200%的注意力与有关的第三方物流服务提供者进行深入的磋商，千万不要迫于时间的压力而草草签订合同。

表3—1　　　　　　　　　　双方在签订合同中的焦点问题

合同磋商中要解决的五个首要问题	1. 合同执行及衡量标准
	2. 费率
	3. 争议解决的方法
	4. 保障与责任
	5. 收益分配

续表

合同磋商中最难解决的五个问题	1. 对价
	2. 保障与责任
	3. 设计合同执行标准
	4. 设置合同执行标准
	5. 衡量标准
合同履行中引发争议的四个问题	1. 托运人的期望与现实的差距
	2. 要求与责任
	3. 托运人未能提供承运的货量
	4. 费率调整

 相关链接

美国的物流学家埃斯科特·卡里伯（Escott Caliber）提出了两种具体的定价方法：一种是双方在定价前没有明确的执行价格可参考，而是通过先服务并获利后，再根据双方事先定下的方式分享收益，这是典型的分享利润型关系。另一种是对第三方物流服务供应商将接手的某项服务而言，有较明确的执行价格可参考，双方可以在此基础上共同公开地拟定费率。

美国另一位物流学家罗杰克斯·克里斯琴森（Logix Christiansen）认为，规模定价对第三方物流服务供应商不利。如果定价受客户的营业规模影响，就物流服务回报而言将是不利的。因为物流服务供应商无法控制它所要接受的业务，所以对第三方物流服务供应商来讲，客户的营业规模还是不要影响其服务定价的为好。但从另一方面考虑，客户认为根据规模定价是完全必要的，主要的理由是因季节性原因而导致的上下起伏的市场需求量使得客户规模定价成为其吸引自己的客户的一种选择。为调和第三方物流服务供应商与其客户的不同要求，物流学家们建议人们不妨根据固定的或可变的成本基础来构筑合同框架。换句话说，双方可以先确定构成物流服务供应商固定成本的资产投入，由客户向其每月支付一次费用，然后，允许根据客户营业规模的变化来确定其可变成本。不过，需要有一个建立在目标规模基础上的固定月费，如果规模增大或减小，双方则可以在下月对月费进行调整。从整体上来看，专家建议的这种方法无论对第三方物流服务供应商还是对其客户来讲，都是很合适的。

（六）怎样避免双方合作失败

每年都有大量的企业与第三方物流服务供应商解除合同，这种现象已经成为笼罩在第三方物流服务供应商头上的一片乌云，使双方的利益都受到损害，究其根底，原因何在？有什么方法能避免？

1. 双方的合作关系为什么会出现问题

默塞尔管理咨询公司副总裁乔·马撒（Joe Martha）认为，只有找出失败的原因，才能避免下一次的失败。根据他个人的经验，认为最常见的原因主要有以下几个方面：

（1）操之过急。有许多企业在没有做好任何准备工作的情况下就去寻求第三方物流服务供应商的帮助。也许是因为他们有太多的、迫在眉睫需要解决的问题，因此对第三方物流服务业寄予很高的期望，这就导致了有众多的企业匆忙与第三方物流服务供应商制定解决问题的方案并付诸实施，其后果是忙中出乱。

（2）合同不完善。与第三方物流服务供应商签订合同是一个非常复杂的过程，双方中任何一方在签订合同前考虑不周与准备不足，都有可能在将来执行合同时出现问题。此外，还有其他一些原因也会导致双方的合作受阻。从托运人（客户企业）方面讲，主要表现为以下几点：①错误地认为第三方物流服务供应商可以完全独立地处理公司的事务，无须对其监管或参与其间。②不正确的招标信息、不正确的时间框架以及对所需要的服务说明不清。③未加仔细考虑便选择最低价位的投标者或计划最完美的投标者，这极有可能导致服务水平低下或服务价格过高。④本身缺乏有效的策略来计划并完善合作关系。

从第三方物流服务供应商方面来讲，主要表现为以下几点：①对托运人所需要的服务理解错误，或对托运人使用第三方物流服务供应商的动机认识不清。②在磋商过程中过高地估计自己的综合能力并与企业签订合同，导致履行合同时后劲不足。③缺乏有才识与经验的物流管理人才，导致合同的履行中出现难以解决的问题。④以低于实际作业费用的价格进行投标，等签约后并开始履约时，以不正当方法增加管理费用以获补偿。⑤不能与托运人（客户企业）有效紧密地结成一体，并提供最好的服务。

2. 怎样避免双方合作失败

避免合作失败的方法可以简单地归纳为以下几条：

（1）第三方物流服务供应商与企业在进行双向选择时一定要谨慎。

（2）企业要明确自己有什么问题需要外协来解决，不要盲目地将本来自己能够解决的问题全部推给第三方物流服务供应商去解决，从而造成资源浪费。

（3）企业对第三方物流服务供应商的期望应该更现实一些，要求第三方物流服务供应商大幅度降低其物流费用往往是不现实的，除非在寻求第三方物流服务之前企业的物流系统实在是糟透了。

（4）第三方物流服务供应商应正视自己的能力。现实中的许多案例表明，第三方物流服务供应商往往会错误地认为完成合同是非常容易的事情，以至于对困难预期不周、准备不足，从而破坏了合作关系。

（5）长期合作的必要性。一个使托运人考虑更换第三方物流服务供应商的主要原因就在于他们认为该供应商已不能在合约规定的一两年中大幅度地降低本企业的物流成本了。其实，不断地优化经营管理是任何经济组织生存、发展的必要条件，企业与第三方物流服务供应商也不例外。大多数的第三方物流服务供应商能在12～18个月内实现物流成本的一次大幅度降低，但是此后，物流服务供应商面对的难题是如何进一步降低成本。这需要物流服务供应商对供应链中的基本环节或整条供应链进行再优化。一个好的第三方物流服务供应商不仅能做到用缩短运输路径以及减少库存这样的方法来降低成本，更应优化整条供应链，以求得成本的再降低。

（6）第三方物流服务供应商在合同期间除利用自己的物流系统外，还应充分利用企业原有的物流系统，尽量发挥企业原有物流部门的作用。这样一方面可以节省双方的费用，另一方面也可以协调好与企业原有物流部门的关系，以防企业原有物流部门产生抵制情绪。

基于以上原因，第三方物流服务供应商应放眼未来，有长期的计划，而不应鼠目寸光，只看眼前的得失。

 重点提示

第三方物流企业的服务内容不仅仅是一次性地为客户提供运输或配送服务，而是一种具有长期契约性质的综合物流服务，保证客户物流体系的不断优化和高效运作。因此，第三方物流企业在物流领域扮演的是客户的战略同盟者角色。

二、国际物流

（一）国际物流的含义与特点

国际物流（International Logistics，IL）是指不同国家（地区）之间的物流。这种物流是国际贸易的一个必然组成部分，各国之间的相互贸易最终要通过国际物流来实现。

1. 国际物流的含义

广义的国际物流研究的范围包括国际贸易物流、非国际贸易物流、国际物流投资、国际物流合作、国际物流交流等领域。国际贸易物流主要是指组织货物在国际间的合理流动；非国际贸易物流是指国际展览与展品物流、国际邮政物流等；国际物流合作是指不同国别企业共同完成重大的国际经济技术项目的国际物流；国际物流投资是指不同国别的物流企业共同投资组建国际物流企业；国际物流交流则主要是指在物流科学、技术、教育、培训和管理方面的国际交流。

 小案例

意大利有一家专门经营服装的公司，它有5000家专卖店，分布在60个国家，每年销售的服装约5000万件。其总部在罗马，所有的工作都是通过80家代理商进行。若其一专卖店发现某一款式的服装需要补货，立即通知所指定的某一代理商，该代理商立即将此信息通知罗马总部，总部再把这一信息反馈给配送中心，配送中心便根据专卖店的需求在一定的时间内进行打包、组配、送货，完成整个物流过程。

狭义的国际物流主要是指国际贸易物流，也就是指发生在不同国家之间的物流。更具体地说，狭义的国际物流是指当生产和消费分别在两个或两个以上的国家（或地区）独立进行时，为了克服生产和消费之间的空间距离和时间间隔，对货物进行物理性移动的一项国际贸易或国际交流活动，从而完成国际商品交易的最终目的，即卖方交付单证、货物和收取货款，买方接受单证、支付货款和收取货物。本书所讲的国际物流不涉及国际物流投资、国际物流合作等方面。

国际物流的实质是根据国际分工协作的原则，依照国际惯例，利用国际化的物流网络、物流设施和物流技术，实现货物在国际间的流动与交换，以促进区域经济的发展和世界资源的优化配置。

相关链接

国际物流从业人员应通晓的专业知识

（1）运输、仓储保管、货物配送等物流方面的专业知识。

（2）报关、报检（商检、卫检、动植检）、保险、国际贸易结算等国际贸易与国际金融等方面的专业知识。

（3）信息技术方面的专业知识。

国际物流的总目标是为国际贸易和跨国经营服务，即选择最佳的方式与路径，以最低的费用和最小的风险，保质、保量、适时地将货物从某国的供方运到另一国的需方。

2. 国际物流的特点

（1）国际物流的市场广阔。国际物流是跨国界的物流活动，市场广阔。全世界共有180多个国家和地区，人口约60亿。此外，国际物流的需求层次多，或者说国际物流面对的是一个多层次、多维体的市场。由于种族、习惯及经济水平的差异，各国及各地区的需求层次和数量有较大差别，这为经济交易的开展提供了必备的条件。从市场营销的角度看，这是形成有效市场的基本前提。

（2）国际物流的国际性。国际物流的国际性是指物流系统涉及多个国家，系统的地理范围大。国际物流跨越不同地区和国家，跨越海洋和大陆，运输距离长，运输方式多样，需要合理选择运输路线和运输方式，尽量缩短运输距离，缩短货物在途时间，加速货物的周转并降低物流成本。

（3）国际物流的复杂性。国际物流的复杂性主要包括国际物流通信系统设置的复杂性、法规环境的差异性和商业现状的差异性等。在国际间的经济活动中，生产、流通、消费三个环节之间存在着密切的联系。由于各国社会制度、自然环境、经营管理方法和生产习惯的不同，一些因素的变动较大，因而在国际间进行货物从生产到消费的合理流动是一项复杂的工作。

（4）国际物流的高风险性。国际物流的风险性主要包括政治风险、经济风险和自然风险。政治风险主要是指由于所经过国家的政局动荡，如罢工、战争等原因，使货物可能受到损害或丢失；经济风险又可分为汇率风险和利率风险，从事国际物流必然要发生资金流动，因而必然产生汇率风险和利率风险；自然风险是指在物流过程中，可能因自然因素如台风、暴雨等引起的风险。

（5）国际物流以远洋运输为主，多种运输方式组合。与国内运输相比，国际运输以远洋运输为主，并由多种运输方式组合。海运是国际物流运输中最普遍的方式，远洋运输更是国际物流的重要手段。谁能提高远洋运输效率、降低远洋运输成本，谁就能在国际物流竞争中占有优势。

（6）国际物流的标准化要求较高。国际物流除需要国际化信息系统支持外，统一标准也是一个非常重要的手段，这有助于国际间物流的畅通运行。国际物流是国际贸易的衍生物，它是伴随着国际贸易的发展而产生和发展起来的，是国际贸易得以顺利实现的必要条件。如果贸易密切的国家在物流基础设施、信息处理系统乃至物流技术方面不能形成相对统一标准，就会造成国际物流资源的浪费和成本的增加，最终影响产品在国际市场上的竞争能力，而且国际物流水平也难以提高。目前，美国、欧洲基本实现了物流工具及设施的统一标准，如托盘采用1000毫米×1200毫米规格、集装箱的若干统一规格及条码技术等。

（二）国际物流系统的构成

1. 国际物流系统的功能要素

国际物流系统的功能要素是指国际物流系统所具有的基本能力，这些基本能力有效地组合、联结在一起，形成国际物流系统的总功能，因而能够合理、有效地实现国际物流系统的总目的，实现其自身的时间和空间效益，满足国际贸易活动和跨国公司经营的要求。

国际物流系统的功能要素一般认为有采购、包装、储存保管（仓储）、流通加工、出入境检验检疫和通关、装卸搬运、运输、物理信息处理等。如果从国际物流活动的实际工作环节来考察，国际物流也主要由上述八项具体工作构成。换句话说，国际物流能实现以上八项功能，这八项功能要素也相应地形成各自的子系统。

（1）国际物流采购子系统。随着国际物流管理内涵的日益拓宽，采购功能在企业中变得越来越重要。采购的功能是：选择企业各部门所需要的适当物料，从适当的来源（包括全球采购），以适当的加工、适当的送货方式（包括时间和地点）获取适当数量的原材料。

（2）国际物流包装子系统。在考虑出口商品包装设计和具体作用过程时，应把包装、储存、搬运和运输有机联系起来，统筹考虑、全面规划，实现现代国际物流系统所要求的"包、储、运一体化"，即从开始包装商品时就考虑储存的方便、运输的快速，以加速物流、减少物流费用，符合现代物流系统设计的各种要求。

（3）商品储存、保管使商品在其流通过程中处于一种或长或短的相对停滞状态，这种停滞是完全必要的。因为商品流通是一个由分散到集中、再由集中到分散的源源不断的流通过程。国际贸易和跨国经营中的商品从生产厂家被集中运送到装运港口，有时需临时存放一段时间再装运出口，这是一个集和散的过程。它主要是在各国的保税区和保税仓库进行，主要涉及各国保税制度和保税仓库建设等方面。从物流角度看，应尽量减少储存时间和储存数量，加速货物和资金的周转，实现国际物流的高效率运转。

（4）国际物流加工子系统。流通加工是为了促进销售、提高物流效率和物资利用率，以及为维护产品的质量而采取的能使物资或商品发生一定的物理和化学及形状变化的加工过程，它可以确保进出口商品的质量达到要求。

进出口商品流通加工的具体内容包括：一是指装袋、配装、条形、混装、刷标记（刷唛）等出口贸易商品服务；二是生产性外延加工，如剪断、平整、打孔、折弯、组装、改装、服装的检验和烫熨等。后一种出口加工或流通加工不仅能最大限度地满足客户的多元化需求，同时还可以实现货物的增值。

（5）国际物流商品检验检疫、通关子系统。商品检验是国际物流系统中重要的子系统。通过商品检验，确定交货品质、数量和包装条件是否符合合同规定，如发现问题，可分清责任，向有关方面索赔。在买卖合同中，一般都订有商品检验条款，其主要内容有检验时间与地点、检验机构与检疫证明、检验标准与检验方法等。另外，商品的出入境还须申请通关。

（6）国际物流装卸搬运子系统。该系统主要包括对国际货物运输、保管、包装、流通加工等物流活动进行衔接，以及在保管等活动中为检验、维护、保养所进行的装卸活动。伴随装卸活动的小搬运一般也包括在这一活动中。在国际物流活动中，装卸活动频繁发生，因而是产品损坏的重要原因。对装卸活动的管理，主要是确定最恰当的装卸方式，力求减少装卸次数，合理配置及使用装卸机具，以做到节能、省力、减少损失、加快速度，最终获得较好的经济效果。

（7）国际物流运输子系统。运输的作用是将商品的使用价值进行空间移动，依靠运输作业克服商品生产地和需要地的空间距离阻隔，创造了商品的空间效益。国际货物运输是国际物流系统的核心，商品通过国际货物运输作业由卖方转移给买方。国际货物运输具有路线长、环节多、涉及面广、手续繁杂、风险性大、时间性强等特点。运输费用在国际贸易商品价格中占有很大比重。国际运输主要包括运输方式的选择、运输单据的处理以及投保等有关环节。

（8）国际物流信息子系统。信息子系统的主要功能是采集、处理及传递国际物流和商流的信息情报。国际物流信息主要包括进出口单证的作业过程、支付方式信息、客户资料信息、市场行情信息和供求信息。国际物流信息系统的特点是信息量大、交换频繁、传递量大、时间性强，环节多、点多、线长，所以要建立技术先进的国际物流信息系统。

应将上述各主要系统有机地联结起来，统筹考虑、全面规划。其中，运输及储存保管分别解决了供给者与需要者之间场所和时间的分离，分别是国际物流创造"空间效用"及"时间效用"的主要功能要素，因而在国际物流系统中，这两个要素处于主要功能要素的地位。国际物流主要通过国际货物的储存保管和国际运输实现其自身的时空效应，满足国际贸易的基本需要。

资料卡

国际物流系统的三大现代化信息技术：（1）电子数据交换技术（EDI）；（2）条码技术（Bar Code）；（3）全球卫星定位系统（GPS）。

2. 国际物流系统的支撑要素及物质基础要素。

（1）国际物流系统的支撑要素。国际物流系统的运行需要有许多支撑手段，尤其是在复杂的社会经济系统中，要确定国际物流系统的地位，要协调与其他系统的关系，这些要素就更加必不可少。其主要包括：

①体制、制度。物流系统的体制、制度决定了物流系统的结构、组织和运作方式。国家对其控制、指挥和管理的方式是国际物流系统的重要保障。

②法律、规章。国际物流系统的运行涉及企业或人的权益，法律、规章一方面限制和规范物流系统的活动，使之与更大的系统相协调，另一方面则给予保障。合同的执行、权益的划分、责任的确定都要靠法律、规章来维护。各个国家和国际组织的有关贸易、物流方面的安排、法规、公约、协定、协议等也是国际物流系统正常运行的保障。

③行政、命令。国际物流系统和一般系统的不同之处在于国际物流系统关系到国家的军事、经济命脉。所以，行政、命令等手段也常常是国际物流系统正常运转的重要支持要素。

④标准化系统。它是保证国际物流各环节协调运行，保证国际物流系统与其他系统在技术上实现联结的重要支撑条件。

（2）国际物流系统的物质基础要素。国际物流系统的建立和运行需要有大量的技术装备手段，这些手段的有机联系对国际物流系统的运行具有决定意义。这些物质基础要素主要有：

①物流设施。它是组织国际物流系统运行的基础物质条件，包括物流站、场，物流中心、仓库，国际物流线路，建筑物，公路，铁路，口岸（如机场、港口、车站、通道）等。

②物流装备。它是保证国际物流系统运行的条件，包括仓库货架、进出库设备、加工设备、运输设备、装卸机械等。

③物流工具。它是国际物流系统运行的物质条件，包括包装工具、维护养护工具、办公设备等。

④信息技术及网络。它是掌握和传递国际物流信息的手段，根据所需信息水平的不同，包括通信设备及线路、传真设备、计算机及网络设备等。

⑤组织及管理。它是国际物流网络的"软件"，起着联结、调运、运筹、协调、指挥其他各要素的作用。

（三）国际物流系统的运作模式

1. 国际物流系统运作的一般运作图

国际物流系统通过所联结的各子系统发挥各自的功能，从而最终达到国际物流系统整体效益最大化的目标。

国际物流系统是以实现国际贸易、国际物资交流大系统总体目标为核心的。国际贸易合同签订后的履行过程，就是国际物流系统的实施过程。国际物流系统的运作流程可以如图3-1所示。

国际物流系统在国际信息流系统的支撑下，借助于运输和储存等作业的参与，在进出口中间商、国际货代及承运人的通力协助下，借助国际物流设施，共同建成一个遍布国内外、纵横交错、四通八达的物流运输网络。

2. 国际物流系统运作模式

一般系统的运作模式包括系统的输入部分、系统的输出部分以及将系统输入输出的转换部分。国际物流系统遵循一般系统模式的原理，构成自己独特的物流系统模式。下面以国际货物出口为例，阐述国际物流系统的模式。

国际物流系统输入部分的内容有：备货，货源落实；到证，接到买方开来的信用证；到船，买方派来船舶；编制出口货物运输计划；其他物流信息。

国际物流系统输出部分的内容有：商品实体从卖方经由运输过程送达买方手中；交齐各项出口单证；结算、收汇；提供各种物流服务；经济活动分析及理赔、索赔。

国际物流系统的转换部分包括：商品出口前的加工整理；包装、标签；储存；运输（国内、国际段）；商品进港、装船；制单、交单，报关、报检。

除了上述三项主要功能外，还经常有许多外界不可控因素的干扰，使系统运行偏离原计划内容。这些不可控因素可能是国际的、国内的、政治的、经济的、技术上的和政

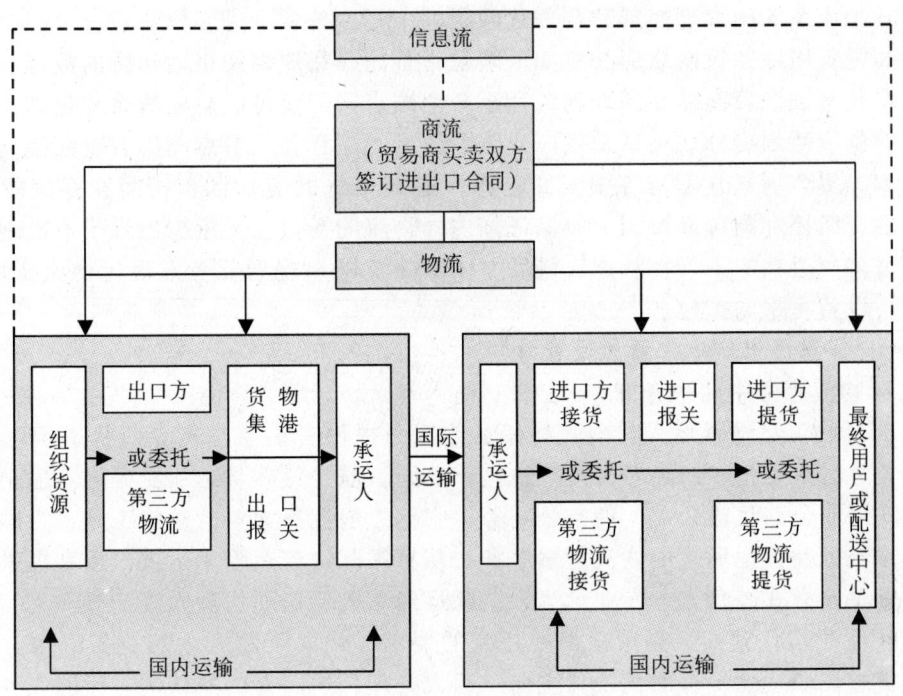

图 3-1 国际物流运作图

策法令、风俗习惯等方面的制约，是很难预计和控制的，它对物流系统的影响很大。如果物流系统具有较强的应变适应能力，遇到这种情况能立刻提出改进意见、变换策略，那么这样的系统就具有很强的生命力。

案例

　　1956~1967年苏伊士运河封闭，直接影响国际货物的外运。当时日本的对外贸易商品运输因此受到严重威胁，如果将货物绕道好望角或巴拿马运往欧洲，则航线增长、时间过长、经济效益太差。为此，日本试行利用横贯北美大陆的铁路线运输取得良好的效果，大陆桥运输于此得名。这说明当时日本的国际物流系统面对外部环境的干扰，采取了积极措施，使系统具有新的生命力。

3. 国际物流网络

　　国际贸易和经营的竞争要求国际物流系统的物流费用要低，客户服务水平要高。为实现这一目标，建立完善的国际物流系统网络十分重要。

　　（1）国际物流网络的构成。国际物流网络是指由多个收发货的"节点"和它们之间的"连线"所构成的物流网络，以及与之相伴随的信息网络所组成的有机整体。

　　（2）国际物流网络的建设。国际物流网络研究的中心问题是确定出口货源点（或货源基地）和消费者的位置，各层级仓库及中间商批发点（零售点）的位置、规模和数量，从

而决定国际物流系统的合理布局和合理化问题。

建立和完善国际物流网络应注意如下问题：首先，在规划网络内建库的数目、地点及规模时，都要紧密围绕着商品交易计划，乃至一个国家国际贸易的总体战略和规划。其次，明确各节点的供应范围、分层关系及供应或收购数量，注意各层节点间的有机衔接，优化运输线路。例如，生产厂家仓库与各中间商仓库、港（站、机场）区仓库间在存储能力以及出口装运能力方面相互配合和协同，以保证国内外物流的畅通，尽量少出现或不出现在某一层仓库储存过多、过长的不均衡状态。最后，国际物流网点规划要考虑现代物流技术的发展，留有余地，以备将来的扩建。

（四）国际物流中的中介商和服务商

1. 国际物流服务中的中介商

（1）国际物流运输承运人。国际物流运输服务提供者主要是指专门从事国际货物运输的承运人。承运人是指专门经营海上、铁路、公路、航空等客货运输业务的运输企业，如轮船公司、铁路或公路运输公司、航空公司等。它们一般拥有大量的运输工具，为国际物流提供远洋运输服务及其他形式的物流运输服务。从事国际物流运输承运人，按其提供服务方式的不同，有单一方式经营人、专业承运人、联运经营人、船舶代理人等几类。

（2）国际货运代理人，是指根据委托人的要求，代办货物运输的业务机构。有的代表承运人向货主揽取货物，有的代表货主向承运人办理托运，有的兼营两方面的业务。它们属于运输中间人的性质，在承运人和托运人之间起着桥梁作用。国际货运代理人的主要优势在于大批量的装运可以获得较低的费率，提高运输速度。

（3）装卸公司和理货公司。装卸、理货业是一些接受货主或船舶营运人的委托，在港口为船舶进行货物的装卸、清点、交接、检验货损程度和原因并作公证等作业的行业。

①装卸公司。装卸业是办理将货物装船和从船上卸下的行业。装卸人对于所在港口经常装卸的货物的包装、性质以及装卸方法都富有经验，对于各种类型的船舶也有深入了解，能参与制订装卸计划，委托人对他们的装卸技术也都有所信任。但是，由于装卸和积载的质量对于船舶和货物的安全有密切的关系，所以，这种作业是在船方的监督和指挥下进行的。

目前，我国的港口装卸业有以下公司：a. 各口岸港务局下属的港务（或装卸）公司；b. 各港口的地方装卸公司；c. 中国外运集团系统的港务公司；d. 各货主码头的装卸公司；e. 中外合资、合营的港务公司。

②理货人。理货人是在船舶装货或卸货时对货物的件数进行清点，并对货物交接做出证明的行业。理货通常是由船公司或货主各自委托其代理人，即分别由站在船公司立场的理货人和站在货主立场的理货人会同进行的。在代表双方的理货人的会同确认下，才能证明货物交接的正确性。这种正确交接的证明有较强的公正性，所以理货人不但要有较全面的知识和熟练的方法，而且必须具有诚实、公正的品质。

我国的理货人主要是中国外轮理货公司及其在各港的分支机构，货主往往通过委托代理人的驻港人员进行。

世界上从事国际货物运输的机构不胜枚举，它们在工作性质上有所区别，在业务上又有密切的联系，但主要不外乎上述几种机构。此外，国际货物运输与海关、商检、卫检、动植检、港口当局（海上安全监督局和港务局）、保险公司、银行和外汇管理局、包装和仓储机构等有着较为密切的联系，共同组成国际货物运输组织系统。

（4）作业中间商和无船承运人。

①作业中间商。国际物流运输服务中间商通常不拥有或不经营运输设备，但向其他厂商提供服务。他们的职能类似于营销渠道中的批发商。典型的中间商开始从各种托运人手中汇集一定数量的货物装运，然后购买运输。作业中间商主要有经纪人以及托运人协会。

②无船承运人。"无船承运人"（NVOCC）这一词和法律概念只有美国在其法律中予以严格规定。美国联邦海事委员会规定：如果某公司有一条挂靠美国港口的定期班轮航线，则无论它在其他航线上是否配备船舶，都被认为是海上承运人而不是无船承运人。

（5）报关企业。报关企业是指已完成海关报关注册登记手续，取得办理进出口货物报关资格的境内法人。报关企业或货运代理的报关服务都需要货主提供必要的单据，由他们代理进行申报，有的报关企业还提供代为商检等服务。海关产生关税单后，由货主缴纳关税并自己提货或由服务机构代为提送货。

（6）出口管理公司。出口管理公司作为一个独立的法人企业，与客户的关系是一种业务代理关系，负责在全球范围内进行客户公司产品的营销工作，通常被视为专业出口商。出口管理公司并不实际占有出口商品的所有权，只是充当客户公司的出口部门。其主要职能包括获取订单、选择分销渠道、代客户做广告宣传、代为收取货款、缮制单据、安排运输，必要时提供仓储、管理存货甚至从事分销工作。出口管理公司应具有市场的专业知识以及与当地政府良好的关系。出口管理公司作为国际物流运输服务的一个中介商，其功能和作用主要是为客户企业提供在进出口业务方面的便利。

（7）出口贸易公司。出口贸易公司涉足出口商品和服务。它定位于海外顾客，处理许多出口业务，包括取得单证、内陆与海洋运输等。实际上，出口贸易公司尝试经营国际商务的各个层面：销售、财务、交流及物流等。最负盛名的出口贸易公司也许是日本的Sogo shosha，它利用遍布全球的信息网络提供市场信息，连接全球的资本资源。

（8）出口包装商。出口包装商为缺乏设备与专门设备的托运商进行海外货运时提供包装服务。这些包装商带来的效益就是它们能够在整个国际物流渠道中为货物提供充分的保护措施，并且能够符合世界各地的包装要求。对商品进行包装时，国际物流渠道的长短与复杂性、过境时间、整个物流系统的细枝末节都要被考虑在内。比如，为了能够承受较差的交通运输条件、人工分拣仓库恶劣的搬运方式以及经常面临风吹日晒的可能，一定要对货物进行包装。而且，不同的国家要求使用特殊的标志、操作指南以及特殊的包装材料。合理的出口打包不仅仅是将商品装入箱内，完好运达目的地，还有节省装运时间、减少包装材料的使用费用、防止货物的丢失、保证最低的应缴纳关税等其他好处。

利用这些中介商的共同优势就是能够让那些没有国际贸易知识和技术的公司顺利开展全球业务和开拓全球市场。

2. 中国主要的国际物流服务商

（1）中国远洋运输（集团）总公司。中国远洋运输集团（简称中远集团）成立于1993年，是以中国远洋运输（集团）总公司为核心，以国际航运为主业，集船货运代理、公路货运、空运、码头、仓储、金融、房地产、旅游、贸易、劳务输出等为一体的跨国家、跨地区、跨行业的大型企业集团。

中远集团现拥有和经营600余艘现代化商船，包括集装箱船、干散货船、杂货船、客货船、特种船和油轮等，共计1700万载重吨。其中，中远散货船队和集装箱船队规模名列世界前茅。目前，中远经营的500多条航线遍及世界170多个国家和地区的1200多个港口，为世界工贸界提供全球性海上运输服务。

（2）中国对外贸易运输总公司。中国对外贸易运输（集团）公司（简称中外运）是一个以运输业为主，全面发展，实行跨地区、跨行业和跨国经营的大型企业集团。中外运在国内有46个专业子公司、省市子公司，508家独立法人单位，238家合营企业；在海外有9个代表处、67家独资、合资企业，员工6.7万人，集团总资产额达220亿元人民币。中外运经过50多年的发展，在国内外拥有完善的业务经营网络，业务范围涉及货运代理、海洋运输、租船、船舶经营、班轮运输、船务代理、航空货运、航空快件、铁路运输、汽车运输、多式联运、仓储、进出口贸易以及对外经济合作、工程承包、集装箱租赁、森林开发、金融、保险、旅游、广告、房地产等诸多领域。

（3）大通国际运输有限公司。大通国际运输有限公司成立于1985年，是中国首批被国际航空运输协会（IATA）认可、通过ISO9001国际标准质量体系认证、拥有3000余名员工的大型专业化国际物流企业。

目前，公司业务包括空运进出口、海运进出口、国际快件、国内快件和物流等。大通在中国大陆所有省份及香港地区设立了近百家分公司和办事处，同时在德国汉堡、西班牙马德里以及新加坡等9个城市建立了大通国外子公司，并与美国安邦等200多个国家和地区的同行建立了国外代理服务网络，在北京、上海、广州、深圳、厦门、大连、武汉、成都拥有区域性物流分拨中心，服务覆盖国内1100多个城市。

资料卡

海外主要的国际物流服务提供商：（1）海陆公司（Sea-Land）；（2）美国总统轮船公司（APL）；（3）马士基（Maersk）；（4）日本邮船（NYK）；（5）联合包裹公司（UPS）。

（五）国际货物运输方式

国际货物运输是指在国家与国家、国家与地区之间的货物运输。国际货物运输包括国际贸易物资运输和国际非贸易物资（如展览品、援外物资、个人行李、办公用品等）运输。由于国际货物运输主要是国际贸易物资运输，非贸易物资的运输往往只是贸易物资运输部门的附带业务。所以，国际货物运输通常又被称为国际贸易运输，对国家来说就是对外贸易运输，简称外贸运输。国际货物运输方式是指在不同国家和地区之间运输货物的具体方法和形式。

1. 国际物流运作中的主要运输方式种类

（1）水路运输。水路运输（Waterway Transport）是指使用船舶（或其他水运工具）在江、河、湖、海等水域运送货物的一种运输方式。在国际货物运输中，运用最广泛的是海洋运输（Ocean Transport）。目前，海运量在国际货物运输总量中占80%以上。海洋运输之所以被如此广泛采用，是因为它与其他国际货物运输方式相比，主要有下列明显的优点：①通过能力大。②运量大。③运费低。按照规模经济的观点，因为运量大，航程远，分摊于每货运吨的运输成本就少,因此运价相对低廉。海洋运输虽有上述优点,但也存在不足之处。例如,海洋运输受气候和自然条件的影响较大,航期不易准确,而且风险较大。此外,海洋运输的速度也相对较低。

(2) 陆上运输。陆上运输(Transport by Land)含铁路运输和公路运输。

①铁路运输(Railway Transport) 在国际货物运输中,铁路运输是仅次于海洋运输的主要运输主式,海洋运输的进出口货物,也大多是靠铁路运输进行货物的集中和分散的。

铁路运输有许多优点,一般不受气候条件的影响,可保障全年的正常运输,而且运量较大,速度较快,有高度的连续性,运转过程中可能遭遇风险也较小。办理铁路货运手续比海洋运输简单,而且发货人和收货人可以在就近的始发站(装运站)和目的站办理托运和提货手续。

②公路运输(Road Transportation)公路运输是一种现代化的运输方式,它不仅可以直接运进或运出对外贸易货物,而且也是车站、港口和机场集散进出口货物的重要手段。在国际货物运输中,它也是不可缺少的一个重要组成部分,具有机动灵活、简捷方便、应急性强、投资少、收效快、适应集装箱货运发展,但载货量小、运行中震动大易造成货损事故、费用成本高等特点。

(3) 航空运输。航空运输(Air Transport)是一种现代化的运输方式,它与海洋运输、铁路运输相比,具有运输速度快、货运质量高、且不受地面条件的限制等优点。因此,它最适宜运送急需物资、鲜活商品、精密仪器和贵重物品。

每家航空公司都有自己的代码,如国航 CA、南航 AZ、深航 ZH、东航 MU、海航 HU 等。国际空运代理要熟悉飞机的起飞时间、落地时间和载重量;也要熟悉货物的种类、发货时间、运量。

(4) 集装箱运输。集装箱运输(Container Transport)是以集装箱作为运输单位自动化货物运输的一种现代化的、先进的运输方式。集装箱运输是指将货物装载于标准规格的集装箱内进行运输,适合于海洋运输、铁路运输和航空运输等各种运输方式。集装箱运输以其高效、优质、低成本的特点,成为当今最重要的一种货物运载形式。

在集装箱运输的基础上,发展了把多种运输方式有机地结合起来的国际间连贯运输,即国际多式联运。国际多式联运,是在集装箱运输的基础上产生和发展起来的一种综合性的连贯运输方式,它一般是以集装箱为媒介,把海、陆、空各种传统的单一运输方式有机地结合起来,组成一种国际间的连贯运输。

2. 国际物流运作中的主要联合运输方式

国际物流的复杂性使国际物流运作中通常需要运用多种运输方式的联合,但由于海运一直占据着国际贸易中的主要地位,因此,海运仍是其中最重要的组成部分。其他一些运输方式有时也占据主要地位,如航空运输、公路运输和铁路运输。近年来,航空运输越来越多地与海运联合使用。在实际中,运输联合的方式取决于贸易运输线、转运地、被运商品的性质以及不同经济性和安全性的运输方式的可用性。

一般的联合运输方式有如下几种:

(1) 海上/航空(Sea/Air)。这种联合方式兼有海运的经济性和空运的速度,在远东-欧洲的国际贸易路径中运用越来越广泛。在印度出口商向中东运输商品时也会用到这种方式。这种联运方式适用于电器、电子产品、计算机和照相器材类的高价值商品以及玩具、时装一类季节性需求极强的商品。

（2）航空/公路（Air/Road）。在国际运输中，货物集散必然使用公路运输。除此之外，国际运输中，公路运输的运用越来越多，尤其是在欧洲和美国，用卡车长距离运输航空货物（有时穿越国界）来连接提供长途运输的主要航空公司的基地十分常见。在欧洲，一些航空公司建立了许多卡车运输枢纽作为公路支线经营的据点。

（3）铁路/公路/内河（Rail/Road/Inland）——海上/铁路/内河（Sea/Rail/Inland）。当货物必须使用海运方式从一国运出来，且必须使用一种或以上的内陆运输方式（如铁路、公路或内河）将货物从始发国的内陆中心运到其海港，或从目的国的海港运到其内陆中心时，一般使用该方式。

（4）微型陆桥（Mini-bridge）。由海运承运人签发全程提单的集装箱货物，由船舶从一国海港运到另一国海港，最后由铁路承运人完成此次运输的全过程。微型陆桥为托运人提供了一个包含运到目的国最终目的地的铁路运费在内的集装箱全程运费。铁路运费则由海运承运人按每集装箱的平均价格支付给铁路承运人。该系统常用于美国/远东、美国/欧洲、美国/澳大利亚等地间的贸易运输线。

（5）大陆桥（Land-bridge）。该系统是通过海-陆或海-陆-海路线运输集装箱跨越大陆。这里，铁路运费也是由签发全程提单的海运承运人按每集装箱支付的。该系统主要用于下述重要的国际集装箱运输线：

①欧洲或中东与远东之间经西伯利亚大陆桥；

②欧洲与远东之间经大西洋到达美国或加拿大太平洋沿岸，使用北美大陆桥。

（6）驮背运输（Piggyback）。这是一种公路和铁路联合的运输方式。在北美和欧洲已经十分普遍，因为其既有铁路在长距离的速度与可靠性，又具公路运输在货物集散中的门到门的灵活性优势。

（7）海铁运输（Seatrain）。这是另一种同时使用铁路和海运的联运方式，最初产生于美国。它与滚装运输系统类似，所不同的是其滚装的工具是火车车厢，这样，不同地区的铁路系统可以用海上运输工具连接起来。

3. 国际货物运输方式的选择

组织国际物流，必须正确选择运输方式和管理组织方式。国际物流对运输方式的选择主要从以下几个方面考虑：

（1）运输成本。据统计，在外贸的价格中，物流费有时可占出口货价的 30% ~ 70%。一般而言，海运成本低于陆运成本，但如果海运有大迂回则选用大陆桥，在运载成本方面有一定的优势。

（2）运行速度。国际物流速度也很重要，主要有两个原因，一是运距长，需时日较多，资金占用时间长，加快速度有利于释放占用的资金；另一原因，是市场价位，由于速度慢错过了好的价位使经济效益下降。

（3）货物的特点及性质。货物特点及性质有时对物流方式选择起决定作用。经常是由于国际物流方式的限制，有些货物无法进入国际物流从而失去了市场时机。

（4）货物数量。由于国际物流距离长，使大数量货物运输受到了限制，因为国际物流距离往往超出了汽车等运输工具的经济里程，大数量货物也不可能选择航空运输，因为航空运输不具备那样大的运输能力，更不用讲价格了。

（5）物流基础设施条件。由于国家之间发展的不平衡，一个国家中可以选择的物流方式，到另一个国家也许不能采用，原因是另一个国家缺乏采用这种方式的必要基础设施。在选择时，如不考虑这个问题，是无法形成有效的物流渠道的。

【复习题】

（一）单项选择题

1. 企业（包括生产企业和流通企业）的物质资料从生产者或中间商的供应开始，到消费者购进投入生产前的物流活动称为（　　）。
   A. 生产物流　　　　　　　　　B. 供应物流
   C. 销售物流　　　　　　　　　D. 微观物流
2. 在下述物流特点中，（　　）的表述是正确的。
   A. 物流创造物品的价值，但不创造物品的使用价值
   B. 物流创造物品的使用价值，但不创造物品的价值
   C. 物流既不创造物品的价值，也不创造物品的使用价值
   D. 物流既创造物品的价值，也创造物品的使用价值
3. 以下活动中，不属于物流活动范围的是（　　）。
   A. 装卸搬运　　　　　　　　　B. 运输和仓储
   C. 产品生产　　　　　　　　　D. 情报信息
4. 物流活动的目的是（　　）。
   A. 企业利润最大化　　　　　　B. 社会效益最大化
   C. 成本最小化　　　　　　　　D. 满足客户的需求
5. 仓储成本是一段时期内储存或持有商品而导致的费用，与持有的平均库存量成（　　）。
   A. 正比　　　　　　　　　　　B. 反比
   C. 同比　　　　　　　　　　　D. 无比例关系

（二）判断题

1. 运输合理化最主要的就是选择合理的运输方式和运输路线。（　　）
2. 根据规定，海关监管仓库必须全部由海关自行管理，而不得交由其他仓储企业管理。（　　）
3. 物流活动使商品在流通过程中实现了时间价值、空间价值和使用价值。（　　）
4. 运输是加速社会再生产和促进社会再生产不断进行的前提条件。（　　）

（三）多项选择题

1. 在以下要素中，处于物流主要功能要素地位的是（　　）。
   A. 流通加工　　　　　　　　　B. 配送

C. 运输　　　　　　　　　　D. 仓储
2. 现代物流的发展趋势包括（　　　）。
　A. 标准化　　　　　　　　　B. 社会化
　C. 信息化　　　　　　　　　D. 一体化
3. 物流过程中的两大支柱是指（　　　）。
　A. 运输　　　　　　　　　　B. 保险
　C. 包装　　　　　　　　　　D. 仓储
4. 第三方物流具有（　　）特点。
　A. 以信息技术为主导　　　　B. 强化物流功能的集成
　C. 提供个性化和网络化服务　D. 提供物流方面的理财服务

（四）简答题

1. 简述第三方物流的优势。
2. 如何加强第三方物流的合同管理？
3. 第三方物流服务提供商应怎样避免双方合作失败？
4. 简述国际物流中所涉及的中介商和服务商。

【案例分析】

UPS 是一家大型的国际快递公司，它除了自身拥有几百架货物运输飞机外，还租用了几百架货物运输飞机，每天运输量达 1000 多万件。它在全世界建立了十多个航空运输的中转中心，在二百多个国家和地区建立了几万个快递中心。其员工达到几十万人，年营业额可达到几百亿美元。

UPS 公司从事信函、文件及包裹快速传递业务，在世界各国和地区均取得了进出航空权。2001 年 4 月起，它可以直航中国大陆，这使它在中国的业务量在 2001 年第二季度同比猛增 25%，初步尝到了直航的甜头。此外，为了适应中草药业务量快速增长的要求，UPS 又采取了多种措施，包括增加直航中国的运力和航班。在上海浦东机场快件中心大仓库，UPS 还安装了包裹处理流水线，于 2001 年 9 月初投入使用。从 2001 年 8 月下旬开始，UPS 在上海安装了上百台速递资料收集器，以取代传统的纸上传递记录。

迅速是快递公司的主要特点。UPS 公司能够实现国际快件 3 日到达、国内快件 1 小时取件和 24 小时到达的承诺，满足了较高的服务质量要求。安全也是快递公司的主要特点，UPS 公司能够实现每天一万多人的网上文件跟踪查询以及每天两万人的电话文件跟踪查询。

UPS 之所以能够达到以上服务标准，主要是：一是公司对内具有严格的管理制度和规范的业务处理流程；二是公司充分地运用了高科技手段，在互联网上建立了快递文件跟踪系统，同时又建立了快递文件数据汇总的数据中心，实现了快递档案的高效管理；三是建立了 EDI 等系统。

UPS 公司除了开展信函文件、包裹的物流快递业务之外，还为客户提供代理报关服务，减轻了客户报关负担并缩短了报关时间；也为客户代理特殊物品的包装服务，解决了客户在物品包装上的困难并节省了包装材料费用。

[分析]

（1）为什么说 UPS 是一家国际物流企业？

（2）开办国际快递物流企业是否有风险？风险表现在哪些方面？

【技能训练】

训练背景：甲为某国际综合物流服务公司。2007 年 4 月，甲为某市乙公司提供由中国武汉到美国纽约的全程综合物流服务，4 月 16 日，甲指示其在上海港的代理安排货物在上海港短期仓储，以待装船，同时对有关仓储提出了一定要求。该代理依指示而委托上海港丙仓库代为储存，双方签订了仓储合同，并且约定甲公司交付货物时，丙给付提货单，凭提货单取货。签订合同后，该仓库按要求作了适当安排。但是，4 月 20 日装运该批货物的船舶在运输途中失事，全部货物沉没。于是甲通知其上海港的代理解除该仓储合同，但未提交有关机构的证明。丙仓库经营人称，其已为履行合同作好了准备，如要求解除合同，甲应承担违约责任并赔偿损失，双方协调不成，诉至法院。

根据上述训练背景，分组讨论：

（1）本案例中，仓储合同是否已有效成立？为什么？

（2）甲公司是否应承担违约责任并赔偿损失？

单元二
货 代 营 销

【知识目标】

- □ 知道货代营销中的典型工作，了解货代销售工作的意义
- □ 了解货代营销中电话销售的难度及作用
- □ 知道货代所报价格的构成
- □ 掌握报价技巧，并知晓报价的类型以及经常出现的问题
- □ 知道并熟悉国际货代业务员应具备的条件

【技能目标】

- □ 能够正确使用电话向客户推广公司业务
- □ 能够正确甄别客户询价意图并适当报价
- □ 能够运用洽谈技巧成功与客户洽谈货代业务
- □ 能够独立完成货代营销中的后续服务工作

 案例导读

　　小沈是一家货代的销售，大学毕业进入货代一直找不到门路，几个月下来都没任何成绩，来自公司和自身的压力让他有点沮丧。一天晚上小沈回到家后，仔细想了一下所在公司的特点，总结了自己这些天失败的原因。他发现自己这几个月所做的就是打电话、报价，对公司特色的服务却不是很了解，自己公司在木材进口这方面的能力是当地港口数一数二的。从那天以后，他花了整整一个月时间去熟悉公司木材进口上的种种问题和流程，虚心向操作人员请教这方面的问题。一个月以后，他到当地做木材进口的一个交易市场，守在门口看到进去的集装箱就拦下来，装作门卫检查货单（当然也可以闲聊，发烟给司机等），记录下来，然后按照收货人的信息，一家家登门拜访。很多收货人

都对小沈的专业知识非常认可，这样不到一个月，小沈就开始出单，而且操作起来得心应手。半年下来，小沈的业务量已经超过很多公司的老业务员了。

资料来源：《货代高手教你做货代》，何银星编著。

模块4　国际货运代理企业营销业务

【模块任务】

大航国际货代公司近期代理了马士基公司日韩新的航线，作为公司的新产品，业务员小张开始为新老客户推广这条新航线，请给小张一些建议，如何推广这条新航线？

一、国际货代营销概述

货代服务的销售是指国际货代公司从船东市场取得运输代理服务资格后，集中精力把这些服务销售出去，以形成企业的利润。这里所指的"销售"具体来说是指开发和维护稳定的发货人和收货人，通常面对的是国际进出口贸易公司、外贸行，向他们销售货代服务，由此获取利润。国际货代企业服务的销售，实际上就是一个揽货、货代合同磋商与签订的过程，而这些工作通常是由国际货运代理企业的业务部门来完成的。

（一）国际货代营销现状

从2008年末到现在，货代行业处于世界金融危机冲击的最前沿。出口量急剧下降，一些靠外销生存的工厂倒闭，再加上危机中应收账款的问题，货代行业遇到了前所未有的危机。

金融危机中，很多货代公司倒闭了，没有倒闭的也在纷纷裁员、降薪、节约开支以应对危机，或者要求费用更加明细等，这些都是对货代公司的考验。这次的金融危机对货代行业来说也是一次大洗牌，经受住考验的留下来了，那么以后的发展会慢慢稳定。经受不住考验的，就会面临着竞争中被淘汰的命运。

2015年经济下行比2008年有过之而无不及，据国内经济学家预测，能躲得过2008年金融危机的企业不一定躲得过2015年的经济下行趋势，这些企业中当然包括货代行业的企业。在经济下行的同时，跨境电商也得到了空前的重视与发展，给货代行业的发展带来了新的生机。

货代是服务行业，即使形势再严峻、业务再难做，也不能一味地迎合客户的需求，降低自己的利润空间，利润降下去容易，再抬上来就很难了。可能市场大环境不好，会给货代公司的利润带来极大的影响，面临的竞争也会越发激烈；从正面来看，危机其实也是一种考验，考验货代公司的应对能力，淘汰那些不合适的货代，剩下的正好可以利用危机重新审视自己的位置，为环境转好后储备能量，精简人员就是举措之一。那些不适合的人员需要趁早清除，否则会给企业造成更大的影响。"困难之中见真情"这句话很有道理，只有在企业困难的时候，还能一心为企业的发展而努力工作的员工，才是企业真正需要的员工。那些自恃自己是老员工，整天抱怨，影响团队氛围的人，此刻就该大刀阔斧地裁掉，包袱抛掉了，轻装上阵，才能在经济下行压力非常大的时期游刃有余并顺利渡过难关。

（二）货代公司业务部门介绍

按照行业习惯，通常揽取货载的人员被称为"业务人员"或"业务代表"，而其所在部门则称为"业务部"。国际货运代理公司其他部门都是为业务部服务的。业务部的具体名称因公司而异，如中远国际货运有限公司设置了市场部，并把特别运输组织方式业务分离出来，分别设置了多式联运部和拼箱部；华运国际物流集团设置了业务部，并把具有相同特征的业务集中为另外三个部门：整箱市场部、拼箱市场部、海外部。有的国际货运代理公司在全国各地的业务网络分布以分公司出现，如以华南、华中、华北地区来分区，有的以各省市名称冠名分公司，而城市内各区则以营业部划分揽货业务。分公司设置营业部均独立核算，部门平等，收入分开，相互之间存在竞争。

（三）业务员介绍

一般地，在大型国际货运代理公司里，业务代理从属部门经理管理，部门经理隶属分公司经理管理，分公司经理隶属区域总监管理，集团公司总经理负责全面的工作，管理几个区域总监；中小型国际货运代理公司，业务代理直接隶属总经理或营销经理管理。业务员的收入一般是基本工资加业务提成，其主要来源于大专院校的应届毕业生。

国际货代企业的一切市场营销活动都以增加货源为目标，揽取的货载量直接关系企业的兴衰存亡；同时，企业是个整体，业务员就像冲锋陷阵的骑兵，旨在争取核心客户群。为赢得客户信任及建立长久的伙伴关系，业务部门发挥了非常重要的作用。"人人都是业务员"的说法不无道理。

货代业务员是公司利润的主要来源，是推广公司产品、树立公司形象的核心力量。90%以上的老板都是从销售做起的，货代公司更不例外，很多公司的老板都曾经是优秀的货代业务员。

除了部分看重公司固有品牌的客户，大部分的客户选择货代公司，其实都是选择货代业务员这个人。这也是每个合格的货代业务员所应该知道的销售法则：要想把自己的产品销售出去，请先把自己销售给客户。只有当目标客户信任了你的为人，那么自然会相信你所推荐的产品和服务。货代公司的客户除了部分由老板和其余一些岗位的员工兼职做进来的，大部分的客户都是由货代业务员辛苦开发出来的，是公司主要利润的源泉，没有了货代业务员的货源，其他人员的工作只能是等待，货代业务员在公司中的核心地位可想而知。

二、国际货代营销中几种典型工作

（一）寻找客户

1. 货代客户群的类型、特点

国际货运代理的工作内容完全是一种商业行为或贸易行为，其服务对象是全体货主，主要包括进出口商、加工贸易企业、到国外参展的单位以及一些私人等。这些构成国际货运代理的客户群。

国际货运代理在开展揽货工作之前，需要对这些货主进行分析，根据自身的实力、航线和运价资源来确定目标客户，构筑自己的客户群。但从全局货量来看，每年通过海运出口的货物中，运量占比最大的是一般贸易货物，其次是加工贸易。因此，出口企业成为国际货运代理首选的客户群。

（1）客户类型：

①根据客户规模及性质、特点、需求分类。出口企业根据其规模及性质、特点、需求等不同，对所选择的国际货运代理标准和要求也不同。大体情况可分为以下六种：

A. 大型的出口企业。大型出口企业的商业信誉较好，注重品牌效应，出口货量大，货物销往范围广，在选择国际货运代理时，程序多且复杂。为了使出口的货物能安全、准时地到达收货人手中，一般会选择实力雄厚、信誉良好、服务完善的国际货运代理为他们提供服务，而运价只作为选择货代的参考。在实践中，还有些大型出口企业采取招投标的方式来选择最合适的货代公司。比如，深圳的康佳公司、珠海的格力公司都曾采取招标的方式选择国际货运代理，而一旦选中某家国际货运代理，会与之签订长期合同，进行比较长期、稳定的合作。

对这类客户，货代业务员开发时切忌想"一口吃下"，只要去分得一小部分就可以了，因为这类客户为了防范物流风险都准备了处理物流问题的应急措施，手上货物需要几家货代公司共同来操作。所以能够揽取其中一部分货载，就应该认真操作，提升自己在企业心中的地位。相反，如果一下子揽取很多，也很容易出现问题，反而会给客户留下不好的印象。日积月累，互相了解之后，信任度得到提高，揽取的货载自然会多起来。

B. 中小型的出口企业。中小型出口企业年出口货量不算很大，但货量稳定，且在国内出口企业中所占的比例较大，也是众多国际货运代理争夺的对象。但由于受中小型出口企业自身条件所限，其对国际货运代理的选择不是很严格，因此运价的高低是最重要的选择依据。特别对于一些每月只有几个集装箱货物规模的出口企业，其赢利较低，谈判时对运价很重视。

除此之外，出口货值的高低也是选择的参考因素。如果企业出口的是比较高档的货物，对安全、准时的要求会比较高，此时比较倾向于服务质量比较高、口碑比较好的国际货运代理；如果企业出口的是价值较低的农产品、土特产品、塑料制品等，那么最看重的则是运价，往往十几美元、二十几美元的差价就会使企业更换国际货运代理。比如某家专门出口竹篱笆和杂木篱笆的企业，由于出口货物的价格低廉，所以只能选择运价低的货代。

货代业务员在面对这类客户时，在利润控制上要小心谨慎，稍有不慎就会被同行取代。这类客户最大的特点就是容易揽取，也容易丢失。

总之，货代业务员需要灵活机动，用一定的销售策略让他们信服，不能一味地被客户左右自己的正常利润，利润太低则应该放弃该批货物，做到不卑不亢。即使不能合作，也要遵守货代工作的基本原则。

C. 新成立的出口企业。新成立的出口企业由于刚踏入国际市场，经验不足，所以在选择国际货运代理时咨询和试探较多，特别是在航线、运价、拖车、报关、仓储、保险等诸多方面提出各种各样的问题。此时，国际货运代理可充分发挥其作为运输业务顾问的作用，为这些企业提供运费、航线、单证、海关、检验检疫、领事要求等方面的咨询，并提出合理化的建议。一旦取得信任，那么双方可能会签订长期合作的协议，且对国际货运代理产生较强的依赖性，成为其忠实客户，需求的项目就会越来越多。所以国际货运代理企业应练好自己的内功，以赢得这些新成立的出口企业的信任，争取货源。

D. 加工贸易企业。在改革开放初期，我国南方许多城市出现了大量的加工贸易企业，主要以来料加工、来样加工、来件装配和补偿贸易生产方式为主，由中国的企业法人与外商签署合作合同，并以中方的名义设立工厂营业登记，该工厂并非企业法人，也非有限责任公司，俗称"三来一补"。这些企业的产品加工完成后大部分出口到国外，且出口量较大，因此加工贸易企业也是国际货运代理服务的对象。

国际上，加工贸易企业出口货物大部分以FOB的条款成交，在海上运输中运费的支付方式是"运费到付"。由于货量大，有些国外的收货人会直接与班轮公司签订运价合同，但海上运输业务复杂，他们还是需要国际货运代理的服务。特别在珠江三角洲一带，存在大量此类加工贸易企业，它们需要国际货运代理服务的项目主要是运输过程中的操作业务，同时会支付国际货运代理一定的操作费。接受这些业务的国际货运代理，一般需要有较完善的海外代理网络，以便在目的港完成收费放货的工作。因此，海外代理网络比较完善的企业，可以多向这些加工贸易企业揽取"运费到付"的货源。货代业务员也可以去寻找源头，开发源头客户，但要与工厂相关人员保持友好联系。

E. 特殊类型的企业：

a. 出口货物特殊的企业。某些企业出口的货物具有特殊性，需要特种集装箱装运。例如，冷冻食品需要冷藏集装箱装运；超大超重货物需要开顶集装箱或框架集装箱装运；液态货物如酒类、化工品、松节油等，需要罐式集装箱装运；汽车需要汽车集装箱装运；还有些出口货物属于危险品，需要一定的装运及防护设备等。这样的企业所要选择的国际货运代理就必须专业知识扎实、实力较强、实践经验非常丰富。由于装运这些特殊货物难度较大，因此能够为这些企业提供服务的国际货运代理所赚取的利润也是比较丰厚的。所以，一些国际货运代理企业专门在装运特殊货物方面下工夫，与船公司合作专门揽取冷冻货物、超长超重货物、罐装货物或危险货物。由于他们拥有长期积累的专业知识，能赢得客户方信任，在国际货运代理行业中独树一帜，往往能取得比普通国际货运代理更丰厚的利润。

b. 法律性质特殊的企业。这里主要包含一些外资企业，或者中外合资企业。这些企业需要按照区域来划分，欧洲企业是比较好做的企业，因为秉承欧洲人的习惯，他们注重的是品牌和服务，价格上面不会斤斤计较；而中东等地的企业，相对来说就比较注重价格了，但是不会太在意公司的大小，只要觉得价格合适就会有合作机会；比较难开发的是亚洲企业，日本、韩国。其基本都会有本土保护主义思想，一般物流这部分会找本国的货代业务员到中国的分公司来合作，从保护本国物流的发展，一般货代业务员很难进入；最难开发的就是台资企业了，他们不仅要服务，而且要比较价格，还要延迟付款等，操作起来需要有很大的资金做后盾。这里说的也只是普遍的现象，并不是绝对的。所以货代业务员在面对这些涉外企业时，了解清楚目标客户的需求，衡量好自身的操作能力，再去决定是否继续开发客户，才能在将来的合作中有的放矢。

通过对以上客户群的分析，可以看到，不同客户对国际货运代理的选择和要求都有所不同。对于某一国际货运代理企业来说，并不是任何一个货主都会成为自己的客户，但国际货运代理可以根据自己的资源和条件,灵活地选择自己的目标客户,在激烈的竞争中,独具慧眼,寻找商机,开展多种多样的揽货工作。不过要注意避免像"无头苍蝇"似的到处乱飞,这样既破坏自己的形象,又削弱自己的实力。

(2) 根据客户选择货代的原因,可以将客户群分为三类:

①偏好低报价的客户。这样的客户不会是忠诚的客户,当某业务员的航线价格不合适的时候,客户会毅然选择离开该业务员而选择报出更低价格的同行。当客户因低价而选择货代业务员时,相应的货代服务质量也就随之而定,因为该客户选择的价格而不是服务,优质的服务一定需要付出相应的报酬。

②偏好公司名气响的客户。这类客户认为名气响的货代公司,其服务一定比名不见经传的公司要好,因此有时不等业务员上门开发就主动寻找有名气的货代公司的业务员了。如果该业务员的服务达不到外界传闻的那样,客户不仅会流失,而且客户的言语还会给公司带来负面的影响。所以名气是相对的,不一定名气越大服务就越好,名气也会带来相应的傲气,如果客户的货量达不到对方要求的水平,可能会遇到货代业务员的怠慢,最终可能终止合作。

③偏好业务员本人的客户。这样的客户是最忠诚的,因为他们信赖的是业务员的为人处世,即使公司里操作人员犯点小错误,也会相信业务员会帮自己解决。货物运输途中发生的一些问题,客户相信业务员会用心帮助解决;并且相信业务员会为自己节约成本而赚取相应的服务报酬。

当客户是因为货代业务员的服务和高度责任感而选择了他,那么客户不用担心货代工作过程中会有层出不穷的问题,因为这些问题货代业务员都会默默地帮忙解决,万不得已必须由客户自己出面解决的时候,货代业务员也会帮助客户选择最合理的解决办法。

2. 寻找客户的途径

了解了客户的基本分类和特点之后,面临的一个很现实的问题是:怎样寻找到这些客户?客户通常不会主动来找你,尤其是在这个竞争异常激烈的市场环境下,要主动寻找客户,通常使用的方法有:

(1) 网络。充分利用无国界的互联网,查找合适的货源企业,特别是一些专业网页,如香港付货人委员会网、中国外经贸企业网、中国企业网、中华大黄页网等;而目标货源区的企业网则最重要,比如:

第一,通过当地的人才网。众所周知人才网是招揽企业人才的地方,也是信息最为准确及时的地方。看到某家企业在招聘关务、船务、外贸业务员或者外贸跟单员等,这家企业肯定有进出口方面的业务,可以作为开发对象。一般人事部也都会留下联系方式,即使没有,也应该能查询到这家企业的联系方式(这属于货代业务员的基本技能)。

第二,通过B2B网站搜寻客户,比如阿里巴巴、中国制造网等,其实找到的也都是一些电话,后续还需要进行电话销售。

第三,通过当地门户网站的论坛,或者其他网站上开辟有当地板块的讨论版等,你可以去里面寻找一些发布有用信息的网友,加为好友,这些就是潜在客户。

第四,通过行业相关的论坛去寻找信息,这类论坛上经常会有一些实际的直接货盘信息,如果正好属于某业务员的优势或者说是其所负责的港口、航线,即可放心与同行竞争。

还有很多其他途径,比如QQ群、微信群、别人发的一些推广邮件中的收件人等,这些就要看业务员个人的销售嗅觉了。

网络除了主动出击寻找客户资料,也可以用来发布自己的信息,让客户主动找上门来。业务员通过网络发布信息让客户知道自己是做什么的,这个就是所谓的守株待兔的守则。要想等到兔子,就必须好好装饰一下业务员"这棵树"。逆向思维,客户在寻找货代公司时,一般会用"关键词"去搜索,那么请将这些关键词尽量放在自己所发布广告的标题里面,简洁明了最好。还有就是在自己的微信、QQ和论坛的签名里留下自己的有效信息。其实最好的发布广告不是真正的纯广告信息,只需要将你的信息留在签名里,而经常去发布一些行业里面最实用、对大家都有帮助的内容,或者有时写写自己的经历,用真挚的语言去感染别人,让他们不由自主地想认识你,这样你才能真正达到做广告的最佳效果。

(2)"扫楼"、"逛开发区(新区)"和"翻电话本"。一座城市好的写字楼是有限的,比较出名、比较好的外贸公司往往会扎堆似地把办公地点选在这些少数全城闻名的写字楼。新入行的业务员到这种写字楼坐电梯到顶楼,然后一层层往下,看到有外贸公司,就敲门进去送名片,发宣传单,这种做法业内称为"扫楼"。

资料卡

几个常用的物流相关网站

Bbs. fobshanghai. com 福步外贸论坛

http://www. jctrans. com/ 锦程物流网

http://www. info56. cn 中国物流论坛

http://cn. made-in-china. com/ 中国制造网

http://china. alibaba. com/ 阿里巴巴

很多城市都有开发区、新区,一般城市的主要工业企业都集中在这两区,从开发区、新区管理部门那里取得开发区企业名录,选择其中可能有出口业务的企业逐家拜访,这种做法就是所谓的"逛开发区(新区)"。

每年每个城市都有公开发售的黄页,一般的公司也会有自己的潜在客户名单,每年很多行业协会都会出版一些所谓的"企业名录"。不管是谁,不管真假,不管是否行的同时,拿过来一个一个企业打过去,试着聊聊,试着沟通,试着问问对方有没有出口业务,试着向对方推销自己的公司和服务。

(3)商场、各种会展。业务员从各大商场、百货公司收集资料,包装盒上生产厂家的地址、网址、联络电话是最新、最可靠的。这些资料加强了业务员对产品形状、体积、重量等方面的感性认识,对业务员算箱、船务人员的配载有很大的帮助。

展销会、交易会或博览会等各种会展往往商家云集,这些会展不仅是外销员的战场,同样也是货代业务员的战场。因为交易的双方就是国际货代企业的直接委托人。会展上大量散发的宣传资料是货物信息的最好载体,是业务员研究货物运输方式、判断货物销售季节的分析资料。如果潜在客户在场,业务员要及时为自己公司的国际货代服务做推介。

(4)海报、报纸、电视等各种媒体。外贸工厂和外贸公司从来不会刊登需要国际货代的广告,业务员要像情报人员一样善于从公开的信息中找到有用的资料,许多看似无关的资料在有经验的业务员眼中可能是十分有用的。例如，一则急聘销售人员的广告，可能传递该外贸企业处在高速增长期，或者企业处在销售旺季或是产品推广期的信息，对国际货代企业来说就是该企业有更多的货物运往世界各地，也许以往的国际货代服务已经满足不了该企业的要求。

（5）社会关系、业务关系网。社会关系是业务员重要的货源信息来源，多参加一些社会交际活动，如同学会、同乡会、某某协会等，在这些聚会上可以认识许多新朋友甚至合作伙伴。

新客户也可以来自老客户的引荐，或把其竞争者或把相关产品公司纳入潜在客户。客户介绍客户，这是一些资深的成功货代业务员最大的社会关系资源，由于专业知识的熟练，航线情况很是清楚，自己的客户觉得货物托付给该业务员很放心，每次又能热心地帮助现在的客户解决他们的一些疑难问题。那么这些客户在与行业内的朋友聚会闲聊时，会提及认识比较好的货代业务员，那时该业务员的客户可以很骄傲地把他推荐给其他的客人，对于别人推荐的，一般同行的朋友也会比较认可，通过别人的言语帮业务员做销售要比他自己陌生开发容易百倍，特别是客户帮助介绍的客户，只要维持业务员自己的本色，就能越积累越多。

朋友会找你，因为每个人身边难免有一些朋友会和你的业务相关，当你的业务知识达到一定水平的时候，相关朋友自然会主动地找到你，毕竟把自己的货物交给自己信任的朋友是最放心的一件事情。当然你必须认真对待这份信任，这样可以传播你在朋友圈子中的口碑，货源自然也就越来越多了。

同行介绍客户，那就确实要看你日积月累的人品了，得到同行的赞赏比得到客户的赞赏要难得多，因为你和同行毕竟还是竞争对手，得到对手的欣赏，说明你做货代业务员真的是达到一定的层次了。那时同行会把他们不能做而又正好适合你的客户直接介绍给你，因为他们对你信任，这个信任是对人品的肯定。达到这个层次的时候，你根本就不用担心自己的业务量了。

相关业务单位，如报关行、拖车行、码头公司、仓储公司、海关、出入境检验检疫局、税务局、外汇管理局等单位的客户同样也可能成为本企业的客户。

（6）老业务员带领。拜个好师傅，对徒弟的成长至关重要。新入行的业务员没有自己的客户资源，但是老业务员有。有些客户业务量比较小，老业务员没有那么多时间兼顾，这些货主信息、客户资源就会转给新业务员，虽说业务量小，但对新业务员来说仍然是巨大的财富。所以新业务员要口勤、手勤、脚勤、眼勤，同时能有个老业务员做正式的小组长或直属领导，新业务员可以少走很多弯路。

其实获取货主信息的方法远不止以上这些，只要做生活中的有心人，时时处处都有可能有机会。一位业务高手有一次去海关帮助客户报关，在等待叫号排队的时候，和坐在旁边的一个人搭讪，没想到竟然是一个货主自己去报关，随意聊了几句，居然被他认识了一个大客户，后来还有好几次合作。

要记住，虽然货代是买方市场，但是客户其实还是需要货代业务员的。货代业务员固然是在寻找货主、寻找客户，客户又何尝不是在寻找一个价格公道、服务上乘的货代呢？所以，要努力寻找客户，这既是货代业务员的需要，也是客户的需要。

（二）电话销售

所谓电话销售，就是通过电话找到自己的目标客户，通过不见面的沟通、熟悉，再慢慢介绍自己的产品，中间可以预约见面详细谈判，也可以通过传真网络等方式进行谈判，以达到销售的最终目的，把自己的产品或服务销售给客户。

1. 货代业电话销售的难度及作用

（1）电话销售的难度。电话销售存在已久，目前是电话销售最困难的时期，由于无论座机还是手机，几乎都有识别或拦截不明电话号码的软件或功能，既然难度这么大，能否放弃这种传统的揽货方法？答案当然是否定的。

（2）电话销售的作用。有些业务员认为电话销售作用不大，最好通过亲戚朋友介绍，这句话不无道理，但是如果一名业务员人生地不熟，初来乍到，没有亲戚，没有朋友，要想在货代行业扎根下去，只有从电话销售做起。

①面访客户的必经之路。如今的市场开发，已经不再像从前那样，可以靠着两条腿打天下了。工厂有门卫，写字楼有保安，没有事先联系好，想见到想要找到的人非常困难，所以货代营销离不开电话销售这一环节。

②业务员自我提升的法宝。电话销售必然会遭受很多的拒绝，而且可以说是大部分的拒绝，甚至会有一些受挫的感觉，但是不能放弃，因为只有坚持才能找到更多的潜在客户、目标客户。通过这些客户对业务员的询问，慢慢提升业务员自身的专业知识，通过别人来让自己尽快地掌握自己所不知道的专业知识，只有经历了才能真正将专业知识牢记于心，同时锻炼自身的应变能力。

③深度开发客户的秘密武器。电话销售也是对新人的第一关考验，看看该新人是不是具备作为一名货代业务员的基本潜力，如果在这个过程中输给了自己，那么就可能离开这个行业，即使留下来也不会去做开拓市场的工作。如果能坚持下来，并且乐观面对，那么即使前期一无所获，但是后期效果一定会慢慢显现出来，通过第一关，以后的工作才会越来越顺利。这里不乏其例：

2010年，某业务员在A公司打了2个多月电话，大概寻找到160个潜在客户。其中最远的有重庆、成都的客户，这种远距离，客户配合的可能性是0，当然也有江苏、浙江的客户，最后与该业务员配合的客户有10家，即成功率6%左右，还算不错的成功率，但是更加证明电话销售功不可没的是，这6%的客户与该业务员成为朋友并且认可他之后，向该业务员介绍了他们身边的朋友，而且都是很优质的客户，例如：

该业务员电话开发出A客户，A客户介绍其同学B公司，B公司在2009～2010年之间成为该业务员当时的VIP；A客户又介绍从她们公司采购货物的一家日本的贸易公司C客户，合作时间都已经差不多3年……而后又电话开发出D客户，D客户又介绍他们兄弟公司E客户。

该业务员当时电话认识过一个F公司的外贸业务员，当时也就合作过2票货，最后她改行做了采购，但是她介绍了他们老板给该业务员认识，她走之后该业务员继续和公司合作，F公司的老板后来又给该业务员介绍认识了一个美国的华侨，也有过合作，这个外贸业务员还介绍了她的两位同事，G和H，G现在去了一家公司做外贸经理，目前也在同该业务员配合。

这些实例提醒货代业务员们：

第一，眼光放远一点，不要觉得打电话开发客户难，打了几个月才开发出一个很小很小的客户，但只要这个客户的人品和业务员相当，就交这个朋友，实际上多一个朋友比多一个客户要受益的多得多，暂且不考虑这个朋友是否能带来客户的介绍，这是货代业务员应该具有的觉悟。

第二，打电话开发客户仅仅无奈之举，如果没有当地的人脉，最初只能选择这种方式，将来可能慢慢摆脱这种方式开发客户；但是不选择，很可能连业务员都做不了。

2. 电话销售的时机和内容

（1）时机。什么时候给客户打电话比较好？非工作时间首先排除。废寝忘食地为公司考虑、下班之后还愿意接听陌生人电话、详谈公司业务的人即便是有，也只会是少数。所以在非工作时段去给陌生客户打电话，成功的可能性实在太低。

周一上午和周五下午最好也不要。周一上午，可能是很多白领一星期最忙的时候，要做计划，要开会，要制定一周的工作方案。在别人很忙碌的时候打电话，似乎不是聪明的选择。周五下午，很多人都是身在曹营心在汉，已经在想着怎么欢度周末了，这个时候打电话，别人的耐心会比较有限，不太容易详谈。如果客户公司周六正常上班，那么这个截止时间往后顺延一天。

（2）内容：

①第一次电话销售内容。问候，简单扼要地介绍自己公司的情况；表达合作的愿望；约定下次交流的时间。这三点是我们第一次打电话要达到的基本目的。这其中最关键的目的就是维系继续交流的可能性。

很多时候我们往往还没说两句，还没讲清楚自己的情况，对方就推说很忙，这时候千万不要急躁，要很有礼貌地表示理解，并请问对方什么时候再打电话比较方便。对方可能会推脱说没货、没有出口、不需要货代服务。这时候就算明知道对方在说谎，也不要拆穿。拆穿对方的谎话只会让其恼羞成怒，对做成生意毫无好处。要很委婉，以贵公司的规模和口碑，就算暂时没有国外订单，相信不久的将来也会开拓国际市场。即使现在暂时不需要货代服务，但是多了解一下，也许以后用得上，反正有益无害。目的就是维系继续交流的可能性。

对方还可能会推说已经有固定的货代合作了，还说现在正合作的某某货代公司如何如何好。这个时候一定要冷静。即使知道对方说的是错的，也千万不要和客户争执。揽货不是辩论，你把货主顶得哑口无言对揽到货物并无好处。另外，业务员可以讲自己公司的优势，但是最好不要评价客户现在合作的这家公司。主要有两个原因：第一，即使讲的是客观事实，在背后批评竞争对手，其可信程度也给人大打折扣的感觉；第二，批评客户的合作伙伴，等于是在说客户眼光不好。业务员应该尽量强调自己公司的优点。而且可以强调多一个选择、多一个比较，对客户有利无害，还可以强调就算不能和业务员所在公司合作，拿着公司的报价单与现有的合作伙伴的报价做比较，可以货比三家。

如果业务员的运气非常好，客户竟然没有推脱，反而表现得比较有兴趣，让该业务员介绍自己公司的情况（这种情形非常难得）。那么业务员在介绍自己公司时要根据顾客的情况和特点，突出重点、恰如其分。例如，该业务员从客户网站上得知他们公司的货物主要出口到东南亚，那么着重强调自己公司运输货物到美国很有价格优势就没有什么意义。例如，一个生产化工产品的客户，他们最关心的是货代对危险品货物的报关和运输能力。千篇一律、言不达意的介绍只能浪费机会。

不要总是业务员自己讲，也要给客户提问的机会。既要善于介绍自己，更要善于提问、善于倾听。例如，业务员介绍公司在美东、美西航线上有较大优势，若客户感兴趣，可能让报价格,看看是否有优势。这个时候业务员直接报价实际上是不明智的,应该问问更多具体的信息:比如货物名称、性质、件重尺(数量、重量、体积)、最迟装运期等。多了解客户信息,尤其是货物信息,这对有针对性地报价尤为重要。客户可能会问,业务员问那么多做什么,业务员可以这样回复:我公司和船公司关系非常好,可以申请特别折扣,而申请特别折扣需要比较具体的货物信息。另外,还可以试着询问客户的QQ或MSN,以便使用这些网络聊天工具和客户联络。

当然,作为业务新人,刚开始打电话时不要贪多,白天在公司打过的电话,晚上最好能在头脑中过一遍电影,回想当时客户都问了哪些问题,什么问题问得多点,哪些话说得不太妥当,应该怎么说客户才能听得更舒服,多思考总结,进步会比较大。

如果业务员本身就是个电话高手,那么电话销售时讲的内容可能会突破以上的范畴,甚至会讲到最近生活中经历的各种事情,能达到这种程度,客户如果有货物出口而且有决定权,成功率几乎百分之百。

对于一开始打电话开发客户的业务员,打电话时,若客户需要业务员报价,若业务员说:最近市场价格波动大,我帮你报个价……客户本来就很抵触这个电话,该业务员再这样一说,一定火冒三丈,说不定就直接挂掉电话;如果措辞换成这样:最近市场波动大,报个公司最新的价格给您参考一下,可能效果肯定会好一些。

②电话回访。电话回访要注意节奏。联系的间隔太短,过于频繁,会让客户觉得烦,觉得业务员啰嗦,甚至觉得业务员过于急切;间隔太长,客户可能已经不记得上次和你说过什么,一切又要重来。所以这个间隔时间既不能太长,也不能太短,要恰到好处。一般来说,打电话以一个月2~3次为宜。

 **实例**

一外贸公司的单证人员说他们一般很少遇到选择货代公司的问题,因为货代公司通常都是由业务员或者老板指定的。一次,有位货代业务员通过电话销售找到了她,由于手上的权限和老板指定货代的原因,她开始也没有在意。该货代业务员并没有放弃,而是十天半个月给她打电话问候一下,并没有直接提及货代这部分工作,只是几句简单的问候。其间她接到很多次这名货代业务员的电话,但是都没有涉及货物询价,货代业务员最多也就发一份传真和公司的基本报价,后面就没有什么音讯了。但是当有一天,老板突然对她说,感觉现在的货代费用过高,想换货代公司,她的脑子里留下的只有那个经常电话回访的货代业务员。合作就是这样达成的,一做就是几年。

这就是电话销售者的加深记忆法,要让自己在客户的脑海里留下印象,在需要的时候能够第一时间想到你。电话销售不是一次就能够成功的,需要日积月累,积累自己在客户心中的分量,这样当有一天客户需要货代的时候,第一个想到的就是这位勤奋的业务员。电话回访的内容切忌死板,也不要长篇大论,只要几句简单的问候,加深一下自己在客户心中的印象即可。

电话销售随着信息技术的不断更新换代及发展,显得越来越原始,也越来越举步维艰,但它是货代业务员开发客户不可替代的法宝。

(三) 报价

报价是货代业务员在销售过程中的关键步骤，开始询价的客户，证明你已经在他们心中有一定地位了。要想在报价环节中表现得游刃有余，货代业务员需要具备全面的基础知识和相应的技巧。

1. 所报价格的构成

货代公司根据客户的询价内容，在对客户的出口货代需求完整了解后，进行书面报价，所以如何报价是货代业务最核心的部分，整个货代环节的成本和利润将通过报价同货主进行确认。

(1) 价格构成。货代出口业务的报价体系一般包括海运费及相关附加费、内陆拖柜运费、码头费用、通关费用、保险、其他共六部分。保险一般由客户自行购买。

根据买卖双方采用的不同贸易术语，报价内容也不同。现行操作中最常用的贸易术语为FOB、CFR和CIF三种术语，FOB价=货物实际成本+内陆运费+码头费用+通关费用+其他；CFR价=FOB价+运费；CIF价=CFR价+保险费。故要向客户进行精准的报价，必须确认客户拟采用的贸易术语及上述六部分费用的内容。

上述六部分费用中，部分费用（海运费及相关附加费、码头费用、保险）为货代公司向外采购而发生的，需要向供应方（船公司、出口口岸码头、保险公司）进行询价。

厦门天翔出口一批货物（袋装聚氯乙烯PVC，重量648吨，共25920包，25千克/包）给某公司，采用的贸易术语为CIF菲利克斯托港，可以确定其货代报价应包含海运费及相关附加费、内陆运费、码头费用、通关费用、其他五部分。以下就这五部分费用进行分析并给出适合的报价。

①海运费及相关附加费。海运费及相关附加费在货代报价中所占比例较大，其费率以船公司公布的费率为准。货代公司需要向不同船公司进行询价，并择优选用船公司。货代公司业务员向船公司询价时应注意以下事项：

尽量书面询价，要求书面报价。

将必要的内容完整报给船公司（或船代），以取得比较精准的报价。

20英尺、40英尺、40英尺高箱等箱型一同询价，确认船期。

记录船公司报价人的姓名、电话，以防不同报价人报价有差异。

明确船期及货物属性是否有特别要求（如货物品名、是否属于危险品、是否超重超宽超长等）。

要求船公司提供详尽的航次信息及海运附加费费率（如文件费、THC、舱单录入费、燃油附加费等）。

报价资料归类存档留底。

②内陆运费。内陆运费为待出口货物运输到出口码头仓库的费用，本项费用与做箱要求有关。做箱要求分为门到门、内装。门到门即货代公司安排拖车到工厂或货主指定的地点去装货。内装是指工厂或货主先把货送到货代公司指定的仓库或装运码头，由货代公司委托仓库或装运码头安排装箱。本项费用主要取决于运输距离和货量的多少。

③码头费用。启运港港口接货费（Original Receiving Charge），是码头装箱、装柜上船等码头操作而产生的费用和码头规费。货代公司与码头一般都有操作协议，约定了各种箱型和

各类操作的价格。

④通关费用。通关费用是货代公司在代理报检、报关操作中,产生的费用,一般包括打单、报关、商检、动植检、品质检、查验费、单证工本费、劳务费等费用。

⑤其他部分。快递费、电话费、办公费、人员费用等运营费用及货代公司的预定利润。通常按票收取。

报价体现了货代业务人员对市场和客户的全面了解把握程度,是最能体现货代专业性的环节之一。以上是对货运出口过程可能产生的费用的介绍,除此之外,货代业务员还需要运用良好的沟通能力了解客户的货代需求,才能为每一位客户报出适合他们的价格。

(2) 全面了解客户的出口货代需求:

①货物的品名、件数、重量、体积,以确定使用集装箱尺寸和数量。

②发货港和目的港,以便了解码头费等操作费用及港杂费和通关环节费用,通过货物的流向所属航线选择合适的船公司。

③货物的特性(物理和化学属性),以确定使用的集装箱种类。

④货物的出货期,以便及时与船公司订舱和确定海运价,避免因运价波动导致报价无效。

⑤贸易采用的成交术语,是 FOB、CFR 和 CIF 的哪一种付费条款。

⑥了解货物的做箱情况,是门到门还是内装,以便确认内陆运费。

⑦货主负责人的详细联系方法,并要求预留手机号码,以便突发事件的处理。

2. 报价分类

业务员不但要报价准,对市场行情要随时了解,对于自己没有的价格要善于向同行询价。

(1) 按照客户类型分为直客报价、同行(CO-LO Rates)报价。直客报价就是直接向最终客户作出的报价;同行报价是向同为货代公司作出的报价。

(2) 按照包含费用的完整性分为分项报价与全包价(有的称为多式联运报价)。分项报价对各环节如海运、空运、驳船、拖车、报关、报检、仓储以及保险等分别计费;全包价分整箱价和散货价。

(3) 按公司价格管理层次分为底价(或称成本价)、对外标准报价、合同客户报价。

各种服务的底价管理是由业务主管负责,有的公司也专设市场价格员来负责;特殊价格或同行报价就需要由这些负责人来决定,普通揽货员无权决定。普通业务员无权决定。报价内容包括运杂费、船期或航班、运价走势等。报价必须慎重,同时需要灵活发挥,视情况而定,并注意对客户的出价进行存档。

3. 报价注意事项

(1) 注意出货时间,给自己报价留有余地。这里放下不同航空公司、不同船公司之间的价格差异不讲。不管空运还是海运,国际段的运价都会随着出货的季节、国际油价、货量多少、汇率情况等因素而改变。其中空运的运价变化最为频繁,最多能维持一周,有时一周会调整几次价格,因为空运是随着国际油价的变更随时变动价格的。加上淡季旺季价格调整,所以变动很是频繁。经济稳定时海运价格一般是一个月调整一次,根据每个月的燃油和货币汇率的情况、各国港口的情况、出货量多少等进行一次整体的调整,如今全球金融波动,使得海运价格的变动也非常频繁,已经到了和空运差不多的情况,一周更新一次价格。

基于上述原因，货代业务员特别要注意自己的报价，不能以本月的价格去估计以后几个月的价格，一般要根据淡季、旺季的区分，适当加上合适的调整价格，避免因为价格波动让自己很被动。

（2）揣摩客户询价用途，有针对性地报价。一般询价的客户按照其询价的用途可分为两种：一是核算成本；二是货物已备妥，货比三家后选择货代公司。

①用来核算成本。货代业务员需要提前了解清楚，报几个不一样的船公司，或者航空公司的价格给客户参考，一般需要报低中档的价格，并且把由于时间影响价格变动的因素告知客户，以便让客户提前有所预估。也就是站在客户的角度不仅仅要报价，而且最好要帮助客户寻找中档的运输工具，报完价格按照淡季、旺季的规律告诉客户，问其是否要再增加或减少一些运费做进成本里面，以防止以后由于时间原因导致运输成本不必要的亏损。这样，客户会认为货代业务员很专业，并且一直为他们着想，更加加重了该业务员在客户心中的分量。

由于客户的报价和货代的报价一样，成功的毕竟占少数，所以一定要不厌其烦，因为货代业务员是指帮助客户谈生意，只有客户谈下订单，才能有托书给自己；客户不能谈下订单，货代业务员的工作也只能变成等待。切忌急功近利，觉得报几次价格没有收获，就不理会人家的询价，或者马虎应付。那样即使客户后来接到订单，也不一定会选择该货代业务员。

②货比三家准备出货。这时货代业务员可以先确认几个比较准确的价格报给客户（一般客户都需要业务员第一时间报价），然后再旁敲侧击地了解一些情况，如对船/飞机有什么要求、货物的准确数据、对运输的时间有没有限制，或者一些其他的特殊要求。根据这些信息，可以了解到客户所做产品的大概利润，就可以为自己选择怎样的承运方的价格报给客户有个最基本的把握，这样就不难推荐一个适合的价格给客户了。不管最后有没有合作成功，注意跟踪了解情况，但别去诋毁别人的报价，竞争是公平的，选择权在客户手中。

（3）切忌随意向客户更改报价。不论哪种形式的报价，切忌报出去价格之后又更改，当然客户已经决定选择某业务员只是再申请一些价格的除外。不管客户怎么压价，请坚持自己的底线，因为你这么容易就降价，客户就会认为中间还有很多的水分可以压，会有疑虑，如果加上竞争对手突然报出一个更低的价格，客户就会更加怀疑该业务员的报价。这时业务员可以有两种选择：

①降低价格，但要向客户讲明，同时更换船公司和船舶，货物运输过程中的安全性及到达的准时性要差很多，让客户自己选择，若客户同意低价低服务，万一货物出现什么问题，客户自己承担责任，但多数情况下，客户都不会选择低价服务，因为这样也会丢失客户自己的客户，得不偿失。

②最好让客户先把托书发过来，自己凭托书向船公司或航空公司申请折扣，这样的效果会比较好。做下来的时候如果利润空间允许，可以在开票的时候给客户一个比较满意的折扣，这样客户就会觉得该业务员做事很可靠，并且没有失信，会更加信任你。相反，如果开始满口答应客户会给他多少折扣，万一货物中途发生一些不必要的费用，利润都消耗殆尽时，再向客户加收费用，得到的就是一个相反的效果。

只要业务员保持的是正常利润，就应坚持自己的原则。

（4）每次报价要做记录。如果客户前一次询问某业务员的价格被该业务员遗忘，第二次再来询价时业务员就不能很快做出反应,那样客户是很难相信该业务员能很好地完成他们的托付的。所以业务员应记住自己每次报出去的价格,虽然现在电脑可以存储聊天记录,但还是不如写下来保存得有效,特别是业务员自己感觉比较重要的客户,最好将每次的报价都做详细的记录,下次该客户再问时如果知道前面自己的报价,才能更有底气地做出新的报价。

4. 报价中的奇葩现象

(1) 低报高收。这种报价手段一般都是用在那种非常计较价格的客户身上。一些货代业务员认为这类客户本身就不是优质客户,能够一票利润多赚些就多赚些,不会考虑以后的合作和自己的声誉。具体的策略就是报最低的价格给客户,有时甚至低于航线的成本运价,先把客户的委托权争取过来。等到货物进港以后,出来提单时再跟客户讲:船公司涨价,或者说增加了某种附加费等理由,要客户多支付很多费用,才把提单邮寄给客户。这时一般的客户受制于货代业务员,是没有办法不付钱的。尽管没有了以后的合作,但是这笔业务的利润足够该业务员一个月的指标了。客户也不是不明白其中的"秘密",吃了暗亏总想着要曝光,所以就会到处宣扬这家货代公司多么地黑心、多么地不诚信。这种低报高收的做法是一种不尊重行业道德的行为;其实客户也有责任,既然选择了低价就应该承担相应的责任。

低报高收最后的结局大部分是两败俱伤,客户原本想省钱,结果却付出了更大的代价,货代业务员狠赚了一次,但是可能失去了自己的声誉,让公司后续的客户开发工作更加艰难。

(2) 隐含报价。隐含报价,是金融危机带来的一个最大的危害。主要针对的是拼箱,这是近洋航线一直存在的业务。为了节约国内外贸厂家的成本,很多货代业务员把燃油附加费等一些杂费与实际运费拆分开来报价,甚至不直接把燃油附加费加进报价报给客户,导致一些正规报价的货代公司与之价格相差很大,一般一立方会相差USD30左右。但是这部分费用不会不收,而是转嫁到国外收货人那里,立方数小时国外收货人还感觉不到这笔费用,但是当立方数大于一定数量以后,国外收货人就能够感觉到收费的不合理,然后会向国内发货人投诉,最坏的结果就是直接终止了合作,导致外贸业务员丢失了客户,随之而来的是货代业务员也损失了客户。这种损人不利己的做法,下面这个例子得以充分体现:

外贸业务员A有10CBM的货物向货代业务员B(A是B的长期客户)询价到纽约LAX的拼箱价格,B报了USD35/CBM。A同时也向货代业务员C询了价,得到的是USD5/CBM,A觉得B报价太高。B没有接到A的托书也没太在意,他以为A只是询价而已。而A将货物托给了C,出运等一切都还顺利,A暗自庆幸认清了B的为人。等到半个月左右,货物到达目的港之后,国外客户发来投诉邮件,说国外代理多收了他们USD30/CBM的费用。A这时再去问C,C只是轻描淡写地说,"我报价没有加燃油附加费,自然要向国外收了"。A这时才如梦初醒,可是已经来不及挽回了,虽然后来他知道误解了B,但是却丢失了自己辛苦开发的客户,仅仅为了所谓的价格差。

客户、货代业务员对成本、利润都称得上尤为重视,而且不分所在公司的大小及国别,而报价又直接决定了双方的成本及利润大小,所以报价是货代业务员所有工作中的核心环节,对货代业务员的要求非常之高。

(四) 洽谈

1. 洽谈前的准备

（1）充分调动货代企业资源。任何一家从事国际货运代理业务的企业，都有各自的资源。这些资源包括企业品牌、企业文化、企业与班轮公司的合作关系、企业所代理的航线、企业所掌握的运价、企业拥有的技术力量、企业所拥有的专业人才、企业所拥有的办公设备、企业所拥有的荣誉等，这些都是业务员可利用的资源。

①企业品牌、声誉和所获得的荣誉。如果你代表的是一个在业内享有盛誉，在客户群体中口碑极佳的公司，那么恭喜你，在你把名片拿出来的时候，你就已经成功了一半。如果公司还获得过"货代百强"、"诚信企业"的荣誉称号，那绝对要准备好相关文件或者证书的复印件和照片等资料，在合适的时候向客户展示。客户都希望和一个信得过的货代合作，一个品牌大、声誉好、荣誉多的货代至少看起来更像是一个信得过的货代。

②企业的资质、规模和资本。目前国内货代行业主要的资格证书有商务部颁发的"一级货代证书"（也有"二级货代证书"，不必特别给客户强调了）和交通部颁发的"无船承运人"资格证书。如果公司有这些资质，相关复印件最好准备妥当。公司的注册资本、上一年度的营业额、员工人数等也在某种程度上可以反映企业的实力，相关的材料也应有所准备。

③企业和相关行业及企业的关系。这在一定程度上成为货代企业竞争力的核心要素之一，这个直接决定了货代企业服务的效率和价格。和海关、船公司、航空公司、报关行、拖车公司保持着密切而良好的关系，能快速、高效、安全、经济地为客户服务，是货代公司最具吸引力之处，因而能够说明这种密切关系的有关资料也必不可少。

④企业形象和企业文化。为什么马士基要在深圳的地王大厦和时代广场租写字楼办公？租住关外宝安区龙岗镇居民小区办公可不可以？其实就内部功能而言，只要办公用具齐全，租住哪里似乎没什么区别。那为什么要租最贵最好的写字楼呢？因为这关系到公司的形象。企业文化和形象是企业吸引力的重要组成部分。内部装修、办公环境、宣传口号，这看起来和企业的经营能力没有必然联系，但是客户看到时所带来的感受却很可能影响到公司的经营。此类企业的业务员如果经常邀请客户上门洽谈，甚至租车邀请客户从数百米外前来参观自己的公司，并介绍同事与客户认识。这些有形的展示提高了客户对服务的预期质量，让客户提前感知企业服务，比较容易赢得客户的信任。

能充分利用企业的一些独特资源的揽货人员揽货成功率较高。

另外，在认识了自身企业的资源后，也不妨了解竞争对手企业的资源，比较竞争的优势及劣势，然后充分利用优势规避劣势，以战胜对方。

（2）搜集尽可能多的客户信息。在货代业务员揽货之前，要搜集尽量多的信息。

①搜集揽货对象，即目标客户的信息。国际货运代理需要了解目标企业的性质；要了解其出口的货物种类；要了解其出口的货物销往的国家或地区，以及运输航线；了解其以往所委托的国际货运代理企业，运价水平如何，其对原来合作的国际货运代理的满意度。

②目标客户内部负责人的信息。目标企业负责的出口货物运输的部门，或责任人。不同的企业其负责出口货物运输的部门及其负责人不同，如有的企业负责出口货物运输业务的部门是交通运输部，有的则为仓储部、物流部、海运部等。但一般来说，这些部门的负责人或业务员负责出口货物的托运，有权向认为可靠的国际货运代理或船公司托运货物。特别对于私人承包的企业，负责外销的业务员就有权办理出口货物的托运，因为出口货物的盈亏由其个人负责。

由此可知，只有找对了人才能揽到货，而且揽货之前对目标客户的信息搜集掌握得越多，揽货工作开展得越顺利。

（3）准备好必需的文件资料。在上门拜访之前，揽货人员要准备好必不可少的基本文件，如名片、公司简介、运价表、船期表等资料。公司简介是企业的名片，有些公司简介印制非常精美，还有光盘或DVD，目的就是让客户加深对企业的实力与资源的感知。由于运价和附加费经常不断地变动，有时候甚至一个航次就变一次，所以提供给客户的运价表只能是最基本的，这种运价表除了列明国外各个港口的基本运价外，还列明各种附加费的名称、币种与数量等。但要向客户说明，运价表上的运价只能作为参考，真正的运价要依客户正式托运时的报价为准。由于船期和船名也经常发生变化，所以船期表也是如此。

在第一次与客户见面时，客户可能要求出示"国际货运代理企业备案表"，甚至可能要求出示企业的营业执照等。这主要是由于目前国际货运代理市场的管理不规范，一些非正规的货代也会鱼目混珠，向出口企业揽货。所以在拜访前准备这些证件的影印件以防万一，同时准备空白的"委托书"，客户表示可以接受所报的运价及提供的服务，并且马上或近期内就有货物委托出运，即可让客户填写"委托书"。

（4）积累专业知识。业务员在面对客户时，真正能够说服客户、打动客户的是业务员个人对专业的精通程度，因此最重要的准备是对专业知识的积累和储备。

看到一个港口，货代业务员首先要想到它属于哪个国家，其次要知道这个国家属于哪条航线，再次就是要知道这条航线哪些船公司性价比比较好，从而迅速作出决定，给客户及时的运价信息。要在短暂的时间内对这些信息作出准确的判断，需要几个月，甚至是几年的不断积累，不断扩充自己的知识面来达到专业。

①了解港口。国家、港口是每个货代业务员进入货代行业首先要学习的一门课程，但不需要花一个星期或者更多时间去死记硬背，客户的货物经常去哪些港口，不断提到、看到、用到这些港口和国家，记忆会越来越深刻。

②区分航线。按照大类航线基本分为近洋线和远洋线。一般航程中20天左右的或者以内的，划分为近洋线；航程中30天左右或者更多时间的，视为远洋线。

A. 近洋线。近洋线一般又分为近洋航线（这个近洋主要是日本、韩国、中国台湾、中国香港）、东南亚航线、中东航线、印巴航线、红海、澳新航线。

B. 远洋线。远洋线一般分为欧洲航线、地中海航线、黑海航线、非洲航线（还可细化为北非航线、西非航线、南非航线等）、中南美航线（中南美可细分为南美东航线、南美西航线、加勒比航线、墨西哥航线等）等。

C. 美加线。由于美国、加拿大与中国的特殊贸易关系，这条航线一直是独立出来的，不按照距离来区分。这条航线也是利用目的港货代最多的航线，绝大多数货物运到这些国家都是通过发货港和收货港的货代来完成运输的。

③知晓航程。区分好了航线的同时，就应该对各个航线大概的航程有一个了解，看到港口就要知道到这个港口大概需要多少天。因为有些港口不是直达港，可能是内陆港，所以至少要知道到达中转港的时间，然后大概推算出到达这个内陆港所需要的时间，结合客户的要求，判断能不能在规定时间内到达。空运时，如果直达，时间是一天，超过一天基本都不是直达；如果中转，就要以中转国家和空港的不同来推断大概的时间，东南亚、欧洲、美加线基本上中转也就2~3天左右，中转时间相对长一点的是中南美、非洲一些国家，有时候需

要 5~7 天甚至更长。不管海运还是空运，时间都不是绝对准确，航程受天气、中转港的影响还是比较显著的。

④熟悉费用。了解了以上的信息，那么这些信息可以让货代员知道对应的费用问题，海上运费、空运费定期会有运价表更新，这个能够大概估算出来，但需要货代有很多年的从业经验。还有一部分是人民币的固定费用，基本上是全年不变的，需要熟记于心。以上海港为例，对于 THC 和订舱费，部分航线基本差不多（只是各个船公司收取上有略微的差别），东南亚航线有紧急燃油附加费（EMERGENCY BUNKER SURCHARGE，EBS）、集装箱不平衡附加费（Container Inbalance Charge，CIC）；欧洲线有海关预申报费用（Entry Summary Declaration，ENS）；美加线有反恐附加费（America manifest system，AMS），凡是经过这个航线的都会有 AMS 费用；东南亚、中东印巴红海等近洋线若经上海都是靠泊外高桥港，做箱的时候没有额外费用；欧洲、南美、非洲等远洋线若经上海一般都是靠泊上海洋山港，由于路程比较远，做箱会有额外费用等。这些基本费用货代都需要掌握。

（5）预约谈判的时间和地点。在与客户见面之前，应事先电话约好见面的时间和地点。而且电话预约时，要以真诚、自信的态度尽可能地为客户留下可信赖、可以建立合作关系的印象。

2. 正式洽谈

货代业务员每次出去面对客户，就是一次谈判的过程，要在谈判中处于有利地位，是需要一定技巧的。

（1）树立形象。业务员着装一定要整洁大方，如果企业有统一制服及徽章，那么穿制服戴徽章是很好的方式，且还可展示企业形象。注重自己的形象不但能增强自信心，同时也是对客户的尊重。客户对货代业务员的第一印象很重要，如果能赢得其好感，那么揽货成功的概率又提高了一些。

（2）实事求是地介绍企业。与客户见面后，除互换名片、交给对方有关文件资料外，还需口头介绍企业相关情况。在介绍企业时应实事求是、不夸大也不过分谦虚，切忌把所在企业夸成万能的。比如某些业务员求货心切，将企业说得无所不能，哪条航线似乎都有优势，到任何一个港口的货物几乎都能接受、也有揽货人员只叙述自己所在企业的优点，不提缺点，而结果往往适得其反。

正确的做法应该是实事求是地介绍自己所在企业的基本情况，比如与多少家班轮公司合作，其中哪条航线是优势所在，运价保持着什么样的水平上，与同行相比是高还是低，以及高或低的理由。在服务方面能为客户提供多少项目，企业的技术设备、业务人员的技术水平，甚至自己在努力改进的弱势在哪里等。真诚的态度比自吹自擂更能赢得对方的信任。

（3）倾听客户的要求。善于倾听，这是得到客户信息的重要途径。听的同时也要注意与对方交流，如表情、姿势、当时的反应等。比如在交谈中，对方会发表某些看法，例如某家国际货代公司实力如何，运价以及优惠幅度，服务态度及层次。这时千万不要与对方争论，更不要反问。这些话可能只是一种试探，或是一种讨价还价的筹码，注意倾听然后随机应变。

因为客户的种类各有不同，很多时候业务员会遇到比较专业的客户，这时就要根据情况来进行交谈了。如果客户的专业知识很强，业务员确定自己能够胜过他，那么也可以很自信地和他应对，这样让他知道自己足够专业，有能力去做好他的托付。当业务员感到自己的专业知识没有客户强的时候，业务员就需要表现得实实在在，虚心请教，承认自己的不足点，毕竟自己和专业操作还是有差别的，让客户感觉到业务员的真诚和实在，那么客户也会放心地把货物交给该业务员去操作。

对于不够专业的客户，业务员表现得专业一些更能让客户信任，这是基本做法。但有时需要灵活一些，太过专业反而适得其反，多给他们一些思考和提问的时间，适当地表现自己有些地方也很薄弱，要和他们一起学习进步，这样可以让客户从心理上更加认可该业务员，并不是业务员太专业了，客户跟不上该业务员的节奏，还有很多两个人可以一同进步的地方，也是一种求同存异的技巧，对此次谈判成功很有帮助。对于一些虽然不够专业，却又比较好强的客户来说，这个时候最好也当自己是初学者，与他共同探讨，业务上需要他的支持，专业上一起学习，此时客户的自尊心就会得到极大的满足，对该业务员的信任度自然而然就提高了，有机会一定会与该业务员合作的。

（4）衡量合理的要求做出回应。在与客户就有关货物的运输进行洽谈时，注意对方提出的要求，衡量实力之后再做承诺。对没有足够把握的要求，最好委婉提出异议，对此一般都能被谅解。否则洽谈时大包大揽之后，在实践中无法达到标准，可能会影响公司声誉以及其他的合同业务，损失极大。

例如某国际货运代理公司的业务人员到一家加工贸易企业揽货，客户的货物是按照DDP（Delivered Duty Paid，完税后交货）国际贸易术语成交的。DDP条件下不但要求国际货运代理提供门到门服务，而且在货物运抵目的地后代理其办理货物进口清关手续、代其支付关税、各种税款和其他费用。但该业务员所在公司没有如此实力，出于签订合同的意愿业务员答应该客户的委托，结果却无法完成客户的全部托付，不得不求同行解救，才没有造成严重的经济损失，但企业的信誉却因此而大受损害。

（5）不应轻易放弃。揽货属于营销范畴，一次洽谈就能揽到货的个案微乎其微，在国际货运代理市场竞争白热化的今天，当找准一家客户后，不应轻易放弃。成功可能就在准备放弃的下一刻，再坚持一会儿，也许就会改变结果。如果业务员能以积极的心态主动出击，一定能创造良好的业绩。

一般的洽谈都少不了服务价格的话题，由于在前面对报价作了专门介绍，此处省略。

另外，业务员注意营造轻松自然的洽谈氛围。和客户交流的时候，不要总是谈公事、谈业务。洽谈目的是公事，是做成生意，是揽到业务，但是不要只谈公事，说不了几句就可能陷入无话可说的窘境。在合适的时候谈谈私事，谈谈个人爱好，最近发生过的国内外新闻，最近上映的电影等等，拉近和客户的关系，有时候能有意想不到的效果。了解对方的喜好和家庭情况，投其所好地去接近。比如客户爱玩游戏就和他谈游戏，喜欢电影就谈电影，喜欢育儿话题就谈育儿。

总之，和客户做朋友，建立私人关系，能对业务进展有非常大的帮助。

三、货代营销中的后续工作

（一）与操作部门的衔接

在国际货运代理企业实际流程操作中，货代业务员揽到货后，订舱、安排拖车、报关报检、制单等工作都由操作人员来完成。所以业务员在接受客户的委托后，应及时与本企业的操作人员衔接。

通常在一些国际货运代理企业里，业务员将揽到的货物交给操作人员时，要填一份业务联系单，作为交接的凭证。这是一份内部流转的单证，内容除了客户托运单上的基本内容外，还有比较详细的装货时间、装货地点、联系人、应收费用、应付费用等详细内容，各企业的业务联系单内容大同小异。业务员将业务联系单交给操作人员后，还应不断与操作人员沟通，以便与客户进行沟通，完成各环节的工作。

操作部同事介入后，货代业务员要及时将工作进展向客户通报。操作部同事会根据客户的具体要求，向船公司订舱。订舱成功后，业务员要向客户报告船名、航次、舱位等情况，并请客户就货物的品名、性质、件重尺等情况做最后确认。正式装箱的前一天，要向客户最后确认装箱的要求和细节，装箱当天，要亲自去现场或者委托可信赖的同事去现场监装。装箱完成后，及时向操作部同事了解报关进展，及时向客户报告。直至货物上船，取得提单后，要及时和客户结算并转交提单。

（二）建立客户档案，维护客户关系

建立客户档案并非仅是客户服务人员的事，甚至在一些中小型企业不设客户服务部，而是由业务部本身来管理客户关系。客户历史档案有助于业务员在第一时间内对客户的要求作出响应，以最快、最好的服务满足客户。

维护客户需要业务员下一番功夫，可从公司内外付出努力：

对外第一，千万别忽略客户公司里默默付出的跟单员、单证员和船务等相关人员。一般地，货代业务员是直接与工厂或者公司的老板或外贸业务员谈业务，当然会维护好与这些直接接触人员的关系，他们不管遇到什么事情，业务员都会及时作出反应，但是业务员千万别忽略客户公司里默默帮自己做事情的单证员、船务、跟单员。假如忽略了，甚至对他们态度恶劣，或许将来会为自己的行为付出某种代价。因为单证员、船务、跟单员也会慢慢成长，也会有自己的交往圈，如果对某货代业务员没有好感，那么当他有选择货代权时，就不一定会选择让他厌烦的业务员。相反，如果他一直很信任该业务员，即使他换了工作，依然会选择原来的货代业务员。所以维护客户，这种细节很重要。

对外第二，货代业务员有时需要默默为客户做些事情，即使客户可能不会知道，但是很有效。记住客户的习惯，然后让操作员在客户提及之前帮客户把需要的准备好；不要和客户斤斤计较，在利润允许的范围内，额外产生的一些费用主动帮客户承担了，因为不止合作一两次；有时客户在烦躁的时候会向业务员发火，请业务员一定要控制好自己的情绪，只要客户平时的为人自己清楚就行，等冷静下来客户会向该业务员道歉的（当然对那些不能体谅货代工作，一直以为自己是上帝的客户除外）；空闲时关注一下客户的私人事务，帮助他们解决一些工作以外的问题，因为业务员是做市场的，人脉肯定比自己的客户广。

对内第一，热爱自己的公司。货代是做服务的，不管是货代业务员、操作人员、客服人员、跑单人员还是管理者，如果都对自己的公司抱有感情，客户是能够感觉到的，也会知道这家货代公司具有很强的凝聚力。一个公司的员工那么团结，有凝聚力，有什么托付会让人不放心呢？相反，如果时不时地在客户面前抱怨自己的公司让自己很不开心，客户也会很担心，公司人心涣散，货物会不会出什么问题呢？只要一票货物有点问题，这种担心就会加剧客户的逆反心理，很容易产生更换货代公司的想法。问题解决了，客户却离开了，货代业务员都不知道为什么，其实种种的结果都是由货代公司的原因所导致的。

对内第二，与操作人员处理好关系。一个不称职的操作人员可能在业务员辛苦将客户带进公司之后就将客户做丢，做进客户很难，但是做丢客户却很简单。有些操作人员心里可能只重视领导的客户，而对其他普通货代业务员的客户有时就按照规章办事，直接受损失的不是操作人员，而是货代业务员自己。相反，一名好的操作人员能够帮业务员挖掘客户，本来客户只是把一部分货物交给业务员，但是被操作人员的热心和操作能力所信服，就会把更多的货物交给该业务员，甚至会把该业务员介绍给他的同行朋友。所以操作人员是一把双刃剑，掌握好操作人员的心理，加以利用，对于货代业务员来说是有百利而无一害的。

人都是平等的，即使业务员的能力很强，也千万别乱对操作人员发脾气（除非他们恶意损害该业务员的客户），因为没有什么事情是应该做的，他们帮业务员的客户操作货物，该业务员应该心存感激，能够配合的尽力配合操作人员处理。操作人员做得好的时候给予相应的表扬或者私下给一些奖励，甚至多在他们领导面前说说好话。如果客户心烦而对操作人员态度不好，业务员要多开导操作人员，哪怕让他们把火气撒在业务员自己身上，也还是要微笑着面对客户。

操作人员的工作是枯燥而烦琐的，适当地给他们微笑。换位思考一下，如果自己是一名操作人员，一名业务员能如此对自己，自己能不很用心帮业务员维护好客户吗？人都是平等的，虽然货代业务员是公司的核心，但是也少不了每个环节工作人员的配合，给予了别人足够的尊重，那么也会得到别人加倍的回报。

开发一家客户很辛苦，维护一家客户更需要时间和精力。开发客户是技巧活，而维护客户则是细节问题，维护好客户需要各个环节人员的通力合作。

（三）做好业务报告，协助财务人员保证运杂费回款

国际货运代理企业通常要求业务部定期作业务报告给公司管理层，让公司管理决策人员及时了解客户的动向和指导开拓市场。业务报告中包含了业务量和应收服务款项的统计，清楚、准确地列出每一票业务所有服务项目及费用和客户支付情况，分列出已付账款（开了发票给客户）和应收账款。客户当月应收账款由单证员与相关单位（特别注意境外合作单位）开来的发票及订舱单核对。单证员做好清算后，交由主管并通知相关业务员及其客户本月应收金额的具体情况。在操作就要完成时，业务员要通知财务部开具发票、核对发票，协助财务部及时收回服务款。

应收账款是货代业务员的最终责任，前面做得再好，账款收不回来只会给自己和公司带来极大的损失。所以就要求货代业务员在开发市场的同时一定要多了解客户的信誉情况，为公司也为自己降低风险。

不是只要把货物拉回来就是优秀的货代业务员，能够把货物拉回来并且及时收回货款的货代业务员，才是一名优秀的货代业务员。这需要货代业务员有敏锐的洞察力，对信誉可靠的客户可以放长收款的期限，但是对于信誉不好的客户一定要收到账款才能把最终货权交给他。利润多少是小事，及时回笼了资金对公司的资金流转也是有很大帮助的。相反，利润再大但是收款期限很长，那么大部分的利润也会被资金的滞留消耗殆尽了。

对货代业务员来说，保障货款的两道阀门是提单和核销单，相对最有效的是提单，因为提单是物权凭证；核销单的效果要比提单小得多，对于合作顺畅的工厂类核销单的作用还是

比较大的。而其余的协议、保函等都是次之的约束力。一般来说，从事国际贸易的个人或者团体的信誉还是比较好的，毕竟国际贸易中最重要的就是信誉，但是不排除有很多不法分子，利用别人的善心做一些恶意欺诈的事情，所以在合作之前，还是需要审核清楚客户的信誉，这个是保证应收账款安全的关键。

四、货代业务员必备条件

货代业务员的工作范围非常宽泛，怎样把业务做好，需要业务员在工作中不断积累、不断提升，使自己具备以下四个方面的条件：

（一）树立专业人士的形象

业务员对本企业所提供的国际货运代理服务范围、质量、过程、后勤服务等必须熟悉，本企业的历史、规模、组织、人事、财务及营业政策等也必须熟悉，以便解答客户可能询问的问题。

每个业务员必须努力装备自己并掌握必要的相关专业知识，如国际货运代理知识，比如运价不仅仅知道其构成及计费方式，更重要的是要对其变动敏感，并及时反馈给客户；国际贸易知识，比如不仅要熟悉报关资料和流程，还需要有一定的操作能力等；国际贸易地理知识，比如对世界港口，不论空港、海港都要有一定的了解，对于航线了然于胸等，以应付各方面的需要，为企业带来更多的商机及提高企业的效益。比如帮助客户理解单证，解释单据，甚至帮助客户做单据。因为并不是所有的外贸人员都了解单证的，他们能卖出产品给外国客户，但未必了解外贸必须的单据。这时业务员就是客户的老师，甚至最好能够成为他们的百科全书。这不是几个月就能达到的水准，需要多年积累，不断深化，才有可能达到。

（二）要爱岗敬业，具备良好的服务意识

业务员具备的敬业精神可归纳为五心：信心、耐心、恒心、诚心、爱心。业务员个人的素质就代表了公司的素质，国际货运代理行业是属于服务行业，业务员要有服务客人的素质。服务态度要好，一切以客户为中心，全心全意为客户服务。

（1）业务员要时刻充满自信，对所属公司的服务产品有信心，给予客户证明的印象，在衣着、精神状态和言行举止上都要体现出来。

（2）业务员在工作中虽然能判断出某些客户只是询价而无意提供货源，但还是要耐心地回答他们的问题，去解答他们的疑问。如果客户是来投诉和发脾气的，要控制自己的情绪等对方发泄完，如果是自己的责任要保证改进，如果是其他同事的责任也要有礼貌转达客户的批评或转接给负责的同事。

（3）持之以恒地关心你的客户。如果想获得一个客户，需要不断和潜在客户联络。有的公司要求业务员每个月都要联络大客户，即使没有合同，相互交流也有助于今后的合作。对于已经移交给操作或客服的老客户也要经常去关心，对客户货物的跟踪要有始有终。

（4）和对方真诚地交流，让客户知道公司的服务限度，说明你的困难，不足的地方要如何努力才能做到，不要承诺做不到的事情。尊重客户的要求，但不是满足他所有的要求。"诚信"是货代的基本原则，只有诚信，才会得到客户的肯定，最终形成长久的合作关系。货代做的是服务，不要让客户因为运费上不大的差距而放弃选择自己，要用服务得到客户的认可，而不是靠低价格得到客户，因为货代的核心竞争力就是服务。既然如此，诚信就特别重要，承诺客户的一定要做到，做不到的就不要轻易承诺客户。每次提供自己可控范围内的服务，会增加客户对自己的信任，从而给自己的货代生意奠定厚实的基础。或许将来有一天，货代能够做到海运、空运价格都是直接告知客户，价格上再也没有相互之间的差距，而货代收取的就是每个环节的服务费用，这时货代的价值只能体现为真诚的服务。

（5）业务员要凭着一颗爱心热情对待客户，为客户分担困难和忧愁，然后才可能揽到业务。对潜在的业务伙伴，业务员要热情和认真地追踪。这里的追踪是要保持不断的联系和不断的交流，不用刻意追求接单与否，而是先交朋友。优质贴心的服务、刻苦勤勉的业务员容易得到客户的认可。

货代的整个物流环节相对比较多，从国内到国外至少要经过国内运输、海关审核、国际运输这三个大环节的考验，环节一多难免会产生问题。出现问题的时候，客户最反感的就是货代找种种理由推脱自身的责任，而不是积极想办法先把问题解决了，然后再来讨论责任划分问题。再大的问题，只要业务员积极去解决了，最后产生的种种费用，在能够承受的范围内，客户一般都会帮助一起承担。生意不是一次结束的，即使一票亏了，后面客户也是会慢慢补给业务员的，千万不要着眼于一时的得失，不去解决问题，到后来出现更为严重的问题，最终大家都损失惨重。如果业务员真有一颗爱心，真为客户分担困难和忧愁，就应该积极主动地解决问题。

（三）心理素质要好

业务员要面对的问题很多，包括无情的回绝、自尊心受打击、信心危机等。如果心理承受力不够强的话，那么很快就会崩溃，这不单指业务方面，甚至业务员的个人生活方面，时刻都会受它的影响。

良好的心理素质是不断磨练得来的，业界有一个"1%原则"，即在揽到1%客户的货物之前被99%的客户拒绝是不可避免的。在不断的失败中却仍然自信坚强，在失败中不断地吸取经验，百折不挠地向目标逼近。客户很少自动找上门来，在竞争如此激烈的环境下，大部分客户靠业务员主动出击得来，开发客户过程中会经常被拒绝，一次、两次、三次甚至无数次，不能灰心、不能胆怯，要大胆地介绍公司的业务范围和公司的服务优势。

揽到货后也不是万事大吉，后续工作还会遇到很多的问题：出货厂家的问题、操作的问题、承运人的问题、货场的问题、拖车欠缺的问题、拖车不够准时的问题、报关没报好的问题，等等，尤其当业务员接到几票货的时候也许这些问题会同时显现出来。业务员要冷静面对，乱了一个环节就有可能全盘皆乱。受到委屈要及时调整好自己的心情，绝对不能把情绪带给下一个客户。

每个客户每天的问题都会不一样，业务员要学会应变，国际运输往往时间长、距离远，只要其中一个环节出错，客户就很紧张，生怕误了交货期。他们的心情会特别烦躁，时刻会打电话来责备，业务员是首当其冲的，处理好这些问题才能让客户放心。

（四）善于沟通，判断准确

业务员要善于研究客户心理，学习社会心理学；同时要具有能说会道的口才，掌握与人沟通的技巧。要成为出色的业务员，外表穿着方面也要注意自己的形象，保持仪容端庄，穿着要搭配合理，给人舒服的感觉。

收集的货源资料告诉业务员要开发的客户很多，是否每个都是准客户呢？当然不是，只是其中小小的一部分才是真正会合作的，所以要学会取舍。业务员的时间有限，要把较多的时间花在有可能合作的客户身上，要学会筛选。

注意观察客户的肢体语言，如客户倾身听你讲或递支烟给你，或突然向你要一个较低的价格，表示他在考虑与你合作。此时不要错失良机，也不要操之过急，你可以说"我们约个时间喝茶"或"这个价我同经理商量后我们再约"。如果客户忙于其他事没有停下来的迹象或他双腿抖动显得有点不耐烦，你可能要先告辞了。

资料卡

服务"十尺"定律

无论何时，跟客户距离在十尺之内就应堆起笑容，看着对方的眼睛，准备亲切问候，让客户觉得你真的很高兴来拜访。建立亲密与和谐的关系，因为每个人都喜欢跟他们觉得有好感以及有认同感的人交易，跟客户建立感情，他们就会愿意跟你谈生意。

做到这几方面，那么可以算是一名合格的货代业务员了。

【复习题】

1. 货代的客户有哪些类型，可以通过哪些途径开发客户？
2. 货代业务中电话销售要注意什么问题？
3. 货代业务中怎样做到更好地报价？

【案例分析】

外贸业务员 A 向货代业务员 B 询价，一台小机器需要出运到美国的一个小城市，询价时报的体积是 0.3CBM、重量 84kg，B 查询了一下运价，+45kg 的价格是 RMB52/kg，+100kg 的价格是 RMB32/kg。B 计算了 RMB52/kg×84kg = RMB4368，RMB32/kg×100kg = RMB3200。然后用 100kg 的总运费加上自己的利润（预估利润 RMB200）除以重量，计算如（RMB3200+RMB200）/84 = RMB40.5/kg，报给客户。为了与客户成交可以这样报价，货物按照 100kg 走，自己还有 RMB200 的利润。

可是当实际拿到托书的时候重量变成了 40kg、体积 0.22CBM，如果按照原先的报价应该是（空运最低都是按照 45kg 计费）RMB40.5/kg×45kg = RMB1822.5，而要付给航空公司的价钱却是 RMB52/kg×45kg = RMB2340，如果这样做下来就是亏本的单子。B 向 A 解释，但是 A 认为 B 失信于他而不再相信 B 了。

请分析该报价出现问题的原因何在？如何规避？

【技能训练】

1. 请上网访问主要船公司网站。
2. 写出10个船公司的中文名称及英文缩写。
3. 请说出日本、韩国、印度尼西亚、巴基斯坦、澳大利亚、美国、多米尼加、秘鲁、西班牙、荷兰、意大利、英国、德国、挪威、尼日利亚、肯尼亚等国的主要港口名称，并通过网络或其他方式获取我国主要港口至上述国家港口的海运航行时间。

单元三

货代实务

【知识目标】

- □ 了解海、陆、空运输方式下的货运代理业务,以及集装箱运输和多式联运方式下的货运代理业务的发展概况
- □ 知道集装箱班轮运输,空运、公路、铁路运输和多式联运业务的特点
- □ 掌握集装箱班轮货运流程、货物班轮运输出口代理与进口代理流程
- □ 掌握空运、公路、铁路运输和多式联运业务的运作流程

【技能目标】

- □ 能够熟练完成货物班轮运输出口代理和进口代理的业务流程,以及班轮运输相关单证的填制
- □ 能够熟练完成空运、公路、铁路运输和多式联运业务的实务操作
- □ 能够正确缮制相关运输单据,熟练完成制单结汇手续

 案例导读

上海明达贸易有限公司(以下简称明达公司)长期委托上海宏远国际货运有限公司(以下简称宏远公司)代理上海口岸的海运出口业务。双方曾于2013年1月签订业务委托协议,协议大致约定:双方的运价以书面确认为准,货物出运后的1个月内双方结清相应的各项费用,协议的有效期为1年。自2013年3月起,2年内双方发生委托业务数十笔,费用的结算也是按照协议的要求处理。

2015年4月,双方因一笔委托业务发生纠纷,明达公司认为由于宏远公司的疏忽,造成高达8万美元货款退税过期,因此拒绝支付欠宏远的运费近4万元人民币。经双方协商,以明达最终支付人民币1.5万元以抵冲近4万元人民币的运费,双方业务就此结束。

事隔2个月后，明达公司的内部审计人员发现宏远公司向明达公司收取的2014年9月至2015年3月的运费金额中，有9笔业务的运费比明达公司当初向宏远公司发去的订舱委托书上确认的运费金额高，共计3200美元。明达公司据此向宏远公司发函要求退还上述多收的运费。在多次联系遭宏远公司拒绝的情况下，明达公司于2015年7月向某市海事法院提起诉讼。一审庭审中，明达公司出具了具有争议运费的订舱委托书。委托书上确实列明了运费的构成明细，且金额与宏远公司开具的运费收费发票不符，差额为3200美元。宏远公司对委托书无异议，但辩称：该9笔业务系发生在船公司运价调整时期，明达公司的订舱委托书上列明的运价系调整前的运价，而该9笔业务均发生在运价调整后，所以应该按调整后的运价收取运费。同时，宏远公司向法院出示了相应9笔业务的应付船公司的账单，以表明宏远公司并未多收运费。此外，宏远公司认为：明达公司已经对双方的运费争议予以确认并支付了相应的款项，表明明达公司以实际付款的行为对委托书上的运价发生更正的事实表示了事后的确认，不存在宏远公司多收运费的问题。某市海事法院根据双方提供的证据及相关法律条文，一审判决：驳回明达公司的诉讼请求。

明达公司不服，向某市高等法院提起上诉。在高等法院，明达公司对支付宏远公司运费情节予以确认，但认为其付费的行为并不表示其对这9笔争议运价的确认，并提出了其理由。宏远公司除重申其在一审中的抗辩理由之外，提出新的抗辩理由：双方的委托代理协议已经过期，订舱委托书上的价格不能作为运价的确认，且宏远公司也并未在订舱书上确认该运价。要求法院驳回上诉，维持原判。高等法院认为：双方的委托代理协议过期与否，与本案的关键即运价的确认并无利害关系。而订舱委托书是委托方向承托方提起的运输合同要约，承托人接受其订舱委托，即表示对此要约的确认。若无相反证据证明承托方对该要约的更正事项得到委托方确认的，则视原要约为双方运输合同的一部分。明达公司支付运费的行为，并不妨碍其追索多付运费的权利实施。基于上述理由，高等法院对一审判决予以改判。

模块5 国际货运代理中的集装箱货运业务

【模块任务】

在集装箱货运业务中，如何选用集装箱，集装箱货物有哪些交接方式？集装箱货物运费如何计收？

一、集装箱的选用与货物装载

(一) 集装箱的定义

集装箱由"Container"一词翻译过来,是指具有一定强度、刚度和规格,专供周转使用的大型装货容器。

 资料卡

国际标准 ISO-830-1981《集装箱术语》中对集装箱的定义如下:
"集装箱是一种运输设备,应满足以下要求:(1) 具有足够的强度,可长期反复使用;(2) 适于一种或多种运输方式运送,途中转运时,箱内货物不需要换装;(3) 具有快速装卸和搬运的装置,特别便于从一种运输方式转移到另一种运输方式;(4) 便于货物装满和卸空;(5) 具有1立方米及1立方米以上的容积。集装箱这一术语的含义不包括车辆或传统包装。"

为了便于集装箱在国际运输中的识别、管理和交接,国际标准化组织制定了《集装箱的代号、识别和标记》国际标准。该标准规定了集装箱标记的内容、标记字体尺寸、标记的位置等。

1. 箱主代号、顺序号和核对数字标记

这些标记统称为集装箱号。箱主代号是集装箱所有人向国际集装箱管理局登记注册的四个大写拉丁字母,如中远集团的集装箱箱主代号是"COSU"。箱主代号中最后一个字母"U"表示常规所有的集装箱,"J"表示带有可拆卸设备的集装箱,"Z"表示集装箱的拖车和底盘车。

顺序号用以区别同一集装箱主的不同集装箱,由六位阿拉伯数字组成,不足六位的数字前以"0"补足。

核对数字是在集装箱数据记录或计算机处理时用于验证箱主代号和顺序号记录是否正确的一位阿拉伯数字,有具体的计算方法。

2. 额定重量和自重标记

额定重量实际上是最大总重量,简称总重,是集装箱设计的最大允许总重量。自重是集装箱空箱时的重量,这两项标记要求同时以千克(kg)和磅(lb)标示。如:

MAX GROSS	24000	KG
	52920	LB
TARE	2300	KG
	5070	LB

(二) 集装箱类型

集装箱按用途或所装货物种类不同,可分为以下九种:

1. 通用干货集装箱(Dry Cargo Container)

这种集装箱也称为杂货集装箱,用来运输无需控制温度的件杂货,使用范围极广。这种集装箱通常为封闭式，在一端或侧面设有箱门。这种集装箱通常用来装运文化用品、化工用品、电子机械、工艺品、医药、日用品、纺织品及仪器零件等。这是平时最常用的集装箱。不受温度变化影响的各类固体散货、颗粒或粉末状的货物都可以由这种集装箱装运。

2. 保温集装箱（Keep Constant Temperature Container）

它们是为了运输需要冷藏或保温的货物。所有箱壁都采用导热率低的材料隔热而制成的集装箱，可分为以下三种：

（1）冷藏集装箱（Reefer Container）。它是以运输冷冻食品为主，能保持所定温度的保温集装箱。它专为运输如鱼、肉、新鲜水果、蔬菜等食品而特殊设计的。目前国际上采用的冷藏集装箱基本上分两种：一种是集装箱内带有冷冻机的，叫机械式冷藏集装箱；另一种箱内没有冷冻机而只有隔热结构，即在集装箱端壁上设有进气孔和出气孔，箱子装在舱中，由船舶的冷冻装置供应冷气，这种叫做离合式冷藏集装箱（又称外置式或夹箍式冷藏集装箱）。

（2）隔热集装箱。它是为载运水果、蔬菜等货物，防止温度上升过大，以保持货物鲜度而具有充分隔热结构的集装箱。通常用于冰作制冷剂，保温时间为 72 小时左右。

（3）通风集装箱（Ventilated Container）。它是为装运水果、蔬菜等不需要冷冻而具有呼吸作用的货物，在端壁和侧壁上设有通风孔的集装箱，如将通风口关闭，同样可以作为杂货集装箱使用。

3. 罐式集装箱（Tank Container）

它是专用以装运酒类、油类（如动植物油）、液体食品以及化学品等液体货物的集装箱。它还可以装运其他危险液体货物。这种集装箱有单罐和多罐数种，罐体四角由支柱、撑杆构成整体框架。前者由于侧壁强度较大，故一般装载麦芽和化学品等相对密度较大的散货，后者则用于装载相对密度较小的谷物。散货集装箱顶部的装货口应设水密性良好的盖，以防雨水侵入箱内。

4. 台架式集装箱（Platform Based Container）

它是没有箱顶和侧壁，甚至连端壁也去掉而只有底板和四个角柱的集装箱。这种集装箱可以从前后、左右及上方进行装卸作业，适合装载长大件和重货件，如重型机械、钢材、钢管、木材、钢锭等。台架式的集装箱没有水密性，怕水湿的货物不能装运，或用帆布遮盖装运。

5. 平台集装箱（Platform Container）

这种集装箱是在台架式集装箱上再简化而只保留底板的一种特殊结构集装箱。平台的长度与宽度与国际标准集装箱的箱底尺寸相同，可使用与其他集装箱相同的紧固件和起吊装置。这一集装箱的采用打破了过去一直认为集装箱必须具有一定容积的概念。

6. 敞顶集装箱（Open Top Container）

这是一种没有刚性箱顶的集装箱，但有可折叠式或可折式顶梁支撑的帆布、塑料布或涂塑布制成的顶篷，其他构件与通用集装箱类似。这种集装箱适于装载大型货物和重货，如钢铁、木材，特别是像玻璃板等易碎的重货，利用吊车从顶部吊入箱内不易损坏，而且也便于在箱内固定。

7. 汽车集装箱（Car Container）

它是一种运输小型轿车用的专用集装箱，其特点是在简易箱底上装一个钢制框架，通常没有箱壁（包括端壁和侧壁）。这种集装箱分为单层的和双层的两种，因为小轿车的高度为 1.35~1.45 米，如装在 8 英尺（2.438 米）的标准集装箱内，其容积要浪费 2/5 以上，因而出现了双层集装箱。这种双层集装箱的高度有两种：一种为 10.5 英尺（3.2 米），另一种为 8.5 英尺高的 2 倍。因此汽车集装箱一般不是国际标准集装箱。

8. 动物集装箱（Pen Container or Live Stock Container）

这是一种装运鸡、鸭、鹅等活家禽和牛、马、羊、猪等活家畜用的集装箱。为了遮蔽太阳，箱顶采用胶合板覆盖，侧面和端面都有用铝丝网制成的窗，以求有良好的通风。侧壁下方设有清扫口和排水口，并配有上下移动的拉门，可把垃圾清扫出去，还装有喂食口。动物集装箱在船上一般应装在甲板上，因为甲板上空气流通，便于清扫和照顾。

9. 服装集装箱（Garment Container）

这种集装箱的特点是，在箱内上侧梁上装有许多根横杆，每根横杆上垂下若干条皮带扣、尼龙带扣或绳索，成衣利用衣架上的钩，直接挂在带扣或绳索上。这种服装装载法属于无包装运输，它不仅节约了包装材料和包装费用，而且减少了人工劳动，提高了服装的运输质量。

另外，集装箱按制造材料分，有木集装箱、钢集装箱、铝合金集装箱、玻璃钢集装箱、不锈钢集装箱等；按结构分，有折叠式集装箱、固定式集装箱等，在固定式集装箱中还可分密闭集装箱、开顶集装箱、板架集装箱等；按总重分，有 30 吨集装箱、20 吨集装箱、10 吨集装箱、5 吨集装箱、2.5 吨集装箱等。

按照国际标准化组织集装箱技术委员会（ISO/TC 104 International Organization for Standardization—Technical Committee No 104）所指定的各项国际标准，以及我国的集装箱国家标准（GB 1413—78）《货物集装箱外部尺寸和额定重量》；1998 年修订国家标准（GB/T 1413—1998）将集装箱的外部尺寸和总重量分为若干型号。

ISO 体系中的 1CC 型箱，是钢制普通货物集装箱中有代表的一种箱型，在集装箱量统计中所使用的 TUE 单位，就是以它作为基础的换算单位。

（三）集装箱的选用与检查

1. 集装箱合格标准

符合 ISO 标准，四柱、六面、八角完好，箱子各焊接点牢固，箱子内部清洁，干燥，无味无尘，不漏水，漏光，有检验合格证书。

2. 集装箱的检查

集装箱在装载货物之前，必须经过严格检查。有缺陷的集装箱，轻则导致货损，重则在运输、装卸过程中造成箱毁人亡事故。所以，对集装箱的检查是货物安全运输的基本条件之一。发货人、承运人、收货人以及其他关系人在相互交接时，除对箱子进行检查外，应以设备交接单等书面形式确认箱子交接时的状态。通常，对集装箱的检查应做到：

（1）外部检查。对箱子进行六面察看，外部是否有损伤、变形、破口等异样情况，如有，即做出修理部位标志。

（2）内部检查。对箱子的内侧进行六面察看，是否漏水、漏光，有无污点、水迹等。

（3）箱门检查。检查箱门是否完好，门的四周是否水密性良好，门锁是否完整，箱门能否重复开启。

（4）清洁检查。箱子内有无残留物、污染物、锈蚀异味、水湿。如不符合要求，应予以清扫，甚至更换。

（5）附属件的检查。对集装箱的加固环节状态，如板架式集装箱的支柱，平板集装箱和敞棚集装箱上部延伸结构的检查。

3. 集装箱的选择

在集装箱货物运输中，为了船、货、箱的安全，必须根据货物的性质、种类、容积、重量和形状来选择适当的集装箱；否则，不仅对某些货物不能承运，而且还会因选用不当而导致货损。集装箱货物对集装箱的选用可作以下考虑：

（1）清洁货物和污秽货物。可选用杂货集装箱、通风集装箱、开顶集装箱、冷藏集装箱。

（2）贵重货物和易碎货物。可选用杂货集装箱。

（3）冷藏货物和易腐货物。可选用冷藏集装箱、通风集装箱、隔热集装箱。

（4）散货。可选用散货集装箱、罐状集装箱。

（5）动物和植物。选择牲畜（动物）集装箱，通风集装箱。

（6）笨重货物。选择开顶集装箱、框架集装箱、平台集装箱。

（7）危险货物。可选择杂货集装箱、框架集装箱、冷藏集装箱。

此外，在货运量较少的航线上，选用集装箱的规格不宜太大。当然，还得视货物的密度，如在进出口货物中轻抛货较多，则用规格较大的集装箱为宜。

（四）集装箱的配载

1. 装载量的掌握

（1）最大载重（Maximum Pay Load）。最大载重量是指可装在集装箱内的货物最大重量，也就是集装箱的总重量（Rating）减去集装箱的自重（Tare Weight）的重量，把这个重量称为最大载重。该值根据不同的集装箱制造厂和不同类型的集装箱有所差别。集装箱的总重量绝对不能超过标注在集装箱上的最大总重量（国际标准化组织标准中20英尺箱为20320千克，40英尺箱为30480千克）。如超过这一数值，考虑到集装箱本身强度以及装卸和运输的安全，各种运输部门、集装箱码头都可拒绝装卸。此外，集装箱总重量虽在最大总重量范围内，但超过公路运输上限的限制重量，有的也不能进行公路运输。

（2）最大装载容积（Maximum Capacity）。关于集装箱的容积和内部尺寸，在国际标准化组织的 R-1984 中虽然规定了最小内部尺寸，但如果采用容积来计算集装箱的最大装载量时，最好以集装箱的内部尺寸和实际货物尺寸对比来计算（见表 5-1 和表 5-2）。

表 5-1　　　　　　　　箱体内部尺寸（Internal dimensions）　　　　　单位：毫米（mm）

	干货箱（dry）			冷冻箱（Reefer）			开顶箱（Open Top）			框架箱（Flat Rack）		
	L	W	H	L	W	H	L	W	H	L	W	H
20′	5890	2350	2390	5435	2286	2245	5900	2330	2337	5628	2178	2159
40′	12029	2350	2393	11552	2266	2200	12025	2330	2337	11762	2178	1986
HC	12029	2352	2698	11558	2286	2505	\	\	\	\	\	\

表 5-2　　　　　　　　箱体内容积及载重量（Capacity and Payload）

容积：立方米　　载重量：千克

	干货箱（dry）		冷冻箱（Reefer）		开顶箱（Open Top）		框架箱（Flat Rack）	
	Cu	P	Cu	P	Cu	P	Cu	P
20′	33.1	21740	27.5	21135	32.6	21740	\	27800
40′	67.7	26630	58.7	26580	65.8	26410	\	40250
HC	76.3	26600	66.1	26380	\	\	\	\

2. 货物密度（Cargo Density）

所谓货物密度是货物单位体积的货物重量，以平均每立方英尺或每立方米货物体积的货重作为货物的密度单位，是普通杂货船上常用的货物积载因数（Stowage Factor）的倒数。

对于集装箱来说，把集装箱的最大载货重量除以集装箱的容积，所得之商叫做箱的单位容重。要使集装箱的容积和重量都能满载，就要求货物密度等于箱的单位容重。实际上集装箱装货后，箱内的容积或多或少会产生空隙，因此集装箱内实际利用的有效容积应为集装箱容积乘上箱容利用率。通常在初步计算时，箱容利用率取为80%。

应用货物密度和箱的单位容重来计算集装箱需要量的方法如下：

（1）如果货物密度大于箱的单位容重，这种货一般称为重货，则用货物重量除以集装箱的最大载货重量，即得所需要的集装箱箱数。

（2）如果货物密度小于箱的单位容重，这种货一般称为轻货，则用货物体积除以集装箱的有效容积，即得所需要的集装箱数。

（3）如货物密度等于集装箱的单位容重，则无论按重量计算或容积计算都可求得集装箱的需要量。

（五）集装箱货物的分类

1. 按货物性质分类

（1）普通货物。普通货物可称为件杂货或杂货，指按货物性质不需要特殊方法保管和装卸的货物。其特点是货物批量不大、品种较多，包括各种轻工业品、车床、纺织机械、衣服类货物等。普通货物按有无污染又可分为清洁货物和污染货物两种。

清洁货物是指货物本身清洁干燥，在保管和运输时没有特殊要求，和其他货物混载时不易损坏或污染其他货物的货物，如纺织品、棉、麻、纤维制品、橡胶制品、玩具等。

污染货物是指货物本身的性质和状态容易发潮、发热、发臭等，容易对其他货物造成严重湿损、污损或熏染臭气的货物，如水泥、石墨、油脂、沥青、樟脑、胡椒等。

（2）特殊货物。特殊货物或称特种货物是指在货物形态上具有特殊性，运输时需要用特殊集装箱装载的货物：包括超高、超长、超宽、超重货物以及液体或气体货物、散件货、散货、动植物检疫货、冷藏货、贵重货物、易腐货物等。

①超尺度和超重货物（Over Size Cargo & Heavy Cargo）。这两类货物是指货物的尺度超过了国际标准集装箱的尺寸而装不下的货物，或单件货物重量超过了国际标准集装箱的最大载重量的货物，如动力电缆、大型机械设备等。

②冷藏货物（Refrigerating Cargo）。是指需要保持在常温以下进行运输的货物，如肉类食品、鸡蛋、水果、蔬菜、奶类制品等。

③液体、气体货物（Liquid & Gas Bulk Cargo）。是指需装在容器内进行运输的散装液体或气体货物，如酒精、酱油、葡萄糖、食用油、胶乳、天然气、液化气等。

④干散货物（Bulk Cargo）。是指散装在舱内无包装的货物，包括盐、谷物、麦芽、树脂、黏土等。

⑤活的动植物（Live Stock and Plants），是指需提供维持正常生命活动环境的货物，如猪、羊、牛、马等家禽家畜及花卉、树苗、苗木等植物。

⑥危险货物（Dangerous Cargo）。是指具有易燃、易爆、毒害、腐蚀和放射性危害而需要安全防护的货物。

⑦贵重货物（Valuable Cargo）。是指单件货物价格比较昂贵的货物，如精密仪器、家用电器、手工艺品、珠宝首饰、出土文物等。

2. 按货物是否适合装箱分类

（1）最适合装箱货物（Prime Suitable Containerizable Cargos）。这类货物一般本身价值较高，运价也比较高；其外包装形状、尺度及重量等属性，可以有效地装载于集装箱内进行运输。最适于集装箱运输的货物有医药品、小型电器、仪器、小五金、针纺织品、烟、酒、包装食品等。

（2）适合装箱货物（Suitable Containerizable Cargos）。这类货物一般指本身价值和运价低于最适箱货物，但其属性与最适箱货物类似，包括金属制品、纸浆（板）、某些装饰材料、皮张、电线等。

（3）临界装箱货物（Marginal Containerizable Cargos）。这类货物一般可用集装箱装载，但由于其本身价值和运价都较低，使用集装箱运输不够经济，而且从该类货物的外形尺度、包装形式及重量等属性来看，使用集装箱运输也较为困难，如钢锭、钢材、木材（原木）、生铁、小型构件等。

（4）不适合装箱货物（Unsuitable Containerizable Cargos）。这类货物由于其本身属性，一般不能用集装箱运输，如废钢铁、大型构件、机械设备、大型卡车等。这些货物中有一部分如采用专用运输设施和工具来运输更为合适。

二、集装箱班轮运输概述

运输企业要提高劳动生产率和降低运输成本，必须遵循生产合理化的原理，采用大批量运输的生产方式，并力促技术创新和技术提高。运输工具和装卸工具实现机械化和自动化、运输方式和过程的合理化等则成为运输企业实现利润最大化的手段和方法。集装箱班轮运输就是在这一基础上诞生和发展起来的。

（一）传统杂货班轮运输中存在的问题

1. 手续繁杂

货物从发货人到收货人的整个运输过程一般需要经过多种运输方式的转运。为了分清各承运人的责任，在每一个转运点上均需清点货物，办理交接手续。由于普通杂货一般批量较小，票数较多，文件、单据数量相对庞杂。繁杂的手续过程中，容易出现货物、文件、单据上的差错而造成货差事故。

2. 货损货差多

由于转运点多，每次转运都需要进行一次货物装卸。货物装卸次数多，不仅增加了装卸、搬运费用，而且增加了货物损坏和丢失的几率。

3. 装卸效率低

传统的件杂货运输必须逐件、逐包进行装卸和搬运，需要花费很长的时间。有的货物在搬运时有一定的条件限制，如只能使用人力搬运，不能使用机械，或只能使用特殊机械搬运等。这样，即使杂货班轮公司采用托盘运输装卸、优化装卸组织流程等技术手段，仍然无法大幅度提高传统杂货班轮的装卸效率。

（二）集装箱班轮运输的优越性

1. 简化包装，大量节约包装费用

为避免货物在运输途中受到损坏，必须有坚固的包装，而集装箱具有坚固、密封的特点，其本身就是一种极好的包装。使用集装箱可以简化包装，有的甚至无须包装，实现件杂货无包装运输，可大大节约包装费用。

2. 减少货损货差，提高货运质量

由于集装箱是一个坚固密封的箱体，集装箱本身就是一个坚固的包装。货物装箱并铅封后，途中无须拆箱倒载，一票到底，即使经过长途运输或多次换装，不易损坏箱内货物。集装箱运输可减少被盗、潮湿、污损等引起的货损和货差，深受货主和船公司的欢迎，并且由于货损货差率的降低，减少了社会财富的浪费，也具有很大的社会效益。

3. 提高运输效率

将不同外形、包装的件杂货装入具有标准规格的集装箱内，以集装箱为运输、装卸、搬运的对象，提供了实现高效机械化作业的必要条件。通过提高运输装卸过程中的机械化程度，大大提高了货物的装卸效率，减少了运输船舶在港停泊时间。为适应装卸集装箱的需要，出现了码头的专业化发展趋势，从而解决了船舶大型化、高速化而带来的运输效率被装卸效率过低而抵消的问题，使船舶经营人、货主等各方运输参与人从中受益。

4. 减少营运费用，降低运输成本

由于集装箱的装卸基本上不受恶劣气候的影响，船舶非生产性停泊时间缩短，又由于装卸效率高，装卸时间缩短，对船公司而言，可提高航行率，降低船舶运输成本，对港口而言，可以提高泊位通过能力，从而提高吞吐量，增加收入。

5. 促进多式联运的发展，实现了"门到门"运输

以集装箱为媒介，将货物从内陆发货人的工厂或仓库装箱后，经由海陆空不同运输方式，可一直运至内陆收货人的工厂或仓库。中途无须倒载，也无须开箱检验。实现"门到门"运输，也促成了国际多式联运的形成和发展。

由于上述特点，大大有利于解决传统运输中久已存在而不能解决的问题，因而，集装箱运输日益成为国际货物运输的主要运输方式，各个国家也下大力气改造或修建更多的集装箱港口，不断扩大集装箱的吞吐量。

（三）集装箱班轮运输存在的问题

1. 初始投资大

集装箱运输是一种现代化的运输系统，开展集装箱运输需要专门的设施和新的技术装备。如要有专业码头、专业装卸设备、专用集装箱堆场；航运公司要有专用集装箱船和大量

价格昂贵的集装箱；铁路要有专业的车皮、专用的装卸设备；公路运输要有专用集装箱运输车辆等。专业化的运输方式，必须有全方位专业的运输设备作支撑，否则，各运输环节发展不平衡，仍然无法体现集装箱运输的优越性。

2. 管理要求高

集装箱运输是采用现代化大规模生产方式，因此要求有更高的作业效率。这就要求各方参与者，针对集装箱运输的要求，在作业流程、作业规范等制度上作出调整。此外，集装箱运输中需要大量的集装箱，而集装箱的价格又很高。如何有效利用集装箱，加速集装箱的周转率，减少回程空箱的调运等，成了集装箱箱务管理的课题。除了依靠计算机系统的帮助，还需要建立一整套完善的集装箱设备交接规范。而上述这些规范都需要管理者的认真贯彻和实施。

3. 潜在危险性增大

由于集装箱允许在甲板上装载，从而影响了船舶的稳定性、安全性；集装箱船为使集装箱进入舱内，必须把舱口开大，因此集装箱船比普通杂货船纵向变形的适应力小了很多；一般集装箱船没有装卸设备，当发生危险时无法采取抛弃货物自救；由于货物在装箱后处于密闭状态，在运输途中无法发现箱内货物的状况。即使货物处于危险状态下，也无法及时采取处置措施。当运输的货物为危险货物时，情况更为严重。此外集装箱内货物因装载技术不当，或装载方式不妥而造成的货损，同样是因无法及时发现，而采取补救办法所致。在某种程度上，集装箱运输反而增加了货物损坏的可能性。随着新型集装箱的设计、货物装载规范的标准化和科学技术的发展，集装箱运输中存在的危险程度在降低，有的问题已经得到了逐步解决。

（四）集装箱班轮运输货物装箱和交接方式

1. 集装箱的装箱方式

根据集装箱货物装箱数量和方式可分为整箱和拼箱两种：

（1）整箱货（Full Container Load FCL）。系指发货人一次托运的货物数量较多，足以装满一个或多个集装箱的货载。一般由发货人自行装箱，负责填写装箱单、场站收据，并由海关加铅封。整箱货又习惯理解为一个发货人、一个收货人。

（2）拼箱货（Less than Container Load LCL）。系指发货人一次托运的货物数量较少，不足以装满一个集装箱，即需要多个发货人少量货物同装一个集装箱进行运输的货载。一般由集装箱货运站负责装箱，负责填写装箱单，并由海关加铅封。拼箱货又习惯理解为几个发货人、几个收货人。

2. 集装箱的交接方式

集装箱的交接方式根据是整箱货和拼箱货的不同分为以下四种：

（1）FCL/FCL 整箱交、整箱收。发货人在其仓库或装运港码头堆场将货物以整箱方式交给承运人，承运人在目的港码头堆场或收货人仓库将整箱货交给收货人。

（2）LCL/LCL 拼箱交、拆箱收。由承运人或其代理人在装运港货运站负责将不同发货人的货物负责拼箱，到目的港后在货运站进行拆箱，各收货人凭提单接收货物。

（3）FCL/LCL 整箱交、拆箱收。发货人在其仓库或装运港码头堆场将同一目的港不同收货人的货物装箱以整箱形式交付给托运人，托运人在目的港货运站拆箱，各收货人凭提单接收货物。

(4) LCL/FCL 拼箱交、整箱收。由承运人或其代理人在装运港货运站负责将不同发货人的货物负责拼箱，在目的港后码头堆场或收货人仓库将同一收货人的货物以整箱形式交付。

(五) 集装箱班轮运输货物交接地点与方式

1. 集装箱货物的交接地点

货物运输中的交接地点是指根据运输合同，承运人与货方交接货物、划分责任风险和费用的地点。在集装箱运输中，集装箱货物的交接地点一般有三类，即发货人、收货人的工厂和仓库、集装箱码头堆场和集装箱货运站。

(1) 发货人或收货人的工厂或仓库交接（Door 交接）。发货人或收货人的工厂或仓库（门）交接是指集装箱运输经营人在发货人的工厂或仓库接受货物或在收货人的工厂或仓库交付货物。门交接的集装箱货物都是整箱交接。一般意味着发货人或收货人自行装（拆）箱。集装箱运输经营人负责自接受货物地点到交付货物地点的全程运输。

(2) 集装箱码头堆场交接（Container Yard CY 交接）。集装箱运输中的集装箱货物码头堆场交接，一般意味着发货人应自行负责装箱及集装箱到发货港码头堆场的运输，承运人或其代理人在码头堆场接受货物，责任开始。货物运达卸货港后，承运人在码头堆场上向收货人交付货物，责任终止。由收货人自行负责集装箱货物到最终目的地的运输和掏箱。

在集装箱码头堆场交接的货物都是整箱交接。在有些资料中和有些情况下，"CY 交接"一词的含义要更广泛一些。除在码头堆场交接外，还包括在内陆地区的集装箱内陆货运站的堆场的交接（即内陆 CY 交接）。在内陆 CY 交接情况下与货主交接货物的集装箱运输经营人一般是联运经营人，他还要负责从接受货物的堆场到码头堆场间的运输。集装箱货物内陆 CY 交接也是整箱交接。

(3) 集装箱货运站交接（Container Freight Station CFS 交接）。集装箱运输中的货运站（CFS）一般包括集装箱码头的货运站、集装箱内陆货运站或中转站。CFS 货物交接一般是拼箱交接。因此，CFS 交接一般意味着发货人自行负责将货物送到集装箱货运站，集装箱运输经营人或其代理人在 CFS 以原来形态接受货物并负责安排装箱，然后组织海上运输或陆海联运。货物运到目的地货运站后，集装箱运输经营人或其代理人负责拆箱并以货物原来形态向收货人交付。收货人自行负责提货后的事宜。

2. 集装箱货物的交接方式

在集装箱运输中，根据实际交接地点以及在交接时货物的形态不同，集装箱货物的交接有多种方式，在不同的交接方式中，集装箱运输经营人与货方承担的责任、义务不同，集装箱运输经营人的运输组织的内容、范围也不同。

(1) 门到门（Door to Door）交接方式。门到门交接方式是指集装箱运输经营人由发货人的工厂或仓库接受货物，负责将货物运至收货人的工厂或仓库交付。在这种交付方式下，货物的交接形态都是整箱交接。

(2) 门到场（Door to CY）交接方式。该方式是指集装箱运输经营人在发货人的工厂或仓库接受货物，并负责将货物运至卸货港码头堆场或其内陆堆场，在 CY 处向收货人交付。在这种交接方式下，货物也都是整箱交接。

(3) 门到站（Door to CFS）交接方式。该方式是指集装箱运输经营人在发货人的工厂或仓库接受货物，并负责将货物运至卸货港码头的集装箱货运站或其在内陆地区的货运站，经拆箱后向各收货人交付。在这种交接方式下，运输经营人一般是以整箱形态接受货物，经拆箱后向收货人交付。

（4）场到门（CY to Door）交接方式。该交接方式是指集装箱运输经营人在码头堆场或其内陆堆场接受发货人的货物（整箱货），并负责把货物运至收货人的工厂或仓库向收货人交付。

（5）场到场（CY to CY）交接方式。该交接方式是指集装箱运输经营人在装货港的码头堆场或其内陆堆场接受货物（整箱货），并负责运至卸货港码头堆场或其内陆堆场，在堆场向收货人交付（整箱货）。

（6）场到站（CY to CFS）交接方式。该交接方式是指集装箱运输经营人在装货港的码头堆场或其内陆堆场接受货物（整箱）并负责运至卸货港码头集装箱货运站或其在内陆地区的集装箱货运站，一般经拆箱后向收货人交付。

（7）站到门（CFS to Door）交接方式。该交接方式是指集装箱运输经营人在装货港码头的集装箱货运站及其内陆的集装箱货运站接受货物（经拼箱后），负责运至收货人的工厂或仓库交付。在这种交接方式下，运输经营人一般是以拼箱形态接受货物，以整箱形态交付货物。

（8）站到场（CFS to CY）交接方式。该交接方式是指集装箱运输经营人在装货港码头或其内陆的集装箱货运站接受货物（经拼箱后）负责运至卸货港码头或内陆地区的堆场交付。在这种方式下货物的交接方式同站到门交接方式基本相同。

（9）站到站（CFS to CFS）交接方式。该交接方式是指集装箱运输经营人在装货港码头或内陆地区的集装箱货运站接受货物（经拼箱后）负责运至卸货港码头或其内陆地区的集装箱货运站，（经拆箱后）向收货人交付。采用这种方式的货物的交接形态一般都是拼箱交接。

以上九种交接方式是集装箱运输中集装箱货物基本的交接方式。除装货海港码头堆场（或货运站）到卸货海港码头堆场（或货运站）交接方式适用于海运单一方式运输（包括海上转运和海海联运）外，其他交接方式都是集装箱货物多式联运下的交接方式。

（六）集装箱班轮运输货物运费的计收

国际集装箱海运运费的计算方法与普通班轮运费的计算方法一样，也是根据费率本规定的费率和计费办法计算运费，并同样也有基本运费和附加费之分。不过，由于集装箱货物既可以交集装箱货运站（CFS）装箱，也可以由货主自行装箱整箱托运，因而在运费计算方式上也有所不同。主要表现在当集装箱货物是整箱托运，并且使用的是承运人的集装箱时，集装箱海运运费计收有"最低计费吨"和"最高计费吨"的规定，此外，对于特种货物运费的计算以及附加费的计算也有其规定。

1. 拼箱货海运运费的计算

目前，各船公司对集装箱运输的拼箱货运费的计算，基本上是依据件杂货运费的计算标准，按所托运货物的实际运费吨计费，即尺码大的按尺码吨计费，重量大的按重量吨计费；另外，在拼箱货海运运费中还要加收与集装箱有关的费用，如拼箱服务费等。由于拼箱货涉及不同的收货人，因而拼箱货不能接受货主提出的有关选港或变更目的港的要求，所以，在拼箱货海运运费中没有选港附加费和变更目的港附加费。

2. 整箱货海运运费的计算

对于整箱托运的集装箱货物运费的计收：一种方法是同拼箱货一样，按实际运费吨计费。另一种方法，也是目前采用较为普遍的方法是，根据集装箱的类型按箱计收运费。

在整箱托运集装箱货物且所使用的集装箱为船公司所有的情况下，承运人则有按"集装箱最低利用率"（Container Minimum Utilization）和"集装箱最高利用率"（Container Maximum Utilization）支付海运运费的规定。

（1）按集装箱最低利用率计费。一般说来，班轮公会在收取集装箱海运运费时通常只计算箱内所装货物的吨数，而不对集装箱自身的重量或体积进行收费，但是对集装箱的装载利用率有一个最低要求，即"最低利用率"。不过，对有些承运人或班轮公会来说，只是当采用专用集装箱船运输集装箱时，才不收取集装箱自身的运费，而当采用常规船运输集装箱时则按集装箱的总重（含箱内货物重量）或总体积收取海运运费。

规定集装箱最低利用率的主要目的是，如果所装货物的吨数（重量或体积）没有达到规定的要求，则仍按该最低利用率时相应的计费吨计算运费，以确保承运人的利益。在确定集装箱的最低利用率时，通常要包括货板的重量或体积。最低利用率的大小主要取决于集装箱的类型、尺寸和集装箱班轮公司所遵循的经营策略。当然，在有些班轮公会的费率表中，集装箱的最低利用率通常仅与箱子的尺寸有关，而不考虑集装箱的类型。目前，按集装箱最低利用率计收运费的形式主要有三种：最低装载吨、最低运费额以及上述两种形式的混合形式。

最低装载吨可以是重量吨或体积吨，也可以是占集装箱装载能力（载重或容积）的一个百分比。以重量吨或体积吨表示的最低装载吨数通常是依集装箱的类型和尺寸的不同而不同，但在有些情况下也可以是相同的。而当以集装箱装载能力的一定比例确定最低装载吨时，该比例对于集装箱的载重能力和容积能力通常都是一样的。

最低运费额则是按每吨或每个集装箱规定一个最低运费数额，其中后者又被称为"最低包箱运费"。

至于上述两种形式的混合形式则是根据下列方法确定集装箱最低利用率：

①集装箱载重能力或容积能力的一定百分比加上按集装箱单位容积或每个集装箱规定的最低运费额；

②最低重量吨或体积吨加上集装箱容积能力的一定百分比。

（2）亏箱运费（Short Fall Freight）的计算。当集装箱内所装载的货物总重或体积没能达到规定的最低重量吨或体积吨，而导致集装箱装载能力未被充分利用时，货主将支付亏箱运费。亏箱运费实际上就是对不足计费吨所计收的运费，即是所规定的最低计费吨与实际装载货物数量之间的差额。在计算亏箱运费时，通常是以箱内所载货物中费率最高者为计算标准。此外，当集装箱最低利用率是以"最低包箱运费"形式表示时，如果根据箱内所载货物吨数与基本费率相乘所得运费数额，再加上有关附加费之后仍低于最低包箱运费，则按后者计收运费。

（3）按集装箱最高利用率计收运费。集装箱最高利用率的含义是，当集装箱内所载货物的体积吨超过集装箱规定的容积装载能力（集装箱内容积）时，运费按规定的集装箱内容积计收，也就是说超出部分免收运费。至于计收的费率标准，如果箱内货物的费率等级只有一种，则按该费率计收；如果箱内装有不同等级的货物，计收运费时通常采用下列两种做法：一是箱内所有货物均按箱内最高费率等级货物所适用的费率计算运费；二是按费率高低，从高费率起往低费率计算，直至货物的总体积吨与规定的集装箱内容积相等为止。

需要指出的是，如果货主没有按照承运人的要求，详细申报箱内所装货物的情况，运费则按集装箱内容积计收，而且费率按箱内装货物所适用的最高费率计。如果箱内货物只有部分没有申报数量，那么，未申报部分运费按箱子内容积与已申报货物运费吨之差计收。

规定集装箱最高利用率的目的主要是鼓励货主使用集装箱装运货物，并能最大限度地利用集装箱的内容积。为此，在集装箱海运运费的计算中，船公司通常都为各种规格和类型的集装箱规定了一个按集装箱内容积计算的最高利用率，例如，20英尺集装箱的最高利用率为31立方米，而40英尺集装箱的最高利用率为67立方米。最高利用率之所以用体积吨而不用重量吨为计算单位，是因为每一集装箱都有其最大载重量，在运输中超重是不允许的。因此，在正常情况下，不应出现超重的集装箱，更谈不上鼓励超重的做法。

三、集装箱班轮运输出口代理业务

集装箱班轮运输完整的出口业务流程始于货主的委托，由货主即委托单位将托运委托书连同报关单据，包括退税单、外汇核销单、商业发票以及不同商品海关需要缴验的各类单证交货运代理人（在实际业务中，由于托运时间紧迫，一般先提交委托书，随后补交报关单据），由货运代理人核阅委托书及有关报关单据后制作托运订舱单送船公司或其船代订舱。船公司或船代审核运价、舱位及品名等信息后订舱并将场站收据等单据交货运代理人，货运代理公司向海关办理电脑报关预录，并提交全套报关单据向出境海关申报出口；海关核准后在装货单上盖章放行，将装货单、场站收据等联退还货代，由货代将盖章放行的装货单、场站收据交码头配载室。船公司或船舶代理人根据订舱配载留底缮制装货清单、预配清单、预配船图、货物舱单等送达码头供收货和装船之用。货代向船公司或船代领取集装箱设备交接单到指定堆场领取空箱，并到货主储货地点装箱（或由货主送货到货代仓库装箱）后，将集装箱货物连同集装箱装箱单、设备交接单送到码头，码头将船公司或船代提供的装货清单及集装箱装箱单送海关供海关监管装船。码头收货后根据预配船图和预配清单配定载位，缮制装船顺序单后交船舶，大副凭装货单接载，装货后签发场站收据。装货后场站收据由码头交发货人或货代，同时码头根据装船实际情况绘制实装船图交船公司或船代。船公司或船代将实装船图、舱单、运费舱单、提单副本、集装箱装箱单副本等交船舶代交卸港。船公司或船代凭场站收据签发装船提单给货代后，货代将装船提单送交货主。船公司或船代将船舶舱单发送海关，海关根据装船舱单核发退税单等凭证给货代，货代取得退税单、外汇核销单等之后送交货主进行核销退税。

（一）订舱托运

订舱托运是发货人或其货运代理人根据贸易合同或信用证条款的规定，在货物托运前的一定时间内，填写集装箱货物托运单或订舱单（Booking Note），向船公司或其代理公司或其他运输经营人申请订舱的过程。

（二）接受托运申请

船公司或其代理公司在接到托运申请后,应审核托运单并与订舱单核对,确认无误后,在装货单上签章,然后将装货单退还给货主或货运代理人。货主或货运代理人即可持装货单,向海关办理货物出口报关手续。而船公司或船公司的代理人则在承运货物后,根据订舱单或托运单缮制订舱清单,分送集装箱装卸作业区的集装箱码头、堆场和货运站,以准备空箱的发放和重箱的交接等事宜。

（三）发放空箱

除货主使用自备箱外,通常整箱货使用的空箱由发货人凭船方签署的提箱单到指定的码头堆场（或内陆场站）领取空箱,并办理设备交接单手续。拼箱货使用的空箱由双方议定交接货物的集装箱货运站领取。

（四）拼箱货装箱

拼箱货装箱指发货人将不足一整箱货且以原来形态托运的货物交至集装箱货运站,由货运站根据订舱单、场站收据和船方的其他指示负责装箱、加封并制作装箱单,然后将重箱运至码头堆场的过程。

（五）整箱货交接

整箱货交接指的是由发货人或发货人委托的货运代理公司负责装箱并将已加海关封志的整箱货运至码头堆场（或内陆场站）,堆场作业员根据订舱清单、场站收据及集装箱装箱单接收货物。

不论是整箱货还是拼箱货,最终都须送交集装箱装卸作业区的集装箱堆场等待装船。首先,集装箱装卸作业区的门卫会同内陆运输的卡车司机对进场的重箱检验后,双方签署设备交接单,并将设备交接单中的用箱人联退还运箱人;其次,集装箱堆场码头则在核对有关单证后在场站收据上签字,并退交发货人或货运代理人以换取提单。

（六）换取提单

发货人或货运代理人凭集装箱堆场签署的场站收据向船公司或其代理公司换取提单,并据此向银行结汇。

（七）装船出运

码头收货后根据预配船图和预配清单配定载位,缮制装船顺序单交船舶,大副凭装货单接载出运。

（八）单证资料传送

船公司或其代理人应于船舶开航前24小时向船方提供提单副本、舱单、装箱单、积载图、特种集装箱的清单、危险货物集装箱清单、危险货物说明书、冷藏集装箱清单等全部随船资料,并应于起航后（近洋开船后24小时,远洋起航后48小时内）采用传真、电子邮件、电传、邮寄的方式向卸货港或中转港发出卸船的必要资料。上述单证已经基本通过电子化的方式（EDI）在船公司内部交换。

以上集装箱货运出口程序中有时可以交替进行,每个国家和不同港口间的操作习惯也不尽相同,但是基本都遵循以上的出口程序,我们可以用图5-1来表示集装箱货运出口代理业务的一般程序：

（1）货主与货代建立货运代理关系。

（2）货主填写托运单证,及时订舱。

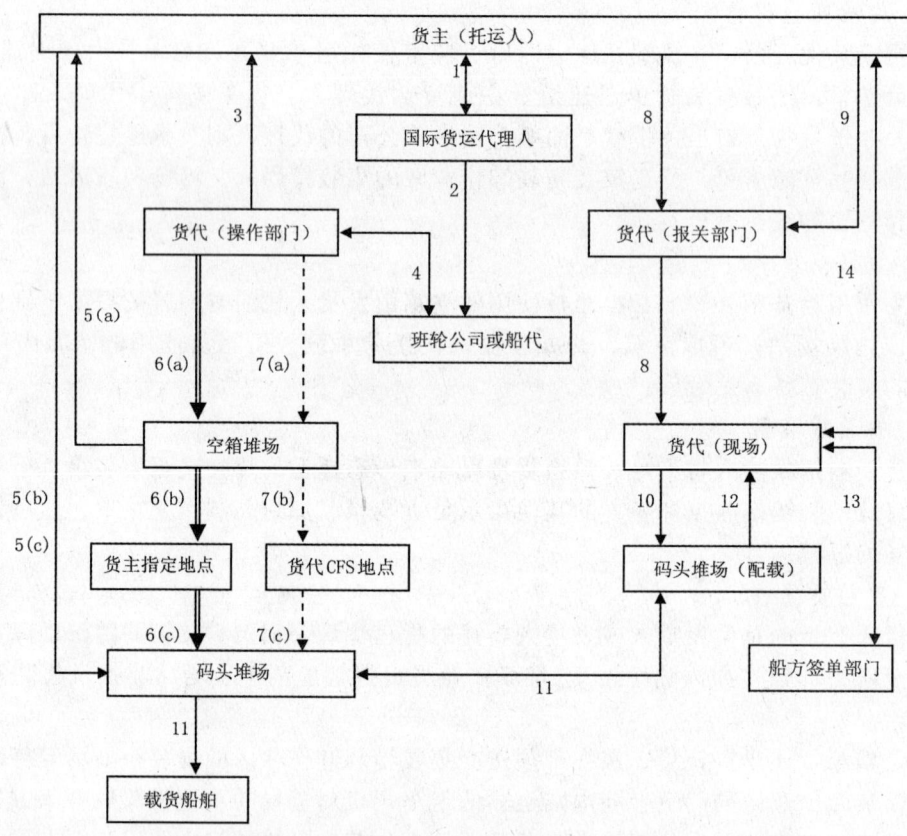

图 5-1 集装箱货运出口代理业务流程图

（3）订舱后，货代将有关订舱信息通过货主或将"配舱回单"转交货主。

（4）货代向班轮公司或船代申请用箱，取得设备交接单（EIR）后就可以凭设备交接单到空箱堆场提取所需的集装箱。

注：随后的工作是提取空箱、集装箱装箱单（CLP）、交装有货物的重箱，该项工作有以下 3 种方式（分别用单线、双线、虚线表示），在实践中只选其中一种操作方式。其中每种方式均有三步，分别用（5a）、（5b）、（5c）、（6a）、（6b）、（6c）、（7a）、（7b）、（7c）来表示。

（5）货主"自拉自送"方式：先从货代处取得 EIR，然后提空箱，装箱后制作 CLP，并按要求及时将重箱送码头堆场，即集中到港区等待装船。

（6）货代上门装箱方式：货代提空箱至货主指定地点装箱，制作 CLP，然后将重箱"集港"。

（7）货主送货上门，货代装箱方式：货主将货物送到货代 CFS，货代提空箱，并在 CFS 装箱，制作 CLP，然后"集港"。

（8）货主委托货代代理报关、报检，办妥有关手续后将单证交货代现场。

（9）货主也可自行报关，并将单证交货代现场。

（10）货代现场将办妥手续后的单证交码头堆场配载。

（11）配载部门制订装船计划，经船公司确认后实施装船作业。

（12）实践中，在货物装船后可以取得场站收据（D/R）正本。
（13）货代可凭 D/R 正本到船方签单部门换取 B/L 或其他单据。
（14）货代将 B/L 等单据交货主。

四、集装箱班轮运输出口货运单证及流转

集装箱班轮运输出口货运单证是在集装箱出口运输过程中，船方、港方、货方、监管部门等有关各方责任、权利、义务转移的凭证和证明。随着集装箱业务的发展，目前已经形成了一套完整的、行之有效的适用于国际运输使用的集装箱运输单证系统。

集装箱班轮运输出口货运单证有些是沿用传统件杂货物国际运输中使用的单证，有的是传统件杂货运输中未曾使用过的新单证。下面我们对各主要单证及流转进行说明。

（一）出口货运代理委托书

货主委托货代办理运输事宜的单证可分为基本单证和特殊单证。

基本单证是通常每批货物都需具备的单证，主要有：出口货运代理委托书、出口货物报关单、外汇核销单、商业发票、装箱单、重量单（磅码单）、规格单等包装单证。

特殊单证是在基本单证外，根据国家规定，按不同商品、不同业务性质、不同出口地区需要向有关主管机关及海关交验的单证，例如：出口许可证、配额许可证、商检证、动植物检疫证、卫生证明、危险货物申请书、包装证、品质证、原产地证书等。

其中的出口货运代理委托书（见图5-2），又简称为委托书，它是委托方（被代理人或出口企业）向被委托方（货运代理人）提出的一种"要约"，被委托方一经书面确认就意味着双方之间契约行为的成立。委托书详列托运各项资料和委托办理事项及工作要求，它是货运代理人的工作依据。一旦货运代理人接受委托，双方之间的运输契约即告成立。因此出口货运代理委托书应包含如下基本项目：

（1）委托人的单位公章或经当事人事先约定的业务订舱章。
（2）委托单位的名称、编号。
（3）场站收据联单的资料：发货人、收货人、通知人、装运港、卸货港、目的港、运费预付或到付。
（4）托运货物的资料：标记、件数、包装、商品名称、毛重、体积。
（5）装运事项：集装箱交接方式、可否转船、可否分批装运、装运期限、信用证有效期限及配船要求。
（6）提单签单要求：签正本提单或海运单或电报放货，提单正副份数，信用证规定的在提单上必要显示记载的事项等。
（7）集装箱陆路、水路运输要求：集装箱类别、数量、提箱要求、装箱要求、装箱地点、联系电话、联系人等。
（8）涉及运费的事项：与船公司的运价协议号、运费结算方式等内容。
（9）其他特殊委办事项：危险品、冷藏箱、框架箱、开顶箱等特殊装箱要求等。

由于在实际操作中，常常有货代替货主进行货运业务活动。在货主与货代定有长期货运代理合同的情况下，也可以用双方事先约定的货物出运明细表、货物入仓交接单等单证代替委托书。

出口货运代理委托书

经营单位（托运人）				托运人编号	
提单	发货人：Shipper:			代理编号	
	收货人：Tel:			合同号	
	通知人：Notify Party:			信用证号	
运费预付 Prepaid		运费到付 Collect		贸易国别	
船名		起运港	目的港	提单号	
可否转运	可否分批	装运限期	有效限期	提单正本 副本	
标记唛码	件数及包装名称	中、英文货名	总毛重（千克）	总体积（立方米）	长×宽×高
集装箱装运	20尺×只	货物存放地点			
	40尺×只		联系人	电话传真	休息日
货物备妥日期		特殊集装箱要求		冷藏	危险
重大件货物	最重件：每件毛重 千克	最大：每件长 CM×宽 CM×高 CM			

支付方式	海运运费		支付方式	人民币包干费		托运人	姓名：
	1. 银行托收			1. 银行托收			电话：
	开户银行			开户银行			传真：
	账 号			账 号			地址：
	2. 银行汇款			2. 银行汇款			签章：
	3. 现 金			3. 现 金			
备注							制单日期：

图5-2 出口货运代理委托书样本

（二）场站收据

我国在1990年开始进行集装箱多式联运工业性试验，简称"集装箱工试"。该项工业性试验虽已结束，但其中的三大单证的原理一直使用至今。三大单证是：出口时使用的"场站收据"联单、进口时使用的"交货记录"联单和进出口时都要使用的"设备交接单"联单。现代海上班轮运输以集装箱运输为主，为简化手续就以场站收据作为集装箱货物的托运单。

场站收据是国际集装箱专用出口货运单证，如图5-3。它是由承运人签发的证明已收到托运货物并对货物开始负有责任的凭证，场站收据一旦经承运人或其代理人签收，就表明承运人已收到货物，责任也随之产生。场站收据一般是在托运人口头或书面订舱，与船公司或船代达成货物运输的协议，船代确认订舱后由船代交托运人或货代填制，在承运人委托的码头堆场、货运站或内陆货站收到整箱货或拼箱货后签发生效，托运人或其代理人可凭场站收据向船代换取已装船或待装船提单。在实际业务过程中，集装箱货物出口中使用的场站收据多数由发货人或其代理人填制，并根据业务所需送交相关部门，以取得货物舱位、出口放行、准予装船等。

1. 场站收据的作用

与传统件杂货运输使用的托运单证比较，场站收据是一份综合性单证，它把货物托运单（订舱单）、装货单（关单）、大副收据、理货单、配舱回单、运费通知等单证汇成一份，这对于提高集装箱货物托运效率和加快流转速度有很大意义。一般认为场站收据的功能和作用有：

（1）船公司或船代确认订舱并在场站收据上加盖有报关资格的单证章后，将场站收据交给托运人或其代理人，意味着运输合同开始执行。

（2）是出口货物报关的凭证之一。

（3）是承运人已收到托运货物并对货物开始负有责任的证明。

（4）是换取海运提单或联运提单的凭证。

（5）是船公司、港口组织装卸、理货、配载的资料。

（6）是运费结算的依据。

（7）如信用证中有规定，可作为向银行结汇的单证。

2. 场站收据的组成

场站收据是集装箱运输重要出口单证，其组成格式在许多资料上说法不一，不同港、站使用的也有所不同，其联数有7联、10联、12联不等。

在实际业务中，比较常见的是10联的场站收据，我们这里以10联为例进行说明：

第1联集装箱货物托运单——货主留底	白色
第2联集装箱货物托运单——船代留底	白色
第3联运费通知（1）	白色
第4联运费通知（2）	白色
第5联场站收据副本——装货单（关单联）	白色
第6联场站收据副本——大副联	粉红色
第7联场站收据（正本联）	淡黄色
第8联货代留底	白色
第9联配舱回单（1）	白色
第10联配舱回单（2）	白色

标准格式为12联的场站收据第11、12联供仓库收货及点数使用。标准格式为7联的场站收据无第1、3、4、10联，但增加集装箱理货留底联（第5联）。

3. 场站收据的流转程序

在集装箱货物出口托运过程中，场站收据要在多个机构和部门之间流转。在流转过程中涉及的有托运人、货代、船代、海关、堆场、理货公司、船长或大副等。现以10联单格式为例说明场站收据的流转过程及程序：

场 站 收 据

Shipper （发货人）		D/R No. （编号）
		场站收据
Consignee （收货人）		Received by the Carrier the Total number of containers or other packages or units stated below to be transported subject to the terms and conditions of the carrier's regular form of Bill of Loading (for Combilled Transport or port to Port Shipment) which shall be deemed to be incorporated herein.
Notify Party （通知人）		
Pre carriage by（前程运输） Place of Receipt （收货地点）		
Ocean vessel （船名） Voy. No. （航次） Port of Loading （装货港）		Date （日期）：
		场站章
Port of Discharge （卸货港） Place of delivery （交货地点）		Final Destination for Merchant's References （目的地）

Container No. （集装箱号） Mark & Nos. （标记与号码）	Seal No. （封志号）	No. of Containers or P'kgs. （箱数或件数）	Kind op Packages; Description of Goods （包装种类与货名）	Gross Weight 毛重 （公斤）	Measurement 呎码 （立方米）
TOTAL NUMBER OF CONTAINERS OR PACKAGES (IN WORDS) 集装箱数或件数合计 （大写）					

{ Particulars Furnished by Merchants

Container No.（箱号）　Seal No.（封志号）　Pkgs.（件数）　Container No.（箱号）　Seal No.（封志号）　Pkgs.（件数）

Received （实收）　　By Terminal clerk （场站员签字）

FREIGHT & CHARGES	Prepaid at(预付地点)	Payable at(到付地点)	Place of Issue(签发地点)
	Total Prepaid(预付总额)	No. of Original B(s)/L （正本提单份数）	BOOKING(订舱确认) APPROVED BY

Service Type on Receiving ☐-CY,☐-CFS,☐-DOOR	Service Type on delivery ☐-CY,☐-CFS,☐-DOOR	Reefer Temperature Required. （冷藏温度）	℉	℃
TYPE OF GOODS （种类）	☐Ordinary, ☐Reefer, ☐Dangerous, ☐Auto. （普通）　（冷藏）　（危险品）　（裸装车辆）		危险品	Glass: Property: IMDG Code Page: UN No.
	☐Liquid, ☐Live Animal, ☐Bulk, ☐ （液体）　（活动物）　（散货）			

图 5-3　场站收据样本

（1）发货人或代理填制场站收据一式10联，留下第1联（发货人留底联），将其余9联送船代订舱。

（2）船代接受场站收据第2～10联，经编号后自留第2联（船代留底联）、第3联（运费计收联）、第4联〔运费计收联（2）〕，并在第5联（关单联）上盖章确认订舱，然后退回发货人或代理第5～10联。

船代订舱签单时，应将场站收据编号，在第5联上盖章签单时应仔细核对托运人所填项目是否完整，如有问题应及时联系托运人或其货运代理。在实际业务过程中，应注意的栏目主要有：

①是否指定船公司、船名。
②是否规定货物运抵日期和期限。
③有无特殊运输要求。
④对发货人提出的运输要求能否做到。
⑤是否应收订舱押金。

（3）发货人或货代将第5～10联送海关报关，海关核对无误后在第5联（关单联）上盖章放行。

出口货物一般要求在装箱前24小时向海关申报，海关在场站收据上加盖放行章后方可装箱。如在海关盖章放行前装箱或先进入堆场的集装箱，必须经海关同意并在装船前24小时将海关盖章的场站收据送交收货的场站业务员。

发货人和收货人必须特别注意，未经海关放行的货物不能装箱出运，一旦发现则以走私论处。

（4）海关在第5联盖章放行后，自留第9联，将其余联（第5～8联，第10联）退回发货人或其代理。

（5）发货人或其代理负责将箱号、封志号、件数等填入第5～7联，并将货物连同第5～8联、第10联在规定时间一并送堆场或货运站。场站收据中出口重的箱号允许装箱后由货代或装箱单位正确填写，海关验放时允许无箱号，但进场完毕时必须填写所有箱号、封志号和箱数。

（6）堆场或货运站在接受货物时进行单、货核对。如果无误，则在第7联（场站收据正本）上填入实收箱数、进场完毕日期并加盖场站公章签收，然后退回发货人。堆场或货运站自留第5联（关单联）。

各承运人委托场站签发场站收据必须有书面协议，各场站与承运人签订委托协议后签发的场站收据可以向船代换取提单，已签出场站收据的集装箱货物在装船前的风险和责任由船公司承担。如采用CY交接条款，则货主对箱内货物的准确性负责；如采用CFS交接条款，则装箱单位对货物负责。堆场或货运站签发场站收据第7联时应注意：

①第5联（关单联）上有否海关放行章。没有海关放行，不得签发"场站收据"，并不安排集装箱装船。
②进堆场或货运站的货物是否与单证记载内容相符。
③进堆场的箱号、关封号是否与单证记载内容相符。
④一起送交的单证其内容是否单单相符。
⑤货箱未进堆场或货运站不能签收。

⑥船公司是否已给舱位。
⑦堆场内一旦发生倒箱，新箱号是否报海关。
⑧一批货物分批进堆场，最后一箱进场完毕后签发场站收据。
⑨拼箱货物以箱为单位一票一单签发场站收据。

（7）发货人凭签收的第7联去船代处换取待装船提单，或在装船后换取已装船提单。船代签发集装箱提单时应注意：
①货物是否已实际装上船舶。
②货物是否在装运期内装船。
③如货物是预付运费，该运费是否已支付。
④B/L记载内容与装箱单、商检证、发票、信用证是否一致。
⑤D/R上运输条款与B/L记载内容是否一致。
⑥场站收据上对货物有无批注。
⑦货运代理人是否已签发HOUSE B/L。
⑧签发几份正本提单。

船代在集装箱装船后，应核对单据与集装箱装船的情况是否一致。如不一致，应迅速与港方和理货联系，避免出现差错。凭场站收据正本船代应立即签发待装船提单。在船舶开航后24小时内，船代应核对并签发已装船提单。

（8）货物装船时，堆场将第6、8、10联送外理，外理于货物实际装船后在第8联（外理联）上签收并自留。

（9）等集装箱全部装上船舶，外理将第6联（大副联）和第10联（空白联）交船方留存。第10联也可供有关方使用。

堆场业务员必须在装船前24小时内将场站收据第6联（大副联）分批送外轮理货人员，最后一批不得迟于开装前4小时内。外轮理货在港区的理货员收齐港区场站业务员送来的场站收据大副联后，在装船时将装船集装箱与单据核对无误后交大副。

外轮理货人员应根据交接条款在承运人指定的堆场和船边理箱，并在有关单证上加批注，提供理货报告单和理箱单。如有变更应及时更正场站收据，并在船舶开航后24小时内通知船代。船舶开航后24小时内，外轮理货人员将装船集装箱理箱单交船代。

港区场站业务员在船舶开航后立即将已签场站收据而未装上船的出口集装箱信息通知船代，并在24小时内开出工作联系单。港区场站受船公司委托签发场站收据，应对其工作中的过失而造成的后果负责。

4. 场站收据联单的填制规范

场站收据联的填写，要求以英文打字机或针式电子打印机缮制，英文字母必须大写（委托人信息可以用中文机器缮制）。以第7联（场站收据）和第8联（货代留底）为例。具体填制规范如下：

（1）发货人（Shipper）：托运人或货主或信用证上的卖方、或无船承运人等。
（2）收货人（Consignee）：货主或信用证上的买方或无船承运人、或某某指示人。
（3）通知人（Notify Party）：详列通知方的名称、地址、电话、传真等。当没有通知人时，以SAME AS CONSINGEE。
（4）场站收据号（D/R No.）：或称为关单号，为船代接受定舱时提供的号码，或作为提单号码。

(5) 委托方 (Forwarder)：货运代理人的业务编号、托运人的名称、托运人的编号等。

(6) 前程运输 (Pre-carriage by)：联程运输时，相对收货地之前一段的货物运输承运方式或承运人填列在此栏中。一般海运托运单中，此栏不填。

(7) 收货地 (Place of Receipt)：货物实际收货地点（一般以港口所在的城市）。

(8) 船名/航次 (Ocean Vessel/Voy. No.)：船代在接收订舱时，按照配船要求确定。

(9) 装货港 (Port of Loading)：货物实际装运海港名称。

(10) 卸货港 (Port of Discharge)：将货物卸下的港口（一般是船舶班轮航线上的港口，但未必是货物的交货地）。

(11) 交货地 (Place of Delivery)：承运人将货物实际交付的地点（可以是船舶班轮航线上的港口，也可以是通过其他船舶转运过去的交货港口，或通过铁路、公路运输方式转运过去的内路交货地点）。

(12) 目的地 (Final Destination for Merchant's Reference)：客户或以贸易文件要求需要在提单上显示的货物交付的最终目的地。因为承运人是以交货地作为联运的交货点，所以承运人一般在出具的提单上并不显示此项内容。

(13) 集装箱号 (Container No.)：此栏对应正本提单的相应栏，提箱上显示的集装箱号显示在此栏的靠下空白部分。在场站收据联单中，若有集装箱号的显示需要，则填制在下列第 21 栏中。

(14) 标记与号码 (Seal No./Marks & Nos.)：贸易合同上、发票上、装箱单上标明的、信用证等文件规定的标记与号码。

(15) 箱数或件数 (No. of Containers or packages)：贸易合同上、发票上、装箱单上标明的、信用证等文件规定的货物件数。

(16) 包装种类与货名 (Kind of Packages；Description of Goods)：贸易合同上、发票上、装箱单上标明的、信用证等文件规定的货物的包装种类、商品名称、商品规格等。

(17) 毛重 (Gross Weight)：每一类货物的包装毛重，单位是公斤（千克）；两类以上，要有合计数。

(18) 尺码 (Measurement)：每一类货物的包装尺码（体积），单位是 CBM（立方米）；两类以上要有合计数。

(19) 交接方式、箱量、箱型、运费条款：货物的交接方式（如 CY/CY）、箱量（如 1*20′)、箱型（如 GP）、运费条款（如 FREIGHT PREPAID）等。

(20) 集装箱或件数大写：若是多票托运单自拼整箱，则相应托单上根据货物的件数，包装用英文大写字母予以表示托单上的件数（如 3 票托单拼 1*20′GP，其中 1 票的货物包装是 10CTNS，则大写为 SAY TEN CARTONS ONLY）；若是 1 票托单中多个集装箱，则用英文大写字母予以表示集装箱数量和包装数。

(21) 集装箱号 (Container No.) /运费与附加费 (Freight & Charges)：此位置在第 7 联中，是"集装箱号"栏，由理货公司人员在此栏中填写集装箱号码和封志号等；此位置在第八联中，是"运费与附加费"栏，一般在此栏填写与集装箱海关有关的海运运费和海运附加费的结算金额，或由货代填写，或由船代确认后填写货主与船公司约定的运价协议号（船公司以运价协议号的形式，确定与货主的运费结算标准，如 S/C、SHA0451）。

其他各联单的"集装箱数或件数大写"栏目的各栏目不尽相同,由相关人员按实际需要填写。

（三）装箱单

1. 集装箱装箱单的作用

集装箱装箱单是详细记载集装箱内货物的名称、数量及箱内货物积载情况等内容的单据。每个载货集装箱都要制作这样的单据,它是根据已装进集装箱内的货物制作的,是集装箱运输的辅助货物舱单。不论是由发货人自己装箱的（FCL）,还是由集装箱货运站负责装箱的（LCL）,负责装箱的一方都要制作装箱单。集装箱装箱单是详细记载每一个集装箱内所装货物详细情况的唯一单据,所以在以集装箱为单位进行运输时,是一张极其重要的单据。集装箱装箱单的主要作用有：

（1）作为发货人、集装箱货运站与集装箱码头堆场之间货物的交接单证。

（2）作为向船方通知集装箱内所装货物的明细表。

（3）单据上所记载的货物与集装箱的总重量是计算船舶吃水和稳定性的基本数据。

（4）在卸货地点是办理集装箱保税运输的单据之一。

（5）当发生货损时,是处理索赔事故的原始单据之一。

（6）是卸货港集装箱货运站安排拆箱、理货的单据之一。

集装箱装箱单的主要内容包括：船名、航次、装卸港口、发货地、交货地、集装箱箱号、集装箱规格、铅封号、场站收据或提单号、发货人、收货人、通知人及货物名称、件数、包装、标志、重量、尺码等（见图5-4）。对特殊货物还需说明闪点（对危险品）、箱内温度要求（对保温或冷藏货）、是否检疫（对需检疫货物及器材）等内容。集装箱装箱单以箱为单位制作,由装箱人填制并经装箱人签署后生效。装箱单一般一式数份,分别由货主、货运站、装箱人留存和交船代、海关、港方、理货公司使用,另外,还需准备足够份数交船方随船带往卸货港以便交接货、报关、拆箱等用。

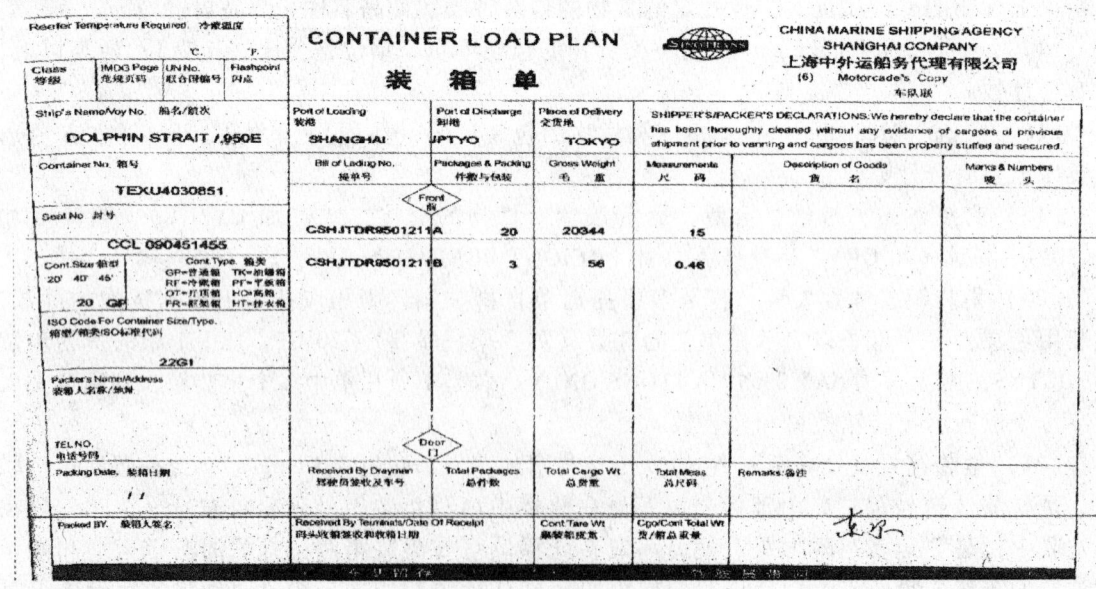

图5-4 集装箱装箱单样本

制作装箱单时,装箱人员负有装箱单内容与箱内货物一致的责任。如需理货公司对整箱货物理货时,装箱人员应会同理货人员共同制作装箱单。

2. 集装箱装箱单流转程序

目前各港口使用的装箱单有的一式4联,也有一式5联甚至一式10联,但是内容上基本大同小异。上海港使用的集装箱装箱单一式5联,由码头联、船代联、承运人各1联、发货人/装箱人共2联组成。装箱单的流转程序如下:

(1) 装箱人将货物装箱,缮制实际装箱单一式5联,并在装箱单上签字。

(2) 将装箱单随同货物一起交付给拖车司机,指示司机将集装箱送至集装箱堆场,在司机接箱时应要求司机在装箱单上签字并注明拖车号。

(3) 集装箱送至堆场后,司机应要求堆场收箱人员签字并写明收箱日期,以作为集装箱已进港的凭证。

(4) 堆场收箱人在5联单上签章后,留下码头联、船代联和承运人联(码头联用以编制装船计划,船代联和承运人联分送给船代和承运人用以缮制积载计划和处理货运事故),并将发货人/装箱人联退还给发货人或货运站。发货人或货运站除留一份发货人/装箱人联备查外,将另一份送交发货人,以便发货人通知收货人或卸箱港的集装箱货运站,供拆箱时使用。

整个流程可以用图5-5表示。

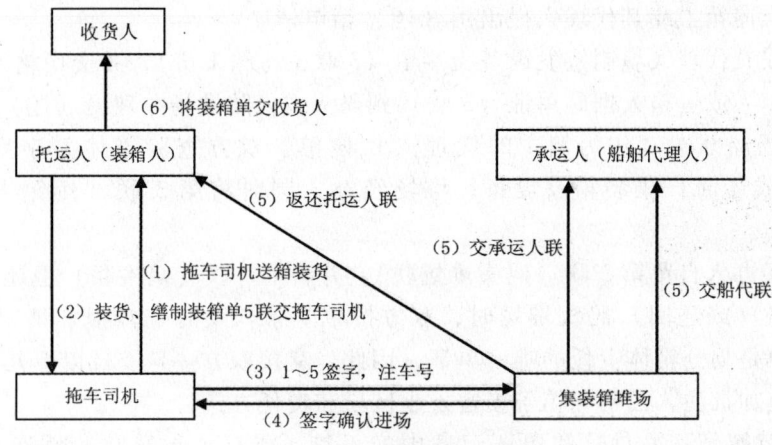

图5-5 集装箱装箱单流程图

(四) 设备交接单

集装箱设备交接单简称设备交接单(Equipment Interchange Receipt, EIR),是集装箱所有人或其代理人签发的、用以进行集装箱及其他设备的发放、收受等移交手续,并证明移交时箱体状况的书面凭据。在集装箱出口过程中,用箱人、运箱人先到集装箱所有人指示的堆场提取空箱,装箱后又将装有货物的重箱交到装货港码头堆场;在集装箱进口过程中,用箱人、运箱人先到卸货港码头堆场提取装有货物的重箱,卸箱、拆箱后又将空箱交换到指定的堆场。该单证兼有发放集装箱的凭证功能,所以它既是一种交接凭证,又是一种发放凭证。在集装箱运输各环节交接时均应制作并签收设备交接单,以划分、明确双方各自对集装箱或相关机械设备应承担的责任。

1. 设备交接单的作用

设备交接单是集装箱运输的三大基本单证之一,它既是管箱人发放、回收集装箱或用箱人提取、还回集装箱的凭证,也是双方交接时集装箱状态的凭证及划分双方责任、义务和权利的依据,又有集装箱所有者掌握集装箱分布动态,加强箱务管理的功能。此单证通常由箱主或其代理人签发给用箱人,用箱人据此向场站领取或送还集装箱及设备。

2. 设备交接单的组成

各类管箱人(集装箱船公司、租赁公司等)一般都印刷自己的设备交接单,其内容大同小异。设备交接单的正面填写内容有:用箱人/运箱人、提箱地点、发往地点、返回/收箱地点、船名/航次、集装箱号、铅封号、提单号、进出场状态、进出场检查记录等。设备交接单的背面印有划分管箱人和用箱人之间责任的使用或租用集装箱合同条款。条款的主要内容有:使用方使用集装箱期间的费用,损坏或丢失时的责任划分,对第三者造成损害时的赔偿责任等。集装箱设备交接单分进场设备交接单(IN)和出场设备交接单(OUT),见图5-6。每种交接单一式三联,分别为箱主或箱管代理联、码头或堆场联、用箱人或运箱人联。

3. 设备交接单的流转程序

不管是集装箱提箱出场还是还箱进场,设备交接单制作及流转过程为:

(1) 用箱人向箱主或其代理人提出用(还)箱申请。

(2) 箱主或其代理人填制签发设备交接单(3联,每箱1份),并交用箱人。

(3) 由用箱人或运箱人据此单证(3联)到码头或内陆堆场办理提(还)箱手续。

(4) 在堆场经办人(作为箱主的代理人)核单、双方查验箱体签字后,用箱人或运箱人提走(或还回)集装箱及设备,堆场经办人同时将第3联(用箱人联)退还运箱人。

(5) 堆场经办人自留第2联(码头堆场联),并将第1联(箱主联)退还箱主单位。

集装箱提走(或还回)码头堆场时,双方按单上条款及时查验损坏情况,分清责任。由于设备交接单是划分箱体责任的唯一单证,因此,交接双方一旦发现以下几种情况,则应在设备交接单上加批注,已明确箱子损害发生区段和责任方:

(1) 集装箱箱号、关封号和单证记载内容不符,或有关封异常、脱落、无法辨认等情况。

(2) 集装箱有漏水、漏光、擦伤、破洞。

(3) 集装箱箱门无法关闭。

(4) 集装箱4柱、6面、8角部位不完整。

(5) 凹损超内偏3厘米,凸损超角件外面。

(6) 集装箱箱内有污秽、有异味。

(7) 装载有毒物未经清洗、消毒。

(8) 集装箱四周仍有前航次留存的起运品。

(9) 集装箱附属部件损坏或灭失或异常。

(10) 集装箱安全铭牌丢失等。

太平船务(中国)有限公司上海分公司
PACIFIC INTERNATIONAL LINES (CHINA) LTD. SHANGHAI BRANCH

集装箱设备交接单
EQUIPMENT INTERCHANGE RECEIPT

OUT 出场 No.06310122

用箱人/运箱人 (CONTAINER USER/HAULIER)	提箱地点 (PLACE OF DELIVERY)		
	太仓		

船名/航次 (VESSEL/VOYAGE NO.)	提单号 (B/L NO.)	集装箱经营人	集装箱号 (CONTAINER NO.)
HENG LONG 6 10026	COOTIC100000001X	PIL	PCIU2162628

铅封号 (SEAL NO.)	尺寸 (SIZE)	类型 (TYPE)	状态 (STATUS)	运载工具牌号 (TRUCK, WAGON, BARGE NO.)
	20	DC		沪BA1586

发往地点 (DELIVERED TO)	返回地点 (PLACE OF RETURN)	免费使用期限 (FREE TIME PERIOD)	出场日期 (TIME-OUT)
太仓	太仓	2010.04.30 2010.05.13	月 日 时

出场目的 (PURPOSE OF GATE-OUT): 进口箱门到门拆箱提箱

| □ 拆箱 DEVANNING | □ 重箱装船 FULL FOR LOADING | □ 检验 INSPECTION | □ 起租 ON-HIRE | □ 堆存 STORAGE | □ 熏蒸 FUMIGATION | □ |
| □ 装箱 VANNING | □ 空箱装船 EMPTY FOR LOADING | □ 修理 REPAIRING | □ 退租 OFF-HIRE | □ 清洗 CLEANING | | |

出场检查记录 (INSPECTION AT THE TIME OF INTERCHANGE)

普通集装箱 (GP CONTAINER)	冷藏集装箱 (RF CONTAINER)	特种集装箱 (SPECIAL CONTAINER)	发电机 (GEN SET)
□ 正常 (SOUND)	□ 正常 (SOUND)	□ 正常 (SOUND)	□ 正常 (SOUND)
□ 异常 (DEFECTIVE)	□ 异常 (DEFECTIVE)	□ 异常 (DEFECTIVE)	□ 异常 (DEFECTIVE)

损坏记录及代号 (DAMAGE & CODE)

| C 割伤 (CUT) | B 擦伤 (BRUISE) | H 破洞 (HOLE) | D 凹损 (DENT) | BR 破损 (BROKEN) | M 丢失 (MISSING) | DR 污箱 (DIRTY) | DL 危标 (DANGEROUS LABEL) |

左侧 (LEFT SIDE)　右侧 (RIGHT SIDE)　前面 (FRONT)　集装箱内部 (CONTAINER INSIDE)

顶面 (TOP)　底板 (FLOOR BASE)　后面 (REAR)　备注 (REMARKS)

除列明者外，集装箱设备交接时完好无损，铅封完整无损。
CONTAINER EQUIPMENT INTERCHANGED IN SOUND CONDITION AND SEAL INTACT UNLESS OTHERWISE STATED.

用箱人/运箱人签署 (CONTAINER USER/HAULIER'S SIGNATURE) 18606227610	代理/码头、堆场值班员签署 (AGENT/TERMINAL, DEPOT CLERK'S SIGNATURE)
年 月 日	货收到 徐加军 年 月 日

图 5-6 集装箱设备交接单（出场联）

在实际业务中，对设备交接单的主要当事人有三方：一是箱管代理（对集装箱进行管理），二是堆场（对集装箱进行交接），三是用箱人（对集装箱进行使用）。三方不仅业务不同，代表利益方也不同，因而对设备交接单审核内容也有区别。对箱管代理来说，其审核的主要内容有：用箱人、箱子来自地点、返回或收回地点、船名和航次、箱型和箱类、集装箱经营人、提单号、费用和期限、进出场集装箱状态。对堆场来说，其审核的主要内容有：集装箱进出场时间、进出场集装箱外表状况、拖箱人是谁、拖车号是否与单证记载一致、提箱单是否有效等。对用箱人（运箱人）来说，其审核的主要内容有：拖车牌号、运箱人拖箱地点和时间、拖箱时箱子外表状况、所拖箱子种类和规格是否与单证记载一致。特别应注意，设备交接单一经正式签收，任何一方不得随意涂改，如需更改，则应办理更正手续，即由箱管代理在设备交接单上加盖更改章。

设备交接单的整个流转过程如图 5-7 所示。

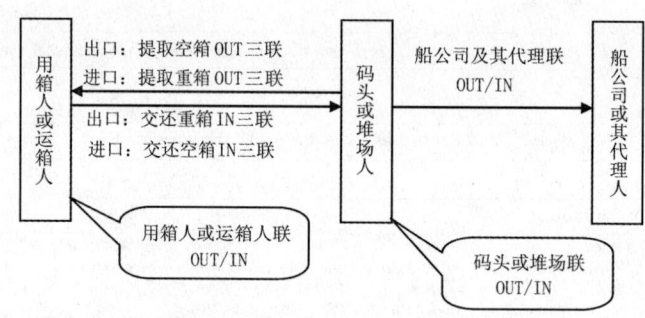

图 5-7 设备交接单流程图

图 5-7 的具体说明如下：

（1）船公司填制 EIR 交用箱人或运箱人。

（2）在集装箱出口业务中，用箱人或运箱人到码头堆场提取空箱时出示 EIR（OUT 联），由经办人员对照 EIR，检查集装箱外表状况后双方签字，码头或堆场留下码头或堆场联、船公司或其代理联，将用箱人与运箱人联退还给用箱人或运箱人，码头或堆场将留下的船公司或其代理联交还给船公司。

当用箱人装箱后交还重箱给码头或堆场时出示 EIR（IN 联），由经办人员对照 EIR、检查箱体后，双方签字，码头或堆场留下码头或堆场联、船公司或其代理联，将用箱人与运箱人联退还给用箱人或运箱人，码头或堆场将留下的船公司或其代理联交还给船公司。

（3）在集装箱进口业务中，用箱人或运箱人到码头堆场提取重箱时出示 EIR（OUT 联），由经办人员对照 EIR，检查集装箱外表状况后，双方签字，码头或堆场留下码头或堆场联、船公司或其代理联，将用箱人与运箱人联退还给用箱人或运箱人，码头或堆场将留下的船公司或其代理联交还给船公司。

当用箱人拆箱后交还空箱给码头或堆场时出示 EIR（IN 联），由经办人员对照 EIR、检查箱体后，双方签字，码头或堆场留下码头或堆场联、船公司或其代理联，将用箱人与运箱人联退还给用箱人或运箱人，码头或堆场将留下的船公司或其代理联交还给船公司。

（五）集装箱提单

集装箱提单是集装箱货物运输下主要的货运单证，是负责集装箱运输的经营人或其代理人在收到集装箱货物后签发给托运人，证明货物已经收到，并保证在目的地凭以交付货物的书面凭证。适用于集装箱运输的提单有两类：一类是港—港的海运提单，另一类是内陆—内陆的多式联运提单。不论是哪一类提单，其法律效力和作用与传统提单都是相同的。为了适应集装箱运输的需要，其正面内容除了与传统海运提单相同外，还增加了收货地点、交货地点、交接方式、集装箱号、封志号等内容。由于集装箱货物的交接一般都不在船边，集装箱提单一般是待装船提单。为了与信用证要求（已装船提单）一致，集装箱提单一般增加装船备忘录栏，以便于必要时加上"已装船"批注而使之转化为已装船提单。

集装箱提单制作填写时，应注意在箱数或件数栏内既要填写集装箱数，又要填写箱内所装货物件数，否则，发生灭失、损害时只能以箱作为一个理赔单位。

集装箱提单签发的地点与集装箱运输中货物的交接地点、交接方式是一致的，即发货人工厂和仓库（DOOR）、码头或内陆堆场（CY）及集装箱货运站（CFS）。一般是托运人在上述地点与集装箱运输承运人或其委托的堆场、货运站的业务人员交接货物后，用场站收据向承运人换取提单。承运人在货方出示场站收据后应立即签发待装船提单，集装箱装上船并在开航后24小时内签发装船提单。

各种类型的集装箱运输承运人都有自己的集装箱提单，其种类内容与格式允许有区别，但大同小异，也有几个国家、几家船公司共用一种提单或同一条船使用不同格式提单的情况。

与一般海运单一样，集装箱提单背面和正面都印有提单条款，而且有相当多的内容和格式与一般海运提单相同，只是为了适应集装箱运输的实际需要，对某些条款的内容作了修改，增加了一些新的条款，这里仅对这些差别之处简要说明。集装箱提单的正面条款与一般条款的主要区别在于确认条款，即表明承运人在箱子外表情况良好、铅封号完整的情况下交接货物并说明该提单是收货待运提单。集装箱提单与海运提单的背面条款主要区别有以下五点：

1. 承运人的责任期限

在集装箱运输下，承运人接货、交货可以在货主仓库、内陆场站和码头堆场，这与传统运输货物交接在船边或港口有很大区别。普通提单对承运人规定的责任期限如"钩到钩"、"舷到舷"或"港到港"已不再适用。因此，集装箱提单将承运人的责任期限规定为：从接收货物开始到交付货物为止，或采用前后条款形式表述为承运人对收货前、交货后的货物不负责任。

2. 舱面（甲板）货选择条款

根据现行海上运输法规定，只有根据航海习惯可装在甲板上运输或事先征得货主同意并在提单上加注"装在甲板运输"字样两种情况下，承运人可将货物装在甲板上运输，否则，将构成违反合同行为。各种法规、合同中给予承运人的一切抗辩理由、责任限制、免责事项等均无效，承运人必须承担由此造成的一切损失的赔偿责任。在集装箱运输中，各类集装箱船舶在实际运输集装箱时，由于船舶构造的特殊性及经济性的要求，一般有相当一部分集装箱要装载在甲板上（舱面）运输（一般来说，全集装箱船满载时约有30%集装箱装在甲板上），而各集装箱在船舶上装载的具体位置，一般是根据船舶配积载的需要和装卸船的先后顺序等确定的。承运人在签发提单时无法确定哪些箱子会装在舱内或甲板上，因此，集装箱提单中规定了舱面（甲板）货选择权条款。尽管各公司提单中表述方式不同，但该条款包括的内容有：承运人有权将集装箱货物装在甲板下（舱内）或甲板上（舱面）运输，而无须征得货方同意和通知货方。货物不论装在甲板上或甲板下，对包括共同海损在内的所有情况，都视为甲板下（或舱内）装载。

3. 承运人的赔偿责任限制

承运人的赔偿责任限制一般是指承运人对每一件或每一货损单位负责赔偿的最高限额。在不同运输方式下，由于承运人运输中对货物承担的风险在程度上有所区别，不同方式的国际与国内运输法规对最高赔偿限额的规定有较大区别。与普通提单一样，各公司的集装箱提单赔偿责任限制条款都明确规定了海上运输的最高赔偿限额。当运输过程中涉及陆上运输（联运提单）时，一般以包括海运（水运）及不包括海运（水运）两种情况规定限额。由于各公司的限额是根据不同的国际法规或国内法规规定的，其限额可能有区别。

针对集装箱运输整箱交接货物时承运人只能从单证上得知箱内货物的种类、数量的特点，集装箱提单相应的条款一般根据《维斯比规则》对集装箱、托盘或类似的装运工具或包装作了如下规定：如在提单中已载明这种工具内的货物件数或单位数，则按载明的件数或单位数赔偿，如这种工具为货主所有，赔偿时也作为一件。

4. 制约承运人责任的条款

（1）发货人装箱、计数条款（或不知条款）。在整箱货交接时，承运人接收的是外表状况良好、铅封完整的集装箱，对箱内所装货物数量、标志等只能根据装箱单得知，即使对其有适当理由怀疑也无适当方法进行检验。根据《海牙规则》规定，在这种情况下，承运人可以拒绝在提单上载明箱内货物的详细情况，这种做法势必会影响提单的流通性。但如果默认了货主提供的箱内货物件数、发生货损时有可能对承运人赔偿方面带来不利影响。为了便于提单的流通和最大限度地达到免责目的，集装箱提单中在如实记载箱内货物详情的同时，背面条款中又保留了发货人装箱、计数条款或不知条款。其内容一般为：本公司承运的集装箱是由发货人或其代理人装箱并加封的，则本提单正面所列有关货物的重量、尺码、件数、标志、数量等内容，本公司均不知悉。

（2）铅封完整条款。集装箱提单中这一规定是指承运人在集装箱外表情况良好、铅封完整的情况下收货和交货，就可认为承运人已完成货物运输并解除其所有责任。该条款与发货人装箱、计数或不知条款是紧密联系的，也是限于整箱交接。

（3）货物检查权条款。该条款是指承运人有权但没有义务在掌管货物期间的任何时候，将集装箱开箱检验、核对，如发现货物全部或部分不适用于运输，承运人有权对该货物放弃运输或由托运人支付附加费用后继续完成运输，或放在岸上或水上遮蔽或露天场所，而且这种存放可被视为按提单交货，承运人责任终止。该条款使承运人对箱内货物有所怀疑或发现积载不正常时有启封检查权利而不必征得托运人同意。但在实际操作中，对货主自装的集装箱启封检查时，一般需征求货主同意并由货主支付费用。

（4）海关启封检查条款。根据《国际集装箱海关公约》规定，海关有权对集装箱货物开箱检查，因此，集装箱提单中一般都规定：如海关当局因检查箱内货物对集装箱启封检查并重新加封，由此造成或引起的任何货物灭失、损害或其他后果，承运人概不负责。但在实际操作中，承运人对于海关查验的箱子应作详细记录，并保留证据以免除责任。

（5）发货人对货物内容正确性负责条款。集装箱提单中记载的货物内容，一般由发货人填写或发货人代理根据发货人提供的托运文件（装箱单等）填写。提单一般规定承运人接收货物即可视为发货人已向承运人保证其在集装箱提单中提供的货物种类、标志、件数、重量、数量等内容准确无误。如属于危险货物，还应说明其危险性。如发货人提供内容不准确或不当造成货损或其他损害，发货人应对承运人负责，即使已发生提单转让也不例外。

（六）集装箱预配清单

集装箱预配清单是船公司为集装箱管理需要而设计的一种单据，该清单格式及内容，各船公司大致相同，一般有提单号、船名、航次、货名、件数、毛重、尺码、目的港、集装箱类型、尺寸和数量、装箱地点等。其主要作用：一是有关管箱人将据此单发放设备交接单，从而由发货人或货运代理凭此设备交接单（一箱一单）到有关管箱人指定的场站提取出口用箱；二是船公司或其代理公司据此单作集装箱计划预配船图，然后送达有关集装箱码头堆场供编制集装箱预配船图使用。货运代理人在订舱时或一批一单，或数批分行列载于一单，按订舱单内容缮制后随同订舱单据送船公司或其代理人，船公司配载后将该清单发给空箱堆存点，据以核发设备交接单及空箱之用。如果集装箱货物托运单上货物列明危险品，那么在集装箱预配清单的相应备注栏内也应标明危险品，以使危险品集装箱能配载在船舶恰当的位置上，保证船舶装载和航行安全。该单据并非各个港口都使用。

（七）集装箱预配船图

集装箱预配船图是由集装箱码头堆场依据船公司或其代理公司制作的集装箱计划预配船图填制的，经集装箱码头堆场船舶计划员在空白的船图上按有关配载原则填上集装箱箱号、总重量、卸货港名称即可。如有危险品集装箱，则必须在恰当的船箱位上用醒目的标志标出。这是集装箱码头堆场出口装船的主要依据之一，因为凭借此图可以使集装箱装船准确、快捷、方便。

（八）集装箱船舶积载图

集装箱船舶积载图，又称集装箱实装船图，是由外轮理货公司理货人员在集装箱装船完毕后，按船箱位上所实际装载集装箱的情况缮制的，其缮制的形式与集装箱预配船图一样。所不同的是由于退关、堆场机械故障等因素，船图箱位上部分箱子的原定位置，会发生变更。至于危险品集装箱，根据预配船图，在征得船方确认后，亦必须在实装的船箱位上用醒目的标志标出。

（九）理货报告单

理货报告单是由外轮理货公司理货人员在出口装船完毕时编制而成的。它主要包括理箱单和集装箱残损单，另外还有集装箱清单和集装箱货物清单。其主要作用是供船公司或代理公司审核和编制有关出口单证时使用。

（十）集装箱载货清单

集装箱载货清单又称集装箱舱单，是一份按卸货港顺序逐票列明全船实际载运集装箱及其货物的汇总清单。它是在集装箱及其货物装船完毕后，由船公司或其代理公司根据场站收据，核对理货报告单而编制的，编妥后还须送交船长签字认可。其内容除应逐票标明货物的明细情况，如提单号、标志、货名、件数、重量、收发货人以及集装箱箱号、铅封号等外，还应填写船名、航次、国籍、装货港、卸货港、开航日期等内容。首先，集装箱载货清单是航行国际航线船舶使用的一份十分重要的单证，它的主要作用是船舶据此向出境地海关和进境地海关办理报关手续，是海关对出口船舶所载货物出国境进行监督管理的单证。如果集装箱船舶货舱内所装载集装箱及其货物在载货清单上没有列明，那么，海关可按走私论处，有权依据海关法进行处理。其次，集装箱载货清单也是船舶载运所列集装箱及其货物的证明，是随船单证之一。因此，当船舶到达卸货港时，在卸货港船舶代理人因故尚未收到有关货运资料的情况下，载货清单（复印件）即可分送港口有关部门作为安排卸货应急之用。

(十一) 集装箱载货运费清单

集装箱载货运费清单又称集装箱运费舱单，它和载货清单一样，也是在集装箱及其货物装船完毕后，由船公司或其代理公司编制的。所不同的是，内容除载货清单记载的事项外，增加了计费吨、运费率、预付或到付栏。它的作用除了供卸货港船公司的代理人收取到付运费外，还可作为查对集装箱船舶航次装载货物情况之用。另外，由于载货运费清单的内容包括了载货清单的内容，因此，它也可以代替载货清单作为船舶出（进）口报关及安排卸货应急之用，故有的船公司或其代理公司，只编制和使用集装箱载货运费清单，省略了集装箱载货清单。

(十二) 危险品集装箱清单

危险品集装箱清单是在危险品集装箱装船完毕后，由船公司或其代理公司专门列出的船舶所载运危险品集装箱及其货物的汇总单。其所记载的内容除载货清单所应记载的外，还增加了货物的性能、类别、联合国编号、页号和装船位置。它的作用主要是为了确保船舶、货物、港口及装卸、运输的安全，让有关部门及人员在装卸作业和运输保管中引起特别注意。危险货物的托运人在托运危险货物时，必须根据有关危险货物运输和保管的法规事先向船公司或其代理人提交危险清单。托运人在将危险品货物运至 CY 或 CFS 时，必须提交危险品清单，由堆场管理人员汇总交船方。此外，所有危险品货物都必须粘贴规定的危险品标志，内装危险货物的集装箱也必须按规定粘贴特制的危险品标志。

(十三) 冷藏集装箱清单

冷藏集装箱清单也是在冷藏集装箱装船完毕后，由船公司或其代理公司专门列出的船舶所载运冷藏集装箱及其货物的汇总单。其除载货清单所应记载的内容外，增加了所需温度和装船位置。它的作用主要是为了使冷藏货物在装卸运输中质量不受影响，并方便有关各方进行操作管理。托运人在托运冷冻或冷藏货物时，都应要求承运人在运输和保管过程中，将冷藏集装箱的箱内温度控制在一定的范围内，并且要求承运人在运输和保管货物方面承担多于普通货物的责任。托运人向承运人和集装箱堆场提供的冷藏集装箱清单上，必须逐箱填明货物的名称和指定的温度范围等各项内容，交集装箱堆场由堆场业务人员汇总交船方。

五、集装箱班轮运输进口代理业务

集装箱进口业务包括进口船期查询及签订进口服务合同、订舱、货物跟踪、付费换单、报关报检、提取货物、空箱回运等多个环节。在实际操作中，作为收货人、代理人等所处的身份不同以及各国、各港口的操作习惯不同，进口的业务流程也各有差别，但是基本都遵循以下七个工作环节：

(一) 进口船期查询及签订服务合同

进口船期查询及签订服务合同指的是收货人或收货人委托的货运代理人根据收货人的进口需求对提供进口服务的实际承运人（这里指实际承运的船公司）的船期进行查询，确定满足收货人服务需求的船公司，并最终签订运输服务合同的过程。

在实际操作过程中，进口船期查询可以通过咨询船公司营销部门或营销代理、查阅有关航务周刊信息或船公司提供的电子商务平台等获得。目前，使用比较多的是通过咨询船公司进口营销部门获得船期表或通过电子商务平台获得船公司航线服务信息。

在详细了解有关各条航线的服务路径、挂靠港口及运价信息后，收货人或收货人指定的货运代理人就可与船公司签订服务合同,安排货物出运。

（二）订舱

订舱托运与出口业务流程基本一致,在货物托运前的一定时间内,填集装箱货物托运单或订舱单（Booking Note）,向船公司或其代理公司或其运输经营人申请订舱的过程。由于进口舱位装载情况波动性较大,船公司进口订舱完成后一般会生产订舱报,通知各代理航线订舱的情况。订舱报一般包含的内容有发货人、收货人、通知人、货物接收地点、装港、卸港、货物交货地点、箱型及箱量、货物品名、运价合同号码、订舱号码等。

（三）货物跟踪

货物跟踪是在货物装船出运后,对货物的流转状态和交货过程进行持续的跟踪和确认的过程。由于全球定位技术和电子商务技术的广泛适用,目前对于货物的跟踪可以轻松通过船公司提供的货物跟踪系统或跟踪平台获得。

（四）付费换单

货物到港前,卸货港船代将"到货通知书"寄收货人,通知其做好提货准备,收货人接到到货通知书后,在信用证贸易下应及时向银行付清所有款项,然后取得正本提单等有关单证；并凭借提单和到货通知书向船代换取提货单,以安排提货。

在实际操作中,一般由收货人委托的货运代理公司安排进口付费换单。必须特别注意的是货运代理公司在接到客户的全套单据后（全套单据一般包括：带背书的正本提单或电放副本、装箱单、发票、合同）,要查清该进口货物属于哪家船公司承运、哪家作为船舶代理、在哪儿可以换到供通关用的提货单,注意提前与船公司或船舶代理部门联系,确定船的到港时间、地点,如需转船,应确认第二程船的船名；提前与船公司或船舶代理部门确认换单费、押箱费、换单的时间；提前联系好场站确认好提箱费、掏箱费、装车费、回空费。

准备好进口换单手续后,货运代理公司便可凭带背书的正本提单（如是电报放货,可带电报放货的传真件与保函）去船公司或船舶代理部门换取提货单和设备交接单。

（五）报关报检

换单结束后,用提货单（1、3）联并附上报关单据前去报关。进口报关单据主要包括：提货单（1、3联,海关放行后,在白联上加盖放行章,发还给进口方作为提货的凭证）；正本箱单；正本发票；合同；进口报关单；正本报关委托协议书；海关监管条件所涉及的各类证件等。

在实际进口报关过程中,必须特别注意的事项有：

（1）接到客户全套单据后,应确认货物的商品编码,然后查阅海关税则,确认进口税率、确认货物需要什么监管条件,如需做各种检验,则应在报关前向有关机构报验。报验所需单据包括报验申请单、正本箱单发票、合同、进口报关单。

（2）换单时应催促船舶代理部门及时向海关传舱单,如有问题应与海关舱单室取得联系,确认舱单是否已转到海关。

（3）当海关要求开箱查验货物时,应提前与场站取得联系,将所查箱子调至海关指定的场站,并事先与场站确定好调箱费、掏箱费。

如果该进口货物属于法定检验商品,则在报关前应提前办理验货手续。在报关前,凭进口商检申请单（带公章）和两份报关单办理登记手续,并在报关单上盖商检登记在案章以便通关。验货手续应在最终目的地办理。

如需动植物检验、检疫，则在货物报关前凭箱单、发票、合同、报关单向代报检机构申请报验，在报关单上盖章放行以便通关，验货手续可在通关后堆场进行。

海关通关放行后，货运代理公司应去三检大厅办理三检。向大厅内的代理报验机构提供箱单、发票、合同报关单，由他们代理报验。报验后，可在大厅内统一窗口交费，并在白色提货单上盖三检放行章。三检手续办理后，便可向港池大厅交港杂费，待港杂费用结清后，港方将提货联退给提货人供提货用。

（六）提取货物

整箱货物交付在集装箱堆场进行，拼箱货物交付在集装箱货运站进行。堆场和货运站凭海关放行的提货单，与收货人或其委托的货运代理公司结清有关费用（一般包括保管费、再次搬运费、滞期费、拆箱费等）后交付货物并由双方签署交货记录。由于整箱货是连同集装箱一起提取的，故整箱货提货时应办理设备交接单手续。

在实际业务过程中，进口提箱应注意的事项有以下几点：

（1）首先应与港池调度室取得联系，安排计划。

（2）根据提箱的多少与堆场联系足够的车辆尽可能按港方要求时间内提清，以免产生转栈堆存费用。

（3）提箱过程中应与堆场有关人员共同检查箱体是否有重大残破，如有，要求港方在设备交接单上签残。

重箱由堆场提到场地后，应在免费期内及时掏箱，以免因滞箱产生额外费用。

（七）空箱回运

由于在提箱时船公司一般规定货运代理公司必须凭借小提单和拖车公司的"提箱申请书"到箱管部门办理进口集装箱超期使用费、卸箱费、进口单证费等费用的押款手续。若押款人不是提单上所注明的收货人，押款人必须出具同意为收货人押款，并支付相应费用的保证函，押款完毕经船代箱管部门授权后办理提箱手续，领取设备交接单并核对其内容是否准确。收货人拆空进口货物后，将空箱返回指定的还箱地点，要及时凭押款凭证，到箱管部门办理集装箱费用结算手续，箱体无残损后，去船公司或船舶代理部门取回押箱费。

六、集装箱班轮运输进口货运单证及流转

集装箱班轮运输进口货运单证主要有提货通知书、卸箱清单、理货单证、拆箱单、设备交接单、交货记录联单、待提箱报告或待提货报告。

（一）提货通知书

提货通知书是船公司在卸货港的代理人向收货人或通知人（往往是收货人的货运代理人）发出的船舶预计到港时间的通知。它是船公司在卸货港的代理人根据掌握的船舶动态和装箱港的代理人寄来的提单副本或其他货运单证、资料编制的，以便于集装箱货物抵港后能尽快疏运出港。

值得注意的是，提货通知书只是船公司或其代理人为使货运程序能顺利进行而发出的单证，对于这个通知发出的是否及时，以及收货人或其代理人是否能收到，作为承运人的船公司并不承担责任。

（二）卸箱清单

卸箱清单由码头理货人员编制，其作用是记录船舶卸下的集装箱的数量和有关情况。其主要内容包括：承运船公司、船名、航次、卸箱港、卸箱日期、集装箱经营人、箱号、集装箱情况、装卸港及集装箱外表批注等。

（三）理货单证

理货单证主要有理货计数单和溢短残损单两种，都是由码头理货人员编制的。理货计数单是在货运站拆箱时，理货人员核对装箱单及货物舱单点验件数，分别编制理货计数单，同时还应将可能出现的异常、件数不符等情况，列入理货计数单。

溢短残损单是根据卸货时所编制的卸箱清单所列批注，并参照出口港的批注清单编制。

（四）拆箱单

拆箱单由货运站有关人员根据理货计数单编制。其主要内容包括：船公司、船名、航次、箱号、拆箱日期及起讫时间和提单号等。

（五）设备交接单

在进口货运流程中，设备交接单与出口流程基本一致，这里不再重复。

（六）"交货记录"联单

在集装箱班轮运输中普遍采用"交货记录"联单代替杂货班轮运输中的"提货单"。"交货记录"联单的性质实际上与"提货单"一样，仅仅是在其组成和流转过程方面有所不同。"交货记录"标准格式一套共五联：第一联"到货通知联"；第二联"提货单联"；第三联"费用账单联"（蓝色）；第四联"费用账单联"（红色）；第五联"交货记录联"。

1. 到货通知联

到货通知书是在卸货港的船舶代理人在集装箱卸入集装箱堆场，或移至集装箱货运站，并办好交接准备后，向收货人发出的要求收货人及时提取货物的书面通知。所以，到货通知书是在集装箱卸船并做好准备后，将五联单中的第一联（到货通知联）寄交收货人或通知人。收货人持正本提单和到货通知书至船公司或船代付清运费换取其余四联。

2. 提货单联

提货单是船公司或其代理人指示负责保管货物的集装箱货运站或集装箱堆场的经营人，向提单持有人交付货物的非流通性单据。

在集装箱运输中，是凭到货通知和正本提单换取费用账单两联、盖章后的提货单一联和交货记录一联，共四联。随同进口货物报关单到海关办理货物进口通关，海关核准放行后，在提货单上盖海关放行章，再持单到集装箱堆场或货运站，场站留下提货单和二联费用账单，在交货记录上盖章，收货人凭交货记录提货。

3. 费用账单第3、4联

费用账单是场站凭此向收货人结算费用的单据。其主要内容包括：收货人名称、地址、开户银行与账号、船名、航次、起运港、目的港、提单号、交付条款、到付海运费、卸货地点、到达日期、进库场日期、第一程运输、标记与集装箱号、货名、集装箱数、件数、重量、体积、费用名称、港务费、港建费、堆存费、装卸费等栏目。

4. 交货记录联

船公司或其代理人向收货人或其代理人交货时，双方共同签署的，证明双方间已进行货物交接和载明其交接状态的单据叫交货记录。

在集装箱运输中，船公司的责任是从接受货物开始到交付货物为止。因此，场站收据是证明船公司责任开始的单据,而交货记录是证明责任终了的单据。

整个"交货记录"联单的流转过程如下:

(1) 船舶代理人在收到进口货物单证资料后,通常会向收货人或其代理人发出第1联到货通知联。

(2) 收货人或其代理人在收到"到货通知"后,凭正本提单(背书)向船舶代理人换取第2联提货单联及场站、港区的第3、4联费用账单联、第5联交货记录联等四联。第2联提货单联经船代盖章方始有效。

(3) 收货人或其代理人持第2联提货单联在海关规定的期限内备妥报关资料,向海关申报。海关验放后在第2联提货单联的规定栏目内盖放行章。收货人或其代理人还要办理其他有关手续的,也应办妥手续,取得有关单位盖章放行。

(4) 收货人及其代理人凭已盖章放行的第2联提货单联及第3、4联费用账单联和第5联交货记录联向场站或港区的营业所办理申请提货作业计划,港区或场站营业所核对"提货单"是否有效及有关放行章后,将第2联提货单联、第3、4联费用账单联留下,做放货、结算费用及收费收据。在第五联"交货记录"联上盖章,以示确认手续完备,受理作业申请,安排提货作业计划,并同意放货。

(5) 收货人及其代理人凭港区或场站已盖章的第5联交货记录联到港区仓库或场站仓库、堆场提取货物,提货完毕后,提货人应在规定的栏目内签名,以示确认提取货物无误。第5联交货记录联上所列货物数量全部提完后,场站或港区应收回第5联交货记录联。

(6) 场站或港区凭收回的第5联交货记录联核算有关费用。填制第3、4联费用账单一式两联,结算费用。第三联(蓝色)"费用账单"联留存场站、港区制单部门,第四联(红色)"费用账单"联作向收货人收取费用的凭证。

(7) 港区或场站将第二联"提货单"联及第四联"费用账单"联、第五联"交货记录"联留存归档备查。

(七)待提箱报告或待提货报告

待提箱报告或待提货报告是集装箱堆场或货运站编制并送交船公司的,表明经过一段时间尚未疏运的、仍滞留在堆场或货运站的重箱或货物的书面报告。据此,船公司可向收货人发出催提货的通知,以利于疏港和加速集装箱的周转。

【复习题】

1. 集装箱班轮运输的优越性有哪些?
2. 简述集装箱出口业务中场站收据流转程序。
3. 简述FOB条件下的进口货代业务流程。
4. 简述集装箱装箱单的主要作用。
5. 集装箱货物的交接方式有哪些?

【案例分析】

杭州一家公司出口一批工艺品去意大利,提单上注明 CY – CY;"SLCAS(Shipper's Load Count And Seal)";并由承运人加注"SAY ONE CONTAINER",收货人打开箱门拆箱时,发现箱内装载的并非工艺品,而是石头和砖头,收货人即通知警方。经过一系列的侦破,最终查明是码头堆场的工人与海关勾结捣箱后伪造关封所致。杭州工艺品公司出口装载的确系工艺品,而且进口国海关也知道这一装箱情况,于是在该箱子卸船运至堆场堆存期间,海关在验货后没有将关封扣死,然后由码头工人利用工作之便进行捣箱装载后再将关封扣死,如警方没有侦破这一案例,收货人也无法举证责任方,同样只能由自己承担责任。类似案例国内也已发生多起。所以,请问从事此项工作的人员应该注意哪些操作事项?

【技能训练】

甲商品长 0.6 米,宽 0.37 米,高 0.36 米,乙商品长 0.62 米,宽 0.39 米,高 0.36 米,假设集装箱长为 11.8 米,宽为 2.13 米,高为 2.72 米,问怎么分配甲、乙产品的数量才能装得最多?

模块 6　国际海上货物运输代理业务

【模块任务】

海上货物运输是国际运输中运用最广泛的运输方式,而集装箱运输的发展又促进了各种运输方式的结合使用。而海上货物运输的经营方式、进出口操作流程以及相关单据的制作是怎样的呢?

一、班轮运输业务概述

国际远洋运输为了适应不同货物、不同贸易合同对运输的不同需要,也为了合理地利用远洋运输船舶的运输能力,并获得最佳的营运经济效益。当前国际上普遍采用的远洋船舶的营运方式可以分为两大类:班轮运输和租船运输。

国际贸易运输中,班轮运输是主要的运输方式之一,它是在租船运输的基础上发展起来的,迄今已有 150 多年的历史。目前班轮运输航线,已遍及世界各海域和主要港口,有力地促进了国际贸易的发展。

班轮运输又称为定期船运输,是指船舶按事先制定的船期表,在特定的航线上,以既定的挂靠港口顺序、相对确定的运价,经常地从事航线上各港口的船舶运输。根据班轮运输装载器具技术的不同,我们又将其分为杂货班轮运输和集装箱班轮运输,集装箱班轮运输的相关内容在前面模块五中已详细介绍,此处不再赘述。

（一）班轮运输主要关系人

班轮运输中,通常会涉及班轮承运人、船舶代理人、无船（公共）承运人、海上货运代理人、托运人等有关货物运输的关系人。

1. 班轮承运人

这里所指的班轮公司,是运用自己拥有或者自己经营的船舶,提供国际港口之间班轮运输服务,并依据法律规定设立的船舶运输企业。班轮公司应拥有自己的船期表、运价本、提单或其他运输单据。根据各国的管理规定,班轮公司通常应有船舶直接挂靠该国的港口。班轮公司有时也被称为远洋公共承运人。

世界上有很多集装箱班轮公司,知名的国际班轮公司都已进入了中国海运市场。主要有：

（1）中远集装箱运输有限公司（COSCON）,简称中远集运,成立于1997年12月29日,是中远集团（COSCO）所属专门从事集装箱运输的核心企业。中远集运现有超过20条主干航线,连接着全球100多个港口,在全球班轮公司中位居前列。

（2）马士基航运公司（Maersk Liner）,A. P. Moller集团（丹麦）下属的12个公司的主要成员之一,马士基航运公司是世界上最大的国际班轮公司。

（3）地中海航运公司（MSC）,总部设在日内瓦的地中海航运公司目前已上升至世界第二大集装箱班轮公司。

除上述之外,还有一些著名的班轮公司,如日本邮船（NYK）、韩进海运（Hanjin）、商船三井（M. O. S. K）、东方海外（OOCL）、海皇/总统轮船（NOL/APL）、长荣（Evergreen）和达飞（CMA）等。中国著名的集装箱班轮公司还有中海集装箱运输有限公司、中外运集装箱运输有限公司等。

2. 船舶代理人

这里所指的船舶代理公司,是接受船舶所有人、船舶经营人或者船舶承租人的委托,为其船舶及其所载货物或集装箱办理船舶进出港口手续,安排港口作业,接受订舱,代签提单,代收运费等服务,并依据法律规定设立的船舶运输辅助性企业。由于国际船舶代理行业具有一定独特的性质,所以各国在国际船舶代理行业大多制定有比较特别的规定。

中国最大的国际船舶代理公司是成立于1953年的中国外轮代理公司。20世纪80年代末中外运船务代理公司成立,成为第二家从事国际船舶代理业务的国际船务代理公司。目前,在我国对外开放的港口都有许多家国际船舶代理公司。实践中,国际货运代理人经常会与船舶代理人有业务联系。

3. 无船承运人（NVOCC, non-vessel operating common carrier）

无船承运人也称无船公共承运人,这里指经营无船承运的公司,是以承运人身份接受托运人的货载。签发自己的提单或者其他运输单证的,向托运人收取运费,通过班轮运输公司完成国际海上货物运输,承担承运人责任,并依据法律规定设立的提供国际海上货物运输服务的企业。

根据《中华人民共和国国际海运条例》的规定，在中国境内经营无船承运业务，应当在中国境内依法设立企业法人；经营无船承运业务，应当办理提单手续，并交纳保证金；无船承运人应有自己的运价本。

无船承运人可以与班轮公司订立协议运价，国外称为服务合同（service contract, S.C.），以从中获得利益。但是，无船承运人不能从班轮公司那里获得佣金。国际货运代理企业在满足了市场准入条件后，可以成为无船承运人。上海航运交易所制定有无船承运人的标准格式提单。

4. 海上货运代理人（ocean freight forwarder）

海上货运代理人也称远洋货运代理人，这里所指的国际海上货运代理公司，是接受货主的委托，为货主办理有关国际海上货物运输相关事宜，并依据法律规定设立的提供国际海上货物运输代理服务的企业。

海上货运代理人除可以从货主那里获得代理服务的报酬外，因其为轮班公司提供货载，所以还应该从班轮公司那里获得奖励，即通常所说的"佣金"。但是，根据各国的管理规定（如果有的话），国际海上运输代理人通常无法与班轮公司签订协议运价或 S.C.。

5. 托运人（shipper）

这里指货主企业，在运输合同中是指本人或者委托他人以本人名义或委托他人为本人与承运人订立海上货物运输合同的人；本人或者委托他人以本人名义或者委托他人为本人将货物交给与海上货物运输合同有关的承运人。托运人可以与承运人协议运价，从而获得比较优惠的运价。但是，托运人无法从承运人那里获得"佣金"。如果承运人给托运人"佣金"，则将被视为给托运人"回扣"。

班轮运输中还会有收货人的关系人。

（二）班轮运输的特点

班轮运输的服务对象是非特定的、分散的众多货主，运输的多为各种性质的杂货。因此，组织班轮运输必须具备的条件主要有：要有技术性能高、设备齐全的船舶；需要配备技术、业务水平高的船员；有一套适合小批量货物接收、运送的货运程序；有相关航线港口的船务代理和货运代理网络。班轮公司作为公共承运人，其主要特点有：

（1）具有"四固定"的特点，即固定船期、固定航线、固定港口和相对固定的费率。这是班轮运输的最基本特征。

（2）班轮运输的承运人和货主之间是凭船公司或其代理人签发的提单作为处理运输中相关问题的依据。

（3）除特别约定在船边交货或船边提货之外，一般船公司要求托运人将货物送到承运人指定的码头仓库交货，或到指定的码头仓库提货。承运人与货主之间不规定货物的装卸船时间，不计算速遣费和滞期费。

（4）承运人负责货物的装卸、理货等作业，一般还负责仓库到码头之间的作业，并承担相关费用。这些费用已计入班轮费率表所规定的费率中，不另外收取。例外情况，也有船公司公布的费率中不包含仓库到码头船边之间的运输费用，以附加费的方式向托运人收取。

（三）班轮运输的作用

（1）班轮运输只要有舱位，不论货物的数量、直运或转运都可以接受，有利于一般杂货和不足整船的小批量货物的运输。

（2）交货时间比较准确，运价相对固定。

（3）班轮运输能够提供专门优质的服务，能够满足各种货物的运输要求，保障货物的运输质量。

（4）运输条款的格式化、通用化，使得运输手续简便，方便货主结算。

（四）船期表

班轮船期表（liner schedule or service schedule）是班轮运输营运组织工作中的一项重要内容，也是国际货运代理企业操作员必读的资料之一。船期表的作用是多方面的：首先是为了招揽航线途径港口的货载，既满足揽货的需要，又体现货物运输服务质量；其次是有利于船舶、港口和货物的及时衔接，以便船舶在挂靠（Call）港口的短时间内取得尽可能高的工作效率；最后是有利于提高船公司航线经营的计划质量。

资料卡

船期表示例

中远集装箱代理有限公司

总代理：（网址）www.coslina.com

香港岛办公室：香港皇后大道中183号中远大厦48楼4801室

码头办公室：香港新界葵涌集装箱码头南路八号集装箱码头东中远国际大厦6—8楼

国际服务

日本航线服务　　　　　　　整箱特快服务

业务部：26121819

客服服务部（订舱和查询）：26161834　订舱传真：28360362

船名	航次号	堆场截关	香港离港	到港横滨	到港东京	到港名古屋
*Yan He	360E	26/12	28/12	30/12	02/01	03/01

堆场收货地：中远国际集装箱码头（Hongkong International Terminals）8号码头，堆场截货时间：12:00

以前船期表登在一些地方报纸上，现在最重要的载体是船务期刊与因特网。国际货运代理企业经常订阅的载有船期表的杂志有《中国航务周刊》、《香港航务周刊》、《广州航务周刊》、《深圳航务周刊》。示例是中远集装箱代理有限公司的一份船期表，我们可以看到船期表的主要内容：航线、船名、航次号、截关日、始发港、中途港、终点港、离岗时间、到岗时间；收货地点和截货时间；业务、客服联系号码、传真、公司网址、地址。有时还会附带其他注意事项。

1. 船名（Ship's Name）与航次号（Voyage Number）

这些是用来识别某航线一个特定航线的标识资料。

2. 截关日（Customs Closing Date）

截关日是承运人为特定的航次在指定的送货地点（集装箱终端或码头）最后接受货物

的日期。出口商必须在最后日期和地点及截关日期在订舱单中写明。允许送货日包含截关的前一天在内为2天。如果货物比承运人指定的日期早到集装箱终端或码头,场站可能不接受,如果接受则要收仓储费。截关地点一般是海关查货和监管的地方。

由于美国9·11事件发生之后出现的24小时舱单预申报制度(Automated Manifest System, AMS)使得截关日变得更为复杂,一般可分为舱单截货和码头场站截货。

(1)舱单截货。许多船期表习惯写成仓单截货,指的是截止交舱单的时间。英文用托运单(Shopping Instruction, SI)来表示舱单。所以就出现了SI CLS、SI CUT-OFF、SI AMS CUT-OFF、E-SI CLOSE、EDI SI CUT-OFF、DOC、DOCUMENTATION CUT-OFF等表示方法,其中AMS是美国24小时自动舱单申报系统,E或EDI指电子数据交换,DOCUMENTATION或DOC是指单证,因为平时将DOCUMENT翻译成文件,所以该日也称为截文件日。

 资料卡

关于截关日的小知识

截关日是船期表最重要的内容,具体到小时则称为截关日期(Cut-off Date and Time),对此行业内的称呼却是五花八门。有的称截至签单日或截单日,因为不再签发装货单了,所以也称截载日;有的公司用"截重期或截重日"指重箱还回码头的截止日期;有的用截数日期来称呼。因为这个日子同报关相关,所以有人以"截放行条日"来表示,放行条是海关放行货物出具的单证。英文的写法也是五花八门,复杂的写成预计截关时间(Estimated Time of Closing ETC),也有的写为Closing Date, Closing, CLS, C/D。

(2)码头场站截货。这里指的是截止收货的地点和时间。如CY CLS、FCL CLS、CYRCVG是指集装箱堆场整箱收货,RCVG是Receiving的缩写;而CFS CLS是集装箱货运站拼箱收货;WPRD CLS是指珠江三角洲码头收货。前面船期表示例中堆场收货地为8号中远国际集装箱码头,即通常讲的HIT(Hongkong International Terminals)码头;堆场截货时间是中午12:00。

(3)加载货物(Additional Cargo)。截关日之后承运人一般是不收货的,但是如果船舶空舱太多,承运人为减少损失在截关日以后也收货,这些临时托运的货物称为加载货物,加载货物时要注意舱客和机载系数及海关的最后报关时间。结关日同截关日不同,它是指海关对货物结束监管的日期。一般海关放行后几日内,机关行或货主办理出口退税等后续工作的程序,有时结关工作持续的时间很长,特别是保税货物。

3. 运输时间(Transit Time, T/T or T.T.)

是港口间的航行时间,如从上海到洛杉矶的运输时间为12(T/T FM SHA TO LAX;12DAYS),SHA、LAX分别是Shanghai、Los Angeles的缩写。

ETD(Estimated Time of Departure)一词指预计或期望的从起运港或点起运的时间,于或大约发运(Shipment on or About),简称离港时间;适用于所有的运输方式。ETS(Estimated Time of Sailing)一词指预计或期望的从起运港开船的时间,于或大约开船(Sailing on or About);适用于海运。每一水船截关日早于开船日或叫开航日、实际离港时间（Sailing Date or Time）。

ETA（Estimated Time of Arrival）一词指预计或期望的目的港或点到达时间，简称到港时间；适用于所有的运输方式。TA（Time of Arrival）则是到达时间。

各班轮公司根据具体情况，编制公布的船期表是有所差异的。通常，近洋班轮航线因航程短且挂港少，船公司能较好地掌握航区和挂靠港的条件，以及港口装卸效率等实际情况，可以编制出时间准确的船期表，船舶可以严格按船期表规定的时间运行。远洋班轮航线由于航程长，挂港多，航区气象海况复杂，船公司难以掌握航区、挂靠港、船舶在航线上运行可能发生的各种情况，在编制船期表时，对船舶运行时间必然会留有余地。集装箱运输具有速度快、装卸效率高、码头作业基本上不受天气影响等优点，所以集装箱班轮航线可以编制出较为准确的船期表。

（五）班轮运费

1. 班轮运费的特点

（1）班轮运费按班轮公司事先公布的运价表和计收运费规定，具有相对固定的标准。

（2）班轮运费包括货物从装港船边（船舷）或吊钩至目的港的船边（船舷）或吊钩的全程运费，习惯上称为"船边至船边"（Side to Side）或"船舷至船舷"（Rail to Rail）或"吊钩至吊钩"（Tackle to Tackle）费用。

（3）班轮运输中，承运人双方不涉及滞期和速遣的费用。

（4）班轮公司或班轮公会一般都有自己的运价表（亦称费率表），托运人以此作为支付运费的依据。由于班轮公司一般在某条航线上采取垄断经营的方式，因此，班轮运价属于垄断运价。

2. 班轮运价表（Liner Freight Tariff）

班轮运费是根据班轮公司指定的运价表进行计算的。运价表又称为运价本或费率本，是船公司承运货物向承托人据以收取费用的运价汇总，运价表主要由条款与规定、商品分类和费率三部分组成。目前，通行的运价表主要分为以下四种：航运公会运价表、班轮公司运价表、双方运价表和货方运价表。可以通过查看海运企业的网站，了解到班轮运价表的信息。

3. 班轮运费的构成

班轮运费由基本费率和附加费两部分构成：

（1）基本运费（Basic Freight）。基本运费是对运输每批货物所应收取的最基本的运费，构成了一批货物运费的主要部分。它是根据基本费率和运费吨计算而得。基本费率（Basic Rate）是指每一计费单位（如运费吨）货物收取的基本运费，也可以表示成基本运价"Freight Unit Price"。即某条航线内基本港之间对每种货物规定的必须收取的费率，也是以百分比收取附加费的计算基础。基本费率有等级费率、货物费率、从价费率、特殊费率和均一费率之分。

基本运费的计收标准，通常按不同货物分为下列几点：

①按货物的毛重计收。在运价表中以"W"表示，即"Weight"的缩写。一般以1吨为计算单位，吨以下取两位小数，也有按长吨或短吨来计算的。

②按货物的体积计收。在运价表中以"M"表示，即"Measurement"的缩写。一般以1立方米为计算单位。

③按货物的毛重或体积计收。在运价表中以"W/M"表示，以其价高者计收运费。按

惯例，凡1重量吨货物其体积超过1立方米者即按体积收费；反之，1重量吨货物其体积不足1立方米者，按其毛重计收。如机器、零件、小五金工具，都按此办法计算。

④按货物的价格计收运费，又称从价运费。在运价表中以"Ad Val"表示，一般按商品 FOB 货价的百分之几计算运费。按从价运费计算的，一般都属高值货物。

⑤按货物重量、体积或价值三者中选最高的一种计收。在运价表中以"W/M or. Ad Val"表示。也有按货物重量或体积计收，然后再加收一定百分比的从价运费，在运价表中以"W/M plus Ad Val"表示。

⑥按货物的件数计收。如汽车、火车按辆（per unit），活牲畜如牛、羊等按头（per head）计算。

⑦大宗低值货物按议价运费（Open Rate）。如粮食、豆类、煤炭、矿砂等大宗货物，一般在班轮费率表内不规定具体费率，在订舱时，由托运人和船公司临时洽谈议订。议价运费通常比按等级计算运费低廉。

⑧起码费率（Minimum Rate）。指按每一提单所列的重量或体积所计算出的运费，尚未达到运价表中规定的最低运费额时，则按最低运费计收。

应当注意，如果不同商品混装在同一个包装内，则全部运费按其中较高者计收。同一票商品如包装不同，其计算标准及等级也不同。托运人应按不同包装分列毛重及体积，才能分别计收运费，否则全部货物均按较高者收取运费。另外，同一提单内如有两种或两种以上的不同货名，托运人应分别列出不同货名的毛重或体积，否则全部货物均按较高者收取运费。

(2) 附加费（Surcharges）。附加费是为了保持在一定时期内基本费率的稳定，又能正确地反映出各种货物的航运成本的差异，班轮公司在基本费率之外，为了弥补损失又规定了各种额外加收的费用。班轮运费中的附加费名目繁多。

①超重附加费（Heavy Lift Add）。一件货物毛重超过运价表中规定的重量即为超重货。但各班轮公司对每件货物的重量规定不一，有的为2.5吨，有的为3吨，有的为5吨，有的为8吨。我国的轮船公司规定每件不得超过5吨。如超过限额，则按每吨加收一定的超重附加费。

②超长附加费（Long Length Add）。一件货物的长度超过运价表中规定的长度即为超长货。一般规定为9米，如超过则按每米加收超长费附加费。如一件货物既超重又超长，则按高价者计收。如需转船，则每转一次，加收一次超重或超长附加费。这类货物在托运时，如有条件最好能拆装，将一大件拆装为几小件可节省运费。如不能拆装，应在托运时在托运单上注明货物的重量、尺寸以及其他应注意的事项，以便承运人在装卸时加以注意，以防造成货损。

③转船附加费（Transhipment Surcharge）。凡运往非基本港口且须转船运往目的港口的货物，须加收转船附加费，其中包括中转费和二程运费。但有的轮船公司不收转船附加费，而分别另收中转费和二程运费。中转费和二程运费连同一程运费，叫做"三道价"。

④燃油附加费（Bunket Adjustment Factor）。在燃油价格上涨时，轮船公司便按基本运价的一定百分比或按每一运费吨加收附加费。

⑤直航附加费（Direct Sur）。运往非基本港口的货物达到一定数量（如中远规定近洋直航须达到2000吨，远洋直航须达到5000吨，轮船公司方肯安排直航，直航附加费较转船附加费低。

资料卡

实用的附加费

缩写	英文名称	中文名称	要点解释
AMS	Automatic Manifest System	美国（自动）舱单录入费	用于美加航线
ACC	Alameda Corridor User Surcharge	南加州（洛杉矶、长滩）铁路转运附加费	用于美国航线
BAF	Bunker Adjustment Factor	燃油附加费	大多数航线都有，但标准不一
CSC	Container Service Charge	货柜服务费	
CAF	Currency Adjustment Factor	货币贬值附加费系数	
CAS	Currency Adjustment Surcharge	货币贬值附加	
DDC	Destination Delivery Charge	目的港码头费	
	Deviation Surcharge	绕航附加费	
	Direct Additional	直航附加费	
EBA	Emergency Bunker Additional	紧急燃油附加费	非，中南美
EBS	Emergency Bunker Surcharge	紧急燃油附加费	日线和澳新线使用
EPS	Equipment Position Surcharges	设备位置附加费	
FAF	Fuel Adjustment Factor	燃料附加费	日线使用
GRI	General Rate Increase	综合费率上涨附加费	一般南美航线，美国航线使用
	Heavy-lift Additional	超重附加费	
FA	Interim Fuel Additional	临时燃油附加费	
	Long Length Additional	超长附加费	
ORC	Original Receiving Charge	本地收货收费	和SPS类似，一般在华南地区使用
PCS	Port Congestion Surcharge	港口拥挤附加费	通常伊斯兰、印度某些港口及中南美航线使用
PCTF	Panama Canal Transit Fee	巴拿马运河附加费	美国航线，中南美航线使用
PTF	Panama Transit Fee	巴拿马运河附加费	
PSS	Perk Season Surcharges	旺季附加费	大多数航线在运输旺季时会临时使用
PCS	Port Congestion Surcharge	港口拥挤附加费	
RR	Rate Restoration	费率恢复费	
SPS	Shanghai Port Surcharge	上海码头费	
SCS	Suez Canal Surcharge	苏伊士运河附加费	
TAR	Temporary Additional Risks	临时风险附加费	本义为"临时附加费风险"，实指战争附加费
THC	Terminal Handling Charges	码头操作费	
	Transshipment Surcharge	转船附加费	
WRS	War Risk Surcharge	战争险附加费	
YAS	Yard Surcharges	码头附加费	
YAS	Yen Adjustment Surcharge	日本贬值费	日本航线专用

⑥港口附加费（Port Add）。有些港口由于设备条件差或装卸效率低，轮船公司便加收附加费以弥补其原因船舶靠港时间延长所造成的损失。一般按基本运价的百分之几收取。

⑦港口拥挤附加费（Port Congestion Sur）。有些港口拥挤压港压船，以致停泊时间较长，一般按基本运价收取附加费。通常，此项费用金额较大，遇有这种费用，卖方应设法让买方负担。

⑧选港附加费（Optional Port Add）。托运时因不能确定卸货港口，只能预先提出两个或两个以上（最多不得超过3个）的港口作为选卸港。但是所选港口必须是班轮的基本港口，货主应在货船到达第一选卸港之前24小时或48小时（各轮船公司规定不一）通知船方最后确定的卸港，否则船方有权将货物卸在所选港口中的任何一个港口。

⑨变更卸货港附加费（Alternation of Destination Charge）。货主要求改变原定卸货港口，如有关当局（海关）允许、船方又同意时，便要加收此项附加费。如因倒舱困难或使船停留时间过长，船方也可拒绝，此项费用应由买方负担。

⑩绕航附加费（Deviation Sur）。当正常航道不能通行，须绕道才能将货物运至目的港时，轮船公司便要加收此项费用。

⑪货币贬值附加费（Devaluation Sur）。当运价表中规定的货币贬值时，轮船公司为弥补其损失便按基本运价加收一定的货币贬值附加费。

除上述各种附加费之外，还有一些附加费须由船、货双方临时议定，如洗舱费、熏蒸费、破冰费、加温费等。

4. 班轮运费的计算

运费的计算分为以下几种步骤：

（1）选择相关的运价本。

（2）根据货物名称，在货物分级表中查到运费计算标准（Basis）和等级（Class）。

（3）在等级费率表的基本费率部分，找到相应的航线、起运港、目的港，按等级查到基本运价。

（4）从附加费部分查出所有应收（付）的附加费项目和数额（或百分比）及货币种类。

（5）根据基本运价和附加费算出实际运价：

运费 = 运价 × 运费吨

基本运费是所运货物的数量（重量或体积）与规定的基本费率的乘积。附加费是指各项附加费的总和。在多数情况下，附加费按基本运费的一定百分比计算。

[例 6-1] 2014年4月广州A公司委托货运代理B出口某商品100公吨，4000箱装，每箱毛重25公斤，体积20厘米×30厘米×40厘米，单价CFR马赛每箱55美元，查运价表得知该货为8级，计费标准为W/M，每运费吨运费80美元，另按基本费率征收转运船附加费10%。请计算B公司应收多少运费（用人民币表示）？（假设当时外汇牌价：100美元 = 605人民币元）

解：每箱体积为：0.2米 × 0.3米 × 0.4米 = 0.024（立方米）

每箱毛重为25公斤，即0.025公吨。

因为计费标准为W/M，而毛重 > 体积，所以应按毛重计收运费：

运费 = 运价 × 运费吨

= 80 × （1 + 10%） × 0.025 × 4000
= 8800（美元）
= 8800 × 7.56 = 66528（人民币元）

答：B 公司应收 66528 元运费。

（六）班轮运输的操作流程（见图 6 – 1）

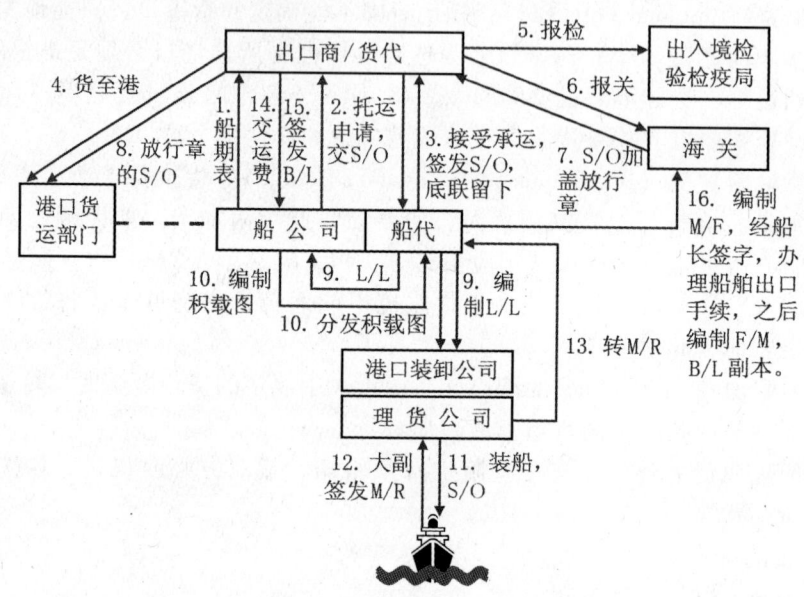

图 6 – 1　班轮运输操作流程示意图

根据上述班轮运输操作流程示意图，具体解释如下：

（1）船公司以船期表将船舶行驶航线、挂港、船名、装港、船期、结载日期通过装货经纪人即指定的货运代理或者船舶代理传达给出口商，或者直接刊登在公报上，以招揽货源满足满仓满载的需要。

（2）货运代理人或出口商向船舶代理人或船公司托运，递交装货单（S/O），提出货物装运申请。

（3）船代或船公司接受承运，指定船名签发 S/O，将留底联留下后退还给托运人。

（4）货代将货物送到装货码头，办理商检及海关申报手续，海关放行时，在装货单上加盖海关放行章。托运人将放行的 S/O 交港口货运部门。

（5）船代编制货物装货清单 L/L 送船上、理货公司和港口装卸公司。

（6）船方按照 L/L 编制积载图，交船代分发理货公司和港口装卸公司安排装船。

（7）货物装船后，理货将 S/O 交给大副，大副核对无误签发收货单（大副收据或 M/R），记录货物的装货日期、识别标记、包装、重量、件数以及收到货物时的状态有无任何缺陷。大副签发了大副收据即承认船东收到收据所列货物。

（8）船代将收货单转给船公司或者由船代公司签发提单。

（9）货运代理或者出口商付清运费，领取已装船清洁提单。出口人将提单连同其他单证送至议付银行结汇。议付银行将提单寄回国外开证银行。

（10）船代根据提单副本编制出口载货清单（M/F），送船长签字后向海关办理船舶出口手续。编制出口载货运费舱单（F/M）以及提单副本。

（11）船舶载货从发货港运至收货港，途中船方货物负责照管。

（12）卸货港代理接到船舶抵港电信后，通知收货人做好提货准备。

（13）国外收货人到开证银行付清货款取回提单。

（14）卸货港代理根据装货港代理寄来的货运单证，编制进口载货清单或其他卸货单证，联系泊位，做好卸货准备。船舶抵港后办理船舶进口报关手续。货物在收货港储存保管。

（15）收货人或者委托货运代理人办理货物进口手续，缴纳关税。向卸货港船代付清有关港口费用后，以正本提单换取码头提货单（D/O），凭D/O到码头仓库换取提货卡片提取货物。

二、国际海上货物班轮运输出口代理业务

（一）海上出口代运业务

海上出口货物运输业务涉及的环节多、问题复杂，要做好出口运输代理工作，必须了解和熟悉出口运输代理的各个环节、各种单证和操作程序。有些企业的海运出口业务往往是由代运部和海运出口部来共同完成的。海运出口部往往是从揽货、货主提交委托书、订舱配载开始的，而前面的业务由代运部来完成。

1. 出口代运的主要业务

为了满足发货人的需要，解决内地出口的运输问题，在港口的货运代理开办出口代运业务是十分必要的。

为了履行贸易合同，卖方若要把卖给国外客户的货物通过海上运输方式运到目的港，发货人就必须根据贸易合同的有关条款，办理备货、包装、刷唛、制单、报验、催证、集运装车、向港口发运，货到港口后的接货、储存、制单（装船运输单证）、复验、报关、订舱配载、修补包装、港内集运、投保、装船、结汇等项业务。上述业务环节除了备货是由发货人自己进行的以外，其他项目都可以委托代理来办理。这样的货运代理通常称为出口代运。

2. 出口代运的方式

（1）全部代办。港口的货运代理接受发货人的委托后，负责办理自港口接货、储存开始，然后是制单、复验、报关、保险、订舱配载、修补包装、港内集运，一直到装船、换取提单、结汇等一系列工作。发货人只负责备货，将货物装车向港口发运。

（2）部分代办，自行结汇。港口的货运代理接受委托后，负责办理出口货物抵港后的接货、储存、货场管理、制单、报关报检、订舱配载和装船，而由发货人自行备单结汇。而备货、集运装车、催证等业务由发货人员自行办理。

（3）部分代办，异地催证。港口的货运代理接受委托后，除发货人负责办理的催证以外，货运代理负责包括投保、结汇在内的全部业务。而催证由发货人在内地进行，证到港口中国银行后，转发货人驻港业务人员审查，再交港口货运代理，据此办理装船、结汇手续。

3. 内地发货人委托代运的方式

内地发货人委托代运可采用三种方式进行：

（1）由内地货运代理归口委托港口的货运代理人办理代运业务。

（2）由内地进出口公司或有进出口权的工贸、农贸及其分支机构直接委托港口的货运业务。

（3）内地的进出口公司通过其对口的口岸进出口公司，委托港口的货运代理公司代办货运业务。

委托与代理双方需签订委托代运合同，以明确委托的项目，双方的权利、义务和责任，费用结算和劳务费的计算标准等，以免日后产生纠纷。

（二）海运出口代理业务的主要环节

1. 委托代理合同的签订

按照《中华人民共和国民法通则》的规定，委托人与代理人之间必须签订代理合同，以确定代理的范围以及双方的权利和义务，在授权范围内代理人的行为后果由被代理人承担，因此，委托代理合同是检查双方关系的重要依据。

（1）签订委托代理合同的现实意义。在货运代理的市场机制并没有完善的情况下，代理人代理的业务完成以后，有些被代理人不承认委托代理关系，拒绝支付代理费用，甚至连代垫代付费用也长期拖欠，有的还拒付。更有甚者，托运的货物由于承运人的责任而产生的索赔，托运人不向承运人提出，反而向代理人索赔、起诉，从而导致委托人与代理人之间的纠纷时有发生。代理人有时付出很多劳力，却收效甚微，没有签订委托代理合同，或者虽然签订合同，但其代理范围、两者之间的义务和权利不明确，占有相当的比例。因此，委托人与代理人之间签订委托代理合同是货运代理行业走向市场、规范经营必不可少的重要环节。

（2）委托的形式。双方建立的委托代理关系可以是长期的，在目前条件下以一年或两年期为好，双方都有机会就当时的情况变化提出修改意见，若无大的变化还可以续约，这对双方都比较主动。

委托代理合同可以就一定数量的货物签订，也可以就某批货物签订，还可以就某一贸易合同的货物运输签订，或者一次托运多次装运等多种形式。

对某一批货物也可以采用委托书的形式，但必须具有类似提单背面条款的代理条款等要件。

（3）委托的范围。委托的范围可以根据上述出口代运的范围由双方协商议定并在合同中明确。例如，运输的形式，委托代理的项目，采取杂货船还是集资箱运输，保险、商检、报关、包装、仓储等，以及委托方提供的相应单证和提供单证的时间。明确了代理范围，一旦发生意外就容易判明责任，也可避免因双方责任不明而造成的损失。

由于货运代理在委托代理合同中往往处于主动承揽货载的地位，因此，货运代理可以准备一些委托代理合同的范本，作为合同的基础，供签约双方讨论修改。

2. 信用证的审核

审核信用证包括以下内容：从政策方面的审核；对开证银行资信情况的审核；对信用证是否已经生效、有无保留或限制性条款的审核；信用证不可撤销性的审核等，主要由出口商进行。货运代理审核信用证主要进行专项审核，特别是对装运条款的审核。代理人在收到委托人交来的信用证和贸易合同复印件后，重点审核以下几个方面：

（1）支付货币。信用证支付的货币应与合同规定相同，如不一致，应按人民银行颁布的人民币市场汇率表折算成合同规定的货币，在不低于或相当于原合同货币总额时才能接受；否则，原则上应要求开证人改正。

（2）信用证金额。信用证金额一般应与合同金额相符。按《UCP600》规定："在金额前有'约'、'近似'、'大约'或类似意义的文字的，应解释为有10%的增减幅度"。又规定："除非禁止分批装运的信用证另有规定……如信用证规定货物数量而该数量已全部装运，另如信用证规定单价而该单价并未减低，则支取金额可允许有5%的减少幅度。"信用证金额是开证银行承担付款责任的最高金额，因此，发票和汇票金额不能超过信用证金额，否则将被全部拒付。所以，如果合同订有商品数量溢短装条款时，信用证金额也应按溢短装幅度增加或规定相应的机动条款。信用证没有此规定的，装货时不能使用溢短装权利。

（3）到期日、交单期和最迟装运日期。《UCP600》规定："所有信用证必须规定一个到期日和一个交付期交单，承兑交单的地点，或除了自由议付信用证外，一个议付交单的地点，规定的付款、承兑或议付的到期日将被解释为交单到期日。"据此，未规定到期日的信用证是无效信用证，不能使用。凡晚于到期日提交的单据，银行有权拒收。信用证的到期还涉及信用证的到期地点，即以受益人最迟应向何地银行交单的日期为准。

信用证还应规定一个运输单据出单日期后，必须向信用证指定银行提交单据要求付款、承诺或议付的特定期限，即"交单期"（Date for Presentation of Documents）。如信用证未规定交单期，按惯例银行认为交单期为运输单据日期后21天，但必须在信用证到期日之前。信用证规定的交单期不宜距装运期过近，以保证在装运货物后如期向银行交单。

最迟装运日期（Latest Date for Shipment）是指卖方将货物装上运输工具或交付给承运人接管的最迟日期。在实际业务中，运输单据的出单日期通常就是装运日期。假如信用证未规定装运日期，受益人所提交的运输单据的装运日期不得迟于信用证的到期日。

信用证的到期日同最迟装运期应有一定的间隔，以便装运货物后能够有足够的时间办理制单、交单议付。在我国的出口业务中，如交单地点在我国通常要求信用证的交单到期日规定在装运期限后15天。有时来证规定的最后装运期和交单到期日为同一天，或未规定装运期限，称作双到期。在这种情况下，应在信用证到期日提早几天将货物装上运输工具或交给承运人，以便留出足够时间制备单据，向银行交单办理议付承兑手续。

（4）装运和分批装运。信用证的转运和分批装运条款必须与合同规定相符。如信用证未规定"不准分批装运"和"不准转运"，可以视为"允许分批装运"和"允许转运"。如信用证规定在制定时间内分批定量装运，则如其中任何一期未按规定装运，信用证对该期和以后各期均告失效。在海运情况下，即使信用证禁止转运，只要提交提单或不可转让海运单，证明有关货物时装在集装箱、拖车及滚装船中装运的，如果同一单据包括全程海运，以后也将接受。

（5）开证申请人和受益人。开证申请人大都是买卖合同一方的当事人（买方），但也可能是对方的客户（实际买方或第二买方），因此，对其名称和地址应仔细核对，防止错发错运。受益人通常是出口商，合同的卖方。在实际业务中，由于同一客户与我国几个外资企业同时往来，或我国出口同时向几个客户发运，特别是当某出口公司对外磋商订立合同，而由其他企业或其分支机构交货时，就会发生信用证受益人或发货人名称不同的问题。对此，如信用证中规定"可转让"，就可以通过转让解决，如未规定可以转让时，则应要求加列；否则，只能按信用证受益人名义发货、制单，向银行交单。

（6）付款期限。信用证的付款期限必须与买卖合同规定的相一致，如迟于合同规定，必须要求改正。

以上仅是审证的要点。在实际业务中，还应按照贸易合同条款逐条仔细审核。例如，对商品的名称、规格、包装、数量、价格、保险金额、险别、单据种类和份数及填制要求等均需审核，特别像装运港、目的港、是否指定船名、船籍和船级等，有的来证要求提供的各种证明，如离岗证明书、航线证书、船长接受随船单证收据等。应根据我国政策、国际惯例，视其要求是否合理或是否能办到等，考虑接受或提出修改要求。

3. 备货报验

卖方应根据出口成交合同及信用证中有关货物品种、规格、数量、包装规定，按时、按质、按量地准备好应交的出口货物。但是实际业务中，出口货物如不在装运港所在地，代理人可根据委托代理合同，代办或协助卖方将货物集中到港口所在地。

凡属于法定检验的出口商品和合同规定须由商检机构检验出证的商品。须经检疫的动植物及其产品，必须根据《中华人民共和国进出口商品检验法》及《中华人民共和国进出口商品检验法实施条例》规定，在商检机构规定的地点和期限内，持买卖合同等必要的单证向商检机构或国家商检部门、商检机构指定的检验机构报验，商检机构或被指定的检验机构应当在不延误装运的期限内，实施或者组织实施检验并检验完毕。检验合格的，按照规定签发检验证书或放行单，或者在报关单上加盖印章，海关凭以放行，否则不能装运出口。在产地检验的出口商品，需要在口岸换证出口的，应向产地商检机构提出申报，由产地商检机构按照规定签发检验换证凭证，发货人应在规定期限内将检验换证凭证和买卖合同等单证转港口货代，由港口货代向口岸商检机构报请复验。经查验合格的，由口岸商检机构换发检验证书或放行单，或者在报关单上加盖印章。货、证齐全后，方可办理托运手续。

值得注意的是，商检机构检验合格的出口商品，发货人应当在检验证书或放行单签发之日起60天内报运出口。鲜活类出口商品应当在规定期限内报运出口。逾期报运出口的，必须重新向商检机构报验，取得合格证书后方可办理托运出口。

4. 托运订舱

（1）托运。所谓托运，是指出口商委托货运代理或自己向承运人或其代理（船代）办理海上出口货物的运输业务。其主要形式有以下几种：

①已委托货运代理进行出口代运的委托人，可由接受代理的出口代运部缮制托运单，由货运代理的海运出口部办理订舱手续。

②没有委托代运的出口公司，特别是口岸城市的进出口公司往往是自己缮制托运单，委托货运代理的海运出口部办理订舱手续。

③出口商自己缮制托运单，直接向船公司或其代理（船代）办理订舱手续。

由此可见，货运代理的海运出口部门可以直接接受货主的委托，也可以接受本公司代运部的委托，根据他们的具体要求，及时向船公司或船代办理订舱手续。

（2）订舱。指发货人或其代理人向承运人或其代理机构申请货物运输，洽谈定船舶舱位，承运人或其代理人对这种申请给予承诺的行为。

订舱的目的是发货人意欲利用班轮运输的特点，在贸易合同规定的装运期内，及时出运货物，保证履约，从而维护货主在国际贸易市场中的信誉。

办理订舱应注意的事项如下：

①货、证是否齐全。订舱所需要的货运单、装货单、收货单等单证已经缮制完备，货物已经备妥。

②根据船期表，了解所需要的船舶能否按装船期相应的时间到港，并注意营运船舶的截单期。所谓截单期，是该船该航次接受订舱的最后日期。超过截单期，船舶位（集装箱船的箱位）若有多余，船公司或其代理再次同意订舱，称为加载舱。截单期一般在预定装船期前若干天（一般为5～10天，但至少是3天），以利于报关、制单、保险及货物集港、集装箱装箱等工作的进行。

③选择合理的航线。一般来说，直达船快于中转船，在直达船中尽可能选择挂港靠港少，或选择挂靠的是第一港或第二港，以达到快速运达的要求。

④应选择运价较为低廉的船只和转船运费低的转口港。但必须注意船舶状况和港口的换装能力。

⑤对于杂货船班轮要考虑港口的条件、船舶吃水、泊位长度、吊杆或起重机负荷等，以保证船舶能够安全靠泊和正常卸装。

⑥要考虑特殊商品的运输安全，如超大件货物（超长、超宽、超重）能否装运，鲜活商品的冷藏舱条件，冷冻商品的冷冻条件等。

5. 代理保险

出口货物订妥舱位后，根据委托代理合同中的委托项目，属于卖方保险并有委托保险要求的，货运代理人可以办理货物运输险的投保手续，否则由货主自己投保。

6. 货物集中港区

散杂货出口货物，在货运代理接受货运委托、订妥舱位后，必须在船舶截港期以前交付货物，并将货物及时运到港区集中，等待装船。

7. 代理报关

（1）报关单证包括以下几种：

①基本单证。指与出口货物直接相关的商务和货运单证。

②特殊单证。指国家有关的法律法规规定实行特殊管制的证件。

③预备单证。指在办理进出口手续时，海关认为必要时需要查阅或收取证件。主要包括：贸易合同、货物原产地证明、委托单位的工商执照证书、委托单位的证件资料及其他有关单证。

接受委托的报关企业或代理报关企业要向委托单位收取正式报关委托书。委托书应载明委托人和被委托人双方企业的名称、海关注册登记编码、地址、法定代表人姓名，以及代理事项、权限、期限、双方责任内容，并加盖双方单位的公章。

（2）通关的主要程序如下：

①出口申报。进出口货物的收、发货人或代理人向海关申报，请求海关查验放行进出口货物的行为称为报关。出口报关是出口货物的发货人或其代理人向海关申报交验有关单据、证件、申请验关并办理货物通关出境的手续。

根据我国《海关法》第十八条的有关规定，出口货物的发货除海关特准者外，应当在装货的24小时以前向海关申报。一般而言，出口货物应由发货人在货物的出境地海关办理报关手续。

②出口查验。指海关以出口报关单为依据，在海关监管区域内对出口货物进行实际检验和核对。

在查验过程中，海关检查出口货物的名称、品质规格、包装情况、数量、质量、标记唛头、生产或贸易国别等事项是否与出口报关单和其他证件相符,以防止非法出口、走私及偷漏关税等。

海关查验货物一般在海关监管场所,如码头、车站、机场、邮局等地仓库、货场或装卸现场。在特定情况下,可经海关同意派员去发货人仓库查验。海关查验货物时,报关单位派员到场提供协助,并应海关要求,随时提供有关单证、文件及其必要的资料。

③缴纳出口税。准许出口且按规定应当缴纳出口税的货物,由海关根据我国《关税条例》和《海关税则》规定的税率征收出口税。出口货物经海关查验情况正常,在缴清税款或提供担保后,海关方可签章放行。

④出口放行。出口放行是海关对出口货物进行监管的最后一项业务程序。在申报人按照海关规定办妥申报手续,经海关审核单证和查验有关货物,办理纳税手续后,海关方可准予出境。在放行之前,海关派专人负责审查该批货物的全部报关单证及查验货物记录,并签署认可,然后再在装货单上盖放行章交货主或其代理人签收,货主方可把货物装运出境。

8. 货物装船

在班轮运输的情况下,承、托双方的责任界限一般是以船舷为界,即船公司的责任与风险是从货物越过船舷开始的,装运前的货物责任和风险由托运人承担。因此,装船是承、托双方货物交接、责任划分的分界线。但是一般做法是托运人将货物送到港口的码头仓库或前方堆场,然后由港务(或装卸)公司集中装船,装卸费由船公司负担。特别是集装箱运输,托运人送重箱至港口码头检查交接,港内这一段运输由港务(装卸)公司负责。即使如此,仍不改变承、托运双方的责任关系。

9. 换取提单、发装船通知

装船完毕后,货运代理从理货人员处取得经大副签收后的收货单,到船公司或其代理(船代)交付预付运费,用收货单换取已装船的提单,交给货主,准备结汇。

货物装船后,卖方应及时向买方发装船通知(Shipping Advice),以便对方准备付款、赎单,办理进口报关和接货手续。如为 CFR、FOB 合同条款,由买方自办保险,则及时发出装船通知尤为重要。

装船通知的内容一般有:订单或合同号、信用证号、货物名称、数量、唛头、总值、装运口岸、装运日期、船名及预计开航日期等。

10. 船舶离港后的工作

(1) 出口商负责以下工作:

①结汇。货物装运后,出口商应在信用证到期前和交单期限内,备妥所有单据送交议付银行,银行对这些单据确认无误后,根据信用证规定的付汇条件,向出口商支付货款。在我国出口业务中的结汇是指银行将外汇货款按当日人民币市场汇价结算成人民币支付给出口企业。

②出口收汇核销。出口收汇核销制度,是国家为了加强出口收汇管理,保证国家的外汇收入,防止外汇流失,指定外汇管理局等部门对出口企业贸易项下的外汇收入情况进行事后监督检查。我国的核销工作由国家外汇管理局在海关、银行等部门的配合下具体实施。

③退税。出口退税是国家为了降低出口产品成本,增加出口竞争力,鼓励出口而制定的一项政策性措施。我国政府为了加强对出口退税的管理,采取了出口退税与出口收汇核销挂钩的办法。

（2）货运代理人负责以下工作：

①抓紧退证工作。报关单出口退税专用联是出口企业向税务部门办理退税的主要证明。为了慎重考虑，海关需核对船公司或其代理提供仓单后方可盖章退还，因此时间较长，通常在货物出口后1~4个星期内才可办妥。货运代理人应抓紧此项善后工作，把应退单证及时抓紧、汇集交给出口委托单位。

②退关处理。货运代理人受委托办理订舱和通关手续后，在货运装运过程中因故中止装运，称为退关。退关的因素多种多样，有的由于委托单位货未备妥备齐或信用证没有如期开到；有的因单证差错不能及时更正或补齐；有的是货已进港，通关时因单证不全或存在问题，海关不予放行；也有的是船公司因船舶超载或漏配、漏装造成退关。

③做好航次小结。货运代理人在做完这一航次出口代理后，应及时进行航次总结，汇总并整理单证、电传、传真及书面联系单等有关资料，将资料存档、备查。

（三）国际海上货物运输出口代理业务程序

1. 接受委托（签订委托代理合同或接受货主委托书）

附带的单据有：信用证和贸易合同副本、出口货物明细单、商检出验证、出口许可证、出口收汇核销单和进料加工登记手册、来料加工和补偿贸易登记手册等。如果是危险品需要有危险品说明书，并提供齐全。

2. 审证

接受委托后，对代办出口手续所需要的一切单证都需要经过认证审核，看其内容是否齐全、准确、符合要求。凡发现单证有错、漏、不齐全或无效的，应及时通知货主补齐。

3. 托运订舱

单证齐全后，根据装船期和目的港，以及船期表，按要求的份数缮制托运单、装货单和收货单；由本公司海运出口部及其代理订舱，取得船名、航次和提单号，并在装货单上签章，以便报关。若船期或目的港与委托要求不符时，应及时通知货主。

4. 报关、报检及危险品申报

（1）缮制出口货物报关单、报检单及危险品申报单等有关单证。

（2）法定商检的货物或者要商检出具商检证的货物，一定要在装船前提前报检。报检前要按委托或信用证的要求填制商品检验单（报验单），然后再由商检人员进行验货检验（包括动植检），商检放行或检验合格方可装运。同时，出具商检证书或放行单，或在报关单上加盖印章。

（3）携带报关单、装货单和收货单、委托单等到海关申报。如果该出口商是第一次在此出口口岸报关，还需要货主提供营业执照和有关部门的批文、合同。如需要许可证的货物，还需要提供出口许可证，法定检验的商品需要提供商检证书、放行单或在报关单上加盖的商检放行章，以及海关需要的其他单证和证件。

（4）危险品的申报。应按照《国际海上危险货物运输规则》规定的品名进行申报，填写危险货物申报单向港监申报，并送船舶代理、港口港务公司的商检科，同时要附带危险品说明书。需要港监检验的货物，要带领检验人员到仓库检验，这项检验要在装船前3天之前完成。

5. 货物集中港区

（1）散杂货应根据港务局每天的调度会和港务公司调度室碰头会通知的时间、仓库和场地,安排车辆把货物运到港内的指定地点。

(2) 集装箱货要在船舶开航前规定的天数(一般为5天)以前,将货物报关、报验后,安排车辆把货物送集装箱场地装箱,并在港口规定的时间入港。

散杂货装船由货运代理的港口办公室的现场人员负责监装。单证由监装人员交船上理货人员,负责与仓库交接,外轮理货公司理货人员与出船方交接后取得大副签收的收货单,转回出口代运业务员。具体内容如图6-2所示。

6. 换取提单

(1) 根据货主提供的信用证和委托书,参照货物实际装船情况,缮制海运提单,按要求份数制成后,对照信用证要求核对准确,经复核后,按船舶代理的时间内送船代。

(2) 货物装船后,从港内监装理货人员取得经大副签章后的收货单到船舶代理换取签署后的清洁提单。

(3) 将签署后的提单同商检证、动植检证等有关结汇单证一起交货主。外地货主应特快专递寄去,保证货主及早结汇。

7. 费用结算

(1) 在代运手续办理完毕船舶开航后,应在30天内填制代运费结算账单,转交本公司财务部门。

(2) 在与货主订立委托代理合同时,应向货主收取足够的备用金,并及时向有关方面结算各项费用。

(3) 每票货物代运结束后,及时按要求记入台账,按船名、航次、开航日期及一些单证副本进行整理,归档备查。

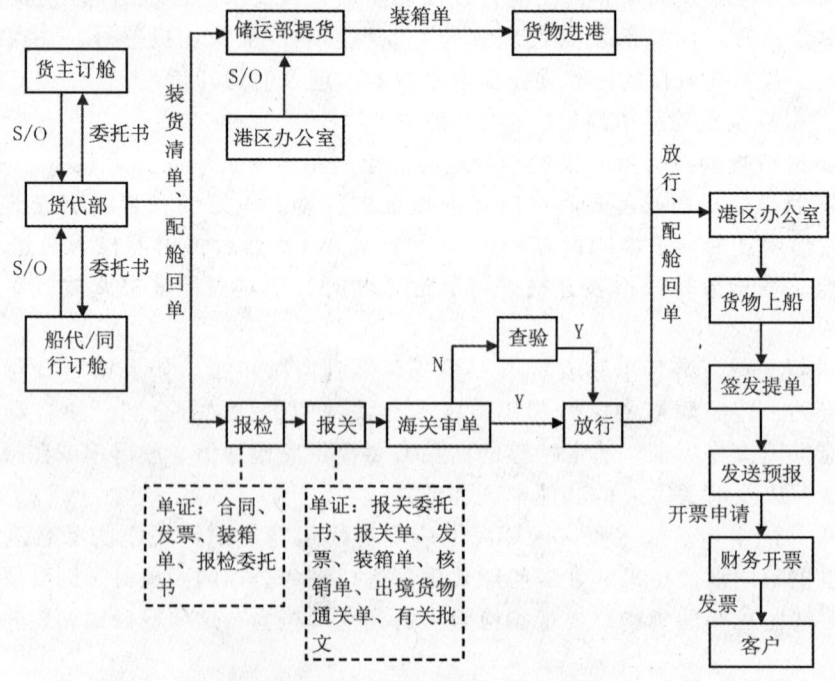

图6-2 散杂货海运出口代理业务流程

三、国际海上货物班轮运输进口代理业务

（一）海运进口代理业务主要环节

1. 接受委托租船订舱

以 FOB 成交的进口贸易合同，租船订舱由买方负责。在合同规定交货前一定时期内卖方应将预计装运日期通知买方。买方接到通知后，委托货运代理人或直接委托船公司、船务代理租船订舱。

（1）填制进口订舱联系单。进口公司大宗货物应在交货期 45 天前，一般货物应在 30～35 天前向货运代理公司提出租船订舱的申请，附带贸易合同副本，并填制进口订舱联系单，提供组织运输的有关情况。由于进口订舱联系单是货运代理人安排的重要依据，所列项目必须完整、正确地填写。

（2）接受委托。货运代理人接到进口订舱联系单后，把各进口公司的货源资料集中、归纳、综合形成分航线、分港口的基本货源，可以得出一个货物种类、数量、分布和流向的大致情况，有助于联系船舶，根据航线安排舱位。

（3）租船订舱。货运代理人与委托人签订委托代理合同以后，就承担了安排进口货物运输的责任，负责选择运输形式和承运人，代办订舱或代签租船合同，安排装船并进行货物交接等多项业务。

2. 代理保险

进口货物在国外装船后，卖方应按合同规定，向买方发出装船通知，以便买方做好接货准备。

进口货物的运输保险一般有两种形式：

（1）预约保险。我国大部分外贸企业都和保险公司签订了海运进口货物的预约保险合同（Open Policy）。这种保险方式手续简便，对外贸企业进口的货物的投保险别、保险费率、适用的保险条款、保险费及赔偿的支付方法等方面都做了明确的规定。

预约保险合同对保险公司承担每艘船舶每一航次的最高保险责任，一般都做了具体规定。如果承运货物超过此限额时，应于货物装运前书面通知保险公司，否则仍将原定限额作为最高赔付金额。

（2）逐笔投保。在没有与保险公司签订预约保险合同的情况下，对进口货物就需要逐笔投保。进口公司在接到卖方的发货通知后，必须立即向保险公司办理保险手续。在一般情况下，进口公司填制装货通知代投保单交保险公司。装货通知中必须注明合同号、起运口岸、运输工具、起运日期、目的口岸、估计到达日期、货物名称和数量、保险金额等内容。也可以填写运输险投保单，保险公司承保后，进口公司向保险公司缴纳保险费，然后保险公司给进口公司签发一份正式保险单。进口次数少的企业一般采用逐笔投保的方式。

3. 掌握进口船舶动态

掌握进口船舶动态和船期，对于做好进口货物的港口业务，正确掌握到货时间，及时、合理地安排进口船舶卸货，尽快把货物交给收货人有着极为重要的意义。货运代理人填写运输卡片、进口船舶动态表和班轮进口动态表，作为安排船、货的根据。运输卡片的内容包括船名、船期、各港所配货物的主要货类、数量、实装量、离港和抵港日期等运输过程中的主要情况。进口船舶动态表的主要内容有：船舶类型、卸港顺序、各港货类、货量、预计抵达

国内第一卸港的时间等。

4. 收集整理单证

各项进口单证是进口货物在卸船、报关、报验、接交和疏运各环节中必不可少的，因此，必须及时收集整理备用。这些单证包括两大类：

（1）商务单证，有合同副本、发票、提单、装箱单、重量单、品质证明、产地证明、保险单等，是办理货物报关报验、港口接交、代运或自提、理赔索赔的根据资料，要妥善保管。

（2）船务单证，有舱单、货物积载图、租船合同或提单副本、重大件货物清单、危险货物清单、国外装船通知、装（转）船有关的电信资料等。这些单证是掌握船期、及时交接、港口卸货、理货的主要依据，要掌握清楚，便于做好卸货准备。上述这些单证来源于银行、国外发货人、装货港代理、港口船务代理公司，也有随进口船舶带来的。

5. 报关报验

按照《中华人民共和国海关法》的规定，所有进出境的货物和运输工具必须通过设有海关的地方入境或出境，接受海关人员对其所报货物的查验，依法缴纳税费和其他由海关代征的税款，然后才能由海关批准货物放行。这一请求和接受办理进境通关手续的整个过程，通常简称为报关。其主要过程有：申报、查验、纳税、放行。

6. 卸船接交

进口货物到港后，货运代理人受收货人委托，负责在港口卸船交接工作。这项工作包括卸船前的准备、理货与监卸、残损和溢短的处理、特殊货物的交接以及交货方式等各主要环节。

（1）卸船前的准备。接到进口货物到货通知书以后，要与进口流向单的到站、收货人、品名、提单、标志等项目相核对，核对无误后登记上账，做好接货准备。与港务公司保持联系，准确掌握靠船时间、停泊位置。船靠泊后及时将货物流向单送至船所靠的港务公司的货商（运）、调度部门和仓库，需要更改和补充说明时，须用联系单注明更改的事项送交有关部门。在船舶卸货前要及时登船勘查船货情况，由于船舶在装货港按卸货顺序和货物的特性配载。若分票、隔垫良好，没有混装，在航行中未发生影响装卸货作业的海损及货物质量事故，可以按港务公司的安排卸船；如发现船货有异常现象，应及时申请船舶检验或商品检验部门进行检验，确定船舶或货物受损原因。

若接卸的货物有重大件、危险品等特殊货物，在接到进口货物到货通知书后，就应及时通知收货人，事先落实接运工具。

（2）理货与监卸。按我国港口的规定，由船方申请外轮理货公司代理船方理货，港务公司代表货方，港口货运代理作为货主的代表，派员在现场监卸。货物从船上卸下，进入港务公司仓库的货物，由理货公司与港务公司的仓库办理交接，实行双边交接。双边交接以卸船船边为界，交接前的货物由交方负责，交接后的货物由接方负责。若由港务公司的驳船泊运货物时，应在货物装泊时，由理货公司与驳船交接。在泊运途中发生货物残损或短少，由驳船负责。

双边理货交接要做到关关清、班班清，责任分明。当双方数字不一致时，应当班、当船复查清楚，由责任方负责。如因故不能复查清楚时，以理货公司数字为准，由造成不能复查的负责方负责。

在卸货过程中，监卸人员要和理货人员、仓库人员密切配合，把好货物数量与质量关，要求港方按票卸货，一票一清，不能混票。严禁不正常的操作和混卸，并分清原残与工残。对危险货物和船边现提货物应与收货人配合做好衔接，并直接清点；对进库待提货物，应按提单、标记分别堆放。

货物卸货后，应下船舱检查，防止漏卸。在卸船作业结束后两小时内，为整理货物单证、办理交接手续和签证的正常时间，由船方会同理货组长、货运代理派出的监卸人员办理交接手续。

（3）残损和溢短的处理。进口货物在卸船过程中，如发现货物残损，应进行检验，并要查清残损的原因。如系原残，即发货人交货时或在启卸时就有残损者，应及时同理货人员填制货物残损单，由理货人员要求船方或其代理人签证，他是表明货物残损情况的证明，以便向责任方索赔。如系卸货过程中的工残，应向港方索取商务记录，作为向港方索赔的依据。

（4）特殊货物的交接。对于重大超限货物，应在货物到港前，提供尺码和重量、起吊点、图纸，准备接货车和驳船。船卸货时，要准确掌握卸船时间，并与港方联系研究作业方式，提供有关资料，以免过驳产生额外费用。卸货后，及时将货物的三项视图尺码和重量、件数等相关资料提供给铁路或运输公司、港方有关部门，及时研究装车方案，做好装车前的备车、加固材料、各种手续等准备工作。装车后及时组织验收、提票，使货物安全发运。

对于危险货物应填写进口危险货物说明书，在船舶靠泊前送港务监督，并在船舶靠泊时将其与危险货物流向单一起送到卸货公司所辖属的货商（运）料和仓库，并了解港方的要求和准确的卸货时间，熟悉其性质、要求，并与港方研究作业方式后，通知货主按时提货。按港方规定，在船舶卸货后 24 小时内将货物安全转运出港，提货时要与港方、货主做好交接手续。

（5）交接方式。按货运代理人与货主交接来分，交货有两种方式：

①货主自提，即进口货物卸船报关后，经海关验放，并在提货单上加盖放行章，货运代理人将该提货单交给货主，即为交货完毕，称为象征性交货或单证交货。

②实际性交货，即货运人除完成报关手续外，还负责向港口办理提货，并负责将货物运至货主指定地点，交给货主，这种交货方式也称为代运。按货主或其代理人与港方的交接方式来分也有两种方式：第一，船边提货，即货物卸船时，港口的作业方式是：船一车直取，或船一驳直取作业时在船边进行交接。对危险货物或重大超限货物等特殊货物，一般较多采用这种方式，也常称为船前或船边交接。第二，从仓库提货，即货物卸船时，其作业方式是船库作业。提货时要从仓库提货，货主或其代理人与港主方仓库进行交接。

从港口提货时，必须持经海关放行的提货单，货物在港区因堆存收取保管费，根据港口拥挤的程度往往采取不同的收费规则或费率。

7. 进口代运

对港口没有转运机构的进口商的进口到货，港口货运代理人接受其委托，代表收货人办理交接，并安排运力，将货物转运到收货人指定的地点，这就是进口代运。

货运代理人开展进口代理业务，解决了收货人在到港口无机构和人员的困难，并使进口货物得以及时提离港口，可以防止压货、压港、压船，加快了进口货物的运输，对保证港口畅通起到积极作用。

（1）开展进口代运业务的代理人的主要经营范围如下：

①联系船舶靠泊、卸货、监卸和进口货物在国内港口的交接、报关、报验和转运。

②受理进口货物经由铁路、公路、空运、集装箱和各种联运方式的港到门运输服务。

③受理进口的特殊货物，如成套设备、重大超限、危险货物、放射性物质、鲜活动植物、冷藏保温货物等的接交转运业务。

④根据具体情况，接受临时委托，办理接交托运业务。

（2）委托关系的建立。开展进口代运业务的代理人与港口的港务公司、安全监督局、海关、商检，以及铁路、公路、航空等机构和部门有着密切的联系，可以为收货人节省人力、物力和财力，极大地方便货主。进口公司、订货部门或收货单位，可以直接向开展这项业务的货运代理人提出长期的临时委托，签订《海运进口国内接交、代运协议书》（代运委托代理合同）。长期合同委托可以是一年或两年，也可以是临时的需要，由双方协商确定订入合同中。

（3）货物的运发：

①选择运输方式。进口货物代运的运输方式经常采用铁路运输、公路运输、水陆联运等。具体采用哪一种运输方式，应视具体情况而定，进口代运业务的代理人有选择的权利。其基本原则是在安全、迅速的基础上，注意合理运输路线，尽量节省运杂费用，将货物运输到收货人指定的地点。

②编制要车（船）计划。为了保证进口货物的疏运，代理人必须按船舶预报提前编制要车（船）计划。编制计划的依据是本月月末港口的存货量、已到船待卸量、本月和下月预计进口货物到货量和到货时间。提前一个月做下个月车辆、船舶计划，不能预计到达的货物及时做计划外车辆计划。做计划时，要准确掌握货种、数量、重量、体积情况，根据情况准确申请车种、车型、车数。

③货物发运的组织与实施：

a. 货物发运的现场组织。现场发运要配备足够的业务人员，其工作时间应尽量与铁路、港务、公路等部门作业时间一致；现场人员要对所装货物逐项核对，并防止在港口货物装运过程中遭受损失；要车种类、数量要准确，要清楚掌握装运过程中货物溢短和残损情况；装车（船）完毕要核对，并填写运单；掌握对外索赔有效期，并保证在规定的有效期内若干天前发运；建立复核制度，保证货物准时发运。

b. 组织落实火车零担货物发运。首先要向铁路车站提交发运申请书，批准后要按铁路要求准时将货物送至指定地方，同时做好费用结算。货物装车后，立即将货名、数量、重量、到站、收货人、地址、车号、篷布号、签封号准确填写到运单上，复核后递交铁路部门。对火车、汽车直接作业，零担货物发运装车时，业务员要上岗定位，监装、监卸，核对提单号、标志、货种、数量、重量等，装车后与港方、外轮理货人员共同清点数量，做好交接。对于发运工作，一旦出现错发、错运事故，及时联系有关单位，做好善后处理。

c. 特殊货物的发运。特殊进口货物的代运要比一般货物复杂。如重大件、超限货物、危险品货物、鲜活货物、冷冻保温货物等，它们在保管装卸、运输过程中都有各自的特殊要求。因此，在进口时大多都是提前与各有关部门联系，准备好接运工具，卸船时在船边进行车（船）直取作业，直接发运。

对于品种单一、整批、大吨位和流向畅通而且批量大的散装货物，如散装粮食、煤炭等在港占用库场量大，大都进行船—车或船—船直取作业。进口货物发运后，代理人应以提货通知及时通知收货人提货。

（4）收货人接货。货物到达目的地后，收货人应与承运人办理交接手续。如果发现货物不符或有残损、短少时，应取得承运部门的商务记录或普通记录，直接向承运部门或责任方索赔。

8. 审核账单

货运代理人要替货主把好运费关，认真审核账单，包括国外段的班轮运费清单、装货费用、加班费、垫料费、捆扎费、杂费；国内段的到货费用、代运费用、自提费用以及进口货物劳务费等，并及时支付运费给船方，支付港口费用给港方。如货物买卖合同订有滞期/速遣条款，应及时向买方提供装、卸货事实记录，或按协议代表货主与船东结算。货运代理人自己也应缮制船舶次盈亏计算表，填写清楚各项费用的支付情况。

（二）海上货物运输进口代理业务程序

1. 签订委托代理合同

根据进口订舱联系单的要求，货运代理人落实船舶后，应签订委托代理合同。

2. 租船订舱

根据进口货物的数量和性质、装货港、装期、班轮航班和航运市场租船行情，选择班轮订舱还是租船运输，确定后货运代理人通知卖方和装港代理人，准备装船。

3. 代办保险

货物在装船装港后，装船代理人发出装船通知，货运代理人除准备接卸外，对买方保险的条件（FOB，CFR），首先要尽快对货物办理海运货物保险。

4. 收集整理单证

货运代理人通过多种渠道掌握船舶动态，关心运输中的货物，重点掌握转船二程船的到港时间。同时，从国外发货人、装货港代理人、银行、到港船务代理人处收集各种船务和商务单证，准备进口货物的接交。

5. 报关报验

货运代理人接到进口通知单后，属法定商检货物、需动植物检疫的或药检的货物，先申请检验，取得检验合格证书或商检在进口货物报关单上盖放行章后，凭进口货物报关单，并随附发票、提单等有关单据申请报关。海关检验、征税后，放行货物。

6. 卸船接交

货运代理人在卸船过程中，派人现场监卸，组织好衔接运输工具。对特殊货物的运输尽量组织船边接运，对入库货物做好接交，对卸船过程中的残损和溢短货物做好记录，作为索赔的依据。

7. 代运交货

货物到港经海关验放，并在提货单上加盖海关放行章，将该提货单交给货主，即为交货完毕。货主可以在卸货船船边提货，对入库货物可从港口库场提货。

对港口没有转运机构的进口商，可委托货运代理人办理交接，并安排运力，将货物转运到收货人指定地点，就是进口代运。代理人将货物发放后，以提货通知的形式通知委托人提货。

8. 费用结算

货运代理人将货物发运后，审核账单，对委托人租船订舱的海运费账单进行审核，对港口费用进行计算，按委托代理合同的规定结算。航次结束后，及时记入台账，按船名、航次将委托代理合同副本和有关单证副本进行整理，归档备查。

散杂货物海运进口代理业务流程如图6-3所示。

（三）进口索赔

进口商品到达国内后，常因品质、数量、包装等不符合合同的规定，会因此使买方的利益受损而引起向有关方面提出索赔。

进口货物贸易合同一般都规定：如货物到达后，发现质量、数量、残损等问题，以中国商检机构的检验证书作为索赔依据。所以货物到达港口发现残损和短卸，货运代理人应立即通知投保的保险公司，会同有关部门进行联合检验，出具联合检验报告，明确损失原因，准备向有关方面提出索赔。

1. 索赔对象

根据商检机构出具的检验证书或联合检验报告，判明责任归属。按其不同的责任范围可分为发货人（卖方）、承运人（船公司）和保险人三个索赔对象。

（1）向发货人索赔。凡属下列情况者，均可向发货人索赔：货物原装数量不足；货物的品质、规格与合同不符；包装不良致使货物受损；未按期交货或拒不交货等。要凭商检证书由外贸经营单位对外索赔。

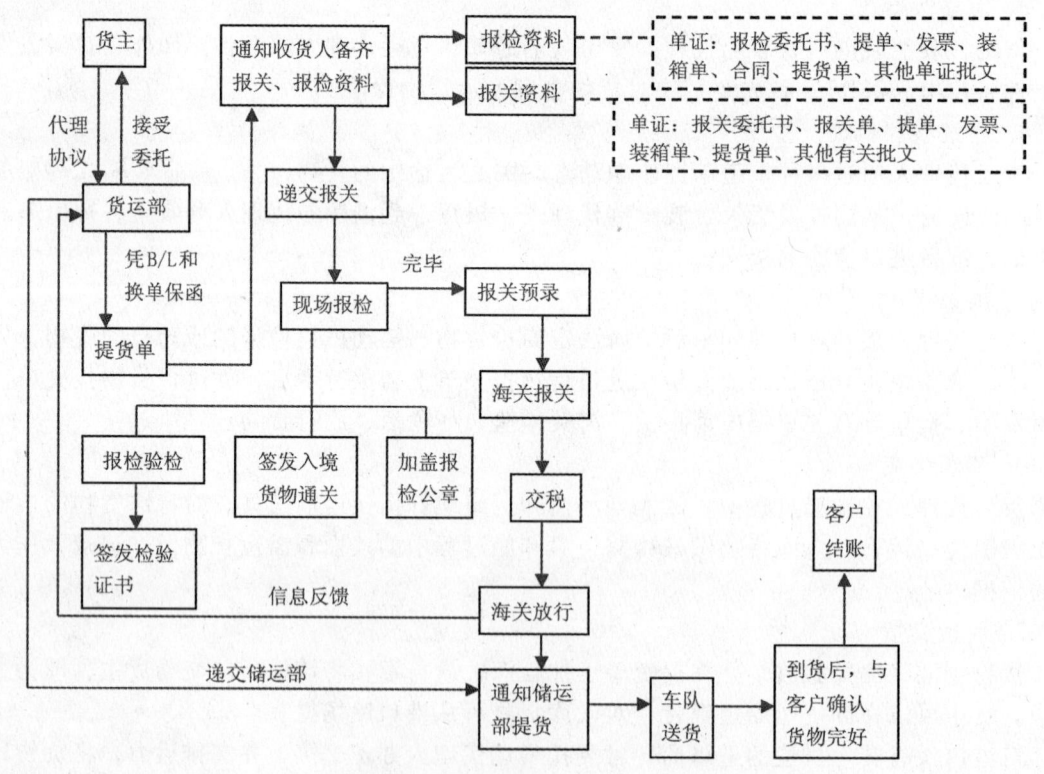

图6-3 散杂货海运进口代理业务流程

（2）向承运人索赔。凡属下列情况者，均可凭船方签发的货物残损单和溢短单，以及有关商检证书向船公司索赔：货物数量少于提单所载数量；提单是清洁的，但货物却有残损、短缺情况，并由船方过失所致；货物所受的损失，根据租船合同有关条款规定应由船方负责的。这些均可由货运代理人对其索赔。

（3）向保险人进行索赔。凡属下列情况者，均可向保险公司索赔：由于自然灾害、意外事故或运输过程中其他事故的发生致使货物受损，并属于承保险别以内的。

除上述三种情况之外，属于国内运输部门责任的，如因运输不慎或装卸不当造成的残损，应由国内有关运输部门作出商务记录或残损报告，直接交国内有关运输部门的商务机构办理索赔。

2. 索赔单据

（1）向承运人索赔的主要依据是租船合同和海运提单。它们是海上货物运输合同和合同证明，前者决定了租船人与船东之间的法律关系，后者决定了收货人与承运人之间的法律关系。为了举证，索赔时还需提出能够证明货运事故的原因、种类、损失规模以及能够区分责任的货运单据。其主要索赔单据如下：

①索赔函（书）。向对方提出索赔的文件，在函件中提出确切的根据和理由。

②索赔清单。这是索赔人向承运人要求赔偿的书面文件。根据损失的程度和造成损失的原因，确定索赔金额。其内容包括索赔人的名称和地址、船名和航次、货名、装货港名、抵港日期、提单号、接货地点、残损或短卸数量、索赔日期、索赔金额及索赔理由等。

③提单或租船合同正本或影印件。

④过驳清单或卸货报告。

⑤货物溢短单或货物残损单。

⑥重理单。当卸货完毕后，船方对所卸货物件数或数量有可能要求复查或重理，并在证明货物溢短的单证上做出批注。如果船方在这种证明货物溢短的单证批注了"复查"或"重理"等字样，则索赔时必须同时提供复查结果的证明文件或理货人签发的重理单。

⑦货物残损检验证书或商检证书。

⑧商业发票。发票金额是计算赔偿金额的主要依据，赔偿金额一般按CIF价索赔。如果发票上是FOB价，则按CIF价索赔时，索赔人还应提供运费及保险费收据。

⑨装箱单、重量单。用以证明保险货物原来状况，索赔时据此可以确定损失程度。

⑩修理单。对于仪器设备、机械等成套货物发生货损提出索赔时，须附有这类货物的修理单，以表明修理所花费用。如果修理后的货物有所贬值，还须附有检验部门出具的贬值证明。

⑪施救、残损检验费清单。

⑫保险单和保险凭证等。

此外，还有来往电函、船舶检验证书、卫生检疫或动植物检疫证书等。

总之，在提出索赔时，提供必要的索赔单据是一项非常重要的事项。凡是能够充分确定发生货运事故的原因、损失程度、索赔金额，并有说服力地明确责任的单据都应该尽可能地提供，并且要单、证相符，否则就属无效举证。

（2）向保险公司索赔的单据。向保险公司索赔主要依据保险合同及其所属的保险条款。索赔时也须提供有关单据，如索赔清单、运输单据、发票、装箱单、重量单、磅码单、保险公司与买方的联合检验报告、货损货差证明等。如属港方或仓库公司等第三方的责任，则除上述单据外，还须提供第三人出具的货运记录、理货报告或商务记录等。

3. 索赔程序

（1）向保险公司索赔的一般程序如下：

①进口货物发现遭到损失后，货方或其代理人应尽可能保留现场，保持受损货物的原来状态，并立即向投保的保险公司发出损失通知，即说明索赔行为已经开始，从而可以不受索赔时效的限制。但是发出通知的期限，最迟不得超过保险责任终止日起10天。如因特殊原因无法按期发出损失通知进行检验的，则需向保险公司申请延期，否则被保险人可能丧失索赔权。

②在通知保险公司时，还应通知有关方面，并搜集有关证据，准备联合检验。与此同时，收货人或其代理人还应迅速对受损货物采取必要的、合理的施救、整理措施，防止损失的扩大。因抢救、阻止或减少货损的措施而支付的合理费用，可由保险公司负担。

③保险公司与收货人或货运代理人等进行联合检验。联合检验之后，保险公司或其代理人根据对保险货物的检验结果签署进口货物残损联合检验报告。

④如果货物损失的责任既属于事故的直接责任者，又属于保险人承担责任范围时，被保险人可向保险公司提出索赔，并提供上述的必要索赔证件。

⑤保险公司按保险合同的规定予以赔偿，然后从被保险人处取得权益转让证书（Latter of Subrogation）。

⑥保险公司以货方的名义或以自己的名义向责任方提出追偿。

（2）向承运人索赔的一般程序：

①收货人提货时，如发现货物有问题，应在收货当时或规定的时间内向承运人或其代理人发出书面通知，声明保留索赔的权利，否则承运人可以免除责任。书面通知一般是在收货当时或者下一个工作日，如货物损坏不明显，应自货物交付之日起3日内（按《海牙规则》规定为3天；《汉堡规则》规定在交付货物后15天）发出通知。我国《海商法》第81款第2条则规定："货物灭失或者损坏的情况非显而易见的，在货物交付的次日起连续7日内，集装箱货物交付的次日起连续15日内，收货人未提交书面通知的，适用前款规定。"目前，在实际业务中，收货人不使用索赔通知。在卸货现场一旦发现货损货差，理货人员就在货物残损单和货物溢短单上做必要的记录。有了这些单证，一般就不再需要有另外的通知。

②要及时向港区理货人员索取货损货差证明，一般为货物残损单、货物溢短单和商务记录等，这是明确船方或港方责任的重要依据。

③应及时向商检机构申请做现场鉴定并取得证明文件，作为向船方提出索赔的必不可少的进一步证据。

④在备齐上述单据和证件之后应正式向承运人提出索赔。收货人在规定的时间内向承运人发出货损的书面通知，并不意味着已经向承运人提出索赔要求，只有索赔人向承运人提出索赔申请书或索赔清单后，才表明索赔人正式提出索赔要求。

⑤及时交涉，抓紧催赔，甚至在必要时提出诉讼。为了易于保全证据和在不太长的时间内尽早结束每份合同的法律关系，法律上对涉及索赔的诉讼案件都规定有诉讼时效。也就是说，索赔时效最多也不会超过诉讼时效，超过诉讼时效再提出索赔或诉讼都是没有意义的。因此，索赔人提出索赔要求后，若承运人没有及时赔偿，就应在诉讼时效届满前及时向法院起诉。

进口货物发生了损失，除属于承运人及保险公司的赔偿责任外，如属卖方必须承担的责任，应直接向卖方要求赔偿。目前，我国进口货物的索赔，属于船方和保险公司责任的一般由货运代理人代办，属于卖方责任的则由进口公司直接办理。

4. 索赔时效

（1）向卖方索赔的索赔期。索赔期是索赔的重要问题，逾期提出索赔，卖方有权不接受。对于卖方交货的品质与合同不符或原装数量短少需向卖方索赔的，应在合同所规定的商品检验期限内提出。我国外贸企业进口合同规定的向外商的索赔期一般为货卸离目的港后90天。如因商检工作有困难，可能需要较长时间的，可在合同规定的索赔期内向对方要求延长索赔期，但也不宜过长；或在合同的索赔有效期限内向对方提出保留索赔权。如买卖合同中没有规定索赔期，而到货检验中又不易发现货物缺陷的，按《联合国国际货物销售合同公约》规定，买方行使索赔权最长期限是实际收到货物之日起不超过2年；而我国《合同法》则规定当事人知道或者应当知道其权利受到侵犯之日起4年为限。

（2）向保险公司索赔的时效。向保险公司索赔的时效，在我国根据外贸进出口公司与中国保险公司签订的《海运进口货物预约保险合同》规定为货抵目的港全部卸离海船不超过2年。但按合同所属"国内转运扩展条款"的转运期限，于卸货后60天运抵国内目的地的承运人仓库时的责任期限为到达后60天，运到收货人仓库时保险责任立即终止。还有检验期限，是在各方的保险责任终止后10天。所以，虽然索赔时效定为卸货后2年，但若上述条款所规定的期限中有一项超期，就将丧失这两年的索赔时效。

（3）向承运人索赔的时效。处理向承运人索赔案件时，索赔的时效应根据承运货物船舶营运方式和提单条款来决定。我国《海商法》第257条规定："就海上货物运输向承运人要求赔偿的请求权，时效期间为1年，自承运人交付或者应当交付货物之日起计算；在时效期间内或者时效期满后，被认为负有责任的人向第三人提起追偿请求的时效期间为90日，自追偿请求人解决原赔偿请求之日起或者收到受理对其本人提起诉讼的法院的起诉状副本之日起计算；有关航次租船合同的请求权，时效期间为2年，自知道或者应当知道权利被侵之日起计算。"

根据规定，在海运货物发生灭失、损坏或延迟交付时，货物索赔人向承运人要求赔偿的请求权，时效时间为1年，自承运人交付或者应当交付货物之日起计算。承运人交付货物之日，指承运人向收货人实际交付货物之日；承运人应当交付货物之日，是指在由于货物灭失等原因没有实际交付货物的情况下，假定未发生这种意外情况，货物正常运抵目的港，承运人要向收货人交付货物的合理日期。

这里需要指出的是，不管货物索赔人的索赔根据是海上货物运输合同，还是侵权行为；也不管货物索赔人是否向实际承运人、承运人或是他们的代理人提起诉讼，其时效期间也是1年。当承运人赔付提单持有人之后，在向第三人追偿时很可能1年的时效期间已过。为了保障双方当事人的利益，保护承运人与责任人之间、承运人与实际承运人之间相互追偿货物赔偿责任的权利，在《海商法》第257条第1款后半部分，明确规定了90日的追偿时效期间，自追偿请求人解决原赔偿请求之日起计算，不管1年的海运货物索赔时效期间是否已经届满。

根据《海商法》第257条第2款的规定，有关航次租船合同的请求权，时效期间为2年，不同于就海上运输向承运人要求赔偿的请求权的时效期间，虽然航次租船合同是一种海上运输合同。这里应注意,在航次租船合同的承租人是收货人的场合收货人对承运人(航次租船合同的出租人)要求货物赔偿的请求权的时效期间,按此款规定应为 2 年,而不是 1 年。但是如果收货人不是承运人,收货人就不能根据租船合同就海上货物运输向承运人要求赔偿,而应该根据本条第 1 款就海上货物运输向承运人索赔,货物索赔请求权的时效期间为 1 年,而不是 2 年。

1924 年的《海牙规则》和 1976 年的《维斯比规则》有关时效期间规定一致,海运货物索赔的时效期间为 1 年;而 1978 年的《汉堡港规则》中的规定是 2 年的时效期间;我国的《民法通则》中规定了为期 2 年的诉讼时效。

班轮运输中提单背面条款时效问题根据不同的法规作出规定;租船合同的索赔时效也按租约而定,双方可以定为 1 年,亦可为 2 年,完全以双方的意愿为依据。根据英国的法律,所有合同的索赔时效最高为 6 年。当然这 6 年是提出一个索赔案件而言,原告方一旦提出诉讼或仲裁,索赔时效就顺延直至此案解决为止,这个过程可能超过 6 年。

5. 索赔金额

索赔时对于索赔金额的确定牵涉到一系列的问题,在海上货物运输中主要考虑以下几个方面:

(1) 确定损失金额标准。关于确定损失金额标准,《海牙规则》并未作出规定。《维斯比规则》规定:"全部赔偿额应参照该项货物根据合同从船上卸载或应该卸载的当时当地的价值计算,货物价值应按照商品交换价格确定,或者如无此种价格时,则按现时市场价格,或者如无商品交换价格或现时市场价格时,则按该相同类和质量货物的正常价值确定。"中国对外贸易运输公司和中国远洋运输公司的提单条款中都规定:"当承运人对有关货物的灭失或损坏负赔偿责任时,该赔偿额应按货方的净价加运费及已付的保险费计算。"

在我国的实际业务中,是以 CIF 发票价格作为确定赔偿金额的标准。若发票是 FOB 价格时,则以发票价格加上保险费、运费和装卸费的总额作为确定损失金额的标准。至于在以外币计价的情况下,则按照船舶到达目的港之日的汇率换算成卸货地价格。

除受损商品的价值外,有关费用也可提出,如商品检验费、银行手续费、仓库租金、利息等都可包括在索赔金额内。至于索赔时到底提出哪几项,应根据具体情况而定。有些国家,如美国,进口税按照进口商品的发票价格计征,并且规定在发生货损、货差的情况下,已征的进口税不予退还。在这种情况下,收货人的关税损失,当然也应加计在 CIF 价格中,而构成索赔金额的一部分。

(2) 承运人的赔偿责任限制。这里所指的责任限制是指承运人对每件货物或每一单位货物的最高赔偿限额。各国海商法典、国际公约以及各船公司的提单条款对承运人所应负的赔偿责任限制在一定的数额下,其目的就是为了减轻承运人的责任。

《海牙规则》规定承运人的责任限制是每件或每单位货物最高赔偿限额 100 英镑。《维斯比规则》规定最高金额是每件或每单位为 10000 金法郎或按毛重每千克 30 金法郎,两者中取高者为限。同时还规定:一个法郎是指一个含有纯度为 0.9 的黄金 65.5 毫克的单位。《汉堡规则》规定,每件货物或每其他货运单位的赔偿额为 835 个国际货币基金组织规定的特别提款权(SDR),或毛重每千克 2.5 特别提款权为限。中国对外贸易运输公司和中国远洋运输公司的提单条款则规定:承运人对货物的灭失或损坏的赔偿责任限额为每件或每计算单位不超过 700 元人民币。美国 1936 年的《海上运输规则》规定赔偿限额为每运输单位

500美元。

我国《海商法》第56条规定:"承运人对货物的灭失或者损坏的赔偿限额,按照货物件数或者其他货运单位数计算,每件或者每个其他货运单位为666.7计算单位,或者按照货物毛重计算,每千克2计算单位,以两者中赔偿限额较高者为准。但是,托运人在货物装运前已经申报其性质和价值,并在提单中载明的,或者承运人与托运人已经另行约定高于本条规定的赔偿限额的除外。"此条款中的666.7计算单位是根据《维斯比规则》1979年议定的数字,即每件或每单位10000金法郎按1个特别提款权相当于15金法郎折算成的。必须特别注意本条最后引用的规定,它明确了托运人可以通过申报价值或与承运人协议不受赔偿限额规定的约束,或提高限额,以保护货方的利益。

同样在《海牙规则》、《维斯比规则》、《汉堡规则》或提单条款中也有类似的规定。《海牙规则》规定了承运人责任限额之后,又规定:"但托运人于货物装运前已将其性质或价值加以说明,并在提单上注明不在此限。"而《维斯比规则》则在条款的开始部分就明确规定了"除非托运人于装运前就已该项货物的性质和价值提出声明,并已载入提单"的例外情况。而《汉堡规则》在第6条第4款中直接规定:"承运人和托运人可以通过协议确定超过第1款规定的赔偿责任限额。"

这就是说,关于赔偿金额的支付有两种情况:①对于一般货物,当实际损失大于赔偿责任限额时,承运人只按规定限额给予赔偿;②对于贵重货物,在承运时,承运人与托运人之间通常都约定,托运人负有正确申报货名、性质和价值的义务,并在提单中载明,有的还要承担支付额外运费的义务,则承运人负担以提单上载明的该项货物价值为最高限额的损害赔偿责任,即对于该种货物是不适用有关法规或提单条款中所规定的赔偿责任限额的。

此外,上述公约或法规都对货物用集装箱、货盘或者类似的装运器具计算赔偿限额作出了相同规定:提单中载明装在此类装运器具中的货物件数或者其他货运单位数,则这些货物的件数或者其他货运单位数为计算赔偿限额中所指的件数或其他货运单位数;如提单内未载明每箱内所含件数,则每一装运器具则作为一件或者一个单位;如果集装箱这类装运器具不属于承运人所有或者非由承运人提供的,每一装运器具视为一件或者一个单位,来计算赔偿限额。

四、国际海上货物班轮运输主要单证

(一) 出口货运代理委托书

这部分内容在模块五中已详细阐述,此处不再赘述。

(二) 散杂货订舱单——装货联单

1. 托运单(Booking Note,B/N,又称订舱单)

托运单是托运人填写并盖章确认的专门用于委托承运人填开提单或运单的一种表单,也是出口人委托货运代理人订舱配载或办理出口代运的委托单,或出口人向船公司或船代办理订舱的委托单,由出口人根据合同和信用证内容填制。

海运托运单的内容和缮制规范如下:

(1) 托运人(Shipper):填发货人的公司全称和地址。托运人可以是货主,如货主委托货代办理,本栏填货代的公司全称和地址。

(2) 收货人(Consignee):填记名收货人的全称和地址或指示收货人。一般采用指示收货人,填写"To Order"或"To Order of Shipper"等字样,表示提单可以转让。

(3) 被通知人（Notify Party）：填被通知人的公司全称和地址或空白。在信用证项下，如要求指示收货人，银行往往作为收货人而显示在第二栏，本栏一般填开证申请人，即实际收货人。

(4) 托运单号：填托运单的编号。

(5) 前程运输（Pre-carriage by）：填第一程船名。如货物不需转运，本栏留空。

(6) 收货地点（Place of Loading）：填实际收货的港口名称或地点。如货物不需转运，本栏留空。

(7) 船名、航次（Ocean Vessel Voy. No.）：填实际装运的船名、航次。如货物需转运，填第二程的船名，第一程船名填在第五栏前程运输下。

(8) 装运港（Port of Loading）：填实际装运货物的港口全称。如用信用证结算，必须与信用证规定的装运港相同。

(9) 卸货港（Port of Discharge）：填货物被最后卸离船舶的港口全称。如用信用证结算，必须与信用证规定的卸货港相同。

(10) 交货地（Place of Delivery）：填最终交货地的城市名称和地区名称。如果货物的目的地就是卸货港，本栏留空。

(11) 货物名称与包装种类（Kind of Packages and Description Goods）：填实际货物名称和包装种类。需符合合同或信用证的相关品名、品质和包装条款的规定。

(12) 箱数与件数（No. of Containers or Packages）：填装入集装箱内货物的外包装件数或集装箱箱数。一般除了要求托运人填写件数的具体数字，还要填写件数的大写。

(13) 标记与封志号（Seal No. & Marks & Nos）：填与实际货物外包装上正面唛头一样的内容。标记通常称为唛头。一般在提单上显示封志号，托运单上不填报，当没有唛头时，用"N/M"表示。

 资料卡

托运单证缮制的责任

《海牙规则》第3条第5款规定："托运人应视为已在装船时向承运人保证，由他提供的标志、号码、数量和重量均正确无误，并应赔偿承运人由于这些项目不正确所引起或导致的一切灭失、损坏和费用。"我国《海商法》第66条规定："托运人托运货物，应当妥善包装，并向承运人保证货物装船时提供的货物的品名、标志、包装或者件数、重量或者体积的正确性；由于包装不良或者上述资料不正确，对承运人造成损失的，托运人应当负赔偿责任。"可见，国际公约和法规，都对货运单证有相同的规定，均要求托运人有义务做好单证内容的缮制工作，承担由于单证原因引发事故的责任。

(14) 毛重（Gross Weight / G.W.）：填货物的实际毛重。一般以公斤为计量单位，当货物无毛重时，可以在本栏加注净重"N.W. KGS"。

(15) 体积（Measurement）：填实际货物的体积。一般以立方米为计量单位。

(16) 运输支付（Payment of Freight）：填 Freight Prepaid / Freight Collect。Freight Prepaid 为装运港托运人支付运费；Freight Collect 为目的港收货人支付，根据实际进行选择。

（17）正本提单份数（Number of Original B/Ls）：填托运人要求签发的提单份数。通常正本提单一式二份或一式三份，每份提单具有同等效力，收货人持其中的任意一份提取货物后，其他份提单自动失效。

（18）要求签发的提单日期和地点（Place and Date of Issue）：填签发日期应填写要求装船完毕的日期，签发地点通常填报装运港所在城市。

（19）托运人的签字/盖章：托运人必须签字盖章后才生效。

在实务中，散杂货班轮运输一般采用装货联单操作，托运单（见表6-1）、装货单和收货单合成整套单据，其相应的栏目填写内容完全一样。而集装箱班轮运输则采用场站收据联单，场站收据联单与托运单的栏目和缮制规范基本相同，在此就不再对装货单、收货单和场站收据。（

表 6-1　　　　　　　　　　　托　运　单

```
┌─────────────────────────────────────────────────────────────────────┐
│                THE NAME AND ADDRESS OF BENEFICARY                   │
│                       托运单 BOOKING NOTE                            │
│                -----------------------------------                  │
│  (1) 收货人：Consignee              (17) 提单号：B/L No.             │
│  (2) 通知人：Notify                 (18) 船名 VSL.                   │
│                                     (19) 编号 No.：                  │
│                                     (20) 日期 Date：                 │
│                                     (21) 起运地 Loading Port：       │
│                                     (22) 装运地 Destination：        │
│  ------------------------------------------------------------------ │
│  (3) 标记         (4) 件数      (5) 货名              (6) 净重   毛重      (7) 尺码        │
│  Shipping Marks： Quantity：    Description of Goods： N/W    G/W        Measurement：   │
│                                                                     │
│                                                                     │
│  (23) 特殊条款 Special Coditions：                                   │
│                                                                     │
│  (8) 可否分批                       (13) 正本                        │
│  (9) 可否转船                       (14) 副本                        │
│  (10) 装船期限                      (15) 货存地点                    │
│  (11) 结汇期限                      (16) 运费缴付方式                │
│  ------------------------------------------------------------------ │
│  (12) 运费吨：      运费率：            运费金额：                   │
│                                                                     │
│                            NAME OF BENEFICIARY AND SIGNATURE        │
└─────────────────────────────────────────────────────────────────────┘
```

2. 装货单（Shipping Order，S/O，又称关单，俗称下货纸）

装货单是由托运人按照订舱单的内容填制，交船公司或其代理人签章后，据以要求船公司将承运货物装船的凭证。

装货单内容包括：托运人名称、承运船舶、卸货港；有关货物的名称、标志、件数、重量等详细情况；装船日期及装舱位置；货物实收时的情况以及理货人员签名等。

装货单是国际航运业通用的货运单证，通常为一式三联。第一联是装货单正本（Original）；第二联是收货单，习惯上称为大副收据；第三联是留底联，用于制装货运单。

除上述三联外，根据上述需要，还可增加若干副本。如外代留底联、运费计算联、理货公司留底联、货运代理留底联。具体内容见表6-2。

表6-2　　　　　　　　　装　货　单

中国外轮代理公司
CHINA OCEAN SHIPPING AGENCY
装货单
SHIPPING ORDER

托运人 Shipper _____

编号 No. _____ 船名 S/S _____

目的港 For _____

兹将下列完好状况之货物装船后希签署收货单
Receive on board the undermentioned goods apparent in good order and condition and sign the accompanying receipt for the same

标记及号码 Marks & Nos	件　数 Quantity	货　　名 Description of Goods	重量公斤 Weight Kilos	
			净重 Net	毛重 Gross

共计件数（大写）
Total Number of Package in Writing

日期 Date _____ 时间 Time _____

装入何舱 Stowed _____

实　收 Received _____

理货员签名 Tallied by _____ 经办员 Approved by _____

3. 收货单（Mate's Receipt, M/R）

收货单是货物装船后，承运船舶的大副签发给托运人或其代理人，证明已收到货物，并已将货物装船的货物收据。习惯上收货单也称大副收据。

收货单是装货三联单中的一联，其记载内容与装货单相同。具体内容见表6-3。

表6-3 收 货 单

中 国 外 轮 代 理 公 司
CHINA OCEAN SHIPPING AGENCY
收 货 单
MATE'S RECEIPT

托运人 Shipper				
编号 No.		船名 S/S		
目的港 For				

兹将下列完好状况之货物装船后希签署收货单
Receive on board the undermentioned goods apparent in good order and condition and sign the accompanying receipt for the same

标记及号码 Marks & Nos	件 数 Quantity	货 名 Description of Goods	重量公斤 Weight Kilos	
			净重 Net	毛重 Gross

共计件数（大 写）
Total Number of Package in Writing

日期 Date	时间 Time
装入何舱 Stowed	
实 收 Received	
理货员签名 Tallied by	大 副 Chief Officer

对于散杂货而言，上述装货联单即为订舱单。散杂货或拼箱货常用九联装货联单进行订舱，装货联单的流转如下：

（1）第1联由货主留底；

（2）第2、3联为运费通知联，其中，一联由承运人留存，另一联随账单向托运人收托运费；

（3）第4联为装货单；

（4）第5联为收货单；

（5）第7、8联为配舱回单，留作缮制提单用；

（6）第9联是缴纳出口货物港务费申请书，港区凭以向托运人收取港务港建等杂费。

此外再附空白格式的两联，作为码头仓库存查之用。散杂货托运单各联流转过程如图6-4所示。

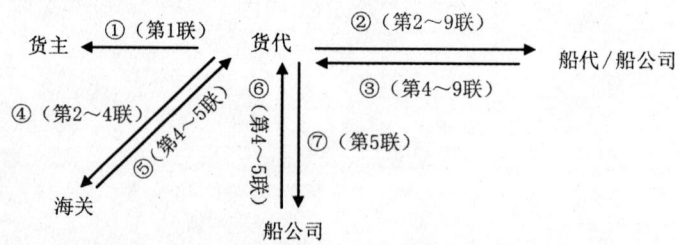

图6-4 散杂货订舱单（装货联单）各联的流转

装货联单各联的流转说明如下：

①货代缮制装货联单后将第1联（即货主留存联）交给托运人，即货主留底（现未操作）。

②货代将其余8联送交船务代理或者船公司进行订舱签单（现未操作）。

③船代或船方留下第2、3联（现未操作），在第4联装货单上盖章确认订舱，将第4~9联退给货代，第6联货代留底，第7~8联由货代退给托运人做配舱回单。

④货代在第4~5联填上箱号、数量，附相关证件到海关报关。

⑤海关审核认可后，在第4联装货单上加盖海关放行章，将第4~5联还给货代。

⑥货代在船公司配载配船前，持第4~5联办理放行装船手续。

⑦船公司在第5联盖章后交还货代，船公司留存第4联。

（三）散货进仓单

散货进仓单是当货代收到货主的散货订舱委托，货代将散货进仓单传给货主，注明何时到工厂拖柜或何时前将货物送到指定的仓库地点，及所需单证的送达截止日期的单据。

（四）装货清单（Load List，L/L）

装运清单是由承运人或其代理人，根据装货单的留底联制作，按到港先后把性质接近的货物加以归类后，制作成一张货单的汇总清单。

（五）载货清单（Mani Fest，M/F）

载货清单又称舱单，是按卸货港逐票罗列全船载运货物的汇总清单，是货物装船完毕后，由船公司或其在装货港的代理人根据提单编制的，编妥后再送交船长签认。

（六）载货运费清单（Freight Manifest，F/M）

载货运费清单又称运费舱单，是由船公司或其在装货港的代理编制的。

（七）货物积载计划（Stowage Plan）

货物积载计划是船方大副在装货前根据装货清单按货物装运要求和船舶性能绘制的一个计划受载图，又称货物积载图。货物装船后根据实际装船情况绘制的图表称之为实际积载图。

（八）海运提单

1. 海运提单的内涵与作用

海运提单，简称提单。它是证明海上运输合同成立和证明承运人已接管货物或已将货物装船，并保证至目的地交付货物的单证。提单也是一种货物所有权凭证，承运人据以交付货物。提单持有人可据以提取货物，也可凭此向银行押汇，还可在载货船舶到达目的港交货之前进行转让。因此，提单具有运输契约、货物收据、物权凭证的作用。提单由承运人、船长或他们的代理签发，并应明确表明签发人身份。

2. 海运提单的内容

提单的内容由正面事实记载和背面条款两部分组成。各船公司所制定的提单，其主要内容大致相同。

（1）提单的正面内容。根据《海商法》第73条规定，提单正面应记载以下各项：

①货物的品名、标志、包数或者件数、重量或者体积以及运输危险货物时对危险性质的说明。

②承运人的名称和主要营业所。

③船舶名称。

④托运人的名称。

⑤收货人的名称。

⑥装货港和在装货港接受货物的日期。

⑦卸货港。

⑧多式联运提单增列接收货物地点。

⑨提单的签发日期、地点和份数。

⑩运费的支付。

⑪承运人或者其代表。

第73条还同时规定："提单缺少本款规定的一项或者几项的，不影响提单的性质。"提单正面记载的事项，在法律上具有初步证据。

（2）提单的背面条款及其依据。在全式正本提单的背面列有许多条款，这些条款规定了承运人与货方之间的权利、义务和责任豁免，是双方处理争议的主要法律依据。主要内容有：

①定义条款（DEFINITION CLAUSE）：主要对"承运人"、"托运人"等关系人加以限定。前者包括与托运人定有运输合同的船舶所有人，后者包括提货人、收货人、提单持有人和货物所有人。

②管辖权条款（JURISDICTION CLAUSE）：指出当提单发生争执时，按照法律，某法院有审理和解决案件的权利。

③责任期限条款（DURATION OF LIABILLITY）：规定承运人对货物灭失或损害承担赔偿责任的期间的条款。一般海运提单规定承运人的责任期限从货物装上船舶起至卸离船舶为止。集装箱提单则从承运人接受货物至交付指定收货人为止。

④包装和标志（PACKAGES AND MARKS）：要求托运人对货物提供妥善包装和正确清晰的标志。如因标志不清或包装不良所产生的一切费用由货方负责。

⑤运费和其他费用（FREIGHT AND OTHER CHARGES）：运费规定为预付的，应在装船时一并支付，到付的应在交货时一并支付。当船舶和货物遭受任何灭失或损失时，运费仍应照付，否则，承运人可对货物及单证行使留置权。

⑥自由转船条款（TRANSHIPMENT CLAUSE）：承运人虽然签发了直达提单，但由于客观需要仍可自由转船，并不须经托运人的同意。转船费由承运人负担，但风险由托运人承担，而承运人的责任也仅限于其本身经营的船舶所完成的那段运输。

⑦错误申报（INACCURACY IN PARTICULARS FURNISHED BY SHIPPER）：承运人有权在装运港和目的港查核托运人申报的货物数量、重量、尺码与内容，如发现与实际不符，承运人可收取运费罚款。

⑧承运人责任限额（LIMIT OF LIABILITY）：规定承运人对货物灭失或损坏造成的损失所负的赔偿限额，即每一件或每计算单位货物赔偿金额最多不超过若干金额。

⑨共同海损（GENERAL AVERAGE – G. A.）：规定若发生共同海损，按照什么规则理算。国际上一般采用1974年《越克—安特卫普规则》理算。在我国，一些提单常规定按照1975年《北京理算规则》理算。

⑩美国条款（AMERICAN CLAUSE）：规定来往美国港口的货物运输只能适用美国1936年《海上货运》（CARRIAGE OF GOOD BY SEA ACT, 1936）运费按联邦海事委员会（FMC）登记的费率本执行，如提单条款与上述法则有抵触时，则以美国法为准。此条款也称"地区条款"（LOCAL CLAUSE）。

⑪舱面货、活动物和植物（ON DECK CARGO, LIVE ANIMALS AND PLANTS）：对这三种货物的接受、搬运、运输、保管和卸货规定，由托运人和托运人承担风险，承运人对其灭失或损坏不负责任。

对于上述提单条款，有三项国际公约制约着其内容。

①1924年8月25日在布鲁塞尔签订的《统一提单的若干法律规则的国际公约》（简称《海牙规则》）。

②1968年2月23日在布鲁塞尔签订的《修改统一提单的若干法律规则的国际公约的议定书》（简称《维斯比规则》）。

③1978年3月在汉堡通过的《联合国海上货物运输公约》（简称《汉堡规则》）。

《汉堡规则》虽已通过，但国际上使用的提单中仍以《海牙规则》的内容为依据的居多。

3. 海运提单的缮制（见表6-4）

（1）托运人（SHIPPER）：一般为信用证中的受益人。如果开证人为了贸易上的需要，要求做第三者提单（THIRD PARTY B/L），也可照办。

表 6-4　　　　　　　　海 运 提 单

Shipper		B/L No.	
Consignee or order		\multicolumn{2}{l	}{**中国外运广东公司** **SINOTRANS GUANGDONG COMPANY** **OCEAN BILL OF LADING**}
Notify address		\multicolumn{2}{l	}{SHIPPED on board in apparent good order and condition (unless otherwise indicated) the goods or packages specified herein and to be discharged at the mentioned port of discharge or as near thereto as the vessel may safely get and be always afloat.}
Pre-carriage by	Port of loading	\multicolumn{2}{l	}{The weight, measure, marks and numbers, quality, contents and value, being particulars furnished by the Shipper, are not checked by the Carrier on loading.}
Vessel	Port of transshipment	\multicolumn{2}{l	}{The Shipper, Consignee and the Holder of this Bill of Lading hereby expressly accept and agree to all printed, written or stamped provisions, exceptions and conditions of this Bill of Lading, including those on the back hereof. IN WITNESS}
Port of discharge	Final destination	\multicolumn{2}{l	}{whereof the number of original Bills of Lading stated below have been signed, one of which being accomplished the other (s) to be void.}
Container. seal No. or marks and Nos.	Number and kind of package	Description of goods	Gross weight (kgs.)	Measurement (m^3)
Freight and charges		REGARDING TRANSHIPMENT INFORMATION PLEASE CONTACT	
Ex. rate	Prepaid at	Freight payable at	Place and date of issue	
	Total prepaid	Number of original Bs/L	Signed for or on behalf of the Master	
			As Agent	

（2）收货人（CONSIGNEE）：如要求记名提单，则可填上具体的收货公司或收货人名称；如属指示提单，则填为"指示"（ORDER）或"凭指示"（TO ORDER）；如需在提单上列明指示人，则可根据不同要求，做成"凭托运人指示"（TO ORDER OF SHIPPER）、"凭收货人指示"（TO ORDER OF CONSIGNEE）或"凭银行指示"（TO ORDER OF ××BANK）。

（3）被通知人（NOTIFY PARTY）：这是船公司在货物到达目的港时发送到货通知的收件人，有时即为进口人。在信用证项下的提单，如信用证上对提单被通知人有权具体规定时，则必须严格按照信用证要求填写。如果是记名提单或收货人指示提单，且收货人又有详细地址的，则此栏可以不填。如果是空白指示提单或托运人指示提单则此栏必须填列被通知人名称及详细地址，否则船方就无法与收货人联系，收货人也不能及时报关提货，甚至会因超过海关规定申报时间被没收。

（4）提单号码（B/L No）：一般列在提单右上角，以便于工作联系和查核。发货人向收货人发送装船通知（SHIPMENT ADVICE）时，也要列明船名和提单号码。

（5）船名（NAME OF VESSEL）：应填列货物所装的船名及航次。

（6）装货港（PORT OF LOADING）：应填列实际装船港口的具体名称。

（7）卸货港（PORT OF DISCHARGE）：填列货物实际卸下的港口名称。如属转船，第一程提单上的卸货港填转船港，收货人填第二程船公司；第二程提单装货港填上述转船港，卸货港填最后目的港如由第一程船公司出联运提单（THROUGH B/L），则卸货港即可填最后目的港，提单上列明第一和第二程船名。如经某港转运，要显示"VIA××"字样。在运用集装箱运输方式时，目前使用"联合运输提单"（COMBINED TRANSPORT B/L），提单上除列明装货港、卸货港外，还要列明"收货地"（PLACE OF RECEIPT）、"交货地"（PLACE OF DELIVERY）以及"第一程运输工具"（PRE-CARRIAGE BY）、"海运船名和航次"（OCEAN VESSEL, VOY No.）。填写卸货港，还要注意同名港口问题，如属选择港提单，就要在这栏中注明。

（8）货名（DISCRIPTION OF GOODS）：在信用证项下货名必须与信用证上规定的一致。

（9）件数和包装种类（NUMBER AND KIND OF PACKAGES），要按货物实际包装情况填列。

（10）唛头（SHIPPING MARKS）：信用证有规定的，必须按规定填列，否则可按发票上的唛头填列。

（11）毛重和尺码（GROSS WEIGHT, MEASUREMENT）：除信用证另有规定者外，一般以公斤为单位列出货物的毛重，以立方米列出货物体积。

（12）运费和费用（FREIGHT AND CHARGES）：一般为预付（FREIGHT PREPAID）或到付（FREIGHT COLLECT）。如CIF或CFR出口，一般均填上运费预付字样，千万不可漏列，否则收货人会因运费问题提不到货，虽然可查清情况，但拖延提货时间，也将造成损失。如为FOB出口，则运费可制作"运费到付"字样，除非收货人委托发货人垫付运费。

（13）提单的签发、日期和份数：提单必须由承运人或船长或他们的代理签发，并应明确表明签发人身份。一般表示方法有：CARRIER、CAPTAIN或"AS AGENT FOR THE CAR-RIER：×××"等。提单份数一般按信用证要求出具，如"FULL SET OF"一般理解成三份正本若干份副本。等其中一份正本完成提货任务后，其余各份失效。提单还是结汇的必需单据，特别是在跟单信用证结汇时，银行要求所提供的单证必须一致，因此提单上所签的日期必须与信用证或合同上要求的最后装船期一致或先于装运期。如果卖方估计货物无法在信用证装运期前装上船，应尽早通知买方，要求修改信用证，而不应利用倒签提单、预借提单等欺诈行为取得货款。

4. 海运提单的种类

（1）按提单收货人的抬头划分：

①记名提单（Straight B/L）。又称收货人抬头提单，是指提单上的收货人栏中已具体填写收货人名称的提单。提单所记载的货物只能由提单上特定的收货人提取，或者说承运人在卸货港只能把货物交给提单上所指定的收货人。如果承运人将货物交给提单指定的以外的人，即使该人占有提单，承运人也应该负责。这种提单失去了代表货物可转让流通的便利，但同时也可以避免在转让过程中可能带来的风险。

使用记名提单，如果货物的交付不涉及贸易合同下的义务，则可以不通过银行而由托运人将其邮寄收货人，或由船长随船带交。这样，提单就可以及时送达收货人，而不致延误。因此，记名提单一般只适用于运输展览品或贵重物品，特别在短途运输中使用较有优势，而在国际贸易中较少使用。

②指示提单（Order B/L）。在提单正面"收货人"一栏内填上"凭指示"（To order）或"凭某人指示"（To order of……）字样的提单。这种提单按照表示指示人的方法不同，指示提单又分为托运人指示提单、记名指示人提单和选择指示人提单。如果在收货人栏内只填记"指示"字样，则称为托运人指示提单。这种提单在托运人未指定收货人或受让人之前，货物所有权仍属于卖方，在跟单信用证支付方式下，托运人就是以议付银行或收货人为受让人，通过转让提单而取得议付货款的。如果收货人栏内填"某某指示"，则称为记名指示提单，如果在收货人栏内填记"某某或指示"，则称为选择指示人提单。记名指示提单或选择指示人提单中指名的"某某"既可以是银行的名称，也可以是托运人。

指示提单是一种可转让提单。提单的持有人可以通过背书的方式把它转让给第三者，而不须经过承运人认可，所以这种提单为买方所欢迎。而不记名指示（托运人指示）提单与记名指示提单不同，它没有经提单指定的人背书才能转让的限制，所以其流通性更大。指示提单在国际海运业务中使用较广泛。

③不记名提单（Bearer B/L, or Open B/L, or Blank B/L）。提单上收货人一栏内没有指明任何收货人，而注明"提单持有人"（Bearer）字样或将这一栏空白，不填写任何人的名称的提单。这种提单不需要任何背书手续即可转让，或提取货物，极为简便。承运人应将货物交给提单持有人，谁持有提单，谁就可以提货，承运人交付货物只凭单，不凭人。这种提单丢失或被窃，风险极大，若转入善意的第三者手中时，极易引起纠纷，故国际上较少使用这种提单。另外，根据一些班轮公司的规定，凡使用不记名提单，在给大副的提单副本中必须注明卸货港通知人的名称和地址。

《海商法》第79条规定："记名提单，不得转让；指示提单，经过记名背书或者空白背书转让；不记名提单，无需背书，即可转让。"

（2）按货物是否已装船划分：

①已装船提单（Shipped B/L or On Board B/L）。货物装船后由承运人或其授权代理人根据大副收据签发给托运人的提单。如果承运人签发了已装船提单，就是确认他已将货物装在

船上。这种提单除载明一般事项外,通常还必须注明装载货物的船舶名称和装船日期,即是提单项下货物的装船日期。由于已装船提单对于收货人及时收到货物有保障,所以在国际货物买卖合同中一般都要求卖方提供已装船提单。根据国际商会2011年修订的《国际贸易术语解释通则》的规定,凡以CIF或CFR条件成立的货物买卖合同,卖方都应提供已装船提单。在以跟单信用证为付款方式的国际贸易中,更是要求卖方必须提供已装船提单。《UCP600》规定,如信用证要求海运提单作为运输单据时,银行将接受注明货物已装船或已装指定船只的提单。

②收妥待运提单(Received for Shipment B/L)。又称备运提单、待装提单,或简称待运提单。它是承运人在收到托运人交来的货物但还没有装船时,应托运人的要求而签发的提单。签发这种提单时,说明承运人确认货物已交由承运人保管并存在其所控制的仓库或场地,但还未装船。所以,这种提单未载明所装船名和装船时间,在跟单信用证支付方式下,银行一般都不肯接受这种提单。但当货物装船,承运人在这种提单上加注装运船名和装船日期并签字盖章后,待运提单即成为已装船提单。同样,托运人也可以用待运提单向承运人换取已装船提单。我国《海商法》第74条对此明确规定:"货物装船前,承运人已经应托运人的要求签发收妥待运提单或者其他单证的,货物装船完毕,托运人可以将收妥待运提单或者其他单证退还承运人,以换取已装船提单,承运人也可以在收妥待运提单上加注承运船舶的船名和装船日期,加注后的收妥待运提单视为已装船提单。"

在集装箱运输方式下,承运人在内陆收货,而货运站不能签发已装船提单,货物装入集装箱后没有特殊情况,一般货物质量不会受到影响。港口收到集装箱货物后,向托运人签发场站收据,托运人可持场站收据向海上承运人换取待运提单,这时待运提单实质为收妥待运提单。由于集装箱运输方式下,承运人的责任期间已向两端延伸,所以根据《联合国国际货物多式联运公约》和《UCP600》的规定,银行可以接受这种收妥待运提单办理结汇。

由此可见,从承运人的责任来讲,集装箱的收妥待运提单与已装船提单是相同的。但是目前国际贸易的信用证仍往往规定海运提单必须是已装船提单,以使开证者放心。

(3)按提单上有无批注划分:

①清洁提单(Clean B/L)。在装船时,货物外表状况良好,承运人在签发提单时,未在提单上加注任何有关货物残损、包装不良、件数、重量和体积,或其他妨碍结汇的批注的提单称为清洁提单。

买方要想收到完好无损的货物,首先必须要求卖方在装船时保持货物外观良好,并要求卖方提供清洁提单。根据《UCP600》的规定:"清洁运输单据,是指货运单据上并无明显地声明货物及/或包装有缺陷的附加条文或批注者;银行对有该类附加条文或批注的运输单据,除信用证明确规定接受之外,当拒绝接受。"可见,在跟单信用证的付款方式下,卖方只有向银行提交清洁提单才能取得货款。清洁提单也是收货人转让提单时必须具备的条件,同时也是履行货物买卖合同规定的交货义务的必要条件。

我国《海商法》第76条规定:"承运人或者代其签发提单的人未在提单上批注货物表面状况的,视为货物的表面状况良好。"由此可见,承运人一旦签发了清洁提单,货物在卸货港卸下后,如发现有残损,除非是由于承运人可以免责的原因所致,承运人必须负责赔偿。

②不清洁提单(Unclean B/L or Foul B/L)。在货物装船时,承运人若发现货物包装不

牢、破残、渗漏、玷污、标志不清等现象时，大副将在收货单上对此加以批注，并将此批注转移到提单上，这种提单称为不清洁提单。我国《海商法》第75条规定："承运人或者代其签发提单的人，知道或者有合理的根据怀疑提单记载的货物品名、标志、包数或者件数、重量或者体积与实际接收的货物不符，在签发已装船提单的情况下，怀疑与已装船的货物不符，或者没有适当的方法核对提单记载的，可以在提单上批注，说明不符之处、怀疑的根据或者说明无法核对。"

实践中承运人接受货物时，如果货物外表状况不良，一般先在大副收据上作出记载，在正式签发提单时，再把这种记载转移到提单上。在国际贸易的实践中，银行是拒绝出口商以不清洁提单办理结汇的。为此，托运人应把损坏或外表状况有缺陷的货物进行修补或更换。习惯上的变通办法是由托运人出具保函，要求承运人不要将大副收据上所作的有关货物外表状况不良的批注转批到提单上，而根据保函签发清洁提单，以使出口商能够顺利完成结汇。但是，承运人因未将大副收据上的批注转移到提单上，承运人可能承担对收货人的赔偿责任，承运人因此遭受损失，应由托运人赔偿。那么，托运人是否能够赔偿，承运人在向托运人追偿时，往往难以得到法律的保护，而承担很大的风险。承运人与收货人之间的权利义务是提单条款的规定，而不是保函的保证。所以，承运人不能凭保函拒赔，保函对收货人是无效的，如果承、托双方的做法损害了第三者收货人的利益，有违民事活动的诚实信用的基本原则，容易构成与托运人的串通、对收货人进行欺诈的行为。

由于保函换取提单的做法，有时确实能够起到变通的作用，故在实践中难以完全拒绝，我国最高人民法院在《关于保函是否具有法律效力问题的批复》中指出："海上货物运输的托运人为换取清洁提单而向承运人出具的保函，对收货人不具有约束力。不论保函如何约定，都不影响收货人向承运人或托运人索赔；对托运人和承运人出于善意而由一方出具另一方接受的保函，双方均有履行之义务。"

(4) 根据运输方式的不同划分：

①直达提单（Direct B/L）。又称直运提单，是指货物从装货港装船后，中途不经转船，直接运至目的港卸船交与收货人的提单。直达提单上有不得"转船"或"在某港转船"的批注。凡信用证规定不准转船者，必须使用这种直达提单。如果提单背面条款印有承运人有权转船的"自由转船"条款者，则不影响该提单成为直达提单的性质。

使用直达提单，货物由同一船舶直运目的港，对买方来说比中途转船有利得多，它既可以节省费用、减少风险，又可以节省时间，及早到货。因此，通常买方只有在无直达船时才同意转船。

②转船提单（Transshipment B/L）。货物从起运港装载的船舶不直接驶往目的港，需要在中途港口换装其他船舶转运至目的港卸货，承运人签发这种提单称为转船提单。在提单上注明"转运"或"某某港转船"字样，转船提单往往由第一程船的承运人签发。由于货物中途转船，增加了转船费用和风险，并影响到货时间，故一般信用证内均规定不允许转船，但直达船少或没有直达船的港口，买方也只好同意可以转船。

按照海牙规则，如船舶不能直达货物目的港，非中转不可，一定要事先征得托运人的同意。船舶承运转船货物，主要是为了扩大营业、获取运费。转运的货物一般均属零星杂货。转运货物船方的责任可分下列3种情况：

a. 第一航程与第二航程的承运人对货物的责任各自负责，互不牵连。

b. 第一航程的承运人在货物转运后承担费用，但不负责任。

c. 第一航程的承运人对货物负责到底。

上述3种不同责任，须根据转运的过程和措施不同而定。

③联运提单（Through B/L）。货物运输需经两段或两段以上的运输方式来完成，如海陆、海空或海海等联合运输所使用的提单。船船（海海）联运在航运界也称为转运，包括海船将货物送到一个港口后再由驳船从港口经内河运往内河目的港。

联运的范围超过了海上运输界限，货物由船舶运送经水域运到一个港口，再经其他运输工具将货物送至目的港，先海运后陆运或空运，或者先空运、陆运后海运。当船舶承运由陆路或飞机运来的货物继续运至目的港时，货方一般选择使用船方签发的联运提单。

④多式联运提单（Multimodel Transport B/L or Intermodel Transport B/L）。这种提单主要用于集装箱运输，是指一批货物需要经过两种以上不同运输方式，由一个承运人负责全程运输，负责将货物从接收地运至目的地交付收货人，并收取全程运费所签发的提单。提单内的项目不仅包括起运港和目的港，而且列明一程二程等运输路线，以及收货地和交货地。

资料卡

联运提单和多式联运提单的区别与联系

项目	联运提单	多式联运提单
英文名称	Through B/L	MT B/L，IT B/L，CT B/L
运输方式	海—海、海—其他方式、其他方式—海	两种以上不同方式
责任期间	船到船	交货到交货
提单类型	已装船提单	收妥待运提单
签发人	海上承运人	多式联运经营人
签发时间	装船后	收货后
签发地点	装运港或承运人所在地	收货人或经营人所在地
责任界限	承运人仅对自己完成的区段承担责任	经营人对全程运输承担责任

a. 多式联运是以两种或两种以上不同运输方式组成的，多式联运提单是参与运输的两种或两种以上运输工具协同完成所签发的提单。

b. 多式联运提单如果贸易双方同意，并在信用证中明确规定，可由承担海上区段运输的船公司、其他运输区段的承运人、多式联运经营人（Combined Transport Operator）或无船承运人（Non-vessel Operating Common Carrier）签发。

c. 我国《海商法》第四章"海上货物运输合同"中的第八节"多式联运合同的特别规定"以及《联合国国际货物多式联运公约》制约着多式联运。

（5）按提单内容的简繁划分：

①全式提单（Long Form B/L）。提单除正面印就的提单格式记载的事项，背面列有关于承运人与托运人及收货人之间权利、义务等详细条款的提单。由于条款繁多，所以又称繁式

提单。在海运的实际业务中大量使用的就是这种全式提单。

②简式提单（Short Form B/L, or Simple B/L）。又称短式提单、略式提单，是相对于全式提单而言的，是指提单背面没有关于承运人与托运人及收货人之间的权利义务等详细条款的提单。这种提单一般在正面印有"简式"（Short Form）字样，以示区别。简式提单中通常列有如下条款："本提单货物的收受、保管、运输和运费等事项，均按本提单全式提单的正面、背面的铅印、手写、印章和打字等书面条款和例外条款办理，该全式提单存本公司及其分支机构或代理处，可供托运人随时查阅。"

为了简化提单备制工作，有些船公司实际上只签发给托运人一种简式提单，而将全式提单留存，以备托运人查阅。这种简式提单上一般印有"各项条款及例外条款以本公司正规的全式提单所印的条款为准"等内容。按照国际贸易惯例，银行可以接受这种简式提单。这种简式提单与全式提单在法律上具有同等的效力。

（6）按签发提单的时间划分：

①倒签提单（Anti-dated B/L）。承运人或其代理人应托运人的要求，在货物装船完毕后，以早于货物实际装船日期为签发日期的提单。当货物实际装船日期晚于信用证规定的装船日期，若仍按实际装船日期签发提单，托运人就无法结汇。为了使签发提单的日期与信用证规定的装运日期相符，以利结汇，承运人应托运人的要求，在提单上仍以信用证的装运日期填写签发日期，以免违约。签发这种提单，尤其当倒签时间过长时，有可能推断承运人没有使船舶尽快速遣，因而承担货物运输延误的责任。特别是市场上货价下跌时，收货人可以以"伪造提单"为借口拒绝收货，并向法院起诉要求赔偿。承运人签发这种提单是要承担一定风险的。但是为了贸易的需要，在一定条件下，比如，在该票货物已装船完毕，但所签日期是船舶已抵港并开始装货，而所签提单的这票货尚未装船，是尚未装船的某一天；或签单的货物是零星货物而不是数量很大的大宗货；或倒签的时间与实际装船完毕时间的间隔不长等情况下，取得了托运人保证承担一切责任的保函后，才可以考虑签发。

②预借提单（Advanced B/L）。货物尚未装船或尚未装船完毕的情况下，信用证规定的结汇期（即信用证的有效期）即将届满，托运人为了能够及时结汇，而要求承运人或其代理人提前签发的已装船清洁提单，即托运人为了能及时结汇而从承运人那里借用的已装船清洁提单。

这种提单往往是当托运人未能及时备妥货物或船期延误，船舶不能按时到港接受货载，估计货物装船完毕的时间可能超过信用证规定的结汇期时，托运人采用从承运人那里借出提单用以结汇，当然必须出具保函。签发这种提单承运人要承担更大的风险，可能构成承、托双方合谋对善意的第三者收货人进行欺诈。签发这种提单的后果是：

a. 因为货物尚未装船而签发提单，即货物未经大副检验而签发清洁提单，有可能增加承运人的赔偿责任。

b. 因签发提单后，可能因种种原因改变原定的装运船舶，或发生货物灭失、损坏或退关，这样就会很容易地使收货人掌握预借提单的事实，以欺诈为由拒绝收货，并向承运人提出索赔要求，甚至诉讼。

c. 不少国家的法律规定和判例表明，在签发预借提单的情况下，承运人不但要承担货损赔偿责任，而且还会丧失享受责任限制和援引免责条款的权利，即使该票货物是因免责事项原因受损的，承运人也必须赔偿货物的全部损失。

签发倒签或预借提单,对承运人的风险很大。

③过期提单（Stale B/L）。过期提单有两种含义：a. 指出口商在装船后延滞过久才交到银行议付的提单。按《UCP600》的规定：如信用证无特殊规定,银行将拒收在运输单据签发日期后超过 21 天才提交的单据。在任何情况下,交单不得晚于信用证到期日。b. 指提单晚于货物到达目的港,这种提单也称为过期提单。因此,近海国家的贸易合同一般都规定有"过期提单也可接受"的条款（Stale B/L is acceptance）。

（7）按收费方式划分：

①运费预付提单（Freight Prepaid B/L）。成交 CIF、CFR 价格条件为运费预付,按规定货物托运时,必须预付运费。在运费预付情况下,出具的提单称为运费预付提单。这种提单正面载明"运费预付"字样,运费付后才能取得提单；付费后,若货物灭失,运费不退。

②运费到付提单（Freight to Collect B/L）。以 FOB 条件成交的货物,不论是买方订舱还是买方委托卖方订舱,运费均为到付（Freight Payable at Destination）,并在提单上载明"运费到付"字样,这种提单称为运费到付提单。货物运到目的港后,只有付清运费,收货人才能提货。

③最低运费提单（Minimum B/L）。最低运费提单是指对每一提单上的货物按起码收费标准收取运费所签发的提单。如果托运人托运的货物批量过少,按其数量计算的运费额低于运价表规定的起码收费标准时,承运人均按起码收费标准收取运费,为这批货物所签发的提单就是最低运费提单,也可称为起码收费提单。

（8）按提单签发人不同划分：

①船公司提单（Master B/L）。海运提单 MBL（见表 6-5）,分为正本提单（三份正本,有签单章和"ON BOARD"章）和电放提单（三份副本,船公司在收回正本提单后安排电报放货,复印件上有"SURRENDERED"章）。提单做电报放货,必须要有发货人的"电放保函"。在货物上船后、开航前,必须就提单内容与发货人进行仔细的确认。MBL 不允许为不记名提单,也就是不能显示"TO ORDER OF",收货人必须是银行、指定代理或真正的收货人。

②无船承运人提单（NVOCC B/L）。由无船承运人或其代理人所签发的提单。在集装箱班轮运输中,无船承运人通常为拼箱货签发提单,因为拼箱货是在集装箱货运站内装箱和拆箱,而货运站又大多有仓库,所以称其为仓/仓提单。因此,整箱货物由无船承运人装箱,整箱货提单也就可以由无船承运人签发。无船承运人提单实际上是无船承运人以承运人或其他代理人身份签发的提单。

美国承认无船承运人提单,但要经联邦询事委员会确认（即备案登记）。我国海运条例允许无船承运人签发提单,我国《海商法》规定无船承运人非以承运人或其他代理人身份签发的提单仅具结汇功能,并不具有物权效力。持有人或收货人不能向无船承运人主张物权或其他依提单产生的权利。国际商会允许凭无船承运人提单结汇,也就是说无船承运人（或运输行）只要作为承运人、多式联运经营人或其代理人签发 FBL,并符合相应的运输单据所应具备的条件,FBL 就是可接受的。

无船承运人提单与货运代理人提单的区别是：无船承运人签发的提单是以承运人的身份签发的提单,因而可以被《UCP600》所接受；而货运代理人签发的运输单据有两类：一类是以承运人身份签发的提单,另一类是以运输代理行的身份签发的运输单据。

表 6-5　　　　　　　　　　　MBL 海运提单

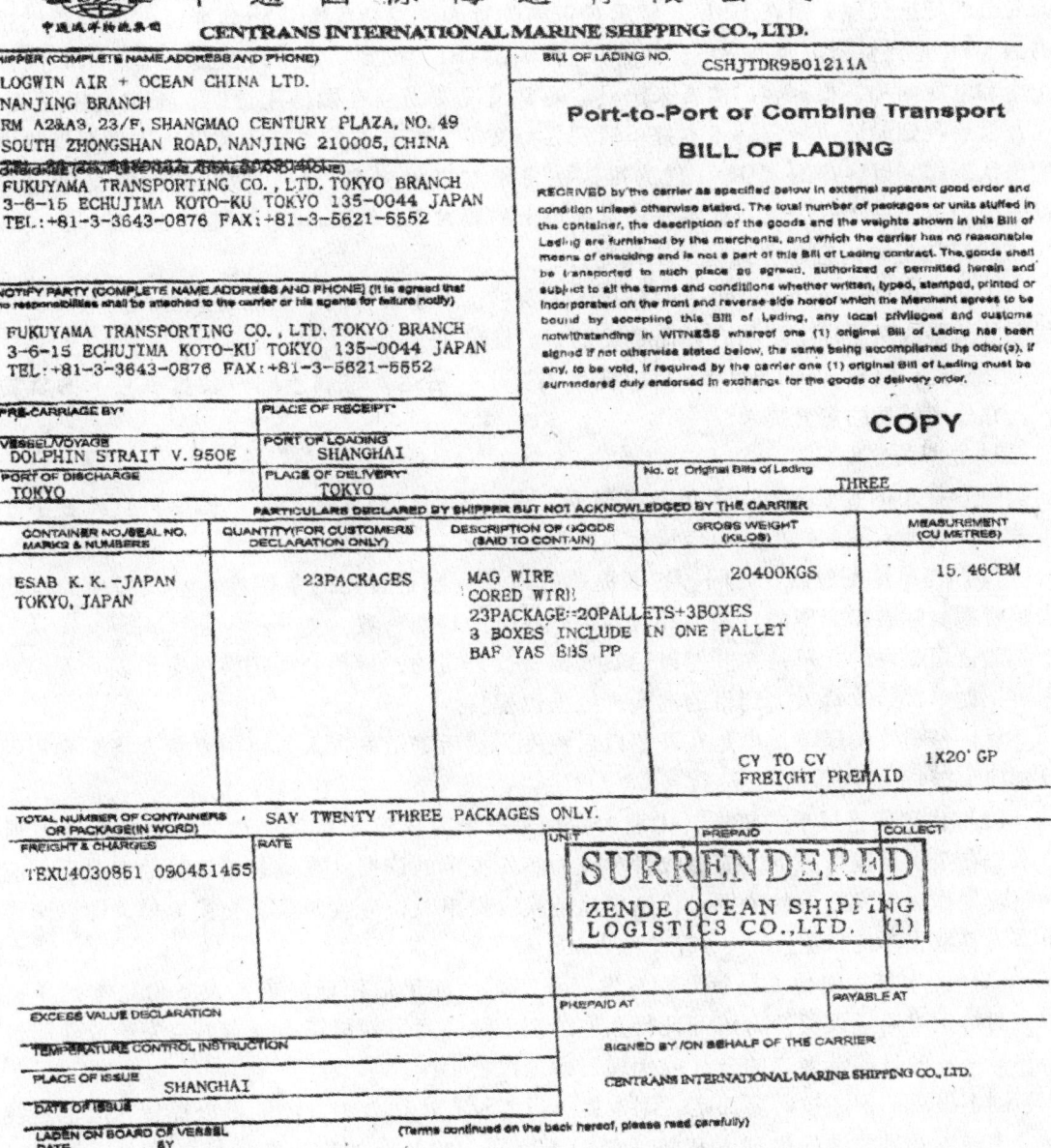

③货代提单（House B/L）。由运输代理人，即货代签发的提单，货代提单不是一种可以转让的物权凭证，而只是货代收到托运货物的收据，不能凭其向承运人提货（见表6-6）。因此，除非信用证另有规定，银行不接受这种提单。《UCP600》规定：除非信用证另有授权，银行仅接受运输行出具的表面注明下列内容的运输单据：a. 注明作为承运人或

多式联运经营人的运输行的名称,并由充当承运人或多式联运经营人的运输行签字或以其他方式证实。b. 注明承运人或多式联运经营人的名称,并由作为承运人或多式联运经营人的指明代理或代表的运输行签字或以其他方式证实。

货代提单 HBL 一般适用于拼箱货,有指定货代的货物。在 MBL 上显示的收、发货人均为对方的货运代理,而在 HBL 上显示真正的收货人、发货人。货物到港后,指定货代凭背书的 MBL 先到船公司换提货单,而客户凭背书的 HBL 再到指定货代换提货单。HBL 同样有正本和电放两种,根据客户需要来出具。通常情况贸易商在做信用证时,根据信用证要求,在开航后收到船公司签发的正本提单后到银行交单。在开航前,必须和发货人做好提单内容的确认工作。以客户的"OK"件为准。在将正本提单交客户后,做好文件的交接记录备查。因为提单是物权凭证。在签发正本提单上的要求上,MBL 和 HBL 是一致的。

(9) 按提单内容总分结构的不同划分:

①并提单(Omnitus B/L)。指应托运人要求,承运人将同一船舶装运的相同港口、相同货主的两票或两票以上货物合并而签发的一套提单。

②分提单(Separate B/L)。指应托运人要求,承运人将属于同一装货单号下的货物分开,并分别签发的多套提单。

5. 提单的签发

(1) 提单的签发人。一般包括承运人、承运人的代理人和船长。提单只有经签字才产生效力。代理人签发提单必须经承运人授权。

(2) 提单签发地点、时间。签发提单的地点应当是货物的装船港。签发提单的日期应当是货物实际装船完毕的日期,并且与大副收据的日期一致。

船公司签发的提单是在开船以后签发给货代公司的,货代公司把提单寄给发货人,发货人再把提单寄给收货人,到目的港代理处据以提货。

货代公司签发提单,也是在开船以后签发,然后寄给发货人,再由发货人寄给收货人据以到码头提货。

(3) 代理代签提单的依据。代理人在代签提单时应遵守有关法律的规定和航运习惯的要求。在杂货运输情况下,应将收货单作为签发提单的依据;在集装箱运输的情况下,应将场站收据作为签发提单的依据。代签中途港换发提单时,应收回全套交换提单,即以交换提单作为签发提单的依据。

(4) 提单签发份数。提单一般签发三正三副。如果信用证要求签发 3 份正本提单,其中,两份正本通过议付行寄给开证行办理结汇手续,而另一份正本要求航空寄给或随船带交给在另一地的目的港客户的分社或代理行办理提货手续。

副本提单的份数按需要而定。副本提单虽然没有法律效力,不能据以提货,但也是装运港、中转港及目的港的代理人和载货船舶不可缺少的补充的货运文件。提单上通常都列有"承运人或其代理人已签署本提单一式×份,其中一份经完成提货手续后,其余各份自动失效"字样。

(5) 提单的更正与补发。提单由船公司印制,货运代理预制后经由发货人审核,用信用证进行结汇的,就一定不能有错误,一旦有错误,就必须重签一份正确的提单。如果提单不幸遗失,船公司要在发货人出具证明时,才会重新出提单。

表 6-6　　　　　　　　　　　HBL 海运提单

Shipper			B/L NO. MSHHG9DL180114
SHANGHAI ELECTRIC IMP AND EXP CORP 3RD FLOOR, YONG XING BUSINESS BUILDING NO 22, LANE 376, YAN AN(W)ROAD SHANGHAI, CHINA			License No. MOC-NV01893

FMC NO: 020619

Amass freight Int'l Co.,Ltd.Shanghai

Combined Transport Bill Of Lading
NOT NEGOTIABLE UNLESS CONSIGNED "TO ORDER"

Consignee(if 'to Order' so indicate) TO ORDER OF VIETINBANK-DEN HUNG BRANCH	RECEIVED by the MTO the Goods as specified below in apparent good order and condition unless otherwise stated, to be transported to such place as agreed, authorised or permitted herein and subject to all the terms and conditions appearing on the front and reverse of this Bill of Lading to which the Merchant agrees by accepting this Bill of Lading, any local privileges and customs notwithstanding.
Notify Party(No claim shall attach for failure to notify) BAI BANG STATIONERY JOINT STOCK COMPANY PHONG CHAU TOWN, PHU NINH DISTRICT, PHU THO PROVINCE, VIETNAM TEL: +84 210 3762238 FAX: +84 210 3827052	The particulars given below as stated by the shipper and the weight, measure, quantity, condition, contents and value of the Goods are unknown to the MTO. In WITNESS thereof one(1)original Bill of Lading has been signed if not otherwise stated below, the same being accomplished the other(s), if any, to be void, if required by the MTO one(1) orginal Bill of Lading must be surrendered duly endorsed in exchange for the Goods or delivery order.

Place of Receipt	Port of Loading SHANGHAI	Port of Transshipment	
Vessel APPEN CHARLOTTE V.0914W		Port of Discharge HAIPHONG	Place of Delivery HAIPHONG
Mark & Numbers	No. of pkgs. or Shipping Units	Description of Goods & Pkgs.	Gross Weight	Measurement
N/M	6 PACKAGES	SAID TO CONTAIN SEE ATTACHMENT	1709.040 KGS	4.525 CBM

ON BOARD
AMASS

14 DEC 2009
CFS-CFS

ORIGINAL

Total Number of Containers or Packages(in Words) SAY SIX PACKAGES ONLY.	Temperature Control Instructions	
Excess Value Declaration	freight Details, Charges etc	
Shipped on Board the Vessel	Prepaid FREIGHT PREPAID	Collect
Date 14-DEC-2009	Signature	total amount
Place and date of issue SHANGHAI	Number of Original B/L THREE	F/Agent Name for Delivery SUPERSTAR GLOBAL LOGISTICS CO., LTD(HANOI BRANCH) 23 LANG HA STREET, BA DINH DISTRICT, HANOI. TEL:04-5147172 TEL:84 - 8 - 38450863 FAX:84 - 8 -38446201/ 38446425
Signed by the MTO / on behalf of the MTO SHANGHAI AMASS FREIGHT INT'L CO., LTD SHANGHAI AS CARRIER		

6. 提单的流转

提单有正本提单和副本提单之分，通常所说的提单都是指正本提单，副本提单只用于日常业务，不具有法律效力。正本提单应标注"Original"字样，标注"Copy"字样的是副本提单。按国际航运界惯例，通常是签发正本提单一式二到三份，每份正本提单的效力是同等的，只要其中一份凭以提货，其他各份立即失效。副本提单的份数可视托运人的需要而定。

提单的使用流转程序可参见图6-5。

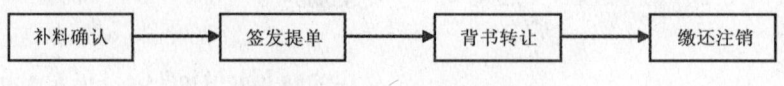

图6-5 提单使用流转程序

货运代理将提单样本送交货主；货主将提单与相应合同或信用证条款核对后回传。若客户回传后又要求改单，通常要交改单费；货运代理将提单传给承运人；承运人核对，确认后回传并出具正本提单（若客户要求出船公司提单MBL时）或者承运人缮制提单样本传给货运代理（或承运人让货运代理进行提单补料）；货运代理审核、确认后回传给托运人，即货主，货主收到提单后，可以将提单进行背书转让。最后，收货人必须凭提单提货，承运人交付货物时必须收回提单并在提单上做"作废"的批注。

小知识：美国单的操作程序

美方进口商品时，要求客户必须在船预计到装货港前约72小时提供完整的提单资料，以便留出提单的制作、修改和确认的时间。如果客户不能按照船公司的时间要求及时提供提单补料，意味着集装箱将不能上船；如果客户不能在船公司向美国海关传递舱单前完成提单确认，那么在此之后的每一次修改都要产生25美元的海关罚款，同时Shipper/Notify/Consignee必须提供详细地址，详细到街道、门牌号，不能填写P. O. BOX，而且Notify/Consignee必须是本地地址。

（九）提货单（Delivery Order，D/O）

提货单亦称小提单，是收货人向船公司提取货物的凭证。

收货人或其代理人向船公司在卸货港的代理人交出正本提单后，船公司或其代理人核对提单和其他装货单证的内容是否相符，并将船名、货物名称、件数、重量、包装标志、提单号、收货人名称等记载在提货单上，由船公司或其代理人签字交给收货人到现场提货。

（十）危险品单证

危险货物中主要设计的单证有：货物运输条件鉴定书、包装危险货物安全适运申报单、危险货物技术说明书、包装检验证明书、包装适用证明书、放射性货物剂量检查证明书、集装箱装运危险货物装箱证明书等。

由于货物的化学性质的多样性，承运人屡屡因托运人瞒报品名而造成危险货物作为普通货物装运，而导致货物运输中的安全隐患和事故，现在大多数承运人在接到陌生货名的货物运输委托时，会要求委托人出具《货物运输条件鉴定书》（Certification for Safe Transport of Chemical Goods）。这份鉴定结果是由承运人认可的第三方化学研究机构出具的证明文件。其鉴定结果为承运人决定是否接运此货物提供了参考依据。

危险品在办理订舱托运手续时，须注意的事项和提供的货物信息如下：

（1）接受危险品货物订舱时，必须向船代公司或船代事先确认；若货物装船后需涉及的有关过境港、中转港和目的港的，则还须通过船代向当地代理人进行书面确认，且遵照确认中的要求予以执行。上述任何一方的拒绝，有关代理机构都不会接受订舱及安排装船。以免货物无法过境、中转或交货而引起货运纠纷。

（2）危险货物必须按照各类不同危险特性分别缮制托运单，以便船公司或船代根据不同特性的危险货物按照《国际危规》的隔离要求安排集装箱的积载和运输。

（3）托运危险货物，托运单上除一般委托信息（如发货人、装港、卸港、唛头、品名、件数、包装等）外，应提供详尽的信息：货物名称用正规的化学学名或技术名称，并用中英文全名表示；必须注明 DANGEROUS CARGO 字样，以引起船公司或船代理的重视；提供危险货物的危险品级别；注明危险货物的《国际危规》页码；标明危险货物的联合国危险品编号；易燃液体必须注明闪点；其他积载的特殊要求等。

（4）随托运单附上"危险货物技术说明书"、"包装危险货物安全适运申报单"（又称货申报）一式三联、"集装箱装运危险货物装箱证明书"等申报单证。船代在配载后，凭"货申报"向海事局办理"船舶载运危险货物申报单"（称船申报），港务监督部门必须在收到海事局审核批准的船申报后才允许船舶装载危险货物。

? 思考

我国 A 贸易公司委托同一城市的 B 货运代理公司办理一批从我国 C 港运至韩国 D 港的危险品货物。A 贸易公司向 B 货运代理公司提供了正确的货物名称和危险品货物的性质，B 货运代理公司为此签发其公司的 HOUSE B/L 给 A 公司。随后，B 货运代理公司以托运人的身份向船公司办理该批货物的订舱和出运手续。为了节省运费，同时因为 B 货运代理公司已投保责任险。因此，B 货运代理公司向船公司谎报货物的名称，亦未告知船公司该批货物为危险品货物。船公司按通常货物处理并装载于船舱内，结果在海上运输中，因为货物的危险性质导致火灾，造成船舶受损，该批货物全部灭失并给其他货主造成巨大损失。请根据我国有关法律规定回答下列问题：

（1）A 贸易公司、B 货运代理公司、船公司在这次事故中的责任如何？
（2）承运人是否应对其他货主的损失承担赔偿责任，为什么？
（3）责任保险人是否承担责任，为什么？

（5）其他危险货物资料：危险品货物中英文说明书（副本）、包装检验证明书、包装适用证明书、放射性货物剂量检查证明书、罐式集装箱检验合格证书等危险货物运输申报用资料，按照海事局的危险货物申报要求相应提供。

（6）对美国出口或需要通过美国转运的危险货物，托运时应提供英文"危险货物安全资料卡"（又称 MSDS）一式两份，由船代转交承运人供美国港口备案。

（7）托运人的危险货物外包装必须贴由《国际危规》规定的危险品标志、标记。集装箱内门上应粘贴箱内危险货物装箱清单，箱外四周应贴上与箱内货物内容一致的危险品标志和标牌。

（十一）货主提供的报关用单证

出口货物报关单或出口货物报关委托书（见表6-7）、外汇核销单、出口货物退税单、商业发票、装箱单、检验单据、出口许可证、加工贸易手册等货物出口报关的资料。

五、租船业务

（一）租船货运业务基本含义

1. 租船运输的含义

租船运输（Carriage of Goods by Chartering）是相对于班轮运输的另一种海上运输经营方式，既没有固定的船舶班期，也没有固定的航线和挂靠港，而是按照货源的要求和货主/承租人对货物运输的要求，以事先签订的租船合同来安排船舶航行计划，组织货物运输。因此，租船运输又称为不定期船运输（Tramp Shipping）。由于租船运输的特点，决定了其适合运输大宗、低值货物，如粮食、煤炭、矿砂、化肥、木材和水泥等。相对于班轮运输业务而言，各国政府对租船运输业务几乎不采取任何管制，在不影响各国公共利益的情况下，几乎完全按照"合同自由"的原则，交由承租双方进行自由地协商。所订立的租船合同的内容，在很大程度上体现出双方当事人的业务水平和经济实力。

由于租船运输涉及的航线往往都是不固定的，因此，在租船运输过程中，货物所有人是在一个世界性的大市场中寻找适当的船舶，而船舶所有人同样也是在全球范围内承揽货物，这样洽谈租船业务的双方有可能相隔千里，而他们能够签订一个租船合同，可能首先是货物所有人通过某一中介人将运输需求公开，船舶所有人通过其他中介人将其欲出租的船舶信息公布。然后双方在这些中介人的帮助下，彼此选择适当的交易对象，就租船业务涉及的运输条件及相应的条款进行商定。在许多情况下，这种业务谈判是参考某一个通用的范本进行的，当双方就相关的问题共同认可时，船舶所有人与货物所有人之间通常要签订包括租期、挂靠港、租金或者是运费以及双方的责任与义务在内的租船合同。一旦船舶所有人与货物所有人签订了租船合同，那么双方就要受到该合同的约束，而这份租船合同不仅是双方履行义务和享有权利的来源，同时也是双方处理合同执行过程中出现问题的依据。

2. 租船运输的特点

租船运输中，船舶的营运是根据船舶出租人与承租人双方签订的租船合同来进行的，一般进行的是特定货物的运输，船舶所有人提供的是货物运输服务，而承租人则是按约定的租金率或运价支付运费。因此，区别于班轮运输，租船运输具有以下特点：

（1）按照船舶出租人与承租人双方签订的租船合同安排船舶航线，组织运输；没有相对于定期班轮运输的船期表和航线。

（2）适合于大宗散货运输，货物的特点是批量大，附加值低，包装相对简单。因此，承租运输的运价（或租金率）相对班轮运输而言较低。

（3）舱位的租赁一般以提供整船或部分舱位为主，主要是根据租约来定，另外，承租人一般可以将舱位或整船再租与第三人。

（4）船舶运输中的风险以及有关费用的负担责任根据租船合同的规定。

表 6-7   报关委托书

代 理 报 关 委 托 书

编号：00072227462

　　我单位现　　　（A 逐票、B 长期）委托贵公司代理　　　等通关事宜。（A、填单申报 B、辅助查验 C、垫缴税款 D、办理海关证明联 E、审批手册 F、核销手册 G、申办减免税手续 H、其他）详见《委托报关协议》。

　　我单位保证遵守《海关法》和国家有关法规，保证所提供的情况真实、完整、单货相符。否则，愿承担相关法律责任。

　　本委托书有效期自签字之日起至　　　年　　月　　日止。

委托方（盖章）：

法定代表人或其授权签署《代理报关委托书》的人（签字）

年　月　日

委 托 报 关 协 议

为明确委托报关具体事项和各自责任，双方经平等协商签定协议如下：

委托方		被委托方		
主要货物名称		*报关单编码	No.	
HS 编码	□□□□□□□□	收到单证日期	年　月　日	
货物总价		收到单证情况	合同□	发票□
进出口日期	年　月　日		装箱清单□	提（运）单□
提单号			加工贸易手册□	许可证件□
贸易方式			其他	
原产地/货源地		报关收费	人民币：	元
其他要求：		承诺说明：		
背面所列通用条款是本协议不可分割的一部分，对本协议的签署构成了对背面通用条款的同意。		背面所列通用条款是本协议不可分割的一部分，对本协议的签署构成了对背面通用条款的同意。		
委托方业务签章：		被委托方业务签章：		
经办人签章： 联系电话：　　　　　　　年　月　日		经办报关员签章： 联系电话：　　　　　　　年　月　日		

CCBA　　　　（白联：海关留存、黄联：被委托方留存、红联：委托方留存）　　　中国报关协会监制

（5）租船运输中的提单的性质不完全与班轮运输中的提单的性质相同，它一般不是一个独立的文件，对于承租人和船舶出租人而言，仅相当于货物收据。这种提单要受租船契约约束，银行不愿意接受这种提单，除非信用证另有规定。当承租人将提单转让与第三人时，提单起着权利凭证作用。而在第三人与船舶出租人之间，提单这时则是货物运输合同的证明。

（6）承租人与船舶出租人之间的权利与义务是通过租船合同来确定的。

（7）租船运输中，船舶港口使用费、装卸费及船期延误，按租船合同规定由船舶出租人和承租人分担、划分及计算，而班轮运输中船舶的一切正常运营支出均由船方负担。

3. 租船市场

租船市场是需求船舶的承租人和提供船舶运力的出租人协商洽谈租船业务、订立租船合同的主要场所。这只是狭义租船市场或者是有形租船市场的定义，而广义的租船市场是指需求船舶的承租人和提供船舶运力的出租人的交易关系，交易的对象是作为租赁对象的船舶的运力。它通常设立在世界上货主和船东汇集，外贸和运输繁荣发达的地方。世界上各种租船场所有专门在城市内设集中场所当面洽谈的，也有不设专门集中场所、由分散在城市内各个经纪人凭借互联网、电传、传真等一系列通讯设施进行洽谈的。

目前，世界上主要的租船市场为：英国伦敦租船市场、美国纽约租船市场、北欧租船市场、亚洲租船市场。

（二）租船货运经营方式

在租船实务中，由于承租人所要运输的货物可能是一次性的、单向的，也可能是长期的、往返的，此外，承租人有时并不是要运输自己的货物，而是租进一条船舶，进行揽货运输，这样就带来了在租船市场上租船运输的方式的多样性。目前，航运业主要的租船运输经营方式有航次租船（Voyage Charter, Trip Charter）、定期租船（Time Charter, Period Charter）、光船租船（Bare‐boat Charter, Demise Charter）等基本形式，还有包运租船（Contract of Affreightment, COA）和航次期租（Time Charter on Trip Basis, TCT）等形式。其中最基本的租船运输的经营方式是具有运输承揽性质的航次租船。

1. 航次租船

航次租船又称"航程租船"或"程租船"、"程租"，是指由船舶出租人向承租人提供船舶或船舶的部分舱位，在指定的港口之间进行单向或往返的一个航次或几个航次用以运输指定货物的租船运输方式。船舶出租人主要负责船舶的航行，承租人只负责货物的部分管理工作。

航次租船是租船时常上最活跃、最为普遍的一种租船方式，对运价水平的波动最为敏感。在国际现货市场上成交的大多数（主要有液体散货和干货两大类）通常都是通过航次租船方式运输的。在航次租船的情况下，船长由船舶出租人（船东）任命，船舶由作为船舶出租人的代理人的船长管理，船舶的营运调度仍由船舶出租人负责，船舶仍归船舶出租人占有和支配。在这种意义上，航次租船合同与班轮运输合同一样，都是以承揽货物运输为目的的运输合同。

航次租船运输首先要进行航次租船合同的签订。航次租船合同中的条款反映船舶所有人和承租人的意愿，规定了各自的义务，并且在开展航次租船运输时必须履行。因此，航次租船的特点主要表现在：

（1）特定船舶、特定货物、特定港口和特定航线。航次租船合同下，对于履行货物运输的船舶和要装运的货物，装货港和卸货港以及航线都作出专门的规定。通常情况下，都由指定的船舶在指定的装货港来装运指定的货物，按照约定的或者习惯的或者地理上的航线运至指定的卸货港。

（2）航次租船合同是确定船舶出租人与承租人的权利、义务和责任的依据。航次租船合同的船舶出租人和承租人"完全"处于同等的谈判地位，根据租船市场行情和其他条件进行讨价还价，商谈合同条款。无论英美法系的国家，还是大陆法系的国家，都无制约航次租船合同的成文法，即使大陆法系国家制定的有关租船合同的条款，也都属于非强制性条款或弹性条款，也可以用双方协议的其他合同条款予以排除相应的适用条款。航次租船合同的船舶出租人不是公共承运人（Private Carrier），即承运与其签订合同的承租人的货物。

（3）承租人负责完成货物的组织，支付运费及支付相关的费用。

（4）船舶出租人占有和控制船舶，负责船舶的营运调度，配备和管理船员。

（5）船舶出租人负责船舶营运所支付的费用。这些费用包括：船舶资本费用（船舶成本、船舶资本借贷偿还、资本金利息）、固定营运费用（船员工资和伙食、船舶物料、船舶保养费用、船舶保险费用、润滑油费用，企业事务费用等）和可变营运费用（燃料费、港口使用费、引水费、合同规定的装卸费、其他费用）。

（6）船舶出租人出租整船或部分舱位，按实际装船的货物数量或整船舱位包干计收运费。

（7）承租人向船舶出租人支付的运输费用通常称为运费（Freight），而不称为租金（Hire）。

（8）航次租船合同中都规定可用于在港装卸货物的时间、装卸时间的计算方法、滞期和速遣以及滞留损失等规定。这是因为在航次租船合同中航次总的时间风险在船舶出租人一边，船舶出租人对于完成一个航次所需要的时间是最为关心的，他希望缩短船舶在港停留的时间，但是在港进行装卸货物的时间却往往是由承租人掌握的，船舶出租人难以控制，而这些天数可以影响船舶出租人的经济效益，这样若装卸时间超过规定的天数，承租人要向船舶出租人支付一笔约定的损害赔偿金，即滞期费；反之，装卸货物在规定的天数内提前结束，船舶出租人要向承租人支付一笔奖励，即速遣费。但双方有时也会约定按照港口当地习惯尽快装卸（Customary Quick Dispatch，CQD），即不规定装卸时间，由船舶出租人承担时间的风险。此外，对于由承租人引起的非装卸时间方面的时间损失，诸如港口合同中船舶抵港后，承租人不能及时安排泊位，以致延误船期，承租人须按照船舶实际损失额向船舶出租人支付赔偿，即滞期损失。

航次租船的租期。航次租船租期的长短取决于完成一个航次或几个航次所花费的时间，但航次租船并不规定完成一个航次或几个航次所需要的时间。在这段时间内，船舶出租人与承租人之间按航次的不同阶段分别承担着不同的风险，一般将其分为四个阶段：（1）预备航次阶段；（2）装货阶段；（3）航行阶段；（4）卸货阶段。

2. 定期租船

定期租船又称"期租船"或"期租"，是指由船舶出租人向承租人提供约定的由出租人配备船员的船舶，由承租人在约定的时间内按照约定的用途使用，并支付租金的一种租船方式。这种租船方式以约定的使用期限为船舶租期，而不以完成航次次数多少来计算。在租期内，承租人利用租用的船舶既可以进行不定期船货物运输，也可以投入班轮运输，还可以在租期内将船舶转租，以取得运费收入或谋取租金差额。在定期租船中，租期的长短完全由船舶出租人和承租人根据实际需要约定。少则几个月，多则几年，或更长的时间。

与航次租船相比，在定期租船中，虽然船长船员也是由船舶所有人任命，船舶也是作为船舶所有人的代理人的船长进行管理，船舶所有人仍可以通过船长对船舶行使占有权，但是，由于定期租船在租期内船舶是由承租人使用的，由承租人负责营运调度，揽货订舱不再是船舶所有人的事情，因而定期租船不再完全是一种承揽运输的营运方式。一方面船舶所有人将船舶交由租船人使用，包含了一定成分的财产租赁性质；另一方面船舶所有人对船舶拥有占有权，对驾驶和管理船舶负有责任，而且当承运人本身就是货主时，船舶所有人就是承运人，这时，定期租船具有运输承揽的性质。

定期租船的承租人既有一些大型企业或实力较强的贸易机构，利用租用船舶进行自有的货物运输；也有一些航运公司，利用租用船舶从事货物运输，以便弥补自身船队的运力不足。大型企业或实力较强的贸易机构往往拥有稳定的货源，有着长期的运输需求，对租船市场的租金水平有着一定的影响。

定期租船的特点主要有：

（1）船舶出租人负责配备船员，并负担其工资和伙食。

（2）承租人在船舶营运方面拥有对船长、船员的指挥权，有权要求船舶出租人予以撤换。

 资料卡

定程租船与定期租船的区别

（1）租船方式不同。定程租船以船舶航程为租用对象；而定期租船以船舶租用期限为租用对象。

（2）租金计算不同。定程租船按装运货物的吨数计算租金，租金可直接表现货物运输成本；而定期租船是按月以每一夏季载重吨或按每日租金额计算租金，租金不能表现为货物运输成本。

（3）费用负担不同。定程租船人只负担运费、滞期费等几项费用，其他大部分费用如航线所需的燃料费、港口费用及港口代理费等均由船东负担，而定期租船船东只负担船舶营运费，其他大部分费用如航行所需燃料费、供水及港口捐税、港口费用、装卸费、平舱费和理舱费等均由租船人负担。

（4）船舶调度权不同。定程租船由船东掌握船舶的调度权，所以适用于货物单一、装卸港较少的大宗货物运输；而定期租船由租船人掌握船舶的调度权，租给人可按需要选择任何航线挂靠任何港口。

（5）船舶技术管理不同。定程租船的船舶管理和技术工作均由船方负责；而定期租船的租船人要全面了解和掌握船舶性能和基本技术知识，掌握船舶动态，加油、审查航海日记和机房日记。

(3) 承租人负责船舶的营运调度，并负担船舶营运中的可变费用。包括燃料费、港口使用费、引水费、货物装卸费、运河通信费、租船合同规定其他费用等。
　　(4) 船舶出租人负担船舶营运的固定费用。包括船舶资本的有关费用、船用物料费用、润滑油费、船舶保险费、船舶维修保养费等。
　　(5) 船舶租用以整船出租，租金按船舶的载重吨、租期以及商定的租金率计收。
　　(6) 租约中往往订有有关交船和还船以及停租的规定。
　　此外，在期租情况下，租金率在租期内一般比较稳定，货载的运输不受或较少受运输市场价格波动的影响。船舶出租人为避免租期内因部分费用上涨而使其赢利减少或发生亏损，而在较长期的定期租船合同中加入了"自动递增条款（Escalation Clause）"，使得在规定的费用上涨时，按合同约定的相应比例提高租金。
　　在定期租船方式下，被租船完全处于承租人的使用和控制下。所以，除因船舶不能处于适航状态，其他情况所造成的营运风险一般均由承租人承担。
　　3. 光船租船
　　光船租船又称船壳租船，是指船舶出租人向承租人提供不配备船员的船舶，在约定的时间内由承租人占有、使用和营运，并向出租人支付租金的一种租船方式。这种租船方式实质上是一种财产租赁方式，船舶出租人不具有承揽运输的责任，在租期内，船舶出租人只提供一艘空船给承租人使用，船舶的配备船员、营运管理、供应，以及一切固定或变动的营运费用都由承租人负担。船舶出租人在租期内除了收取租金外，对船舶和其经营不再承担任何责任和费用。
　　光船租船起源于战争时期政府对船舶的征用，以这种方式达成的租约并不是很多，但近几年来有所增加，其背景是由于船舶信贷的发展和方便，使其被广泛利用。光租租船的船舶所有人往往是运力过剩，或缺乏船舶管理经验的一些经营人。其经营效率较之直接经营船舶运输业务要低，同时，还存在着租金的支付风险，因此，出租船舶时，应掌握承租人的资信和商业信誉，并拥有较为可靠的租金回收手段，而另一方面，承租人也应了解船舶的债务状况，避免租赁期间因债务而引起的船舶债权人对船舶的扣押或抵押。
　　光船租船的特点主要有：
　　(1) 船舶出租人提供一艘适航空船，不负责船舶的运输。
　　(2) 承租人配备全部船员，并负有指挥责任。
　　(3) 承租人以承运人身份负责船舶的经营及营运调度工作，并承担在租期内的时间损失，包括船期延误、修理等。
　　(4) 承租人负担除船舶的资本费用外的全部固定及变动成本。
　　(5) 以整船出租，租金按船舶的载重吨、租期及商定的租金率计算。
　　(6) 船舶的占有权从船舶交与承租人使用时起，转移至承租人。
　　近几年来，航运实践中在办理光船租船时，最常见的是使用"购买选择权租赁条件"（Leasing with Option to Purchase）。在这种条件下，承租人在租赁合同规定的租期届满时，享有购买该船舶的选择权。附带有这种条件的光船租船合同中，通常对租期届满时的船舶价格事先确定，并规定这一船价在租期内平均分摊，与按期支付的租金一并缴纳。这是一种分期购买船舶的方法，它对于那些缺乏足够资金一次性购买船的承租人来说，是一种获得运力的机会，也是较容易获得银行贷款的有效手段。这种光船租船方式就被称作光船租购（Lease

Purchase)。

4. 包运租船

包运租船是指船舶出租人向承租人提供一定吨位的运力，在确定的港口之间，按事先约定的时间、航次周期和每航次较为均等的运量，完成合同规定的全部运货量的租船方式。包运租船方式所签订的租船合同称为"包运租船合同"，或称"运量合同"（Quantity Contract \ Volume Contract）。

这种租船方式是在连续单航次程租船的运营方式的基础上发展而来的，与连续单航次程租船相比，一方面包运租船不要求一艘固定的船舶完成运输，船舶出租人在指定船舶上享有较大的自由，另一方面包运租船并不要求船舶一个接着一个航次完成运输，而是规定一个较长的时间，只要满足包运租船合同对于航次的要求，在这段时间内，船舶出租人可以灵活地安排运输，对于两个航次之间的时间，船舶出租人完全有权自由地安排一些额外的运输。

对船舶出租人而言，包运租船时货运量大，较长时间内有较充足的货源，基本保障了稳定的运费收益；而且包运租船中，船舶出租人可根据自有的船舶运力灵活地安排船舶，在保证按合同规定完成货物运输的前提下，船舶出租人通过对船舶的适当调度，可利用航次间的多余时间装运其他货物，提高运力利用率，从而获得更大的经营效益。

对承租人而言，包运租船可以保证在较长时间内满足货物的运输需求，而且可在较大程度上摆脱租船市场行情的变动所带来的影响，确保运力将货物运往最终市场，从而保障生产或销售活动的正常进行。

5. 航次租期（TCT）

目前，国际航运实践中还经常使用者一种介于航次租船和定期租船之间的租船方式，即"航次租期"，又称为日租船（Daily Charter）。航次租期是指由船舶出租人向承担人提供船舶，在指定的港口之间，以完成航次运输为目的，按实际租用天数和约定的日租金率计算租金的租船运输经营方式。航次租期的特点是没有明确的租期期限，而只确定了的航次。

航次租期结合了租期和航次租船的特点，从而形成其独具特色的租船方式。其基本概念可从以下两个方面理解：一方面，租船的计算以船舶所完成的本航次任务为基础，类似于航次租船，一般是从船舶抵达第一装港的引水锚地时起租，直至该船于最后一个卸港卸完货后，并由引航员引至引水锚地，引航员离船为止。当然具体交换船时间及地点，可由当事双方在租约中订明。另一方面，尽管租期的计算类似于航次租船，但是船东收到不是航次租船的运费，而是类似于租船方式中的租金，一般为15天预付一期租金。TCT对于承租人来说，既可以避免租期过程中的风险，诸如缺少长期，固定的货源等，又可以保守商业机密，由于装、卸港代理均由租船人指派，故船东基本上无法了解该货物详细情况，而且在船舶装载能力许可的条件下，可以尽可能地多装货，以获取更大的利润。对于船东来说，采用TCT租船方式，最大的益处是减少风险，这主要是指船舶港口作业及停泊等时间风险，所有这些风险都由租船人承担。

由于航次租期是建立在定期租船和航次租船基础上的一种边缘型的租船方式，对于航次租期的处理方法，在法律上往往是依据该航次租期的长短，租期长的认定为具有较多的定期租船的性质，而按照定期租船的办法予以处理；租期较短往往被认为更多地具有航次租船的性质，尽管船舶出租人收取的不是运费，而是租金，也往往会考虑航次租船的一些要求。当然，总体而言，应该说，这种租船方式仍是以期租作为基础，融合了航次租船的性质，费用和风险则按期租方式处理。所以，即使是期租航次较短的期租，船舶所有人也无须承担我国《海商法》对于航次租船船舶出租人作出的两项强制性法规规定的义务。

上述五种租船方式的区别主要体现在船舶出租人和承租人对船舶的支配权、占有权的不同，从船舶出租人对船舶的支配、占有程度的强弱来看，五种租船方式的排序为：包运租船、航次租船、航次期租、定期租船、光船租船。

承租人在以上述五种租船方式的任何一种方式租用船舶后，除非租船合同明确规定不允许承租人转租船舶与第三者外，承租人有权将租用船舶再次出租，即所谓的转租。在存在转租的情况下，出租人和承租人都必须按照他们之间所签订的合同履行义务，而不论他们是否为真正的船舶所有人或者真正地拥有货物。根据合同的相对性原则，他们不得依据其他运输合同，来抗辩本合同项下其应该承担的义务和责任。

（三）租船业务流程

租船的洽订通常情况下通过租船经纪人进行的。一项租船业务从出发询价到递交租船合同的全过程称为租船程序（Chartering Procedure，Chartering Process）。通常情况下，租船程序大致经过租船询价、租船要约、租船还价、租船承诺、签订租船合同几个阶段。租船程序的整个过程实际上是船舶出租人和承租人通过经纪人或直接就各自的交易条件向对方进行说明、说服、协商的谈判过程。租船谈判要求当事人具有很强的专业知识，应关注全球政治、经济的变化，对航运市场的变化应非常的敏感，在谈判中要有预见性。对航运业务的操作过程应相当地清楚和了解，应当掌握各种典型的规范及特点，并对各种合同范本的所有条款有深刻的理解。

1. 租船询价

又称租船询盘（Chartering Inquiry）。询盘的目的和作用是让对方知道发盘人的意向和需求的概况，通常是指承租人根据自己对货物运输的需要或对船舶的特殊要求通过租船经纪人在租船市场上发出租用船舶的意向。询价也可以由船舶出租人为承揽货载而首先通过租船经纪人向租船市场发出。当然，询价也可以由船舶出租人或承租人直接发出。

2. 租船要约

又称租船报价或租船发盘（Offer），承担人或船舶出租人围绕租船询价中的内容，就租船涉及的主要条件答复询价方即为租船要约。当船舶出租人从租船经纪人那里得到承租人的询价后，经过成本估算或者比较其他的询价条件，通过租船经纪人向承租人提出自己所能提供的船舶情况和运费率或租金率。

由于要约对于要约人有约束力，实务中往往在租船要约中附带某些保留条件，从而使得租船要约报价按不同的约束力分为绝对发盘和条件发盘两种情形。

3. 租船还价

又称还盘（Counter Offer），是接受发盘的一方对发盘中的一些条件提出修改，或提出自己的新条件，并向发盘人提出的过程。还价意味着询价人对报价人的拒绝和新的报价开始，我国合同法是将还盘认定为一种新要约的行为。因此，报价人对还价人可能全部接受，也可能部分还价，对不同意部分提出再还价或新报价。这种对还价条件作出答复或再次作出新的报价称为返还价或称返还盘。

在一笔租船交易中，经过多次还价与返还价，如果双方对租船合同条款的意见一致，一方可以以报实盘的方式要求对方作出是否成交的决定。在报实盘时，要列举租船合同中的必要条款,将双方已经同意的条款和尚未最后确定的条件在实盘中加以确定。同时还要在实盘中规定有效期限,要求对方答复是否接受实盘,并在规定的有效期限内作出答复。若在有效期限内未作出答复,所报实盘即告失败。同样,在有效期内,报实盘的一方对报出的实盘是不能撤销或修改的,也不能同时向其他第三方报实盘。

4. 租船承诺

租船承诺(Acceptance)又称受盘或接受订租,即为明确接受或确认对方所报的各项租船条件。原则上,接受订租是租船程序的最后阶段,一项租船业务即告成交,至此租船合同成立。

5. 签订订租确认书

租船实务中通常的做法是在达成租船承诺后,当事人之间还要签署一份"订租确认书"(Fixture Note)。双方签订的订租确认书实质上就是一份供双方履行的简式的租船合同,订租确认书经当事人双方签署后,各保存一份备查。

正式的租船合同是在合同主要条款被双方接受后开始拟制的。受盘后,双方共同承诺的实盘中的条款已产生约束力的效力。按照国际惯例,在条件允许的情况下,双方应签署一份"确认备忘书"或称"订租确认书",作为简式的租船合同。

订租确认书实务范例

1. 航次租船 FIXTURE NOTE。

It is mutually agreed between Messrs(船舶所有人的名称及详细地址)as Owners and Messers(承租人的名称及详细地址)as charters that:

(1)Cargo 20,000MT wheat in bags 5% more or less at Owner's option (Owners to declare quantity to be shipped 2 days before vessel arriving at loading port).

(2)Loading at one safe port Shanghai.

(3)Discharging at one safe port Auckland.

(4)Lay days and Canceling Date: 15 th to 30 th March 2007.

(5)Freight rate USD18.00 per Metric Ton F.I.O.S, CQD both ends.

(6)100% Freight prepaid by T/T to Owner's account in US Dollar at Shanghai after completion of loading before releasing Bill of Lading.

(7)Any dues/taxes on vessel, on freight to be for Owner's account. Any dues/taxes on cargo to be for Charterers' account.

(8)If charterers fail to ship as agreed quantity, they are liable to pay the deadfreight at the freight rate as agreed.

(9)Otherwise details as per 1994 GENCON C/P.

For and on behalf of   For and on behalf of
(Owners)   (Charterers)

2. 航次期租(TCT)FIXTURE NOTE。

It is this day mutually agreed through friendly consultation between Shipowner and Charterer on chartering of M/V "ABC" with terms and conditions as following:

(1) Delivery place: port of Qingdao, China.

(2) Delivery time: around 12/15 July, 2006. Begin with the moment that the outward document completed or pilot onboard the vessel whichever occurred last, whether on Sunday, Holiday or not, when in day or night.

(3) Redelivery place: port of Kobe, Japan.

(4) Redelivery time: when dropped outward pilot at the place of clause 3.

(5) Daily hire: US $9,000per day or pro rata including crew's overtime.

(6) Hire payment: first 15 days hire will be paid in advance before delivery of the vessel, the rest to be paid within 3 banking days after redelivery the vessel.

(7) Cargo to be loaded: bagged rice.

(8) Stevedores damage to vessel: charterers to be fully responsible for damage to the vessel caused by stevedores or others employees by the charterers.

(9) Agents: charterers to appoint agents at both ends and pay agency fee.

(10) Commission: 2.5percent total.

(11) Other terms and conditions to be subject to NYPE.

For and on behalf of   For and on behalf of
(Owners)   (Charterers)

订租确认书一般包括以下主要内容：
(1) 订租确认书签订日期。
(2) 船名，或可替代船舶。
(3) 签约双方的名称和地址。
(4) 货物名称和数量。
(5) 装卸港名称及受载期。
(6) 装卸费用、负担责任。
(7) 运费或租金率、支付方法。
(8) 有关费用的分担（港口使用费、税收等）。
(9) 所采用标准租船合同的名称。
(10) 其他约定特殊事项。
(11) 双方当事人或其代表签字。

（四）租船合同的履行

船舶出租人和承租人签订租船合同，并不意味着租船业务的结束，它仅仅是租船业务的前期工作，还有大量的具体工作需要承租双方去做。从租船方式不同和当事人不同的角度上看，租船合同具体履行操作也不同。

1. 航次租船合同下船舶出租人的具体操作程序

(1) 下达航行指示。船舶出租人向指示的船舶的船长发布航行指示，告知船长本航次的任务，装卸港口名称，所装货物的有关资料，其中最重要的是关于该航次的 NOR（Notice of Readiness）递交、B/L 签发的规定，要求船长每天报告船舶动态，并递交船舶抵港离港报告。

(2) 委托代理。航次租船合同下,通常是由船舶出租人委托船舶代理人代办船舶进出港口的各种事宜。船舶代理人受船舶出租人的委托,为船舶出租人代办船舶挂靠港口所需各种业务,诸如办理清关、安排拖轮、引航员及装卸货物等事宜。船舶出租人告知船舶代理人船舶来港的具体事宜包括船名船籍、船舶规范、船舶吃水、吨税执照的期限、来港和去港名称、货物的种类、重量和性质、包装、捆扎、装卸费用的负担以及租船合同主要条款等,以便代理人安排货物的装卸作业;如果需要的话,船舶出租人还要告知船舶代理人有关船舶的扫舱、洗舱、油料、淡水、垫料、伙食、航次修理、检疫等事宜以便代理人以安排服务工作等。另外,船舶出租人将船舶备用金提前汇至代理人处,以便支付船舶在港所发生的各项费用。

(3) 船舶抵达装港。从船舶离上一卸港时起,每天与船舶代理人保持联系,询问港口泊位情况、天气情况等,以便通知船长合理安排航速,以保证船舶直靠,保证 NOR 按租约规定递交。船舶到港后装港代理人和船长发出抵港报告,密切联系装港代理人及船长,关注装港情况,若在装货过程中出现任何问题,应及时解决,使装货及时完成。船舶装完货后收集各种装货单证,例如,NOR、M/R、SOF (Statement of facts)、M/F、B/L 等、审核 B/L,注意签发提单的方式,是由代理人签提单还是由船长签提单,若提单的运费是依据 C/P 支付,则和 M/R 核对无误方可放提单,注意签单时间,大副收据上的批注,若提单上的运费为预付则需等收到运费后才能释放提单。要求承租人支付运费,按 C/P 运费费率计算,总运费扣除佣金,要求承租人在规定的期限内支付。计算装货港的 LAY TIME、速遣费、滞期费。

(4) 船舶抵达卸货港。在船舶抵达卸货港之前,船舶出租人同样要委托卸货港代理人办理船舶到港的具体事宜。与代理人保持联系,询问港口泊位情况、天气情况等,以便通知船长合理安排航速,以保证船舶直靠,保证 NOR 按租约规定递交。船舶到港后船长或船舶代理人按合同规定装卸准备就绪通知书,密切联系和关注卸货情况,敦促代理人尽快与港方联系早日卸完货物。船舶代理人记录船舶在港的动态并及时回报给委托人。货物的交付要符合法律的规定及航运惯例。

(5) 收尾工作。船舶卸货交付货物后,船舶出租人的运输任务基本结束,剩下的是一些收尾工作。如与代理人结算港口费用,与船舶承租人结算运费、速遣费、滞期费等。还有可能处理运输过程中出现的合同纠纷,如货损货差问题。

2. 租船合同履行注意事项

(1) 严格按照租船合同的规定履行。租船合同是一种运输合同,本质上是船舶出租人与承租人双方自愿接受法律约束的协议,双方有义务遵守。签订了租船合同,从而意味着双方当事人必须按照租船合同所规定的内容履约,而任何一方未按照租船合同履行自己的义务而出现纠纷,双方也需按照租船合同的约定进行处理。

在航次租船合同下,作为船舶出租人应当履行自己的职责包括:提供租船合同所指定的适航船舶,在规定的时间内抵达装货港装货,按照规定签发提单,不得进行不合理的绕航,照管所运输的货物,将货物运至指定的卸货港,按照租船合同或提单上规定将货物交给收货人等。作为船舶承租人应当履行自己的职责,包括:支付运费、滞期费和亏舱费(如果发生的话),提供指定的货物等。

（2）及时与各有关方进行沟通。一项租船业务的履行，除了双方当事人按照合同履行各自的义务外，还涉及各有关方面的协助和配合，如收发货人、船长、代理人、港方、理货公司等。租船合同签订之后，绝不意味着从此可以高枕无忧，坐等运费到账。在履行阶段中可能会产生许多令人意想不到的事情，如果不妥善加以解决，则会后患无穷。所以要随时跟踪船舶动态，了解装卸进度、收费收支情况，以及提单签发、货物交付等具体事宜。一旦产生争议，应和各有关方保持密切联系，紧急磋商，并积极设法予以解决，不可懈怠。

（3）做好各种记录。为了划分和明确双方当事人的责任，弄清争议的真相，在租船业务具体履行环节中做好记录是十分必要的。例如，货损货差记录、船舶在港事实记录、NOR 递交记录等。记录由相关人员如实、准确地记录合同履行及争议的情况，要求真实、全面地反映事实的本来面貌。

（4）及时结清各种费用。租船业务涉及许多费用，例如船舶代理费、运费、佣金、装卸费、港口使用费、滞期费和速遣费、亏舱费、税收等。及时支付和结清各种费用，对于顺利履行合同起着至关重要的作用。双方当事人应当按照合同的有关规定，履行支付费用的义务。

【复习题】

1. 班轮运输的主要关系人有哪些？
2. 2014 年 10 月上海新华公司委托货运代理海达公司出口某商品 60 公吨，2000 箱装，每箱毛重 30 公斤，体积 20 厘米×30 厘米×40 厘米，单价 CFR 伦敦每箱 60 美元，查运价表得知该货为 6 级，计费标准为 W/M，每运费吨运费 70 美元，另按基本费率征收转运船附加费 10%。请计算海达公司应收多少运费（用人民币表示）？（设当时外汇牌价：100 美元 = 605 元人民币）
3. 简述班轮运输的操作流程。
4. 简述装货联单的作用、构成及各联的流转。

【案例分析】

中国 A 贸易出口公司与外国 B 公司以 CFR 洛杉矶、信用证付款的条件达成出口贸易合同。合同和信用证均规定不准转运。A 贸易出口公司在信用证有效期内委托 C 货代公司将货物装上 D 班轮公司直驶目的港的班轮，并以直达提单办理了议付，国外开证行也凭议付行的直达提单予以付款。在运输途中，船公司为接载其他货物，擅自将 A 公司托运的货物卸下，换装其他船舶运往目的港。由于中途延误，货物抵达目的港的时间比正常直达船的抵达时间晚了 20 天，造成货物变质损坏。为此，B 公司向 A 公司提出索赔，理由是 A 公司提交的是直达提单，而实际则是转船运输，是一种欺诈行为，应当给予赔偿。A 公司为此咨询 C 货代公司。假如你是 C 货代公司，请回答 A 公司是否应承担赔偿责任？理由何在？B公司可否向船公司索赔？

【技能训练】

根据国际海运出口代理业务和进口代理业务的流程，分角色演示各当事人的工作任务及单据流转。

模块7　国际航空货物运输代理业务

【模块任务】

航空货运业务中，航空运输有哪些经营方式？如何计算运费和运价？如何填制航空货运单？国际航空货物运输代理业务流程是怎么样的？

一、国际航空货物运输代理业务概述

由于国际航空运输的独特性，采用航空运输的货物需要办理货物的托运和通关等手续。航空运输公司一般不负责上述业务的办理，因此，航空货物运输代理行业在航空运输事业发展的基础上应运而生。航空货物运输代理公司（简称航空货运代理公司）作为货主与航空公司的桥梁和纽带，具有为货主提供服务的职能，即代替货主向航空公司办理货物的托运、提取货物、代为办理货物通关等手续；具有航空公司的揽货职能，即部分货运代理公司替航空公司在市场上揽取货源，出具航空公司的总运单和自己的分运单。

（一）航空运输的特点

1. 运送速度快

从航空业诞生之日起，航空运输就以快速而著称。到目前为止，飞机仍然是最快捷的交通工具，常见的喷气式飞机的经济巡航速度大多在每小时850～900公里左右，大大缩短了货物的在途时间。对于那些易腐烂、变质的鲜活商品，时效性、季节性强的报刊，节令性商品，抢险、救急品的运输，这一特点显得尤为突出。运送速度快，在途时间短，也使货物在途风险降低，因此许多贵重物品、精密仪器也往往采用航空运输的形式。

2. 地理条件限制小

航空运输利用天空这一自然通道，不受地理条件的限制。非常合适地面条件恶劣、交通不便的内陆地区运输，有利于当地资源的出口、促进当地经济的发展。航空运输，对外辐射面广，而且航空运输相比较公路运输与铁路运输占用土地少，对寸土寸金、地域狭小的地区发展对外交通十分适合。

3. 安全性较高

一般航空运输的货物价值比较高，与其他运输方式相比，航空货运的地面操作流程比较严格；加上航空集装箱的使用，货物破损率大大降低，确保货物安全运送。同时，飞机航行有一定的班期，其准点率也比其他运输方式高，这对时间要求高的客户来讲，保证了运输的准点率。

4. 运输成本高

由于航空运输技术要求高、运输成本大，其费用比其他运输方式大大增加。例如，海运的运费是以公吨或1TEU来计算，而航空运费则是以千克来计算的。对于那些体积比较大、重量比较重和对时间要求不高的货物运输，航空运输就不是合适的运输方式。

5. 对货物限制多

由于航空飞行器舱位有限，且有载重、体积限制，如一架波音747民用客货机最大载重体积不超过96立方米，载重量不到100吨，相对于火车运输的几千吨和船只运输的几万吨，有着巨大的差别。因此，航空运输适宜于运输相对体积小、重量轻且价值比较高的货物。

（二）航线、主要航空公司及航空货运代码

1. 航空运输航线

民航从事运输飞行必须按照规定的线路进行，这种线路叫做航空交通线，简称航线。航线不仅确定了航行的方向和经停地点，还根据空中管理的需要，规定了航路的宽度和飞行的高度，以维护空中交通秩序，保证飞行安全。

航线按起讫地点的归属不同，可分为国内航线和国际航线。飞机飞行的线路起讫点均在本国境内的称为国内航线；飞机飞行的路线跨越本国国境，通达其他国家的航线称为国际航线。飞机由始发站起飞，按照规定的航线经过经停站至终点站所作的运输飞行，称为航班。

航空运输企业进入航线经营航空运输业务，应首先获得运营权。由于各国管理方式各异，其法律制度也有所不同，我国对空域实施统一管理。国家民航总局代表国家统一管理我国的空域。如果哪一家航空公司想飞哪一条航线，以及想在这一航线上安排多少航班，必须向民航总局申请。

由我国始发的国际航线主要有欧洲航线、亚洲航线、澳洲航线、美国航线、加拿大航线、新西兰航线和港澳航线等。我国北京、上海、广州、天津、青岛、大连、厦门、成都、沈阳等各大城市的机场为我国营运国际航线的起讫空港。

2. 主要航空公司

目前，在我国空域获得航权的航空运输业有60多家，经营国际航空运输的主要企业有国内航空公司，如中国国际航空公司、南方航空公司、上海航空公司；国外航空公司，如美国联合航空公司、德国汉莎航空公司、英国航空公司、荷兰皇家航空公司等（表7-1）。

表7-1　　　　　　　　　　主要国际航空公司一览表

中文名称	英文名称	代码	所在国家
中国国际航空公司	Air China International Corp.	CA	中国
中国东方航空公司	China Eastern Airlines	MU	中国
中国南方航空公司	China Southern Airlines	CZ	中国

续表

中文名称	英文名称	代码	所在国家
港龙航空公司	Dragon Airline Ltd.	KA	中国香港
国泰航空公司	Cathay Pacific Airlines	CX	中国香港
新加坡航空公司	Singapore Airlines	SQ	新加坡
韩亚航空公司	Asiana Airlines Inc.	OZ	韩国
大韩航空公司	Korean Air Lines Co., Ltd.	KE	韩国
日本航空公司	Japan Air Lines Company Ltd.	JL	日本
全日本航空公司	All Nippon Airways Co., Ltd.	NH	日本
印度尼西亚航空公司	Garuda Indonesia Airlines	GA	印度尼西亚
印度航空公司	Air–India Ltd.	AI	印度
泰国航空公司	Thai Airway Int'l Public Ltd.	TG	泰国
马来西亚航空公司	Malaysian Airlines	MH	马来西亚
科威特航空公司	Kuwait Airways Corp	KU	科威特
美国西北航空公司	Northwest Airlines, Inc.	NW	美国
美国联合航空公司	United Airlines, Inc	UA	美国
联邦快递（快件）	Federal Express	FX	美国
UPS 国际快递	United Parcel Service	5X	美国
加拿大航空公司	Air Canada	AC	加拿大
澳洲航空公司	Qantas Airways Limited	QF	澳大利亚
新西兰航空公司	Air New Zealand Ltd.	NZ	新西兰
英国航空公司	British Airline	BA	英国
英国维珍公司	Virgin Atlantic Airways Ltd.	VS	英国
意大利航空公司	Alitalia	AZ	意大利
法国航空公司	Air France	AF	法国
荷兰皇家航空公司	KLM Royal Dutch Airlines	KL	荷兰
北欧航空公司	Scandinavian Airlines System	SK	瑞典
芬兰航空公司	Fennair	AY	芬兰
瑞士航空公司	Swiss Air Transport Co., Ltd.	SR	瑞士
汉莎航空公司	Lufthansa Germany Airlines	LH	德国
奥地利航空公司	Austrian Airlines	OS	奥地利
俄罗斯航空公司	Aeroflot Russian Airlines	SU	俄罗斯
海湾航空公司	Gulf Air	GF	海湾国家
以色列航空公司	EL AL Israel Airlines Ltd.	LY	以色列

3. 航空货运代码

航空货运代码具有识别容易、简洁明了的优点，方便单证制作和业务操作，对整个航空货运的顺畅运作起着举足轻重的作用。

（1）国家代码。国家代码用两字代码表示（见表7-2）。

表7-2　　　　　　　　　　常见国家代码一览表

中文全称	英文全称	代码
中国	CHINA	CN
英国	UNITED KINGDOM	GB
美国	UNITED STATE	US
日本	JAPAN	JP
法国	FRANCE	FR
德国	GERMANY	DE
韩国	KOREA	KR
加拿大	CANADA	CA
澳大利亚	AUSTRALIA	AU
新加坡	SINGAPORE	SG

（2）城市代码。城市代码用三字代码表示（见表7-3）。

表7-3　　　　　　　　　　常见城市代码一览表

中文全称	英文全称	代码
北京	BEIJING	BJS
上海	SHANGHAI	SHA
广州	GUANGZHOU	CAN
伦敦	LONDON	LON
纽约	NEW YORK	NYC
芝加哥	CHICAGO	CHI
东京	TOKYO	TYO
大阪	OSAKA	OSA
巴黎	PARIS	PAR
汉堡	HAMBURG	HAM
首尔	SEOUL	SEL

（3）机场代码。机场代码用三字代码表示（见表7-4）。

表7-4　　　　　　　　　　　常见机场代码一览表

中文全称	英文全称	代码	所在国家
首都国际机场	BEIJING CAPITAL	PEK	中国
浦东国际机场	SHANGHAI	PVG	中国
西斯罗机场	LONGDON HEAHROW	LHR	英国
约翰肯尼亚机场	NEW YORK NY/NEWARK KENNEDY	JFK	英国
奥黑尔国际机场	CHICAGO O' HARE	ORD	美国
东京成田国际机场	TOKYO NARITA	NRT	日本
大阪关西国际机场	KANSAI INTL	KIC	日本
戴高乐机场	PARIS DE GAULLE	CDG	法国
首尔国际机场	SEOUL KIMPO INTL	SEL	韩国

（4）航空公司代码。航空公司代码也用三字代码表示（见表7-5）。

表7-5　　　　　　　　　　　常见航空公司代码

中文全称	英文全称	代码
中国国际航空公司	Air China International Corp.	999
中国东方航空公司	China Eastern Airlines	781
英国航空公司	British Airline	125
法国航空公司	Air France	057
加拿大航空公司	Air Canada	014
日本航空公司	Japan Air Lines Company Ltd.	131
全日本航空公司	All Nippon Airways Co., Ltd.	205
大韩航空公司	Korean Air Lines Co., Ltd.	180
美国西北航空公司	Northwest Airlines, Inc.	012
德国汉莎航空公司	Lufthansa Germany Airlines	020
马来西亚航空公司	Malaysian Airlines	232
澳大利亚快达航空公司	Qantas Airways Limited	081

4. 航空运输区划和时差计算

（1）航空运输的航空区划。随着经济全球化进程的深入，国际航空运输也愈加繁忙，为了保证国际航行的安全,各国运输企业在技术规范、航行程序、操作规则上必须统一。国际航空运输协会(IATA)将世界划分为三个航空运输业务区,称为"国际航协交通会议区"(IATA traffic conference areas),以方便各国及地区航空运输企业之间的运输业务划分与合作。一区(TC1)主要包括:北南美洲大陆及附近岛屿,如格陵兰、百慕大群岛、西印度群岛、加勒比岛屿以及夏威夷群岛等。二区(TC2)由整个欧洲大陆(包括俄罗斯的欧洲部分)及毗邻岛屿,冰岛、亚速尔群岛,非洲大陆和毗邻岛屿,中东地区(亚洲的伊朗及伊朗以西地区)组成。三区(TC3)由整个亚洲大陆及毗邻岛屿(已包括在二区的部分除外),大洋州(包括澳大利亚、新西兰及毗邻岛屿),太平洋岛屿(已包括在一区的部分除外)组成。

由于航协区的划分主要从航空运输业务的角度考虑,依据的是不同地区、不同经济、社会及商业条件,因此和我们熟悉的世界行政区划有所不同。

(2)时差计算。地球的自转造成了经度不同的地区时刻不同。飞机跨越经度时,就产生了时刻的不统一,从而产生时差。因此,作为空运代理必须熟悉时差计算,以便正确确定飞行时间。

①理论时区和区时。时区是地球上的区域使用同一个时间定义。为了照顾到各地区的使用方便,又使其他地方的人容易将本地的时间换算到别的地方时间上去。有关国际会议决定将地球表面按经线划分成24个时区,并且规定相邻区域的时间相差1小时。当人们跨过一个区域,就将自己的时钟校正1小时(向西减1小时,向东加1小时),跨过几个区域就加或减几小时。

②法定时区和法定时。法定时区是各国根据本国具体情况自行规定的适用于本国的标准时区。法定时区的界限,一般不是依据经线,而是依据实际的政治疆界和社会经济发展状况来确定的。根据法定时区确定的标准时,成为法定时。法定时是目前世界各国实际使用的标准时。

③飞行时间的计算。

第一步,从 international time calculator 中找出始发站和目的站的标准时间。

第二步,将起飞和到达的当地时间换算成世界标准时(GMT)。

第三步,用到达时间减去起飞时间,即是飞行时间。

例:某旅客乘飞机从北京去华盛顿。1月28日乘国航班机从北京启程,北京时间是9:44。到达华盛顿时,当地时间为1月28日15:30。计算该旅客的飞行时间。

第一步:从 international time calculator 中找出始发站和目的站的标准时间。

PEK = GMT + 0800(standard time)

WAS = GMT − 0500(standard time)

第二步:将起飞和到达的当地时间换算成世界标准时(GMT)。

因为北京提前 GMT 8 个小时,把北京当地时间减去 8 换算成 GMT。

PEK 9:44 − 0800(GMT) = GMT 1:44

因为华盛顿落后 GMT 5 个小时,把华盛顿当地时间加上 5 换算成 GMT。

WAS 15:30 + 0500(GMT) = GMT 20:30

第三步:用到达时间减去起飞时间,即飞行时间。

20:30 − 1:44 = 18:46(18 小时 46 分钟)

(三) 航空货物运输的主要经营方式

航空运输企业为了满足不同客户的需要，合理地利用有限的航空运输资源，追求良好的经济效益，采用了不同的经营方式。目前，在国际航空货物运输中，航空公司的方式主要是班机运输、包机运输方式两大类。

1. 班机运输业务

班机运输（Scheduled Flights Transport）又称定期航班运输，是指飞机按事先指定的航班时刻表，在特定航线的各个既定空港之间，经常性地为非特定的众多客户提供规则的、反复的运输服务，并按运价表或协议运价的规定计收运费的一种营运方式。班机运输有固定的航线、停靠机场、航班和到港时间，不仅速度快，而且交货时间准确，受到货物收、发人的欢迎。

班机运输的主要形式是客货混装，航空公司是在满足运送旅客需要的同时搭乘小批量的货物，主要运送一些国际市场上急需的货物，如时令商品、样品、鲜活品、贵重物、电子产品等。大多数班机由于货舱有限，不能满足大批量货物的及时运输，只能分批运送，这使班机运输有很大的局限性。随着航空货运市场的发展和航空技术的进步，一些有固定客户且货物运输量大的大型航空公司在一些货源充足的航线上使用全货机，开辟定期的货运航班。

班机运输的经营方式主要有以下三种：

（1）包舱、包板（集装箱）。包舱、包板（集装箱）是指托运人根据所运输的货物，在一定时间内需要单独租用航空公司飞机的部分或全部机舱、集装箱、集装板，而由承运人给予事先承诺并保证舱位的一种运输经营方式。包舱、包板（集装箱）的实质就是包租固定的舱位。目前，在航空货物运输经营中，由于包舱运输使承运人的日常营运有了保证，减少了自身的风险；对于托运企业，因为它能为航空公司带来稳定的货源，使其在承运人那里获得较低的运价成为可能，可以取得更多的利润。包舱业务对于代理人来讲，还可以在同行的竞争中获得优势，只要有一定数量且固定的货源，就可以获得较大的利益。

航空公司通常采用的包舱形式主要是固定包舱和非固定包舱两种形式。固定包舱是指托运人在承运人的航线上包租固定的机舱、集装箱、集装板，无论托运人是否向承运人交付运输货物，都必须支付协议规定的费用。非固定包舱是指托运人在承运人的航线上以包舱的方式运输货物时，托运人如果在飞机起飞前72小时没有确定舱位，承运人可以自由销售舱位，但承运人对托运人在一定的时间内有托运货物的总量规定。

（2）集中托运。集中托运是航空货物运输中常见的一种经营方式，是将若干各发货人的小批量货物集中起来，组成规模运输的航空运输经营方式。

（3）航空快递。航空快递（Air Courier）是指具有独立法人资格的企业将进出境货物或物品从发件人手里接收，通过其自身的运输网络系统运达收件人手里的一种快速运输方式。航空快递企业负责整个过程中除航空运输以外的所有事物，包括到发货人所在地接货、货物托运事宜、办理进出境通关手续和将货物送达收货人等。

2. 包机运输业务

包机运输（Transport by Chartering）主要是不定期运输，是相对班机运输而言的另一种运输形式。由于这种运输方式是针对某一批货物或某一些有特殊需要的客户，没有固定航线、时间和起落站,也没有固定的费率,一切都取决于货主与托运人和航空公司洽谈的条件和订立的包机合同而定。包机运输分为整架包机和部分包机两种形式。

整架包机即托运人包租整架飞机,是指航空公司或包机代理公司按照与租机人事先约定的条件和费率,将整架飞机的某个航次包租给包机人,从一个航空站或几个航空站将货物运往指定的目的地。整架包机的特点是运输量比较大,时间比较灵活,运费相对比较低。

部分包机主要有两种形式:一种是由几家航空货运代理公司或多个发货人联合包租整架飞机;另一种是由包机公司把整架飞机包租后,将舱位分租给若干个航空货运代理公司。部分包机适合于不足整架包机的货物运输。

(四) 常用的航空集装器

航空集装器是随着航空运输的发展而产生的一种货物集装设备。航空运输企业为了加快货物的运输,设计出适合飞机各部位的集装设备,为大件货物和零碎杂件货物的快速装机提供了条件。由于飞机运输对装载的要求很高,装载的设备必须与飞机具有相当的匹配性,因此往往把飞机的集装器看成是飞机的一部分或者飞机的移动部件。

1. 飞机对货物装载的限制

(1) 重量限制。由于飞机结构的限制,飞机制造商规定了每一货舱可装载货物的最大重量限量。在任何情况下,所装载的货物重量都不可以超过此限额。否则,飞机的结构很可能遭到破坏,飞机的安全将受到威胁。

资料卡

几种飞机的最大重量限量

1. 空客300全客机的最大载重:前下货舱18500千克,后下货舱12180千克,散货舱4520千克。

2. 空客380-800全货机的最大载重:上货舱46200千克,主货舱78900千克,前下货舱13824千克,后下货舱10824千克,散货舱2640千克。

3. 波音747-300全客机最大载重:前下货舱22907千克,后下货舱20966千克,散货舱6749千克。

4. 波音747-300全货机最大载重:主货舱51661千克,前下货舱26489千克,后下货舱26081千克,散货舱6746千克。

(2) 容积限制。货舱可利用的空间有限,例如,空客300全客机的货舱最大容积为105.00立方米;波音747-300全客机能装载32只LD3集装箱和15.9立方米散货舱。在装载货物时,如果全是轻泡货,那货物已占满了货舱内的空间,而未达到重量限制额;如果全是高密度货物,那货物的重量已达到限制额,但货舱内的空间还有多余。将轻泡货和高密度货物混装是比较经济的办法。承运人有时要求货主提供托运货物的密度作为装载的依据。

(3) 舱门限制。由于货物只能通过舱门装入货舱内,货物的尺寸必然会受到舱门的限制。为了便于确定一件货物是否可以装入货舱,飞机制造商为每架飞机提供了货舱舱门的尺寸表。舱门尺寸表为客户提供了最大装载货物的尺寸。

(4) 地板承受力限制。飞机货舱内每平方米的地板可承受的重量是一定的,如果超过它的承受能力,地板和飞机的结构很可能遭到破坏。因此,装载货物时应注意不能超过地板的承受能力,如图7-1所示。

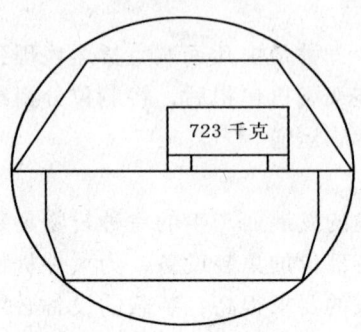

图7-1 飞机地板承受力示意图

资料卡

几种飞机的地板承受力

1. 波音系列飞机地板承受力:下货舱散舱732千克/平方米,下货舱集货舱976千克/平方米,主舱集货舱1952千克/平方米、488千克/平方米(T)区。

2. 空客系列飞机地板承受力:下货舱散舱732千克/平方米,下货舱集货舱1050千克/平方米。

飞机货舱承受力和垫板面积的计算公式如下:
地板承受力 = 货物的重量/底面接触面积
垫板面积 = 货物的重量/地板承受力限额

2. 集装器的分类。集装器可按注册和非注册分类,也可以按种类分类

(1) 按是否注册分类。

①注册集装器。注册(Certified)集装器是国家政府有关部门授权集装器生产厂家生产的,适用于飞机安全载运的,在其使用过程中不会对飞机的内部结构造成损坏的集装器。它与飞机相匹配,可以看做是飞机的一部分。

②非注册集装器。非注册(Non-certified)集装器是指未经有关部门授权生产的,未取得适航证书的集装器。它与飞机不匹配,不能看做是飞机的一部分,一般不允许装入飞机的主货舱,但适合于地面操作环境,仅适合特定机型的特定货舱。

(2) 按种类分类。

①集装板和网套。集装板(Pallet)有固定的标准尺寸,根据不同的机型和飞机的不同部位配有不同型号的集装板。板的四周带有卡锁轨和网带卡锁眼,货物按照技术规范的要求进行码放。网套用来固定板上的货物,并用专门的卡锁装置来固定。

②集装棚。集装棚（Igloo）分结构式和非结构式两种，目的是保护飞机的内壁。非结构式集装棚就是在板和网套之间增加一个非结构的棚罩，这个棚罩一般用玻璃纤维或轻质的金属材料制成。结构式集装棚是指带有固定在地板上的外壳设备，它实际形成了一个完整的集装箱。

③集装箱。集装箱（Container）类似于结构式集装棚，一般是用轻质的金属材料制成，并根据飞机的不同部位有不同的形状。它主要有三种类型：空陆联运集装箱，尺寸相对固定，长有20ft、40ft两种，宽和高都是8ft，只能装于全货机或客机的主货舱内；下货舱集装箱，只能用于宽体飞机的下货舱内。此外，还有一些特殊的集装箱，如保温集装箱、运载活动物的专用集装器和汽车运输设备等。

3. 集装器代码的组成

在集装器面板和集装器四周，常会看到如PAP2233CA、MGN2574CA等代码，这些代码代表着集装器的类型、尺寸、外形及注册人等信息。集装器代码各位的含义见表7-6。

表7-6　　　　　　　　　　集装器代码各位的含义表

位置	字母或数字	含义
1	字母	集装器类型
2	字母	底板尺寸
3	字母	外形或适配器
4, 5, 6, 7	数字	序号
8, 9	字母	所有人、注册人

每个集装器都有一个IATA（国际航空运输协会）编号，编号由九位字母与数字组成。例如：AKE1202CA，每位含义如下：

第一位：集装器的种类码。"A"代表经适航审定的集装箱。

第二位：底板尺寸码。"K"代表底面尺寸为1534mm×1562mm的集装箱。

第三位：箱外形、与机舱相容性码。"E"适配于宽体机型的底舱，无叉槽。

第四～第七位：集装器序号码。由各航空公司对其所拥有的集装器进行编号。

第八、第九位：注册号码。一般为航空公司的代码。"CA"表示集装器所属承运人为中国国际航空公司。

（五）航空货物集运

1. 航空货物集运概述

航空货物集中托运（即航空货物集运），是指航空代理公司把若干单独发运的货物组成一整批货物，用一份主运单整批发运到同一站或者交运至某一预定的代理收货人，然后统一报关，分拨后交给实际收货人的运输方式。它是一种代理形式的货运业务。航空货运代理公司对每一委托人另签发一份分运单。

由于航空运价是根据货物计费重量的增加而逐步递减的，货物的重量越重，货运代理就可以在航空公司获得更加优惠的运价。在航空运输市场上，运价对代理企业的经营效益起着相对重要作用的情况下，集中托运的经营方式是航空代理企业增加收益的重要手段。

航空货运集中托运过程如图7-2所示。

航空货物集运对于集中托运货物的性质有一定的要求，诸如活体动物、尸体、骨灰、贵重物品、外交信函、危险货物等，不得以集装托运方式运输。

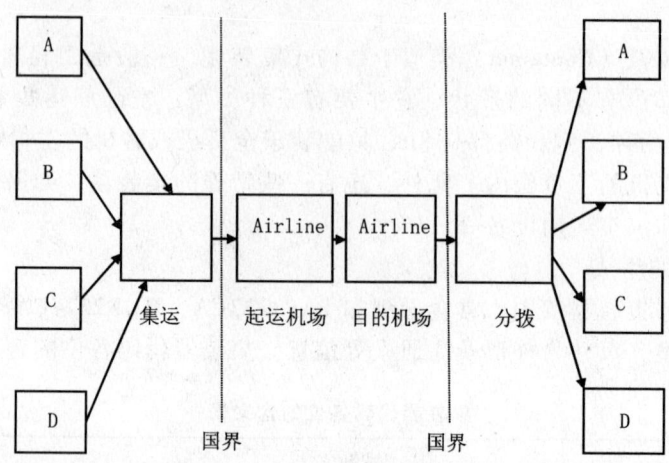

图7-2 航空货运集中托运流程示意图

2. 集中托运文件

在航空集运过程中，向航空公司托运货物的是航空货运代理企业。航空货运代理企业在收取每个托运人的货物时必须出具凭证，这个凭证就是代理企业自己签发的航空货物分运单（House Air Waybill，HAWB），表明托运人已把货物交给了代理人。代理企业本身没有分运单的，也可以用航空公司的运单代替。分运单的托运人栏和收货人栏是实际的托运人和收货人。

代理人收取众多托运人的货物以后，进行集中托运，需要把来自不同托运人的货物集中起来，交由航空公司运输。代理人与航空公司之间也需要一种凭证，这个凭证就是主运单（Master Air Waybill，MAWB）。主运单上的有关信息就是航空公司进行航空运输的依据。主运单上的托运人和收货人，必须是办理出口集运的航空代理企业和出口货代在进口地的代理企业。

在集中托运运输方式下，主运单下还要配有集中托运的货物舱单（Manifest），主要列明主运单下每票货运的分运单号，实际的收、发货人，运送目的地，件数，重量，体积等具体信息。

对于集中托运货物，必须在每票货物上贴上识别的标签，标明该票货物的主运单和分运单的号码，以便在运输过程中对货物进行核对和清点。

二、国际航空运价与运费

（一）国际货物运费计算的基本知识

国际航空货运运输费用是指将一批货物自始发地机场运送至目的地机场所应收取的所有费用，包括航空货物运费、声明价值附加费及其他费用。运费根据货物重量和适用的运价计费确定，但不能低于起码运费，即航空公司办理一批货物所能接受的最低运费，运价类别代号以"M"表示。

1. 计费重量

所谓计费重量，是指将计算运费时所采用的重量标准。由于一家飞机所能装载的货物是受飞机的载货量和舱容限制的。重量大、体积小的货物往往受飞机的载货量的限制，舱容未被充分利用；轻泡货和体积大的货物往往受到舱容限制，而载货量未达到额定限度。由此，航空公司额定计费重量按实际重量和体积重量两者之中较高的一种计收。

（1）实际重量。实际重量是指一批货物包括包装在内的毛重。凡重量大而体积相对小的重货物，如机械、金属零件等，用实际重量作为计费重量。具体界限是每6000立方厘米或每366立方英寸重量超过1千克，或每166立方英寸重量超过1磅的货物。

（2）体积重量。体积大而重量相对小的货物称为轻泡货物，具体指那些每6000立方厘米不足1千克或每366立方英寸不足1磅的货物。

轻泡货物以体积重量作为计费重量，计算方法是：

①分别量出货物的最长、最宽、最高的部分，单位为厘米或英寸，测量数值四舍五入。

②计算货物的体积。

③将体积折合成千克或磅，即根据所使用的度量单位分别用体积值除以6000立方厘米或366立方英寸，结果即为该货物的体积重量，即：

体积重量 =（最长×最宽×最高）÷6000（或366）

[例7-1] 一件货物尺寸为82厘米×48厘米×32厘米，计算其体积重量。

体积重量 = 82×48×32÷6000

= 20.99（千克）

（3）集中托运货物的计费重量。在集中托运情况下，同一总运单下会有多件货物，有重货也有轻泡货物，计费重量采用整批货物的总实际重量或总体积重量，按两者中较高的一个计算。

具体计算时，重量不足0.5千克的按0.5千克计算，0.5千克以上不足1千克时按1千克计算，不足1磅按1磅计算。

例如：103.001千克→103.5千克   103.50千克→104.0千克

例7-1中，计费重量为20.99千克，按照国际航协进整规则，计费重量为21千克。

2. 起码运费

起码运费代码为"M"，是航空公司办理一批货物所能接受的最低运费，即不论货物的重量或体积大小，在两点之间运输一批货物应收取的最低金额。

航空公司规定无论所运送的货物适用哪一类航空运价，所计算出来的运费总额都不得低于起码运费，否则以起码运费计收。对于不同地区，有不同的起码运费。

3. 声明价值附加费

航空运输的承运人与其他运输方式的承运人一样，都要向货主承担一定程度的责任。《华沙公约》规定，对由于承运人的失职而造成的货物损失、丢失或延误所承担的责任，其最高赔偿金额为20美元/千克或相等的当地货币。

如果托运的货物毛重价值在20美元/千克或其等值货币以上时，托运人要求在货物发生货差货损事故时得到全额赔偿，托运人可以向承运人办理货物声明价值，并缴纳声明价值附加费，声明价值附加费为货物的声明价值超过承运人赔偿限额部分的0.5%。否则，即使出现更多的损失，承运人对超出部分不承担赔偿责任。

声明价值费计算公式如下：

声明价值附加费 =（整批货物声明价值 – 货物毛重价值20美元）×0.5%

4. 其他附加费

其他附加费包括地面费用、中转手续费、制单费、货到付款附加费、提货费、送货费等，一般只有在航空公司或航空货运公司提供相应服务时才收取。

（二）国际货物运价的种类

国际航空货运公司运价按制定的途径划分，分为协议运价或国际航协运价。

协议运价是指通航的双方或几方航空公司通过磋商达成协议，并且报请各国政府获得批准后共同遵守的运价。

国际航协运价是指IATA（国际航空运输协会）在TACT（the air cargo tariff，航空货物运价）运价资料上公布的运价。国际货物运价使用IATA的运价手册——TACT Rates Book，结合并遵守国际货物运输准则——Tact Rules 共同使用。按照IATA货物运价公布的形式划分，可分为公布直达运价和非公布直达运价。

1. 公布直达价格

（1）普通货物运价（GCR）。普通货物运价又称一般货物运价，是应用最为广泛的一种运价。当一批货物不适用等级货物运价，也不属于指定商品时，就应该选择普通货物运价。普通货物运价的数额随运输量的增加而降低。

普通货物运价分类如下：

①45千克（100磅）以下，运价类别代号为N。

②45千克及其以上的，运价类别代号为Q。

③45千克以上可分为100千克、300千克、500千克、1000千克、2000千克等多个计费重量分界点，但运费类别代号仍以Q表示。

普通货物运费计算方法是：货物的计量重量乘以相应的运价所得运费，与较高重量等级的起始重量乘以相应的运价所得运费进行比较，取其低者。这一原则也适用于指定商品运价（在计算普通货物运价时，当一个较高的起码重量能提供较低运费时，则可以使用较高的起码重量作为计费重量。这个原则也适用于那些以一般货物运价加或减一个百分比的等级运价）。

运用下列公式，可求得在两个相邻重量等级之间，按较高重量等级的起始重量与相应运价计算运费的起码重量：

$W_x = W_2 \times A_2 / A_1$

式中，W_x 为以较高重量等级的起始重量与相应运价计算费用的起码重量，单位为千克；W_2 为较高重量等级的起始重量，单位为千克；A_1、A_2 为相邻重量等级的运价，A_1 是较低重量等级的运价，A_2 是较高重量等级的运价，单位为元/千克。

（2）指定商品运价（SCR）。SCR是指为某些从指定始发地至指定目的地的指定商品而公布的运价。SCR一般较GCR要低，目前，自中国出运的货物，采用SCR运价的主要为中国至日本、美国、加拿大或新加坡的食品、海产品、药纺织品等。

为了方便使用，IATA在公布SCR时，将指定商品以品名编号，并根据货物的性质、特点、用途，按每1000号为1组，每1大组内又以100号为1组分成若干小组，以便更详细地分列各种货物。在空运单中指定商品通常用字母"C"与商品品名编号组成,如"C1201"表示"1201"号指定商品。

指定商品货物的分组及品名编号如下:

0001—0999 可食用的动植物产品

1000—1999 活动物及非食用的动植物产品

2000—2999 纺织品、纤维及其制品

3000—3999 金属及其制品,不包括机器、汽车和电器设备

4000—4999 机器、汽车和电器设备

5000—5999 非金属材料及其制品

6000—6999 化工材料及其相关产品

7000—7999 纸张、芦苇、橡胶和木材制品

8000—8999 科学仪器、专业仪器、精密仪器、器械及配件

9000—9999 其他

从整个国际航协来看,指定商品代码非常多,但主要应了解从北京始发的货物的指定商品代码,记住常用的指定商品代码。例如:

0007:水果,蔬菜(FRUIT,VEGETABLES)

0008:新鲜的水果,蔬菜(FRUIT,VEGETABLES—FRESH)

0300:鱼(可食用的),海鲜,海产品

1093:沙蚕

2195:成包、成卷、成块未进行加工或制造的纱、线、纤维、布、服装、纺织品

2199:纱、线、纤维、纺织原料,纺织品,服装

7481:橡胶轮胎、橡胶管

在具体使用指定商品运价时应注意:

①首先决定货物是属于哪一种货物;

②查阅在所要求的航线上有哪些特种货物运价;

③查阅"航空货物运价单"上的"货物明细表",选择与货物一致的号码,如果该货物号有更详细的内容,则选择最合适的细目;

④根据适用该货物的起码质量,选择合适的指定商品运价。

(3)等级货物运价(CCR)。CCR是指在规定地区范围内,在普通货物运价的基础上附加或附减一定百分比作为某些特定货物的运价。等级货物运价适用于指定地区内部地区之间的少数货物运输。通常是在普通货物运价的基础上增加或减少一定的百分比。当某些货物没有指定商品运价可使用时,方可选择合适的等级运价,起码质量规定为5千克。

等级货物运价是指在规定的业务区内或业务区之间运输指定等级的货物所适用的运价。

等级货物运价是在普通货物运价的基础上增加或减少一定百分比而构成的。

IATA规定,等级货物运价主要包括以下两类:

①等级运价加价,用运价代号"S"(Surcharged class rate)表示,适用商品包括活动物、贵重物品、尸体、骨灰等。

②等级运价减价,用运价代号"R"(Reduced class rate)表示,适用商品包括报纸、杂志、书籍及出版物、作为货物托运的行李。

活动物(Live Animals)运价参考表见表7-7。

表 7-7 活动物运价表

Rates covering all areas, excluding between countries in the ECAA

	IATA AREA (see Rules 1.2.2 Definitions of Area)					
	Within 1	Within 2 (see also Rule 3.7.1.3)	Within 3	Between 1&2	Between 2&3	Between 3&1
ALL LIVE ANIMALS Except: Baby Poultry less than 72 hours old	175% of Normal GCR	175% of Normal GCR	150% of Normal GCR Except: 1 below	175% of Normal GCR	150% of Normal GCR Except: 1 below	150% of Normal GCR Except: 1 below
BABY POULTRY Less than 72 hours old	Normal GCR	Normal GCR	Normal GCR Except: 1 below	Normal GCR	Normal GCR Except: 1 below	Normal GCR Except: 1 below

说明：

① 该活体动物运价表适用于所有地区，但不包括 ECAA 国家（欧共体协会协议国家）之间。

② IATA 将全球分成三个业务区。表中 "Within 1"、"Within 2"、"Within 3"、"Between 1&2"、"Between 2&3"、"Between 3&1" 中的数字 "1"、"2"、"3" 分别代表业务 1 区、业务 2 区、业务 3 区。

③ ALL LIVE ANIMALS Except: Baby poultry less than 72 hours old.（意为：所有活体动物，除了出生不到 72 小时的家禽。）

④ 当表中出现 "the Normal GCR" 时，表示使用运价表中的 45 千克以下普货运价，即 N 运价（当不存在 45 千克重量点时，N 运价表示 100 千克以下普通货物运价）。此时，运价的使用与货物的计费重量无关。

⑤ 当表中出现 "the Normal GCR 的百分比"（如：150% of the Normal GCR）时，表示在运价表中 N 运价的基础上乘以这个百分比（如：150% N）。此时，运价的使用与货物的计费重量无关。

⑥ 动物的容器以及食物等应包含在活体动物的计费重量中。

2. 非公布直达运价

如果甲地至乙地没有可适应的公布的直达运价，则要选择比例运价或利用分段相加运价。

（1）比例运价。在运价手册上除了公布的直达运价外，还公布一种不能单独使用的附加数。当货物的始发地或目的地无公布的直达运价时，可采用比例运价和已知的公布直达运价价格相加，构成非公布的直达运价。

（2）分段相加运价。分段相加运价是指在两地间既没有直达运价也无法利用比例运价时，可以在始发地与目的地之间选择合适的计算点，分别找到始发地至该点、该点至目的地的运价，两段运价相加，组成全程的最低运价。

（三）航空货物运费计算

1. 计算步骤

（1）明确航空货物运输详细情况；

（2）查阅航空运价表，选择运价标准：指定商品运价——→等级货运运价——→普通运价；

（3）计算计费重量；

（4）计算航空运费：

空运运费 = 运价 × 计费重量

2. 航空运价表（见表7-8）

表7-8　　　　　　　　　　　　　　航空运价表

Date/type (8)	Note (9)	Item (10)	Min-wght	Local Curr- (11)
BEIJING (1)		CN (2)		BJS (3)
Y. RENMINBI (4)		CNY		KGS (5)
TOYKO (6)		JP (7)	M (12)	230.00
			N (13)	37.51
			45	28.13
		0008	300	18.80
		0300	500	20.61
		1093	100	18.43
		2195	500	18.80

说明：

(1) 始发国城市全称；

(2) 始发站国家的二字代码；

(3) 始发站城市三字代码；

(4) 始发站国家的当地货币；

(5) 重量单位；

(6) 目的站城市全称；

(7) 目的站国家的二字代码；

(8) 运价的生效或截止日期/集装器种类代号；

(9) 备注；

(10) 适用的指定商品品名编号；

(11) 以当地货币表示的每公斤的运价数额；

(12) 最低运价；

(13) 低于45千克的运价。

3. 计算案例

[例7-2] 普通货物运价计算

Routing：China（SHA）to JAPAN（TYO）

Commodity：shirt

Gross weight：25.2kgs

Dimensions：82cm×48cm×32cm（见表7-9）

表7-9

SHANGHAI		CN		SHA	
Y. RENMINBI		CNY		KGS	
TOKYO		JP	M		230
			N		37.51
			45		28.13

解：VOLUME：82cm×48cm×32cm=125952CM³
VOLUME WEIGHT：125952/6000=20.99kgs=21kgs
GROSS WEIGHT：25.2KGS
CHARGEABLE WEIGHT：25.5KGS
APPLICABLE RATE：GCRN37.51CNY/KG
WEIGHT CHARGE：25.5×37.51=CNY956.51

[例7-3] 指定商品运价计算
Routing：CHINA（SHA）to JAPAN（NGO）
Commodity：FRESH ORANGE
Gross weight：EACH 47.8KGS, TOTAL 6 PIECES
Dimensions：128cm×42cm×36cm×6（见表7-10）

表7-10

SHANGHAI		CN		SHA	
Y. RENMINBI		CNY		KGS	
NAGOYA		JP	M		230
			N		37.51
			45		28.13
		0008	300		18.80
		0300	500		20.61
		1093	100		18.43
		2195	500		18.80

（1）按普通运价规则计算。
Volume：128×42×36×6=1161216cm³
Volume weight：1161216/6000=193.536=194.0kg
Gross weight：47.8×6=286.8kgs
Chargeable weight：287.0kgs
Applicable rate：GCRQ45 28.13CNY/kg
Weight charge：287×28.13=CNY8073.31
（2）按指定商品运价作为计费重量。
Actual weight：286.8kgs
Chargeable weight：300kgs

Applicable rate：SCR0008/Q300 18.8CNY/kg
Weight charge：300×18.8 = CNY5640
对比（1）与（2），取运费较低者
Weight charge：CNY5640

[例7-4] 等级货物运价计算
Routing：China（SHA）TO UNITED KINGDOM（LON）
Commodity：BOOKS
Gross weight：980KGS
Dimensions：70CM×50CM×40CM×20PIECES（见表7-11）
（1）按运价表构成形式计算：
VOLUME：$70×50×40×20 = 2800000CM^3$
VOLUME WEIGHT：2800000/6000 = 466.67KGS = 467KGS
GROSS WEIGHT：980KGS
CHARGEABLE WEIGHT：980KGS
APPLICABLE RATE：R50% OF THE NORMAL GCR 50% × 63.19CNY/KG = 31.60CNY/KG
WEIGHT CHARGE：980×31.6 = CNY30968.00
（2）按普通运价采用分界点重量计算。
CHARGEABLE WEIGHT：1000KGS
APPLICABLE RATE：GCRQ1000/30.71CNY/KG
WEIGHT CHARGE：1000×30.71 = CNY30710.00
因此，运费为CNY30710.00

表7-11

Area：	Rate：
• With IATA Area1； Between IATA Area1 and 2	67% of the Normal GCR
• All Other Areas	50% of the Normal GCR

SHANGHAI	CN		SHA
Y. RENMINBI	CNY		KGS
LONDON	GB	M	320
		N	63.19
		45	45.22
		100	41.22
		500	33.42
		1000	30.71

三、国际航空货运单证

（一）概述

航空货运单（Air Way Bill，AWB）是托运人或者托运人委托承运人以托运人名义填制的，托运人与承运人之间缔结的货物运输合同契约，是承运人承运货物的重要证明文件，亦称航空主运单。它有别于海运提单，却与国际铁路运单相似。它是承运双方的运输合同，其内容对双方均具有约束力。航空货运单不是代表货物所有权的物权凭证，因此不可转让，是一种不可预付的单据。航空货运单通常包括有出票航空公司标志的航空货运单和无承运人标志的中性货运单两种。填制和使用航空货运单，应严格遵守有关法规的规定。

1. 航空货运单的性质

（1）承运合同。航空运单是发货人与承运人之间的运输合同，并在双方共同签署后产生效力。

（2）货物收据。航空运单是承运人签发的已接收货物的证明，除非另外注明，它也是承运人收到货物并在良好条件下装运的证明。

（3）运费账单。航空运单分别记载着属于收货人应负担的费用和属于代理的费用，是承运人据以核收运费的账单。

（4）报关单证。航空运单是必备的报关单证之一，也是海关最后查检放行的基本单证。

（5）保险证书。如果承运人承办保险，航空运单也可作为保险证书。

（6）航空运单是承运人处理内部业务的依据。

2. 航空运单的作用

（1）航空运输合同订立的初步依据。航空货运单是承运人与托运人之间缔约的运输合同的初步证据，是由托运人或托运人委托承运人填写，并经合同双方当事人签字，盖章后生效。

（2）承运人接收货物的初步依据。承运人接收货物后，将第三联航空货运单正本交给托运人，作为接受货物的初步证据。

（3）运费账单和记账凭证。航空货运单上分别记载属于受货人（托运人）和代理人的费用，第一联航空货运单正本留存，作为收取运费的依据。航空货运单可作为运费账单和发票。

（4）报关凭证。货物到达目的地报关时，航空货运单通常是海关检查的主要单据之一。

（5）收货人检收货物的依据。第二联航空货运单正本，注明由航空公司随即交收货人，收货人据此核收货物，同时也是承运人交付货物的依据。

（6）保险证书。如果承运人代办保险而托运人又要求承运人代办保险时，航空货运单即可作为保险证书。

（7）承运人处理内部业务的依据。航空货运单是承运人在办理该运单项下货物的发货、转运、交付的依据。承运人根据运单记载的内容办理这些事项。

3. 航空货运单的主要内容

航空货运单正面以填制内容为主，包括托运人填开栏和承运人填开栏，托运人托运货物的说明、货物价值声明、交付批示等事项，合同双方商定的内容，以及托运人和承运人的签字（盖章）等。一般航空货运单应包括以下各项：

（1）货物品名、性质、重量、体积、包装、件数以及标志或号数，货物说明有价值声明。

（2）托运人姓名、公司名称、地址及通信号码，收货人名称、地址及通信号码。

（3）航空承运人及名称、地址，以及代理人的 IATA 代号。

（4）起运地、出运时间、机号及航班。如果是联运方式，则还应该包括经停和换装转运地，第一承运人的名称和地址，目的港及预计抵达时间，收货人及其地址、通信号码。

（5）计费重量、运费及其支付方式。

（6）货运保险及其费用负担。

（7）货运单的填写地点、日期，航空货运单的份数，以及随附文件。

（8）声明运输期间适用的规定或公约。

（9）双方当事人商定的其他事宜与运输条件。

除航空货运单之外，空运业务中的其他支持单证有：国际货物托运书；如果是危险品、活的动物等特殊货品，则托运人同时提交危险货物申报书、活动物证明等货运文件；如果是集装箱箱型，则有注明集装箱箱型、箱号、铅封号等的装箱单；作为领事单证和海关清关用的商品发票；以及进出口国家要求的其他单证。

（二）货运单的填制

1. 填制货运单的要求

（1）货运单要求用英文打字机或计算机，以英文大写字母打印，各栏内容必须准确、清楚、齐全，不得随意更改。

（2）货运单的填写内容在运输过程中需要修改时，必须在修改项目的近处盖章，注明修改货运单的空运企业名称、地址和日期。修改货运单时，应将所有剩余的各联一起修改。

（3）货运单的各栏中，有些栏目印有阴影。其中，有标题的阴影栏目仅供承运人填写。没有标题的阴影栏目一般不需填写，除非承运人特殊需要。

2. 航空货运单（简称空运单）的缮制

目前，各航空公司所使用的空运单大多借鉴 IATA 所推荐的标准格式，彼此差别不大。按照规定，空运单应由托运人填写，这是因为空运单内容填写得不准确造成的损失应由托运人承担。然而，由于空运单填写的复杂性，一般的做法是托运人填好国际货物托运书后，由托运人或其代理人按照托运人在托运书上所填写的内容逐项填写，以避免由于托运人的不熟悉或缺乏了解造成的填写错误。空运单不得对托运书的内容有所改动，空运单的正确性仍由托运人负责。

（1）Shipper's Name and Address（托运人名称及地址）：填写托运人名称、地址、国家（或国家的二字代号）以及联系电话等。

（2）Shipper's Account and Address（托运人账号）：一般不填，除非第一承运人需要。

（3）Consignee's Account Number（收货人名称及地址）：填写收货人的名称、地址、国家（或国家的二字代号）以及联系电话等。

（4）Consignee's Account Number（收货人账号）：一般不填，除非最后承运人需要。

（5）Issuing Carrier's Agent Name and City（签发空运单的承运人的代理人名称与城市）：填写向承运人收取佣金的 IATA 空运代理人的全名及其所在城市。

（6）Agent' Iata Code（代理人的 IATA 代号）：填写代理人的 IATA 号。

（7）Account Number（代理人的账号）：本栏一般不填，除非签发空运单的承运人需要。

（8）Airport of Department（Address of First Carrier）and Requested Routing（始发站机场及要求的路线）：填写 IATA 始发站机场三字代号，如不知机场名称，可填写所在城市 IATA 三字代号。托运人要求的路线必要时填写。

（9）Account Information（会计事项）：由参加运输的有关承运人填写有关会计事项。

①填写付款方式：现金、支票或旅费证（MCO）。

②当货物无法交付而回运时，承运人应将原始空运单号填入为退货运所填开的新空运单的本栏内。

（10）Flight/Date（For Carrier Use Only）（航班号/日期（仅供承运人用））：实务中本栏通常不填，除非参加运输的各有关承运人需要。

（11）Routing and Destination to /by First Carrier/To/By/To/By（路线与目的站　至/由第一承运人/至/由/至/由）：第一承运人一般要填写，对于运费到付货物、特种货物和根据所采用的运价必须由指定的承运人运输的货物，应将运输路线和指定的承运人全部列明。

①至/由第一承运人：填入目的地机场或第一个转运点的三字代号；

②由第一承运人：填入第一承运人二字代号；

③至（由第二承运人）：填入目的地机场或第二个转运点的三字代号；

④由（第二承运人）：填入第二承运人二字代号；

⑤至（由第三承运人）（To）：填入目的地机场或第三个转运点的三字代号；

⑥由（第三承运人）（By）：填入第三承运人二字代号。

（12）Airport of Destination（目的站）：填写最后承运人的目的地机场，如果该城市不止一个机场或不知道机场名称，可填写城市名称。

（13）Currency（货币）：填写运单所用货币的代号。

①一般为始发国货币的三字代号；

②除目的地国家收费栏外，空运单上所列明的金额均按此种货币表示。

（14）Charges Code（货物代号）：仅用于承运人，一般不填写。

（15）WT/VAL（PPD Coll）—Weight Charge &Val Charge（Prepaid Collect）（运费与声明价值附加费（预付或到付））：

①PPD 栏：如果运费为预付者，在此栏记"×"。

②Coll 栏：如果运费为到付者，在此栏记"×"。此种费用必须全部预付或全部到付。如果某一段免费，免费段不填。

（16）Other（PPD，Coll）- All Other Charges At Origin - Other（Prepaid Collect）（始发站所有其他费用（预付或到付））：在 PPD，Coll 栏填写有关费用，该费用必须全部预付或到付。

（17）Declared Value For Carriage（供运输的声明价值）：填写托运人供运输而声明的货物价值总数，如托运人不办理声明价值，则此栏内填入 NAD。

（18）Declared Value For Customs（向海关声明价值）：填托运人向海关申报的货物价值总数。如符合始发站、目的站海关的规定，也可在本栏填入 NCV。有关各国海关的规定可参阅 TACT（航空货物运价）中"各国规定"的部分。

（19）Account of Insurance（保险金额）：如果空运公司不代办保险或托运人不要求保险，此栏可不填。

（20）Handling Information（处理事项说明）：要填写以下内容：

①货物上的标志、号码和包装方式。

②危险品货物的记载事项。对于需要附托运人申报单的危险品货物，填写"Dangerous Goods As Per Attached Shipper's Declaration"，对于不要求附申报单的危险品货物，则填写"Shipper's Declaration Not Required"，如仅限于装运货机上的危险品货物，应填写"Cargo Aircraft Only"。

③另请通知人。除收货人外，当托运人要求将货物的到达通知其指定的另一通知人时，应在此栏填写通知人的名称、地址及电话等，并注明"Also Notify"（另请通知）字样。

④货物交付地址的补充说明。如果货物寄交某一空运企业转交收货人或代理人的地址为诸如旅社等临时地址，则应在此栏写明收货人或代理人的永久地址，并注明"In Case of Inability To Deliver To Consignees Contact"（如不能交付时，请与收货人联系）。

⑤随附文件的名称和对特种货物的操作要求。

⑥其他需要说明的事项。比如，在承运人无人押运行李时，如果有钥匙带往目的站，则必须将钥匙装在信封内，订在货运单后，并在此栏内注明：Key of Ubag Attd To Wab。

（21）No of Pieces/Rcp（Rates And Charges Point）（件数/运价组成点）：填写货物的件数，如果货物运价不同时，则应分列填写。如果货物运价系数分段相加的组成运价，则应另起一行填写运价组成点的 IATA 城市的三字代号。

（22）Gross Weight（毛重）：在与货物件数相对应的同一行处填写货物的毛重。

（23）KG/LB（千克/磅）：以千克为单位填写"K"，以磅为单位填写"L"。

（24）Rate Class（运价类别）：填写所适用的运价类别代号（M、N、EQ、C、R 或 S 等）。

（25）Commodity item Number（指定商品品名编号）：

①若适用指定商品运价，则在与运价类别"C"代号同一行的本栏内填写商品品名编号；

②如果适用等级运价，则在与运价类别相对应的"R"或"S"的行上填写相应的百分数，比如 50%、100%、200% 等。

（26）Chargeable Weight（计费重量）：

①按最低运费计收运费时，本栏可不填；

②如体积重量大于实际毛重，应填写体积计费重量；

③如果采用较高的计费重量分界点的运价，则应将较高的计费分界点重量填入本栏。

（27）Rate/Charge（运价/运费）：在对应的运价类别代号同一行上填写所适用的每千克运价，如为最低运费，则在标有"M"代号同一行上填写最低运费的数额。

（28）Total（总计）：每项货物计费重量与所适用运价相乘所得运费数额应填写在对应行的本栏内，最后将这些运费数额相加得出总数。

（29）Nature And Quantity of Goods（Incl Dimensions or Volume）（货物品名及数量（包括尺寸和体积））：

①货名应具体明确，当承运鲜活易腐物品、贵重物品时，应在货名、数量后分别注明

"Perishable"字样和"Valuable Cargo"字样；

②应按长、宽、高顺序列明货物每件或整批的最大长度、最大宽度和最大高度；

③当一批货物中含有危险品货物时，必须分列，危险品货物应列在第一项，除写明品名外，还必须有危险品级别、相应的标签及有关说明（如仅限货机载运）；

④如果本栏所填的实际件数与件数栏中的件数不一致，则应在后面批注"Slac (Shipper's Load Count)"（由托运人装载与计数）；

⑤此栏也可填入货物的产地国。

(30) Prepaid（预付）：

①在 Weight Charge 栏内填写预付运费的总额；

②在 Valuation Charge 栏内填写预付声明价值附加费的总额；

③在 TAX 栏内填写应付税金；

④在 Total Other Charge Due Agent 栏内，填写代理人代垫付款的总数；

⑤在 Total Other Charge Due Carrier 栏内，填写供承运人代垫付款的总数；

⑥在 Total Prepaid 栏内填写本项目所有预付费用的总数。

(31) Collect（到付）：项目内容与前项相同。

(32) Other Charges（其他费用）：填写运费、声明价值、税金以外的其他费用及金额代号。

(33) For Carrier's Use Only At Destination（仅供承运人在目的地使用）：本栏不填。

(34) Signature of Shipper or His Agent（托运人或其代理人签字）：托运人或其代理人应予以签字，如果托运人已在托运书中委托承运人或其代理人签署，则承运人或其代理人可代表托运人签字。

(35) Executed on (Date) of (Place)（填写空运单的日期、地点）：

①按日、月、年顺序填入空运单的填开日期，月份可用缩写或全称，但不能用数字表示。

②在地点处填入空运单签署的地点（一般为始发地或承运人地址所在城市）。

(36) Signature of Carrier or His Agent（承运人或代理人签字）：承运人或其代理人应按 UCP500 号要求予以签字。

以下各项由最后承运人在正本空运单第二联（收货人联）上填写。

(37) Currency Conversion Rate（货币兑换比价）：填写目的地货币代号及兑换比价。

(38) Collect Charges In Destination（用目的地或不付费的到付费用额）：将签署到付费用总额按所列的货币兑换比价折成目的地货币金额填入本栏。

(39) Charges At Destination（在目的地的费用）：最后承运人将目的地发生的费用金额包括自然增长的利息填入本栏。

(40) Total Collect Charges（总的到付费用）：将目的地货币付费额与在目的地的费用之和填入本栏。

当空运单有关内容较多无法在指定栏内填写时，可在相应栏底部批注"See Extension List"（见续页）字样，然后另在续页上继续开列，并附在空运单每页之后。续页的份数应与空运单的份数相同，每份续页上均应填明空运单号码。

航空货运单详见表 7-12。

表 7-12

Master Air Waybill		Air waybill	
Shipper's Name and Address	Shipper's Account Number	NOT NEGOTIABLE AIR WAYBILL ISSUED BY Copies 1, 2 and 5 of this Air waybill are originals and have the same validity.	
Consignee's Name and Address	Consignee's Account Number	It is agreed that the goods described herein are accepted in apparent good order and condition (except as noted) for carriage SUBJECT TO THE CONDITIONS OF CONTRACT ON THE REVERSE HEREOF.THE SHIPPER'S ATTENTION IS DRAWN TO THE NOTICE CONCERNING CARRIER'S LIMITATION OF LIABILITY.Shipper may increase such limitation of libility by declaring a higher value for carriage and paying a supplemental charge if required.	
IATA Code	Shipper's Account Number	SEE CONDITIONS OF CONTRACT ON REVERSE SIDE	
		Accounting Information:	
Airport of Departure and Requested Routing			

to	By First Carrier	Routing and Destination	to	by	to	by	Currency	CHGS Gode	WT/VAL PPD COLL	Other PPD COLL	Declared Value for Carriage	Declared Value for Customs

Airport of Destination	Flight Date	For Carrier Use Only	Flight Date	Amount of Insurance	

Handling Information

No.of Pieces RCP	Gross Weight	kg lb	Rate Class Commodity Item No.	Chargeable Weight	Rate / Charge	Total	Nature and Quantity of Goods (and Dimensions or Volume)

Prepaid	Weight Charge	Collect	C.O.D.Amoumt
	Valuation Charge		Other Charge
	Tax		
	Total Other Charges Due Agent		
	Total Other Charges Due Carrier		
Total Prepaid		Total Collect	
Currency Conversion Rate		CC Charges in Dest.Currency	EXECUTED ON (Date) At (Place) SIGNATURE OF ISSUING AGENT
For Carrier's Use Only at Destination		Charges at Destination	Total Collect Charges

四、国际航空货物运输代理实务

航空运输代理业务人是联系发货人、收货人、政府等各运输关系人之间的重要纽带,在国际航空运输货物进出口活动中起着重要的作用。航空运输代理人的职责包括为货主提供服务和为航空公司提供服务两个方面。从业务分类来看,则主要从事与航空货物进出口相关的各项事项,包括集中托运和快运服务。从进出境业务分类,可分为出口代理业务和进口代理业务。

国际航空货物运输的业务流程主要包含两大环节:一是航空货物运输的出口业务流程(见图7-3);二是航空货物运输的进口业务流程(见图7-4)。

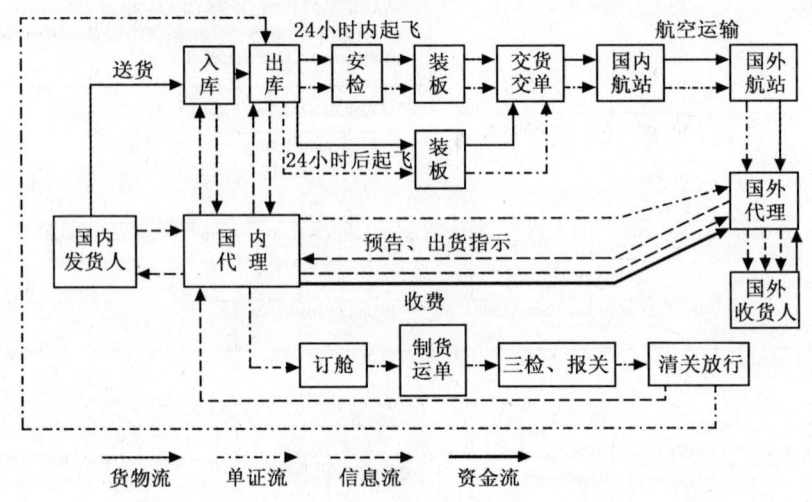

图7-3 国际航空货物出口业务操作流程图

(一) 航空货物运输出口代理业务

1. 出口代理业务程序

航空货物出口代理业务程序,是航空公司货运代理公司从发货人手中接货到将货物交给航空公司承运的整个过程,包括所需要经过的环节、所需办理的手续以及必需的单证。出口程序的起点是从发货人手中接货,终点是将货物交给航空公司。由此可以看出,航空公司只负责将货物从一个机场运至另一个机场。

出口代理业务大致包括揽货、委托运输、预配舱、预订舱、接单接货、审核单证、制单、配舱、订舱、标签、出仓单、出口报关、提板箱、装货、签单、交接发运、航班跟踪、费用结算、信息服务。

(1) 揽货。揽货是指航空货运代理公司为争取更多的出口运输货源,到有出口经营权的贸易公司、企业推销代理服务的活动。

航空货运代理公司与出口企业(发货人或出口货运委托人)就代理货物出口航空运输事宜达成协议后,可以向发货人提供有关航空公司的国际货物托运书。托运书由发货人填写并加盖公章,作为委托和接受委托的依据。对于长期出口或出口货量大的发货人,航空货运代理公司一般都会与之签订长期的货运代理协议。

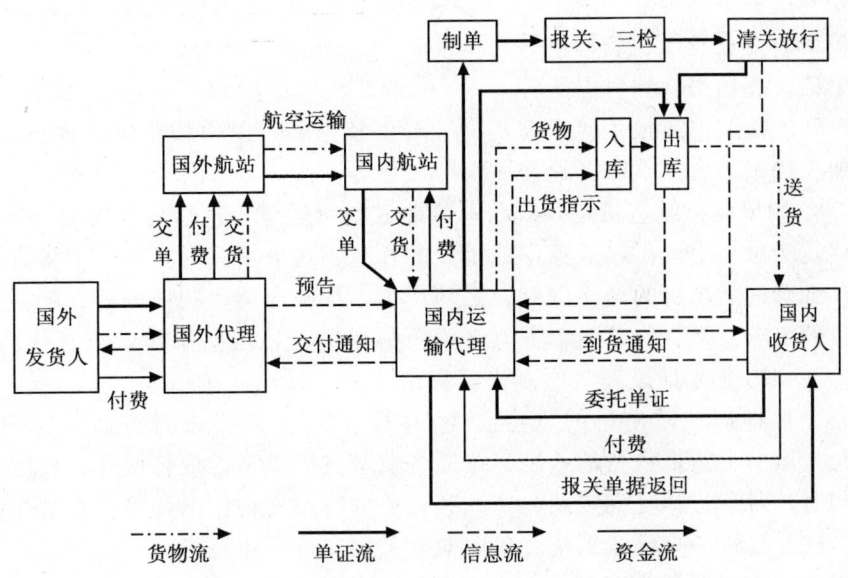

图7-4 国际航空货物进口业务操作流程图

揽货时必须注意：需要航空运输的化工类产品，须事先到指定部门进行化学性质检验，以证明其货物性质适合空运。此外，不同的货运也有不同的运输规定和限制，揽货人员应充分了解相关规定。

(2) 委托运输。根据《统一国际航空运输某些规则的公约》（简称《华沙公约》）第五条第一款"货运承运人有权要求托运人填写一种称为'航空货运单'的凭证，托运人有权要求承运人接受这项凭证"和第六条第五款"如果承运人根据托运人的请求，填写航空货运单，在没有相反的证据时，应作为代托运人填写"的规定，航空货运单应由托运人（或发货人）填写。但实践中，货运单均由承运人或其代理人代为填制。作为填开货运单的依据——托运书（Shippers letter of Instruction, SLI），应由托运人自己填写，而且托运人必须在委托书上签字或盖章以示确认。

(3) 预配舱。航空货运代理公司汇总当日所有货运委托预报，依据货物运输目的站和货物情况，根据各航空公司不同机型、不同集装器的装载要求，制订预配舱方案，并对每票货配上运货单。

(4) 预订舱。航空货运代理公司根据所制订的预配舱方案，按航班号、日期打印出总运单号、件数、重量、体积，向航空公司预订舱。由于此时可能还没有入仓，客户的预报和实际的件数、重体积等都会有差别，这些数据留待配舱时再予以调整。

(5) 接单接货。接单是指航空货运代理公司从发货人手中接受货物出口所需的一切单证，其中主要是报关单证。接货是指航空货运代理公司从发货人手中接受货物并将其运到机场仓库待运。

接单一般与接货同时进行。对于通过空运或铁路从内地运往出境地的出口货物，航空货运代理公司可按照发货人提供的运单号、航班号及接货地点、接货日期，代其提取货物。如果货物在起运地已办理了海关出口手续，发货人应同时提供起运地海关的关封。

(6) 审核单证。航空货运代理公司接受发货人的出口所需单证后，对单证应予以审核。

这些单证主要有以下三类：

①商业单证。商业发票、装箱单等。

②运输单证。托运书、到付保函等。

③报关单证。报关单或报关代理委托书、外汇核销单、退税核销单、许可证、商检证、进料/来料加工核销手册、索赔/返修协议、关封等。

（7）制单。制单是指航空货运代理公司缮制航空货运单，包括总运单和分运单。

缮制航空货运单是空运出口业务中最重要的环节，运单填写得正确与否将直接关系到货物能否及时、准确地运抵目的地。因此，必须详细、准确地填写各项内容，严格符合单货一致、单单一致的要求。当一份总运单下有几份分运单时，还需要制作航空货物清单。此外，还需制作"空运出口业务日报表"供制作标签用。

（8）配舱。配舱时，需出运的货物已经入库。此时，需要核对待运货物的实际件数、重量、体积与托运书上预报数量的差别，按照各航班飞机机型、板箱型号、高度、数量进行合理配载。同时，对于货物晚到以及尚未顺利通关放行的货物作出调整，为制作配舱单作准备。实践中，这一过程一直延续到货、单向航空公司交待后才完毕。

（9）订舱。订舱是指航空货运代理公司向航空公司正式提出运输申请并订妥舱位。

货物订舱需要根据发货人的要求和货物本身的特点而定。一般来说，大宗货物、紧急物资、鲜活易腐食品、危险品、贵重物品等，必须预订舱位；非紧急的零散货物，可以不预订舱位。

航空货运代理公司订舱时，可依照发货人的要求选择最佳的航线和最佳的承运人，同时为发货人争取最低、最合适的运价。订舱后，航空公司签发舱位确认书（舱单），同时给予装货集装器领取凭证，以表示舱位订妥。

（10）标签。为便于货物交接顺利和货物运输安全，航空公司要求对货物予以标签，即对所承运的货物加以标识。

①根据标签的作用，可将标签分为识别标签、特种货物标签和操作标签等。识别标签：表明货物的货运单号码、件数、重量、始发站、目的站、中转站的一种标志，分为挂签、贴签两种。特种货物标签：说明特种货物性质的各类识别标志，分为活动物标签、危险品标签和鲜活易腐物品标签。操作标签：说明货物储运注意事项的各类标志。

②根据标签类别，可将标签分为航空公司标签和分标签两种。航空公司标签是航空公司对其所承运货物的标识。各航空公司的标签虽然在格式、颜色上有所不同，但内容基本相同。标签上的前3位阿拉伯数字代表承运航空公司的代码，后8位阿拉伯数字是总运单号码。分标签是货运代理公司对出具分运单货物的标识。凡分运单项下货物都要制作分标签，填制分运单号码和货物到达城市或机场的3字代码。

一件货物贴挂一张航空公司标签，有分运单的货物，每件再贴挂一张分标签。

（11）出仓单。航空货运代理公司的配舱方案制订后即可编制出仓单。出仓单交给仓库装板箱环节，是向出口仓库提货的依据，也是制作国际货物交接清单的依据（该清单用于向航空公司交接货物），出仓单还可用于外拼箱。出仓单交给报关环节，当报关有问题时，可有针对性的反馈，以采取相应的补救措施。

（12）出口报关。出口报关是指发货人或其代理人在发运货物之前，向出境地海关提出办理出口手续的过程。因国家鼓励出口，出口报关比进口报关简单，报告环节较少。

海关办完审核、查检、征税等海关手续后，海关关员即在用于发运的发运单正本上加盖放行章，在出口收汇核销单和出口货物报关单上加盖放行章，在发货人用于出口产品退税的单据上加盖验讫章，粘贴防伪标志。至此，完成出口报关手续。

对于暂时出口的货物，如出口的修理件、展览品、运动员出国比赛的器具等，货主必须留存出口报关单，以备日后进口报关时用。

（13）提板箱。航空货运代理公司将2立方米以下体积的货物作为小货交航空公司拼装，大于2立方米的大宗货物或集中托运拼装货，一般由货运代理公司自己拼板、箱装运。

航空货运代理公司订妥舱位后，航空公司吨控部门将根据出运货量安排发放航空集装板、箱凭证，航空货运代理公司凭此向航空公司板箱管理部门领取与订舱货量相应的集装板、箱。

航空货运代理公司根据订舱计划向航空公司申领板、箱，并办理相应的手续。提板、箱时，应领取相应的防雨塑料薄膜和罩网，对使用的板、箱予以登记、销号。

（14）装货。大宗货物、集中托运货物可以在航空货运代理公司的仓库、场地、货棚装板、装箱，也可在航空公司指定的场地装板、装箱。

①在装箱时应注意不要用错集装板、集装箱，不要用错板型、箱型。

②在装板、装箱时，要注意货物尺寸，即要在规定范围内用足板、箱的可用体积，又不超尺寸装载。

③要做好防潮、防雨淋工作，严格按照航空运输货物装载规范装载货物。

④对于大宗货物、集中托运货物，要尽可能将整票货装在一个或几个板、箱内运输。对于已装妥整个板、箱后剩余的货物，应尽可能拼装在同一个板、箱中，防止散落、遗失。

（15）签单。海关在货运单上加盖放行章后，航空货运代理公司需将货运单送交航空公司签单。航空公司主要审核货运单上运价的制定是否正确、货物的性质是否适合空运（如危险物品是否已办理了相应的证明和手续）。航空公司的地面代理规定，只有签单确认后才允许将单、货交给航空公司。

（16）交接发运。交接是指航空货运代理公司向航空公司交单交货，由航空公司安排航空运输。交单是指航空货运代理公司将随机单据和应由承运人留存的单据交给航空公司；交货是指航空货运代理公司把与运输单据相符的货物交给航空公司。

（17）航班跟踪。航空货运代理公司将单、货交给航空公司后，即需要对航班货物进行跟踪。

那些需要联程中转运输的货物，当所载货物出运后，航空货运代理公司应要求航空公司提供第二、三航班中转信息，及时掌握货物动态，以便对一些不正常情况及时进行处理。

（18）费用结算。航空货运代理公司的费用结算主要涉及供应方、托运方、国外代理人三方。所谓供应方，主要是指航空公司、地面运输公司、仓库、代理报关公司等运输及配套服务提供方。费用结算的内容主要是涉及航空运输的一切费用，包括航空运费、地面运费、服务费、手续费等。

（19）信息服务。航空货运代理公司发运货物后，应及时将发运信息通知发货人。同时，将应由发货人留存的单据，主要是报关单据（如收汇核销单、退税单等）及时寄送发货人。对于集中货运货物，还应将发运信息预报发货人所在地的国外代理，以便其办理查询、接货、货物分拨等业务事项。

2. 出口代理业务的单证处理

(1) 国际航空货物托运书。作为填开货运单的依据——航空托运书（Shippers Letter of Instruction，SLI），应由托运人自己填写，且需在上面签字或盖章。航空公司或航空货运代理企业据以代为填制国际航空货运单。

托运单应使用钢笔、圆珠笔书写，有些项目，如名称、地址、电话等，可盖戳印代替书写。字迹要清晰易辨，不能潦草。对托运书要求填写的内容应予以如实填写。填写规范参考前述货运单填制规范。航空货运代理公司在检查货物货运书填写内容符合要求以及货物符合空运的一般规定后，方可予以受理。航空托运书的样式见表7-13。

(2) 国际航空货运单。前面已作介绍。

(3) 收货单。收货单是客户与航空货运代理公司之间收交货物的凭证，也是货物单上数据更改的依据。航空货运代理公司的单证人员在接受发货人委托后，应根据委托的内容填写收货单。收货单分客户、仓库、出口等三联。

单证人员填写事项：客户名称，进仓编号，分运单号，货物目的地，收货日期，货物大件数、重量、长度、宽度、高度，货物细件数、唛头等。

收货员填写事项：收货时间、包装情况、收货人签名。

注意：仓库若发现包装不符合收运标准，应予以拒收。收货时的司磅重量、丈量的尺码与收货单上记载不符的，应在收货单上予以标注，并让客户签名确认。

仓库收货员签字后的收货单：客户联交客户带回，仓库联留存备查，出口部联转出口部作为更改货物单数据的依据（若仓库有计算机与业务数据库相联的，则由仓库直接更改货运单相关数据）。

(4) 出仓单。航空货运代理公司制订配舱方案后，即可编制出仓单。出仓单上应载明操作日期，航班日期，载装板箱规格型号、数量，货物进仓编号，分运单号，总运单号，件数，重量，体积，目的站三字代码等。有时还需要填写发货人、收货人、销售部门、订舱等业务信息。

(5) 集装货物组装记录单。航空货运代理公司采用集中托运时，向航空公司的地面代理（内场）交运货物时，应随附集装货物组装记录单。此单由航空货运代理公司填写。填写内容：航班号、代理名称、集装板箱号码、总运单号、件数、目的地等。航空公司的地面代理司磅签收后，第一联由卡车司机带回仓库（航空货运代理公司的仓库）留存。其他联单的流转略。

(6) 危险物品运输文件。

① 危险物品申报单（Shipper's Declaration for Dangerous Goods）。托运人应保证危险货物的包装、运输准备完全符合有关国际、国家、航空公司的规定，并如实、正确地填写托运人危险物品申报单（见表7-14）。基本填制要求是：用英文大写（除签名外，可用打字机缮制），字迹清晰，如有涂改，托运人必须在涂改处签字；托运人必须在申报单上签字，并必须用全名，签字可以手写，也可以用印章，但不允许使用打字机。

当所运货物属于放射性以外的危险品时，应按以下格式填写申报单：

Shipper：托运人的姓名全称及地址。

表7-13 航空托运书样表

始发站 Airport of Departure		目的站 Airport of Destination		航空货运单号码 Air Waybill Number			
托运人姓名、地址、电话号码 Shipper's Name, Address, Postcode & Telephone No.				安全检查 Safety Inspection			
收货人姓名、地址、邮编、电话号码 Consignee's Name, Address, Postcode & Telephone No.				填开代理人名称 Issuing Carrier's Agent Name			
航线 Routing	到达站 To	第一承运人 By First Carrier		到达站 To	承运人 By	到达站 To	承运人 By
航班/日期 Flight/Date		航班/日期 Flight/Date		运输声明价值 Declared Value for Carriage		运输保险价值 Amount of Insurance	
储运注意事项及其他 Hading Information and Others							
件数 No. of Pcs. 运价点 RCP	毛重(千克) Gross Weight (KG)	运价种类 Rate Class	商品代号 Comm. Item No.	计费重量(千克) Chargeable Weight	费率 Rate/kg	航空运费 Weight Charge	货物品名（包括包装、尺寸或体积）Description of Goods (incl. Packaging, Dimensions or Volume)
预付 Prepaid		到付 Collect				其他费用 Other Charge	
	航空运费 Weight Charge					本人郑重声明：……	
	声明价值附加费 Valuation Charge						
	地面运费 Surface Charge						
	其他费用 Other Charge					托运人或代理人签字、盖章 Signature of Shipper or His Agent	
	总额（人民币）Total (CNY)					填开日期 填开地点 填开人或代理人签字、盖章 Executed on (Date) at (Place) Signature of Issuing Carrier of Its Agent	
付款方式 Form of Payment							

表 7-14　　　　　　　　　　　托运人危险品申报单样表

Shipper	Air Waybill No. Page of Pages Shipper's Reference Number (optional)
Consignee	For optional use For Company logo Name and address
Two completed and signed copies of this Declaration must be handed to the operator.	WARNING Failure to comply in all respects with the applicable Dangerous Goods Regulations may be in breach of the applicable law, subject to legal penalties. This Declaration must not, in any circumstances, be completed and/or signed by a consolidator, a forwarder or an IATA cargo agent.

TRANSPORT DETAIL

This shipment is within the limitations prescribed for: (delete non applicable)		Airport of Departure	
PASSENGER AND CARGO AIRCRAFT	CARGO AIRCRAFT ONLY		Shipment Type: (delete non-applicable)
Airport of Destination			NON-RADIOACTIVE / RADIOACTIVE

NATURE AND QUANTITY OF DANGEROUS GOODS

Dangerous Goods Identification					Quantity and Type of Packing	Packing Instruction	Authorization
Proper Shipping Name	Class or Division	UN or ID No.	Packing Group	Subsidiary Risk			

Additional Handing Information

I hereby declare that the contents of this consignment are fully and accurately described above by the proper shipping name, and are classified, packaged, marked and labelled/ placarded, and are in all respect in proper condition for transport according to applicable international, and national govenmental regulations.	Name/Title of Signatory Place and Date Signature (see warning above)

Consignee：收货人的姓名全称及地址。如果托运传染性物质，还应填写发生事故时可以联系到的负责人姓名和电话号码。

Air Waybill No.：与申报单附在一起的货运单号码。

Page of Pages：页的序数和总页数，如无续表均写"1"。

Aircraft：机型限制。根据货物的情况而定。

Airport of Departure：始发站机场或城市的全称。

Airport of Destination：目的站的机场或城市的全称。

Shipment Type：货物种类。危险品具有放射性或无放射性。无放射性时，必须删去表格中的"RADIOACTIVE"。

NATURE AND QUANTITY OF DANGEROUS GOODS：危险品的种类、性质、数量和包装说明等。

Proper Shipping Name：运输专用名称。

Class or Division：类别或项别的编号。对于第1类危险品，还应注明配装组。对于装有各种化学药品的试剂箱，应写出每一种危险品的类别或项别的编号。

UN or ID No：联合国或国际航协的识别编码。相应的编号前缀上"UN"或"ID"字样。

Subsidiary Risk：次要危险性。注明与标签相应的次要危险性所属类或项的编号。

Quantity and Type of Packing：数量和包装种类。

Packing Instruction：包装说明。注明包装说明的编号以及危险物品的包装等级。

Authorization：批准（认可的主管部门）。

Additional Handling Information：其他作业说明。例如，4.1类、5.2类物质，必须在此栏中说明：含有这类物质的包装件与集装器不得被阳光直射，应存放在通风良好的地方，远离任何热源，以及包装件垛码不得过于密集。

Name/Title of Signatory：签字人的姓名和职务。

Place and Date：签字的地点和日期。

Signature：签字（仅允许手写或使用印章）。

②航空货运单。航空货运单填制的基本要求如前述。在运输危险物品时，填制航空货运单还需注意以下内容：

第一，同一票货运单中，既有危险货物又有非危险货物，填开时：危险物品在先，非危险物品在后；在"Handing Information"栏内，指出危险物品的件数。并在此栏中填写下列一项以上的说明："DANGEROUS GOODS AS PER ATTACHED SHIPPERS DECLARATION"；"DANGEROUS GOODS SHIPPERS DECLARATION NOT REQUIRED"；"CARGO AIRCRAFT ONLY"。

第二，不需要填写申报单的危险物品。在货运单的"NATURE AND QUANTITY OF DANGEROUS GOODS"栏内，还应依次注明如下内容：运输专用名称（PSN）、类别或项别的号码、UN或ID编号、包装等级、次要危险性、包装件数、每个包装件数的净重或净容积、包装说明。

第三，对于例外数量危险物品，必须在货运单的"NATURE AND QUANTITY OF DANGEROUS GOODS"栏内注明"DANGEROUS GOODS IN EXCEPTED QUANTITIES"。

第四，如果怀疑某种化工产品或化学物质是危险物品，但不符合各类（项）危险性判定标准，这种产品或物质应作为非危险品运输。在货运单中该产品或物质的品名下面，应注明"NOT RESTRICTED"，表示已对该货物作过核查。

③危险物品收运核查单。航空公司在收运危险物品时，为了核查危险物品的申报单、货运单及货物包装件是否符合要求，航空公司根据待收运的危险物品属于放射性或非放射性，分别使用两种检查单：非放射性危险物品收运核查单、放射性危险物品收运核查单。核查单由收运员填写，一式两份，经签字后生效。经检查，如申报单、货运单、货物包装件等各项均无问题，则该危险物品可以收运。核查单正本、危险物品申报单与货运单正本随附货物一同运输，其副本留始发站存档。遇以下情况，航空公司将拒收货物：无核查单或核查单上无签字；货运单、申报单有错误未更正；包装件有损坏或打包方法不正确。

④特种货物装载机长通知单（Special Load Notification to Captain）。根据国际民航组织关于危险物品运输的规定，对已装机的危险物品，必须在飞机起飞前向机长作出书面通知。空中出现紧急情况时，机长可以根据该通知单将机上危险物品的种类、数量及装载位置通知地面的有关机场当局。

3. 出口代理业务的货物处理

（1）货物交接规范。

①货物的重量、体积限制。最小体积，除新闻稿件类货物以外，其他货物的长、宽、高之和不得小于 40 厘米。

非宽体飞机载运的货物，每件货物重量一般不超过 80 千克，体积一般不超过 40 厘米 × 60 厘米 × 100 厘米。

宽体飞机载运的货物，每件货物重量一般不超过 250 千克，体积一般不超过 100 厘米 × 100 厘米 × 140 厘米。

超过以上重量、体积的货物，承运人可根据机型及始发地和目的地机场的装卸条件，确定收运货物的最大重量和体积。超过以上规定者，称为超大超重货物。

②货物包装的一般规定。货物包装的基本要求为坚固、完好、轻便。在一般运输过程中能防止包装破裂，内装件漏出散失；因垛码、摩擦、震荡或因气压、气温变化而引起货物损坏或变质，伤害人员或污损飞机、设备及其他物品。

包装的形状除应适合货物的性质、状态和重量外，还要便于搬运、装卸和堆放，包装外部不能有突出的棱角及钉、钩、刺等；包装要清洁、干燥、无油污和异味。

在特定条件下承运的货物，如鲜活、易腐货物等，其包装应符合对该货物特定的要求。

凡用密封舱飞机运送的货物，不得用带有碎屑、草末等材料（如稻草袋、绳等）做包装；包装内的衬垫材料（如木屑、纸屑、谷糖等）不得外漏，以免堵塞飞机的空调和密闭系统。

货物包装内不准夹带禁止运输或限制运输的物品、危险品、贵重物品、保密文件和资料等。

对包装不符合要求的货物，应要求发货人改进或重新包装后方可承运。

如果包装件有轻微破损，应在货运单的"Handing Information"中标注详细情况。

③对几类货物包装的特别要求。

第一，液体货物。不论瓶装、罐装或桶装，内部必须留有 5% ~ 10% 的空隙，必须封盖严密，容器不得渗漏。用陶土、玻璃容器盛装的液体，每一容器的容量不得超过500毫升，并要用外加木箱，箱内用衬垫或吸附材料填塞妥实，防止晃动，每件重量以不超过25千克为宜。

第二，粉状货物。用袋盛装的，最外层要有保证粉末不漏出的包装，如塑料膜编制袋或玻璃纤维袋等，单件货物毛重不得超过50千克；用硬纸桶、木桶、胶合板盛装的，要求桶身不破，接缝紧密，桶盖密封不漏，桶钳坚固结实；用玻璃装的，每瓶内装物的重量不得超过1千克；用铁制或木制材料做外包装，箱内用衬垫材料填塞妥实。单件货物毛重以不超过25千克为宜。

第三，精密易损，材质易碎货物。每件毛重以不超过25千克为宜，并根据货物的易损程度，分别采用以下包装方法：

一是悬吊式包装。即用几根绳索或拉伸式弹簧，从箱内各个方向把货物悬置在箱子中，如大型电子管、X射线管等。

二是显像管的包装。即用足够厚的塑料泡沫或其他衬垫材料把货物围裹严实，外加坚固的瓦楞纸箱或木箱，箱内物品不得晃动。

三是防倒置包装。即将容器做成底盘大，盖箱有手提把环或屋脊式箱盖等。不宜平放的玻璃板、挡风玻璃等必须用防止平放的包装（底盘大、用支架竖起）方可承运。

四是多层次包装。即由里至外依次是货物、衬垫材料、内包装、衬垫材料、运输外包装。

五是捆扎货物用的绳索的强度应以能承受货物的全部重量为准，用手提起整件货物时，绳索不致断裂。

第四，裸装货物。不怕碰压的货物，如轮胎等可不用包装。但如不易清点件数，形状不规则或容易碰坏飞机的货物仍然应有绳索、麻布包扎或外加包装。

第五，贵重物品。贵重物品除满足以上的包装条件外，外包装应加装"井"字形铁腰。

④对几种包装容器的质量要求。

一是纸箱抗压能力应可承受同类包装货物堆垛3米高的总重量，有绳索或捆扎带束紧。

二是木箱高度及结构要适应货物安全运送的需要；盛装精致、易碎、贵重物品的木箱，不得有虫蛀、腐朽、裂缝等缺陷；毛重在20千克以上的包装应有铁腰束紧。

三是条筐、竹篓要不断条、不劈条、编织紧密整齐；直径50厘米左右的条筐、竹篓的容量以不超过40千克为宜，盖子要比口径略大，并能承受堆垛几层的压力，内装货物及衬垫材料不得漏出。

四是铁桶铁皮的厚薄应与货物的重量相适应。单件毛重25~100千克的中小型铁桶，应使用0.6~1.0毫米的铁皮制作；单件毛重在101~180千克的大型铁桶，应使用1.25~1.5毫米的铁皮制作。

⑤货物标记和使用规定。

一是在每件货物的包装上，必须有托运人书写或钉附明显的发货标记。若没有，应请托运人补上，否则不予承运。

二是货物标签上各项内容的字迹要明显易辨，货运单号码及到达站名要用较大字体、较粗的号码戳及站名戳打印。

三是每件货物均需牢固地贴挂一个货物标签，体积超大的货物，要挂贴两个标签，一边一个；集装货物的包装外面，应另有表明"重心点"、"由此起吊"的指示标志。

四是凡用陶土、玻璃瓶做容器的液体、气体货物，其外包装必须粘贴"小心轻放"、"向上"的指示标志；凡精密易损、质脆易碎货物，其外包装必须粘贴"小心轻放"及根据货物的性质粘贴"向上"的指示标志；其他货物必须根据货物的特性，正确粘贴指示标志。体积较大的货物，要在包装两边或四边粘贴指示标志。

五是货物标签和指示标志，一般应由承运人贴挂，如托运人协助贴挂时，应逐件检查，发现错、漏或部位不当时应立即纠正。

六是旧包装上的残留标记必须清除或抹去。承运旧包装的货物，以承运人在货物上所加的货物标签、指示标志为准；承运出厂新包装货物，包装上指示标志有效，应按指示标志进行作业。

七是包机运输的货物，如全部属于一个发货人、运往一个目的站及不需要中转换机的，可不贴挂货物标签。

八是在装卸、保管过程中要注意保持货物标记的完整，遇有脱落或辨认不清的，应根据货运单及时查对、补贴。

九是货物标签应按照粘贴拴挂的规定部位粘贴，不得倒挂或歪贴。此外，还需注意如下几点：标签不得贴挂在货物的顶部或底部，应贴挂在货物的侧面；包装形状特殊，应根据情况将标签贴挂在货物的侧面；货物贴挂两个货物标签时，应在包装两侧对称部位贴挂；标签不得贴挂在绳索或其他捆扎材料上面。

⑥货物收运程序。航空货运代理公司的仓库接收货物时，一般凭出口单证部门签发的收货单接收货物。接收货物时，采用的收运程序如下：

一是检查。根据收货单上的进仓单编号，进入业务数据中调出相应业务资料，检查进仓货物的品名或货物是否相符。对不熟悉的货物品名，要查证清楚，避免将危险品误作为普通的货物收运。检查货物的包装是否符合航空运输要求，对不符合航空运输要求的货物包装，必须经托运人改善包装后方可办理收运。航空货运代理公司对托运货物的内包装是否符合要求不承担检查责任。包装上的发货标记与托运书中填写的内容一致，如有错误或遗漏，应要求托运人更正或补充。货物的重量和体积是否超过限制。

二是清点。清点货物件数。如件数不对，应在收货单上注明，并及时通知单证部门更正货运单数据。

三是称重和丈量。货物入库前须过磅称重，并予以丈量，过磅后的重量、丈量后的实际体积若与收货单上的重量、体积不符的，则应在收货单上予以注明，并及时通知单证部门更正货运单数据。

四是仓储。根据货物的出运航班、货物性质区分仓储。

（2）集装器货物组合装载规范。

①集装箱或集装板要放置在托盘等带滚轴装置的平台设备上。装货前应对集装板或集装箱进行清扫，以保持集装板或集装箱干净、整洁。

②根据货物卸机站的顺序，货物重量、体积、形状，包装材料，运输要求等情况，设计货物的组合装载方案。

③大多数情况下，体积较大、重量较重的货物使用集装板装载。体积较小、重量较轻的货物使用集装箱装载。体积较大、重量较重的货物应集中码放在最下层，并尽量向集装器中

央集中码放；轻泡货物、精密仪器、怕压易碎的货物应放在最上层。

④装运危险品和所有可能对飞机造成危害的货物时，应使用填充物将集装器内空隙填满或使用绳、带捆绑，以防损坏设备、飞机，甚至造成重大事件。

⑤卸机站相同的货物应尽量装在同一集装器上；一票货物应尽量装载到一个集装器上，应避免分散装载；联程中转运输的货物也应尽量装载到一个集装器上。

⑥装载散货仓或集装器时，单件重量超过50千克的货物要水平码放在飞机货舱地板或集装器底板上，禁止以边角作为货物的支撑点，以免损坏集装器。

⑦需要使用撬杠时，撬杠与地面接触点之间应放置木制垫板，以防止压力过大损坏飞机或设备。

（二）航空运输进口代理业务

1. 进口代理业务程序

（1）代理预报。一般情况下，国外货运代理公司会将其代理的航空货物的运单、航班、件数、重量、品名、实际收货人及其地址和电话等信息，在货物发运前通知国内航空货运代理公司。这一过程称做预报。国内代理人会根据预报做好接货的前期准备工作。国内代理应特别注意分批货物、中转货物。从国外一次性运来的货物，由于在国内转运时受运载量的限制，往往采取分批方式运输，因此应对货物的转运计划予以安排；需中转的货物，会因航班的晚点等原因而造成无法及时装上原先预订的二程飞机，因此，国内代理应密切注意航班抵达信息。

（2）交接单货。航空货物抵港后，与货物相关的单据随机到达。入境货物、装卸工具均处于入境国海关的监管之下。航空公司的地面代理会将货物卸下后，存入航空公司在机场的海关监管仓库，并进行进口货物舱单录入，即将舱单上的总运单号、收货人、始发站、目的地、件数、重量、品名、航班号等信息输入数据库并上传海关，供收货人通关用。

若货运单上的通知人为航空货物运输代理公司，航空公司的地面代理会把运输单据及有关的货物交给航空货运代理公司。航空公司的地面代理向航空货运代理公司交接的内容有国际货物交接清单、总运单、随机文件、货物。交接时要做到单单相符、单货相符。对核对后出现的问题，应按表7-15所列的方式办理。

表7-15　　　　　　　　　　　　　问题处理方式

交接清单	总运单	货物	处理方式
有	无	有	所缺总运单后补
有	有	无	总运单退回始发站
有	无	无	从清单上划去
无	有	有	在清单上加上
无	有	无	总运单退回始发站
无	无	有	货物退回始发站

航空货运代理公司与航空公司的地面代理交接手续时，对有单无货或有货无单等情况，应在交接清单上注明；对于分批货物，应做好分批货物登记表；发现货物短缺、破损或其他异常情况，应向地面代理索取商务事故记录或货物运输事故签证。

航空货运代理公司可向航空公司或其他地面代理要求开具商务事故记录的情形有以下几种：

①货物外包装损坏。如纸箱破裂，内装货物散落；木箱开裂，有明显受撞击痕迹；外包装未破裂，但有液体渗出等。

②裸装货物受损。如无外包装货物明显受损；机器部件失落、仪表破裂等。

③木箱或精密仪器上的防震、防倒置标志泛红。

④货物件数短缺。

由于货物受损的原因多种多样，未必有确凿证据肯定是航空公司或其地面代理的责任，因此，航空公司一般不愿意开具此类证明。但是作为航空货运代理公司应及时将事故情况与收货人联系，必要时可以采取将货物暂留机场，商请收货人一同到场处理的方式来规避自己的风险。

（3）理货与仓储。航空货运代理公司接受货物后，即可将未经通关的货物转入代理公司自己的海关监管仓库，对整箱、整板的货物予以拆分，并进行理货和仓储。

（4）理单与到货通知。

①理单。理单是对货物的运输单证根据不同性质、类别进行整理、编配。航空货运代理公司将集中托运运输方式下的分运单从总运单下分理出来，制成清单输入数据库；将集中托运总运单项下的发运清单（舱单）输入海关数据库，以便按分运单分别办理海关验收工作；制成海关监管进口货物入舱单，分别提交检验检疫和海关；将总运单、分运单与随机单证、国外代理人先期寄达的单证、国内收货人或到货经营单位预先交付的各类单证等进行编配，以便符合后续报关申报条件。

②到货通知。由于航空货物的时效性，货物运达站后，除另有规定外，航空货运代理公司应在第一个工作日内发出到货通知，并有义务提示收货人以下内容：海关关于超过14天报关收取滞留金；超过3个月未报关，货物交由海关处理。

（5）制单与报关。制单是指航空货运代理公司根据货主委托要求，按海关申报规定依据运单、发票、装箱单等证明货物合法进口的各种批准文件，制成进口货物报关单。

这里的报关是指进口货物的收货人或其代理人向海关申请批准货物进口的全过程。报关是进口货物代理业务中的主要环节。在整个报关过程中，收货人或其代理人必须缴纳进口税费，配合海关进行海关单证的审核和货物的查验等多项工作。其中，配合海关对进出口货物实施查验是项经常性的工作。因此，航空货运代理公司必须配备符合要求的人员和工具，协助海关对货物实施查验工作。客户自行报关的货物，一般由货主到航空货运代理公司的监管仓库借出货物，由代理公司派人陪同货主一并协助海关查验。查验后，代理公司须将已开验的货物封存，运回监管仓库储存。客户委托代理公司报关的货物，代理公司须通知货主单位，由其派人或书面委托代办查验。查验后，代理公司须将已开验的货物封存，运回监管仓库储存。对大件货物、开箱后影响运输的货物，货运代理公司或货主应如实向海关预先说明，并可申请海关派员到监管仓库查验。

（6）收费与发货。航空货运代理公司一般在收妥费用后办理发货手续。若是货主与航空货运代理公司签订有费用付费协议的，则也可实施先提货、后付款的方法。

货主办完进口报关、报检手续，结清相关费用后，凭盖有海关放行章的货运单到航空货运代理公司的监管仓库付费提货。

（7）送货与转运。由于航空货运代理公司具有专业性、熟练性，具备行业背景等特点，能够实现货物的快速通关、转运，凸显航空货物的实效性。因此，多数货主或国外发货人出于节省费用、便利迅捷等因素考虑，会将进口货物委托航空货运代理公司代为报关、垫付税金、提货和内陆运输。

送货，即对于进口航空站所属城市或附近区域的短途货物，航空货运代理公司会将进口清关后的货物直接运送至货主的工厂或仓库。

转运，即货物的最终目的地距离进口航空站所属城市较远，航空货运代理公司将进口清关后的货物，安排各种适当运输方式，转运至货主指定的目的地。

此外，在符合海关转关运输条件的情况下，航空货运代理公司也提供转关运输服务。

2. 进口代理业务的单证处理

（1）货运单。航空货运代理公司将盖有海关放行证的货运单予以回收归档，并在数据库中予以核销。货运单上一般有航空货运代理公司的分运单确认章、检验检疫章、海关放行章等。

（2）海关监管进口货物入仓单。对于由航空货运代理公司处理的货物，由航空货运代理公司接收货物后制作打印一式五联的海关监管进口货物入仓单，分别提交海关和检验检疫部门。其中，海关签收后的一联由航空货运代理公司归档。

（3）其他单证。其他单证是指与进口货物运输有关的其他单证，如海关单证、出门单等。这些单证的制作不再赘述。需特别说明的是：当航空货运代理公司代理的进口货物存放于非自属仓库时，货主凭已经海关验收的货运单向航空货运代理公司缴清各项费用后，货运单由代理公司收回，代理公司另签一份提货单给货主。货主凭提货单到指定仓库提货。

3. 进口代理业务的货物处理

（1）理货仓储。对以航空货运代理公司作为运单通知人的货物，由航空公司地面代理直接将货物转交航空货运代理公司。代理公司则通过短途驳运到自己的海关监管仓库，组织理货和仓储。

①理货。所谓理货，就是航空货运代理公司对接收的货物逐票核对件数，并再次检查货物的破损情况。如遇有确属接货时未发现的货损，可向航空公司提出交涉。《华沙公约》第26条第1款中规定：除非有相反的证据，如果收件人在收受行李或货物时没有异议，就被认为行李或货物已经完好地交付，并和运输凭证相符。《海牙议定书》将《华沙公约》第26条第2款修改为：关于损坏事件，收件人应于发现损坏后，立即向承运人提出异议。如系行李，最迟应在收到行李后7天内提出；如系货物，最迟应在收到货物后14天内提出。关于延迟事件，最迟应在行李或货物交付收件人自由处置之日起21天内提出异议。

②仓储。货物入仓时，应根据货物的大小、轻重、货物特性、单票货、混载货等因素，分别堆放码放。

堆码时，应遵守重不压轻、大不压小的原则，堆放时，应注意货物堆存指示标记的朝向、总运单号、分运单号等箱贴向外。

拆出的普通货物不能露天存放，不能无衬托直接放置在地面上，以防止受潮和雨淋。

纸箱、木箱包装的货物，应严格按照其叠高限制码放，防止包装受压变形、破裂。

对有储存温度要求的货物，应存放在相应的库房内（冷冻货应存放在 $-20℃ \sim -15℃$ 冷冻库中，冷藏货应放在 $2℃ \sim 8℃$ 的冷藏库中）。

对贵重品，应设专库，建立双人保管制度，相互制约，以防止出现盗失事故。

对于危险品货物，应存放在经批准的危险品仓库中，不得与普通货物混置；易燃、易爆、毒品、放射品、腐蚀品等危险品货物应分库安全存放。

（2）货物交接规范。

①查核提货人的身份证明、其他证件和印鉴，防止冒提和误交。

②根据货运单核对发货标记和货物标签无误后，将货物点件，对号交给提货人。

③请提货人验看货物是否完整无损，如外包装、封防倒置标志等。若货物包装破损、内装件短缺、重量不符等，应和提货人当面复秤和检查，填制事故记录；若货物的短缺或损坏责任不明的，则应负责调查，并按调查结果处理；保险货物发生短缺或损坏的，应告知提货人，在承运人出具事故记录的 10 天内向所在地保险公司申请办理赔偿。

④将货物点交后，如提货人对货物的完整无损未提出异议，则视货物已完好交付，让提货人在货运单收货人栏内签字确认。如系分批发运货物，货运单未随机到达的，应让提货人在分运单上的收货人栏内签收。提货人提取货物并在货运单上签收后，承运人即完成该次承运任务。承运人也应在货运单或分运单的交付人栏签字，并在提货日期栏注明日期。

⑤已交付货物的货运单、分运单应逐日整理，按日期装订归档备查。

（3）转运与转关。进口货物除部分存放在航空公司的监管仓库外，大部分货物存放在各航空货运代理公司的海关监管仓库中。由于货主的服务需求不同，货物进口后的制单、报关、运输环节有多种组合形式：货代代办制单、报关、运输；货代代办制单、报关后，货主自行安排运输；货主自行办理制单、报关、运输；货主自行办理制单、报关后，委托货代公司运输；货主办理制单，委托货代代办报关和运输等。

进口货物办理转关运输需具备以下条件：

①指运地设有海关机构，或虽未设海关机构，但分管海关同意办理转关运输，即收货人所在地必须设有海关机构或邻近地区的海关机构。

②向海关交验的进境运输单据上列明的到达目的地为非进境首达口岸，需转关运输。

③转关货物的指运地或起运地应当设有经海关批准的监管场所。转关货物的存放、装卸、查验应在海关监管场所内进行。特殊情况下需要在海关监管场所以外存放、装卸、查验的，应事先向海关提出申请。

④转关货物应由已在海关注册登记的承运人进行转关运输。承运人应当按海关对转关路线范围和途中运输时间所作的限定，将货物运往指定的场所。

⑤转关运输工具和货物符合海关监管要求，并具备加封条件和装置。例如，海关规定，转关货物采用汽车运输时，必须使用封闭式的货柜车，由进境地海关加封，由指运地海关启封等。

4. 航空公司进港货物操作程序

航空公司进港货物操作程序是指航空公司或其地面代理将货物卸下飞机，交给收货人或航空货运代理公司的整个操作流程，主要包括进港航班预报、办理货物海关监管、进仓理单业务、登记货物数据、交接货物等。

（1）进港航班预报。进港站的航空公司通过接收FFM、CPM、LDM、SPC等电报，在航班到达前了解该航班的进货装机情况和特殊货物的处理情况，并填写航班预报记录本，以当日航班进港预报为依据，在航班预报册中逐项填写航班号、机号、预计到达时间。

（2）办理货物海关监督。航空公司的地面代理接机业务人员在与飞机机长交接业务袋后，首先检查业务袋内的文件是否齐全完备。业务袋的文件通常包括货运单、货邮舱单、邮件路单等运输文件。文件交接后，即送海关办公室，由海关人员在货运单上加盖海关监管章。

（3）进仓理单业务。在每份货运单的正本上签盖到达航班的航班号和日期，填写进港航班的理货报告，一份留底，一份交海关备案。对于正常运输的指定货物，同航空货运代理公司做好货物交接手续，并填写国际货物交接单；对于正常运输的非指定货物，则以书面形式通知收货人，由收货人前往海关办理清关手续。

（4）登记货物手续。将正常运输的每一票货物的件数、重量、舱位、运单号码等输入业务数据库。

（5）交接货物。验核货运代理公司的海关放行单，并根据规定向收货人收取相关费用后，将货物交付收货人。对于国际联程货物的运输，则将其从到港货物中分拣出来，同航空公司出港配载部门办理交接手续。自货物进港申报之日起3个月仍未办理海关清关手续的逾期货物，应移至逾期货物保管区域，并制作交接单通知海关。

【复习题】

1. 航空运输有哪些特点？
2. 航空运输有哪些经营方式？
3. 简述航空货物运输的进出口业务流程。

【案例分析】

6月，浙江某出口公司与印度某进口商达成一笔总金额为6万多美元的羊绒纱出口合同，合同中规定的贸易条件为CFR NEW DELHI BY AIR，支付方式为100%不可撤销的即期信用证，装运期为8月间自上海空运至新德里。合同订立后，进口方按时通过印度一家商业银行开来信用证，通知行和议付行均为国内某银行，信用证中的价格术语为"CNF NEW DELHI"，出口方当时对此并未太在意。他们收到信用证后，按规定发运了货物，将信用证要求的各种单据备妥交单，并办理了议付手续。然而，国内议付行在将有关单据寄到印度开证行后不久即收到开证行的拒付通知书，拒付理由为单证不符：商业发票上的价格术语"CFR NEW DELHI"与信用证中的"CNF NEW DELHI"不一致。得知这一消息后，出口方立即与进口方联系要求对方付款赎单；同时通过国内议付行向开证行发出电传，申明该不符点不成立，要求对方按照UCP600的规定及时履行偿付义务。但进口方和开证行对此都置之不理,在此情况下,出口方立即与货物承运人联系,其在新德里的货运代理告知该批货物早已被收货人提走。在如此被动的局面下,后来出口方不得不同意对方降价20%的要求作为问题的最后解决办法。

从以上案例可看出,造成出口方陷入被动局面的根本原因在于丧失了货权。出口方在得到偿付之前货权就已丧失是由于航空运单(AIR WAYBILL)的特性决定的。我们都知道,信用证的最大优点就是银行信用保证,虽然银行处理的只是单据,不问货物的具体情况。但如果买方不付款赎单,就提不到货物,这在海运方式下是可以实现的,因为海运提单是物权凭证,买方只有凭其从银行赎来的海运提单才能到目的港提货。但空运方式下的空运单据——航空运单则不具有物权凭证的特征,它仅是航空承运人与托运人之间缔结的运输合同以及承运人或其代理人签发的接收货物的收据。由于空运的时间很短,通常在托运人将航空运单交给收货人之前,货物就已经运到目的地,因此收货人凭承运人的到货通知和有关的身份证明就可提货。这样一来,在空运方式下,即使采用信用证作为结算方式,对于卖方而言也不是很保险。但在实务当中,我们还是经常会遇到要求空运的情况,如一些易腐商品、鲜活商品、季节性强的商品以及高价值且量少的商品等。

[要求] 请说出如何防范空运方式下的信用证风险?

【技能训练】

1. 上海(SHA)运往旧金山(SFO)的普通货物两批,第一批30千克,第二批40千克,请分别计算这两批货物的航空运费。

运价公布资料见表7-16。

表7-16

SHANGHAI	CN		SHA
Y. RENMINBI	CNY		KGS
SFO	US	M	420.00
		N	51.59
		Q	38.71

2. Routing:CHINA(BJS)to JAPAN(OSA)

Commodity:FISH

Gross weight:EACH 38.0KGS,TOTAL 5 PIECES

Dimensions:102cm×144cm×25cm×5

请计算该票货物的航空运费。

运价公布资料见表7-17。

表7-17

BEIJING	CN		BJS
Y. RENMINBI	CNY		KGS
OSA	JP	M	230.00
		N	37.51
		45	28.13
	0008	500	20.61
	0300	300	18.80
	1093	100	18.43
	2195	500	18.80

3. Routing：CHINA（BJS）to JAPAN（TYO）

Commodity：BOOKS

Gross weight：EACH 118.0KGS，TOTAL4PIECES

Dimensions：70cm×48cm×32cm×4

请计算该票货物的航空运费。

运价公布资料见表7-18。

表7-18

BEIJING	CN		BJS
Y. RENMINBI	CNY		KGS
TOKYO	JP	M	230.00
		N	37.51
		45	28.13
	0008	500	20.61
	0300	300	18.80

4. Routing：CHINA（BJS）TO U.S.A（CHI）

Commodity：GOLD COIN

Gross weight：24.7KGS

Dimensions：52CM×49CM×42CM×1

请计算该票货物的航空运费。

运价公布资料见表7-19。

表7-19

BEIJING	CN		BJS
Y. RENMINBI	CNY		KGS
CHICAGO	US	M	630.00
		N	69.43
		45	60.16
		100	53.19
		300	45.80

模块8 国际陆上货物运输代理业务

【模块任务】

公路和铁路货物运输是国际陆上货物运输的两种基本方式，是国内、国际物流的基本组成部分。在我国对外贸易中，铁路货物运输仅次于海运而位居第二，其地位举足轻重。公路和铁路货物运输有哪些类型？在公路和铁路货物运输实务中要注意哪些？

一、国际公路货物运输实务

（一）国际公路运输的概念

公路运输（Road Transportation）又称道路运输，是指利用一定运载工具通过公路实现旅客或货物空间位移的过程。公路运输由运载工具、公路和场站组成，所以也称为公路运输系统，是整个运输体系中的子系统之一，或者说是运输方式的一种。

国际公路货物运输是路上运输的两种基本方式之一，在国际货物运输中，它是不可缺少的重要组成部分，具有机动灵活、简捷方便、应急性强、投资少、收效快、适应集装箱货运方式发展等特点，但载量小、运行中震动大易造成货损事故、费用成本高等。

由于运载工具主要有汽车、拖拉机、畜力车、人力车等，所以公路运输的概念有广义和狭义之分。从广义上来说，包括了上述的各种运载工具；从狭义上来说，公路运输即指汽车运输。这里仅讨论狭义上的公路运输，即汽车运输。因此，严格地说，公路运输与汽车运输是两个既有联系又有区别的概念，但由于两者的重合部分占据各自的主体位置，因而这一差别常常被忽略。

（二）国际公路运输的特点

公路运输是现代运输主要方式之一，同时也是构成陆上运输的两个基本运输方式之一。它在整个运输领域中占有重要的地位，并发挥着愈来愈重要的作用。

1. 公路货物运输发展速度快、覆盖面广

20世纪50年代以后，全球公路货物运输有了空前的发展。到目前为止，世界公路线路总里程约4000万公里，占世界整个运输总里程的2/3。欧美的公路运输处于世界领先地位。亚洲、非洲的公路建设发展也很快。根据《中国统计年鉴》（2013），到2013年，我国公路总里程已达到427万公里。全国99%的乡镇通了公路，这就为公路货物运输提供了可靠的保证。

2. 公路货物运输成本低、运输效率高

随着科学技术的发展，公路货物运输的运输效率和效益有了很大的提高。特别是公路货物运输中大型拖挂车和专用车的运用，降低了运输成本，提高了运输质量，减少了货损货差,有效地提高了运输效率。随着高新技术在公路货物运输经营管理中的应用,将会强化运输的技术性能和货物在途管理,有力提高公路货物运输的效能。

3. 公路运输机动灵活,能衔接各种运输方式

公路货物运输是一种最便捷且能最好地实现门到门的运输方式,因此公路货物运输具有衔接各种运输方式的特点。

4. 公路货物运输量小,主要承担中、短途运输

这是公路货物运输与其他运输方式相比的不足之处,同时应注意到,公路货物运输不太适宜长途运输,车辆在运行过程中震动较大,易造成货损货差事故,甚至出现安全问题,这些都是在采用公路货物运输方式时应防止出现的问题。

(三) 我国主要对外国际公路货运业务

中俄之间（中国—俄罗斯）；中朝之间（中国—朝鲜民主主义共和国）；中蒙之间（中国—蒙古人民共和国）；中越之间（中国—越南人民共和国）；中缅之间（中国—缅甸）；中老之间（中国—老挝）；中巴之间（中国—巴基斯坦）；中哈之间（中国—哈萨克斯坦）；中吉之间（中国—吉尔吉斯斯坦）；中尼之间（中国—尼泊尔）；中国、锡金、不丹、印度之间的亚东口岸（亚东位于西藏南部,是我国西藏同锡金、不丹、印度之间开展边境贸易的重要口岸）；中国内地与香港之间（中国内地—香港地区）；中国内地与澳门之间（中国内地—澳门地区）。

我国除与以上国家和地区建立了公路国境车站外,还与其签订了双边、多边汽车运输协定,这是我国同周边国家之间进行公路国际贸易货场运输的主要依据。

(四) 公路货物运输的种类和要求

1. 整批货物运输（整车）

整车运输是指托运人一批托运的货物在3吨,但其性质、体积、形状需要一辆3吨及其以上汽车运输的货物运输。如所运整批货物需要大型汽车、挂车、油罐车、冷藏车、保温车等车辆运输的货物,均属于整批（整车）货物运输。此种情况下的运输,除必须向承运方申明运输数量外,还要向承运方提出货物运输的特殊要求,以便安全运送货物。

2. 零担货物运输

零担货物运输是指托运人一次托运的货物,其计费重量在3吨或3吨以下不足整车的货物运输。零担货物运输采用的运输工具是专门运送零担货物的零担车运输车辆。其货物运输的作业程序是按照流水作业的方式安排的,包括受理托运、过磅起票、仓库保管、配载装车、车辆运行、到站卸货、货物交付7个作业环节。

3. 大型特型笨重物件的运输

因货物体积和重量的要求,需要用大型和专用汽车运输的,多为大型或特型笨重运输物件,对这种货物的运输组织要求相当严格,通行道路要有足够的宽度和净空,良好的道路线形和承载能力。同时要有一定的组织技术措施保证,以及相关部门的支持配合。

4. 公路集装箱汽车运输

以集装箱为单位办理托运且由专用汽车载运的,为集装箱汽车运输。公路集装箱运输与普通运输有质的变化,其运送路线较方便,一般固定在几个货运站,因而更容易实现机械化和程序化作业,更容易明确运输各环节的责任。

5. 快件货物和特快件货物运输

快件货物运输是指在规定的距离和时间内将货物运达目的地的运输业务。特快件货物运输是指委托人要求即托即运的运输业务。

6. 鲜活货物的运输

鲜活货物是在运输过程中需要采取相应的保鲜措施，并必须在规定期限内运抵目的地的货物。鲜活货物一般具有季节性较强、运输责任性较大、运送时间比较紧迫等特点。

7. 危险品货物运输

危险品货物是指具有爆炸、易燃、毒害、腐蚀和放射性等性质的货物。因此在运输这些货物时，托运人只能委托有危险化学品运输资质的运输企业承运，在托运时必须说明货物名称、特性、防护方法、形态、包装和单件重量等情况；托运剧毒化学品，还应出具目的地各级公安部门办理的通行证。承运人要出具承运危险品货物的资质证书，经办人出具运送危险货物的业务培训合格证与身份证明。

根据公路运输的组织形式，公路运输又可分为：

（1）公共运输业。公共运输业是专业经营汽车货运业务并以整个社会为服务对象，其经营方式有定期定线、定线不定期和定区不定期。定期定线是指不论货载多少，在固定线路上按时间表行驶。定线不定期是指在固定线路上视货载情况，派车行驶。定区不定期是指在固定的区域内根据货载需要，派车行驶。

（2）自用运输业。自用运输业是指工厂、企业、机关自置汽车，专为运送自己的物资和产品，一般不对外经营。

（五）公路货物运输合同

公路货物运输合同分为定期运输合同、一次性运输合同和公路货物运单三种。定期运输合同适用于承运人、托运人、货运代理人之间商定的时间内和批量货物运输。一次性运输合同适用于单次货物运输。公路货物运单适用于每车次或短途每日多次的货物运输。

定期运输合同的运单和一次性运输合同的运单都被视为货物运输合同成立的凭证。公路货物运单被视为运输合同。

公路货物运单是运输合同成立、承运人收到货物的初步证据，又是记录车辆运行和行业统计的原始凭证。公路货物运单是承运人与发货人、收货人之间解决纠纷的依据。但公路货物运单不是物权凭证，不能转让。

二、国际铁路货物运输实务

（一）国际铁路运输概述

1. 基本概念

铁路运输是利用铁路线、铁路机车等运输工具和设备将旅客、货物从一个车站运到另一个车站的运输方式。铁路运输有许多优点：一般不受气候条件的影响、可保证全年的正常运输、运量较大、速度较快、有高度的联系性、运输过程中风险较小。铁路货物运输手续比海洋货物运输手续简单，收发货人还可就近办理托运和提货手续。

2. 国际铁路运输的特点

铁路运输是国民经济的大动脉，是现代运输的主要方式之一。具有以下特点：（1）铁路运输的准确性和连续性强，几乎不受气候的影响，可以昼夜地进行定期的、有规律的、准确的运输。（2）铁路运输速度比一般的海上运输要快得多。（3）运输量比较大，要高于航空运输和公路运输。（4）铁路运输成本较低，尤其与航空运输和公路运输相比。（5）铁路运输安全可靠，风险比海上运输小。（6）初期投资大，铁路运输需要铺设轨道、建造桥梁和隧道，需要消耗大量钢材、木材，占有大量土地等。

3. 国际铁路运输的分类

（1）根据托运人托运货物的数量、体积、形状等条件，结合铁路的车辆和设备等情况，铁路货物运输的形式可分为三种：整车、零担和集装箱。

①整车运输系指货物的重量、体积或形状需要一辆或一辆以上的货车装运。

②零担运输是指一批货物的重量、体积或形状不够整车运输条件，只能零担托运。零担运输的货物还需具备另外两个条件：一是单件货物的体积不得小于 0.02 立方米（单件货物重量在 10 千克以上的除外），二是每批货物的件数不得超过 300 件。下列货物不得按零担托运：需要冷藏、保温或加温运输的货物；规定限按整车办理的危险货物；易于污染其他货物的污秽品（例如未经过消毒处理或未使用密封不漏包装的牲畜、湿毛皮、粪便、碳黑等）；蜜蜂；不易计算件数的货物；未装容器的活动物（铁路局规定在国内可按零担运输的除外）；一件货物重量超过 2 吨，体积超过 3 立方米或长度超过 9 米的货物（经发站确认不致影响中转站和到站装卸车作业的除外）。

③集装箱运输是指不会损坏箱体，能装入箱内的货物使用集装箱设备进行运输。符合集装箱运输条件的货物都可按集装箱运输办理。

（2）按照铁路运送的货物性质，可分为普通货物、按特殊条件运送的货物两类。

普通货物系指在铁路运送过程中，按一般条件办理的货物，如煤、粮食、木材、钢材、矿建材料等。

按特殊条件办理的货物系指由于货物的性质、体积、状态等在运输过程中需要使用特别的车辆装运或需要采取特殊运输条件和措施，才能保证货物完整和行车安全的货物，如超长、集重、超限、危险和鲜活易腐等货物。具体分为以下三类：

①超长、集重和超限的货物。超长货物是指一件货物的长度，超过用以装运的平车的长度，需要使用游车或跨装而又不超限的货物；集重货物是指一件货物装车后，其重量不是均匀分布在车辆的底板上，而是集中在底板的一小部分上；超限货物是指一件货物装车后，车辆在平直的线路上停留时，货物的高度和宽度有任何部分超过机动车辆界限的，或者货车行经半径为 300 米的铁路线路曲线时，货物的内侧或外侧的计算宽度超过机车车辆限界的，以及超过特定区段的装卸限界的货物。

②危险货物。凡具有爆炸、易燃、毒害、腐蚀、放射性等特征，在运输、装卸和储存保管过程中，容易造成人身伤害和财产损毁而需要采取制冷、加温、保温、通风、上水等特殊措施，以防止腐烂变质或病残死亡的货物。

③鲜活货物。鲜活货物分为易腐货物和活动物两大类；托运人托运的鲜活货物必须是品质新鲜、无残疾；有能保证货物运输安全的包装；使用的车辆和装载的方法要适应货物性质，并根据需要采取预冷、加冰、上水、押运等措施，以保证货物的质量状态良好。

（二）国际铁路货物联运概述

1. 概念与发展

（1）概念。国际铁路货物联运，简称国际联运，是指使用一份统一的国际联运票据，无需发货人与收货人参加中途转运，而由铁路部门负责办理两个或两个以上国家铁路全程运送的货物运输。

对于国际铁路联运，应从三个方面来理解：

①票据统一，在整个联运过程中使用的是一份统一的票据。

②由铁路部门负责从接货到交货的全过程运输，即使是在一国铁路向另一国铁路移交货物时也无需发货人与收货人参加。

③两个或两个以上国家的铁路运输。

因此，国际铁路联运涉及两个以上的国家，对运输组织的管理工作要求高，但运输时间短，成本低。

（2）发展。国际贸易中的铁路联运开始于19世纪中叶的欧洲，当时在欧洲国家之间开办了铁路联运业务，承担欧洲各国家之间贸易商品运输任务。

为协调跨国铁路联运业务，1886年欧洲各国建立了国际铁路常设机构"国际铁路协会"。1890年，欧洲各国代表在瑞士首都伯尔尼举行会议，制定了著名的《国际铁路货物运送规则》，俗称"伯尔尼公约"。该公约经各国政府批准后，于1893年1月1日开始施行。1934年在伯尔尼会议上又对该公约重新修订，并改称为《国际铁路货物运送公约》，简称《国际货约》，于1938年10月1日开始施行。目前参加该公约的有包括欧洲、亚洲和北非在内的共33个国家。

第二次世界大战以后，社会主义阵营的东欧国家的前苏联、阿尔巴尼亚和已经参加《国际货约》的保加利亚、匈牙利、罗马尼亚、波兰、捷克和原民主德国等8国为了协调这些国家之间的国际铁路联运业务，于1951年11月签订了《国际铁路货物联运协定》，简称《国际货协》。1953年7月，中国、朝鲜、蒙古也参加了《国际货协》，越南于1956年6月也参加了这一协定，至此共有12个国家参加了《国际货协》。后来随着东欧形势的变化，上述国家中有些国家退出了《国际货协》，但该协定在其他原签字国家之间仍然有效，也是我国对外贸易铁路货物运输中仍需遵守的重要国际协定，因此也是我们需要掌握的重点。

2. 国际铁路联运的特点

（1）手续复杂。由于国际铁路联运的参运国是两国和两国以上，因此联运涉及到多个国家的有关法令和规定，同时参运国还要遵守《国际货协》等对国际铁路联运的有关规定，所以国际货物铁路联运所需办理的各项手续比较复杂。

（2）涉及面广。凡是按国际铁路联运办理的货物运输，从承运时起，必须经过发送国铁路的始发站、出口国境站、到达国的进口国境站到终点站，有时还要通过第三国国境站。每运送一批国际铁路联运货物，还要与海关、检验检疫、保险、银行及各种中间代理机构打交道。

（3）时间性强。在国际铁路联运中，必须按期装运进出口货物，并及时运送到目的地，否则有可能造成经济损失和政治方面的不良影响。对于一些市面急需商品，更应抢时间、争速度，及时完成运输任务，以免影响销路，造成经济损失，甚至失去市场份额。

（4）标准要求高。国际铁路联运既是一项经济业务，又是一项外交活动，对每批国际铁路联运货物的办理，必须是高标准、严要求，如包装、票据、单证及车辆等都必须符合国际铁路联运规章的规定和有关国家的正当要求。

3. 国际铁路货物联运合同的有关规定

世界上，由于铁路运输的国家垄断性，有关国际铁路运输承运人的权利义务的规定，以及运输价格、赔偿责任等基本上是由国家制定相应的规则，或者是通过国家之间制定有关协定来调节这些法律关系，托运人试图依据合同自治原则同铁路部门就运输合同条款以及运价等进行协商几乎是不可能的。可以这样说，在主要的国际货物运输方式中，没有哪一种运输方式比国际联运更具有国家垄断性。因此，在国际铁路货物联运中，了解掌握有关国际公约、规章显得格外重要。

在我国进行的国际铁路货物联运中作为承运人的铁路和发货人、收货人必须遵守的规章主要有以下几种：

（1）《国际铁路货物联运协定》。《国际铁路货物联运协定》的产生背景前面已作介绍，它是关于国际铁路联运合同的重要国际性协定，作为国际铁路联运的专门法律性规定，参加协定的各国铁路和发货人、收货人在办理铁路货物联运时都必须遵守。该协定对运输合同的缔结、履行和变更，对承运人、发货人、收货人的权利义务等事项均作了具体规定。该协定在国际铁路联运中的地位就如同国际海上货物运输中的《海牙规则》、《汉堡规则》一样重要。《国际货协》的内容有以下几个方面：

①协定的适用。该协定共8章40个条款，第一章为总则，规定了协定的适用范围，即适用于各缔约国之间的铁路货物运送，以及与铁路货物运送有关的铁路、发货人、收货人在办理国际铁路运输货物时必须遵守该协定规定的各项条件。

②运输合同的订立与变更。第一章至第四章对铁路货物运送合同的订立、变更作出规定。

关于运输合同的订立，该协定规定，运单就是国际铁路货物联运的运输合同。按照协定的第6.7条规定，发货人向铁路提交全部货物和付清一切费用后，始发站在运单及其副本上加盖始发站的日期戳记，就证明运输合同已经成立并开始生效。运单随同货物从始发站附送至终点站，由终点站交给收货人。

运单的功能除了作为运输合同之外，还是铁路在终点站向收货人核收有关费用和交付货物的依据。与海运提单不同，铁路运单不是物权凭证，不可以流通转让，但是按照我国同参加货协各国所签订的贸易发货共同条件的规定，铁路运单的副本是卖方通过银行向买方结汇的单证。

关于合同的变更，该协定第19条规定，发货人和收货人都有权对运输合同作必要的变更，但是发货人或者收货人都只能各自变更一次，而且不允许将同一批货物分开办理。铁路在遇到无法执行情况下也可以拒绝变更申请。

③铁路承运人的责任。根据《国际货协》第21条规定，承担铁路货物联运的铁路，应当对货物负连带责任，即铁路应当负责完成货物的全部运输。如果货物是在协定缔约国一方境内发货，铁路的责任从发货站接收货物时起直至到站交货时止；如果是向非缔约国发运，则按照另一种国际铁路货物运输公约，直至办完手续为止。其中每一个续运铁路，自接收附有运单的货物时起，即作为参加这项合同的当事人，承担承运人运输义务。

铁路应当从承运货物时起，直到到达站交付货物时止，对于货物运输逾期以及因货物全部灭失或毁损所发生的损失负责。铁路也需要对由于自己的过失未能执行货方合理的变更运输合同的请求所产生的后果负责。

④铁路的免责事项。根据《国际货协》第22条规定，铁路对由于下列原因造成的货物损失免除责任：铁路不能预防和不能消除的情况；货物的特殊自然属性引起的自燃、损坏、

生锈、内部腐烂或类似的后果；发货人或收货人的过失，或由于其要求，而不能归咎于铁路者；发货人或收货人的装车或卸车；由于发送路规章许可，使用敞车类货车运送货物；发货人或收货人的货物押运人未采取保证货物完整的必要措施；承运时无法发现的容器或包装的缺陷造成的；发货人用不正确的、不确切的或不完全的名称托运违禁品造成的；发货人未按本协定规定办理特定条件货物托运造成的；货物的正常耗能。

此外，铁路对下列原因造成的货物逾期到达免除责任：发生雪（沙）害、水灾、崩陷和其他自然灾害，按照有关国家铁路中央机关的指示，期限在5天以内；因按照有关国家政府的指令，发生其他行车中断或限制，以政府规定的时间为准。

⑤铁路的赔偿限制。《国际货协》第22～26条对铁路的赔偿计算方法和赔偿限额作了规定，为铁路承运人违约造成货方损失时计算赔偿提供了计算规则，在某种意义上说也保护了铁路承运人不受过宽过重的索赔困扰。

根据该协定第22条规定，铁路承运人在任何情况下对货物损失的赔偿金额都不得超过货物全部损失时的金额。

对货物部分损失赔偿的计算，协定第25条规定，铁路只赔付价值减损部分，不赔偿其他损失。

对于货物逾期到达损失赔偿的计算，协定第26条规定，由铁路按照协定规定向收货人支付逾期罚款，但最高不超过所收运费总额。并且，在全程运输过程中，某一铁路发生的提前运到时间可以冲抵另一铁路的逾期时间。

⑥货方的义务。根据《国际货协》有关规定，货方的合同义务主要有：

一是正确申报货物。发货人应当保证在运单中正确申报货物、正确填写运单中的声明事项，尤其是托运危险货物时。否则，托运人应当对由此产生的后果负责。

二是提交正确和齐全的必要出口文件。发货人应当向铁路提供必要的海关、商检等出口文件，并附在运单上。否则，应当承担铁路由此遭受的一切损失。

三是支付运费。支付运费是货方的主要合同义务之一。国际铁路联运的运费支付不同于其他运输方式下的运费支付，它是由发货人和收货人分别分段支付的。发货人或收货人均有义务根据《国际货协》规定交付货物运送费用。

四是提领货物。根据《国际货协》第16条规定，收货人在收到铁路到货通知后，应当在规定的时间内向铁路交付运单上载明的一切运送费用，并提取货物。只有当货物损毁丧失原使用价值时，收货人才可以拒绝提领货物。按照《国际货协》规定，如果货物在规定的运到期届满30天内铁路仍不能交付货物，则认为货物已经灭失。但如果货物在规定的运到期届满后4个月内到达，收货人仍有义务提领货物。如果收货人在此前获得了铁路赔偿，应当将此赔偿退还铁路，但有权要求规定的迟到罚款。

⑦货物索赔。在发生铁路责任导致的货物损毁或逾期运抵时，货方可以按规定向铁路提出索赔。协定第28条规定，索赔可由发货人向发送站提出，也可由收货人向到达站提出。索赔人应当提供充足的索赔证据，包括运单正本或副本、商务记录、损失证明等。货物逾期到达的索赔应当由收货人提出。铁路在收到索赔通知后的180天内，应当进行审查并予以答复。合同任何一方对另一方的索赔和诉讼应当在货物到站后的9个月内提出。

（2）《国际货协统一过境运价规程》。《国际货协统一过境运价规程》（简称《统一货价》），是为了解决国际铁路联运中过境铁路运费的计收问题而专门制订的。它具体规定了参加《国际货协》的铁路，利用铁路运送过境货物时，办理货物运送的手续、过境运送费用的计算、货物品名分级表、过境里程表和货物运费计算表的内容，是国际货协参加国的铁路和发货人与收货人都必须遵守的强制性过境运价表。由于东欧地区在 20 世纪 80 年代末至 90 年代初发生了巨大的变化，1991 年 6 月 27 日，保加利亚、中国、朝鲜、蒙古、罗马尼亚和前苏联的铁路部门在波兰华沙签定了《关于统一过境运价规程的协约》，该协约规定了《统一货价》不再从属于《国际货协》，而具有独立的法律地位。新的《统一货价》自 1991 年 7 月 1 日起施行，它是在原来《统一货价》的基础上修改补充而成的，其费率原以卢布，现以瑞士法郎计价。中国铁路自 1991 年 9 月 1 日起施行上述新规定。

（3）《铁路货物运价规则》。国际铁路货物联运运费的计收分为三段，中间段为过境段，运价按照前面提到的《国际货协统一过境运价规程》规定计收；发送路和到达路两段各自按照其国内铁路规定的费率计收运费。

各国铁路都制订有自己的《铁路货物运价规则》，《国内价规》，比如我国铁道部颁布的《铁路货物运价规则》，它是办理国际铁路货物联运时国内段货物运送费用计算和核收的依据。

4. 国际铁路货运业务

（1）国际铁路联运的种类和范围。国际铁路货物联运的业务种类分为整车、零担和特殊条件货物。所谓整车（Full Car Load，简称 FCL）是指按一份运单托运的按其体积或种类需要单独车辆运送的货物；所谓零担货物（Less than Car Load，LCL）是指按一份运单托运的一批货物，重量不超过 5000 公斤，按其体积或种类不需要单独车辆运送的货物；特殊条件货物是指超长、超大、超重货物和危险货物、易腐货物、活动物、车辆等，运送这类货物需采取特殊的安全措施。

①同参加《国际货协》和未参加《国际货协》但采用《国际货协》规定的铁路间的货物运送，铁路从发站以一份运送票据负责运送至最终到站交付给收货人。

②同未参加《国际货协》铁路间的货物运送，发货人在发送路用《国际货协》运送票据办理至参加《国际货协》的最后一个过境路的出口国境站，由该站站长和收货人、发货人委托的收转人转运至最终到站。

③通过过境铁路港口站的货物运送，从参加《国际货协》铁路的国家，通过参加《国际货协》的过境铁路港口，向其他国家运送货物时，用《国际货协》运送票据只能办理至过境铁路港口站止，或者从这个站起开始办理，由港口站的收转人办理转发送。

（2）国际铁路联运的货运单据。国际铁路运单和运单副本是国际铁路联运的主要运输单据，它是发货人与发送货物的铁路之间的运输契约，对收发货人和铁路都具有法律效力。当发货人向始发站提交全部货物，并付清应由发货人支付的一切费用，经始发站在运单和运单副本上加盖始发站日期章证明货物已被接受承运时，即认为运输契约已经生效。运单随同货物自始发站至终到站运送，最后在终到站由收货人付清应由收货人支付的运杂费后，连同货物由铁路交给收货人。运单副本则是发货人凭以向银行办理结算的主要单据。铁路运单并非物权凭证，因而不能通过背书转让。国际铁路联运运单由下列部分组成：

①运单正本。运单正本是货物运输合同，随同货物至到站，并随同"货物到达通知单"和货物一起交给收货人。

②运单副本。运单副本是在运送合同缔结后交给发货人，它不具有运单的效力，仅作为

货物已由铁路承运的证明。发货人凭铁路运单副本向收货人结算货款、行使变更要求以及在货物和运单全部丢失时，凭此单向铁路部门提出索赔要求。

③运行报单。运行报单是参加联运的各铁路部门办理货物交接、划分运送责任以及清算运费、统计运量和运费收入的原始依据，它随同货物至到站，并留存到达铁路。

④货物交付单。随同货物至到站，并留存到达路。

⑤货物到达通知单。随同货物至到站，并同运单正本和货物一起交给收货人。运单应当按照铁路的规定填写。

（3）国际铁路联运的运费。在我国，国际铁路联运货物运费计算的主要依据是《国际货协统一过境运价规程》（简称《统一货价》）、《国际货协》和我国的《铁路货物运价规则》（简称《国内价规》）。国际铁路联运货物运送费用包括货物运费、押运人乘车费、杂费和其他费用。

①国际铁路联运货物运送费用的核收原则。根据《国际货协》第13条和15条规定，国际铁路货物联运运费的支付方式是：一是发送国路段的运输费用，由发货人在始发站按照发送国的铁路费规支付。二是到达国路段的运输费用，由收货人在终点站按照到达国的铁路费规支付。三是当始发站和终点站为相邻两个国家，而且两国铁路订有直通运价，由发货人按照订立合同时的直通运价支付。四是当货物需要经过第三国过境运输时，过境铁路运费按照国际货协的统一运价规程计算，可由发货人支付，也可由收货人支付，由发货人在运单的第20栏内注明。但统一运价规程规定需由发货人支付的，则应由发货人支付。

②从货协国铁路向非货协国铁路运送时运送费用的核收原则。一是发送路的运送费用向发货人核收。二是过境路的运送费用，则按下列规定核收。参加国际货协并实行《统一货价》各过境路的运送费用，在发站向发货人核收；但办理转发送的货协铁路的过境费用，可以在发站向发货人或在到站向收货人核收；而过境非货协国际联运协定的计算，向收货人核收。

（4）国际铁路联运货物运送费用的计算方法。铁路运送费用的计算与海运中的班轮运价计算相似，各国铁路都制订有里程表和运价表，具体内容虽有区别，但基本原则相同。运价表中有货物等级分类，不同等级分别对应不同的运价。该运费是指慢运整车货物的运费，对零担货物、快运、随旅客列车的挂运分别在基本费率基础上规定了不同的运费加成率。因此，货物运费可按下列公式计算：

运费 = 货物计费重量 × 运价率 × 加成率

除运费外，铁路运费还包括杂费部分，通常有货物装卸费、取送运费、机车作业费、货物暂存费、押运人乘车费、货物清扫费、货物滞留费、换装费、验关费、运单费、变更手续费等费用。上述费用在核算货物运送费时应一并核计。

①国内段运费的计算。根据《国际货协》的规定，我国通过国际铁路联运的进出口货物，其国内段运费的核收应按照我国《铁路货物运价规则》进行计算。运费计算的程序如下：一是根据货物运价里程表确定从始发站至终点站的运价里程。二是根据运单上填写的货物品名查找物品名检查表，确定适用的运价号。三是根据运价里程和运价号在货物运价率表中查出相应的运价率。四是将根据《铁路货物运价规则》确定的计费重量与该批货物适用的运价率相乘，算出该批货物的运费。运费计算公式如下：

运费 = 货物运价率 × 计费重量

式中计费重量的确定：整车货物的计费重量除一些特殊的规定外，一律按照货车标记载重量计算运费。货物重量超过标记载重量的，按货物重量计算。计算重量以 10 千克为单位，不足 10 千克时，进为 10 千克。

②过境运费的计算。过境运费的计算按《统一货价》规定计算，其计算程序是：一是根据运单上载明的应通过的国境站，在《统一货价》过境里程表中，分别找出货物所通过的各个国家的过境里程。二是根据货物品名，查询《统一货价》中的通用货物品名表，确定所运货物应适用的运价等级和计费重量标准。三是根据货物运价等级和各过境路的运送里程，在《统一货价》中找出符合该批货物的运价率。四是《统一货价》对过境货物运费的计算是以慢车整车货物的运费额为基础的（即基本运费额），其他种类的货物运费，则在基本运费额的基础上分别乘以不同的加成率。过境运费的计算公式如下：

基本运费额 = 货物运价率 × 计费重量

其他种类的过境运费 = 基本运费额 × 加成率

式中计费重量的确定：无论是整车货物还是零担货物，原则上都按货物的实际重量计算。计算重量以 100 千克为单位，不足 100 千克时，进为 100 千克。

> **小思考**
>
> 甲国有 5 个车辆的整车货物随旅客列车挂运，经我国运往乙国，已知车辆标重为 16 吨。按过境里程和运价等级，该货物在《统一货价》中的基本运价率为 6 美元/吨，而根据运价里程和运价号查得该货物在我国《国内价规》中的运价率折合美元为 7 美元/吨，若两个运价的计费重量均为货车标重，我国应向甲国发货人收取多少运费？
>
> 解答：国内运费 = 7 美元/吨 × 16 吨 × 5 = 560 美元
>
> 随旅客列车挂运的整车货物的加成率为 200%。
>
> 过境段基本运费额 = 6 美元/吨 × 16 吨 × 5 = 480 美元
>
> 过境运费 = 480 美元 × (1 + 200%) = 1440 美元
>
> 所以，应收取运费总计：1440 美元 + 560 美元 = 2000 美元

（三）国际铁路联运进出口货物运输

1. 国际铁路联运出口货物运输

国际铁路联运出口货物运输的业务程序主要包括四个部分，如图 8-1 所示。

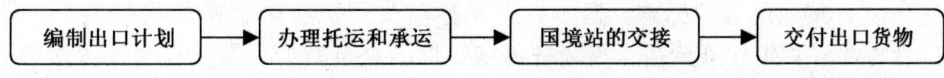

图 8-1 国际铁路联运出口货物运输的业务程序

（1）编制出口计划。国际铁路联运出口货物运输计划一般是指月度要车计划，它体现了国际铁路联运的具体任务，也是日常铁路联运工作的重要依据。

（2）办理托运和承运。货物托运和承运，是发货人组织货物运输的一个重要环节。发

货人在托运货物时，应向车站提出书面申请。车站接到运单后，应进行认真审核。

①整车货物的托运和承运。整车货物的托运车站应检查是否有批准的月度、旬度货物运输计划和要车计划，检查货物运单上的各项内容是否正确，如确认可以承运，应予以签证。整车货物一般在装车完毕后，发站在货物运单上加盖承运日期戳，即为承运。

②零担货物的托运和承运。零担货物的托运和承运与整车货物的托运和承运不同。发货人在托运时，不需要编制月度、旬度货物运输计划和要车计划，凭运单直接向车站申请托运即可。车站受理托运后，发货人应按签证指定日期将货物搬进货场，送到指定货位上。车站将发货人托运的货物连同货物运单一同接收完毕，在货运单上加盖承运日期戳，即表示货物已承运。

托运、承运完毕，铁路运单作为运输合同即开始生效。铁路按《国际货协》的规定对货物担负保管、装车并运送到指定目的地的一切责任。

（3）国境站的交接。出口货物在国境站交接的一般程序如下：

①出口国境站货运调度根据国内前方站列车到达预报，通知交接所和海关做好接车准备工作。

②出口货物列车进站后，铁路会同海关接车，并将列车随带的运送票据送交接所处理，货物及列车接受海关的监管和检查。

③交接所实行联合办公，由铁路、海关、外运等单位参加，按照业务分工，开展流水作业，协同工作，最后，由双方铁路具体办理货物和车辆的交接手续，并签署交接证件。

（4）交付出口货物。国际联运出口货物抵达到站后，铁路应通知运单中所记载的收货人领取货物。在收货人付清运单中所记载的一切应付运费后，铁路必须将货物连同运单一并交收货人以领取货物。收货人领取货物时，应当在运行报单上填记货物领取日期，并加盖收货戳记。

2. 国际铁路联运进口货物运输

国际铁路联运进口货物的发运工作是由国外发货人根据合同规定，向该国铁路车站办理的货运。

我国国内有关订货及运输部门办理国际联运铁路进口货物的主要业务程序如图 8-2 所示。

图 8-2 国际铁路联运进口货物运输的业务程序

（1）编制运输的标志。运输标志又称唛头，一般印制在货物包装上。我国规定联运进口货物在订货工作开始前，由商务部统一向国外订货的代号，作为收货人的唛头，各进出口公司必须按照统一规定的收货人唛头对外签订合同。

（2）审核运输条件。联运进口货物的运输条件是合同中不可缺少的重要内容，因此必须对其进行认真审核，使之符合《国际货协》和国内有关规定。

审核联运进口货物运输条件的主要内容包括：①收货人唛头是否正确。②商品品名是否准确、具体。③货物的性质和数量是否符合到站的办理种别。④包装是否符合有关规定。

（3）向国境站寄送合同资料。合同资料是国境站核放货物的重要依据，各进出口公司在贸易合同签字后，要及时将一份合同的中文抄本寄给货物进出口口岸的外运公司。合同资料包括合同的中文抄本和它的附件、补充书、协议书、变更申请书、更改书及有关确认函电等。

（4）联运进口货物在国境站的交接与分拨。进口国境站根据邻国国境站货物列车的预报和确报，通知交接所及海关做好到达列车的检查准备工作。进口货物列车到达后，铁路会同海关接车，由双方铁路进行票据交接，然后将车辆交接单及随车带交的货运票据呈送交接所，交接所根据交接单办理货物和车辆的现场交接。海关则对货物列车执行实际监管。

（5）运到逾期。

①运到逾期。铁路承运货物后，应在最短的期限内将货物运至最终到站，货物从发站至到站所允许的最大限度的运送时间，即为货物运到期限。

货物实际运到天数超过规定的运到期限天数，则该批货物运到逾期。如果货物运到逾期，铁路应按该线路所收取运费的一定比例，向收货人支付逾期罚款。逾期罚款计算方法如下：

逾期罚款 = 运费 × 罚款率

逾期百分率 = [（实际运送天数 − 按规定计算运到天数）/ 按规定计算运到天数] × 100%

②货物运到逾期的处理。货物由发送路的发站至到达路的到站的总运到期限逾期时（包括运到逾期毁损、腐坏或因其他原因降低质量的货物），铁路应按规定比例向收货人支付罚款，收货人也有权在货物到达后两个月内向铁路提出逾期赔偿的要求。求偿时由收货人提交运单正本和货物到达通知单（运单第1张和第5张）以及"货物运到逾期赔偿请求书"一式两份。

> **小思考**
>
> 保加利亚瓦尔那港口站于2014年9月10日以慢运整车承运一批机器30吨，经由鲁塞东/翁格内、后贝加尔/满洲里，2014年11月18日到达北京东站。试分析：该批货物是否逾期运到？若逾期，铁路部门应向收货人支付多少逾期款？已知铁路所收运费为10000瑞士法郎。
>
> 解答：1. 该批货物从9月11日至11月18日的实际运送时间为69天，从承运的次日零时起开始计算，不足一天按一天起算。根据《国际货协》规定，运到期限由发送期间、运送期间和特殊作业时间三部分组成。该批货物按规定计算的运到期限天数为62天，则该批货物运到逾期。
>
> 2. 计算逾期百分率 = (69 − 62)/62 × 100% = 11.3% = 1.13/10
>
> 3. 计算逾期款：
>
> 应支付的逾期款 = 10000瑞士法郎 × 12% = 1200瑞士法郎

运到逾期赔偿额的计算见表8 − 1所示。

表 8-1　　　　　　　　　　运到逾期赔偿额的计算

逾期总天数占运到期限天数的比例	逾期赔偿额
不超过 1/10	运费的 6%
超过 1/10 但不超过 2/10	运费的 12%
超过 2/10 但不超过 3/10	运费的 18%
超过 3/10 但不超过 4/10	运费的 24%
超过 4/10	运费的 30%

3. 运输合同的变更

运输合同的变更权属于发货人或收货人。往中国、朝鲜、越南运送货物时，如运单中收货人为国家机关，则由这些国家的对外贸易机关的全权代理人在到达国的国境站变更货物的到达地。

（1）发货人对运输合同可作下列变更：

①在发站将货物领回。

②变更到站（必要时应注明变更后应通过的国境站）。

③变更收货人。

④将货物发还发站。

（2）收货人对运输合同可作下列变更：

①在到达国范围内变更货物的到站。

②变更收货人。收货人变更运输合同只限货物尚未从到达路进口国境站发运时办理；如货物已通过进口国境站，则按到达路国内规章办理。

（3）铁路在下列情况下，有权拒绝或延缓执行变更。

①办理变更的车站，接到申请书或发站或到站的电报通知后无法执行时。

②可能违反铁路运营管理（如违反物资流向、运输限制的变更）时。

③与参加运送铁路所属国家的国内法令和规章有抵触时。

④变更到站，货物价值不能抵偿运到新到站的一切预期费用时，但能立即缴付或能保证这种费用款额时除外。

（4）交付。到站的货物到达后，应通知运单中记载的收货人领取。收货人付清一切应付的运费后，在运单"货物交付收货人"栏内签字并填写收货日期，铁路将货物以及运单正本、货物到达通知单交付收货人。收货人只有在货物损毁、腐坏或其他原因而使质量发生变化，以致货物全部或部分不能按原用途使用时，方可拒绝领取货物。

（5）运送和交付阻碍的处理。

①运送。发货人接到寄来的"货物运送或交付阻碍通知书"后，应按发站要求，在规定期限内提出处理意见，并将通知书和运单副本返还发站。如系通知变更经路或收货人拒领货物，发货人不提交运单副本而仅提出处理意见。

②交付阻碍。发货人提出指示的期限，自发生阻碍的车站通过发站向发送人发出阻碍通知书之日起，8天内（易腐货物为4天）未接到发货人任何可行指示时，货物即按发生阻碍

的铁路所属国国内规章处理。如易腐货物有腐坏危险时，可不等4天期满即进行处理。

（6）运输纠纷的处理。

①货运事故的责任。铁路在《国际货协》所规定的条件范围内，从承运货物时起至到站交付货物为止（如将货物转发到未参加《国际货协》的国家则至办妥另一种国际货物联运手续为止），对货物运到逾期以及货物全部或部分灭失、重量不足、毁损、腐坏或因其他原因降低质量所发生的损失负责，但由于铁路不能预防和消除的情况而使货物全部或部分灭失、重量不足、毁损、腐坏等问题不承担运输责任。

②事故的赔偿。

一是赔偿请求的提出：赔偿请求以"赔偿要求书"的形式由发货人向发站或发送局提出，或由收货人向到站或到达局提出。铁路收到"赔偿要求书"后，应给提赔人开具"赔偿要求书收据"。

二是提赔应添附的文件。货物全部灭失时，发货人须提交运单副本（第3张）；收货人须提交盖有到站日期戳证明货物未到的运单副本（或运单正本）和货物到达通知单（运单第1张和第5张）。货物部分灭失、毁损、腐坏或因其他原因降低质量时，由发货人或收货人提交运单正本、货物到达通知单（运单第1张和第5张）及商务记录。多收运费时，发货人须提交运单副本或发送路国内规章规定的其他文件；收货人提交运单正本和货物到达通知单（运单第1张和第5张）。

三是提赔期限：发、收货人向铁路提出的赔偿请求以及铁路支付运费、罚款和赔偿损失的要求，应在9个月内提出，但货物运到逾期的请求应在两个月内提出。

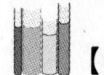
【复习题】

1. 简述国际公路运输、国际铁路运输、国际铁路联运的含义。
2. 国际铁路货物运输的特点是什么？
3. 国际铁路运单的性质与内容是什么？
4. 国际铁路联运运费的构成和计算方法是什么？
5. 国际铁路联运进出口货物运输的业务程序是什么？
6. 国际公路货物运输的特点和种类有哪些？

【案例分析】

铁路运输合同案例

山西省大同市某公司与内蒙古自治区某公司通过函件订立了一个买卖合同。因货物采取铁路运输的方式，而内蒙古公司作为卖方将到达栏内的"大同县站"写成"大同站"。因此导致货物运错了车站，造成了双方的合同纠纷。

评析：

铁路货物运输合同是指托运方与铁路运输部门就铁路运输货物所达成的明确双方权利义

务关系的协议。

从本合同之纠纷来看，其中所涉及的主要问题是铁路运输合同的条款问题。在本合同纠纷中，造成错发站的原因关键是发货方将"大同县站"写成了"大同站"，一字之差，货物发到了百里之外，教训不可谓不深。在此，错发货的主要责任在于发货方，与铁路部门无关，应由发货方承担对收货方的赔偿责任。

【技能训练】

1. 在搜集资料时，认真研讨，分别模拟国际铁路联运进出口货物运输的业务程序。
2. 根据模拟情况，由各小组自评和其他小组打分给予综合评定（给学生相应的模拟资料让学生结合所学知识完成相应的操作）。

模块9　国际多式联运业务

【模块任务】

国际多式联运是现代交通运输的发展方向，在国际多式联运实务中要注意什么？有哪些多式联运单据？要注意哪些单证业务？

一、国际多式联运概述

（一）国际多式联运的含义

国际多式联运（International Multimodal Transport）简称多式联运，是在集装箱运输基础上产生和发展起来的，是指按照多式联运合同，以至少两种不同的运输方式，由多式联运经营人将货物从一国境内的接管地点运至另一国境内指定交付地点的货物运输。国际多式联运适用于水路、公路、铁路和航空多种运输方式。在国际贸易中，由于85%～90%的货物是通过海运完成，故海运在国际多式联运中占据主导地位。

（二）国际多式联运的特征

（1）具有一份多式联运合同，合同中明确规定多式联运经营人和托运人之间的权利、义务、责任和豁免的合同关系和多式联运的性质。

（2）使用一份全程多式联运单据，此单据即为多式联运合同及证明多式联运经营人已接管货物并负责按照合同条款交付货物的文书。

（3）必须是国际间两种或两种以上不同运输方式的连贯运输，这是确定一票货运是否属于多式联运的最重要的特征。

（4）必须是国际间的货物运输。

（5）必须有一个多式联运经营人，对全程的运输负总责任，由多式联运经营人去寻找分承运，实现分段运输。

（6）必须对货主实现全程单一运费费率。

（三）国际多式联运经营人

1. 国际多式联运经营人的含义与特征

1980 年《联合国国际多式联运公约》规定"多式联运经营人（multi – modal transport operator，MTO）是指本人或通过其代表订立多式联运合同的人，他是事主，而不是发货人的代理人或代表或参加多式联运的承运人的代理人或代表，并且负有履行合同的责任"。由此可见，国际多式联运经营人是指本人或者委托他人以本人名义与托运人订立一项多式联运合同并以承运人身份承担完成此项合同责任的人。

从以上的定义中，不难发现国际多式联运经营人具有如下基本特征：

（1）国际多式联运经营人是多式联运合同的主体。国际多式联运经营人是"本人"而非代理人。他既对全程运输享有承运人的权利，又负有履行多式运输合同的义务，并对责任期间所发生的货物的灭失、损害或迟延交付承担责任。

（2）国际多式联运经营人的职能在于负责完成多式运输合同或组织完成多式运输合同。国际多式联运经营人既可以拥有运输工具从事一个或几个区段的实际运输，也可以不拥有任何运输工具，仅负责全程运输组织工作。当国际多式联运经营人以拥有的运输工具从事某一区段运输时，他既是契约承运人，又是该区段的实际承运人。

（3）国际多式联运经营人是"中间人"。国际多式联运经营人具有双重身份，他既以契约承运人的身份与货主（托运人或收货人）签订国际多式联运合同，又以货主的身份实际运输的各区段运输的承运人（通常称为实际承运人）签订分运输合同。由此可见，国际多式联运经营人不同于无船承运人、货运代理。

2. 国际多式联运经营人的类型

根据是否拥有运输工具、场站设施，国际多式联运经营人可以分成以下三类：

（1）承运人型。这类国际多式联运经营人拥有船舶、汽车、火车、飞机等运输工具。他与货主订立国际多式联运合同后，除了利用自己拥有的运输工具完成某些区段的实际运输外，对于自己不拥有或经营的运输区段则需要通过与相关的承运人订立分包合同来实现该区段的运输。这类国际多式联运经营人既是契约承运人又是某个或几个区段的实际承运人。此外，他们也可能不拥有场站设施，而是与相关场站经营人订立装卸与仓储合同来安排相关的装卸与仓储服务。

（2）场站经营人型。这类国际多式联运经营人拥有货运站、堆场、仓库等场站设施。他与货主订立国际多式联运合同后，除了利用自己拥有的场站设施完成装卸、仓储服务外，还需要与相关的各种运输方式的承运人订立分合同，由这些承运人来完成货物运输。

（3）代理人型。这类国际多式联运经营人不拥有任何运输工具和场站设施，需要通过与相关的承运人、场站经营人订立分合同来履行他与货主订立的国际多式联运合同。

3. 国际多式联运经营人的业务范围

国际多式联运经营人既可以从事代理业务，也可以从事当事人业务，因而，其业务范围非常广泛。按国际多式联运经营人在提供服务中所起的作用和所扮演的角色，其业务范围可以分成如下六大类：①咨询业务；②货运代理业务；③运输经纪业务；④承运人或场站经营人业务；⑤国际多式联运业务；⑥运输延伸——物流服务。

随着企业类型、规模的不同，国际多式联运经营人的业务范围也有较大的差异。大型国际多式联运企业可以集代理人、经纪人、承运人、场站经营人、国际多式联运经营人、第三方物流经营人为一体，从事以上全部业务；而"代理型"的国际多式联运企业只能以代理人、经纪人、国际多式联运经营人身份从事咨询业务、货运代理业务和国际多式联运业务。但无论何种类型的国际多式联运企业，在实际业务操作中，通常都是以"混合身份"向客户提供服务。

4. 国际多式联运经营人的必备条件

从经营的角度来看，国际多式联运应被划归在定期运输之列，因此，为了确保国际多式联运业务的稳定性，国际多式联运经营人必须具备如下基本条件：

（1）取得从事国际多式联运的资格；
（2）拥有国际多式联运线路以及相应的经营网络；
（3）与有关的实际承运人、场站经营人建立长期合作关系；
（4）拥有必要的运输设备，尤其是场站设施和短途运输工具；
（5）拥有雄厚的资金和良好的资信；
（6）拥有符合要求的国际多式联运单据；
（7）具备自己所经营的国际多式联运线路的运价表。

5. 国际多式联运经营人的经营方式

在业务经营过程中，国际多式联运企业需要根据自己的经济实力、业务量大小采用合适的经营方式。目前国际上通用的业务活动经营方式主要有如下三种：

（1）独立经营方式，即所有业务完全由国际多式联运企业及其附属机构独立经营。
（2）联营方式，即国际多式联运企业与其他独立经营企业联合经营国际多式联运业务。
（3）代理方式，即委托国内外同行作为联运代理办理或代安排分承运工作和交接货物，签发或收回联运单证，制作有关单证，处理信息，代收、支付费用和处理货运纠纷等。代理关系可以是相互的，也可能是单方的。

上述三种经营方式各有利弊。在实际业务中，几乎所有的国际多式联运企业都是三种经营方式组合运用，其中以第一种与第三种的结合最为常见。

二、国际多式联运实务

（一）接受委托申请，订立多式联运合同

多式联运经营人根据货主提出的托运申请和自己的运输线路等情况，判断是否接受该托运申请，发货人或其代理人根据双方就货物的交接方式、时间、地点、付费方式等达成的协议，填写场站收据，并把其送至多式联运经营人进行编号，多式联运经营人编号后留下货物托运联，将其他联交还给发货人或其代理人。

（二）空箱的发放、提取及运送

多式联运中使用的集装箱一般由多式联运经营人提供，这些集装箱的来源可能有三种情况：一种是多式联运经营人自己购置使用的集装箱，二是向借箱公司租用的集装箱，三是由全程运输中的某一分运人提供，如果双方协议由发货人自行装箱，则多式联运经营人应签发

提箱单，或者由租箱公司或分运人签发提箱单交给发货人或其代理人，由他们在规定日期到指定的堆场提箱，并自行将空箱拖运到货物装箱地点，准备装货。

（三）出口报关

若多式联运从港口开始，应在港口报关；若从内陆地区开始，则应在附近内陆地海关办理报关出口报关事宜，一般由发货人或其代理人办理，也可委托多式联运经营人代为办理。报关时，应提供场站收据、装箱单、出口许可证等有关单据和文件。

（四）货物装箱及接受货物

若是发货人自行装箱，发货人或其代理人提取空箱后在自己的工厂和仓库组织装箱。装箱工作一般要在报关后进行，并请海关派人员到装箱地点监督装箱和办理加封事宜。如需理货，还应请理货人员现场理货并与其共同制作装箱单。

对于由货主自行装箱的整箱货物，发货人应负责将货物运至双方协议规定的地点，多式联运经营人或其代表在指定地点接受货物。如果是拼箱货，则由多式联运经营人在指定的货运站接收货物，验收货物后，代表多式联运经营人接收货物的人应在场站收据正本上签章并将其交给发货人或其代理人。

（五）订舱及安排货物运送

订立合同后，多式联运经营人应立即制订该合同涉及的集装箱货物的运输计划，该计划应包括货物的运输路线、区段的划分、各区段实际承运人的选择，以及确定各区间衔接地点的到达、起运时间等内容。

这里所说的订舱泛指多式联运经营人要按照运输计划安排洽订各区段的运输工具，与选定的各实际承运人订立各区段的分运合同，这些合同的订立由多式联运经营人本人或委托的代理人办理，也可请前一区段的实际承运人作为向后一区段的实际承运人订舱。

货物运输计划的安排必须科学并留有余地，工作中应相互联系，根据实际情况调整计划，避免彼此脱节。

（六）办理保险

在发货人方面，应投保货物运输保险。该保险由发货人自行办理，或由发货人承担费用而由多式联运经营人代为办理。货物运输保险可以是全程投保，也可以是分段投保。在多式联运经营人方面，应投保货物责任险和集装箱保险，由多式联运经营人或其代理人向保险公司或以其他形式办理。

（七）签发多式联运提单，组织完成货物的全程运输

多式联运经营人的代表收取货物后，多式联运经营人应向发货人签发多式联运提单，在把提单交给发货人之前，应注意按双方议定的付费方式及内容、数量向发货人收取全部应付费用。

多式联运经营人有完成和组织完成全程运输的责任和义务。接受货物后，要组织各区段实际承运人，各派出机构及代表人共同协调工作，完成全程中各区段的运输和各区段之间的衔接工作，并做好运输过程中所涉及的各种服务性工作和运输单据、文件，以及有关信息等的组织和协调工作。

（八）运输过程中的海关业务

按惯例，国际多式联运的全程运输均应视为国际货物运输，因此，该环节工作主要包括货物及集装箱进口国的通关手续、进口国内陆段保税运输手续及结关等内容。如果陆上运输

要通过其他国家海关和内陆运输线路时,还应包括这些海关的通关及保税运输手续。

如果货物在目的港交付,则结关应在港口所在地海关进行。如果在内陆地交货,则应在口岸办理保税运输手续,海关加封后方可运往内陆目的地,然后在内陆海关办理结关手续。

（九）货物支付

货物运到目的地后,由目的地代理通知收货人提货,收货人需凭多式联运提单提货。多式联运经营人或其代理人需按合同规定,收取收货人应付的全部费用,收回提单签发提货单,提货人凭提货单到指定堆场和地点提取货物。

如果是整箱提货,则收货人要负责至掏箱地点的运输,并在货物掏出后将集装箱运回指定的堆场,此时,运输合同终止。

（十）货运事故处理

如果全程运输中发生了货物灭失、损害和运输延误,无论能否确定损害发生的区段,发（收）货人均可向多式联运经营人提出索赔,多式联运经营人根据提单条款及双方协议确定责任并作出赔偿。如能确定事故发生的区段和实际责任者,可向其进一步索赔。如不能确定事故发生的区段,一般按在海运段发生处理。如果已对货物及责任投保,则存在要求保险公司赔偿和向保险公司进一步追索问题,如果受损人和责任人之间不能取得一致,则需要通过在诉讼时效内提起诉讼和仲裁来解决。

三、"一带一路"与国际多式联运

党的十八届三中全会提出了"建设国际物流大通道,发展多式联运,形成横贯东中西、联接南北方的对外经济走廊"的战略部署。2014年9月12日,国务院出台《物流业发展中长期规划（2014~2020年）》。规划中,多式联运工程位列重点工程之首,明确指出"加快多式联运设施建设,构建能力匹配的集疏运通道,配备现代化的中转设施,建立多式联运信息平台。完善港口的铁路、公路集疏运设施,提升临港铁路场站和港站后方通道能力。推进铁路专用线建设,发挥铁路集装箱中心站作用,推进内陆城市和港口的集装箱场站建设。构建与铁路、机场和公路货运站能力匹配的公路集疏运网络系统。"

习近平主席在出访哈萨克斯坦时,正式提出建设"丝绸之路经济带"和"海上丝绸之路"的战略构想。丝绸之路经济带,以综合交通廊道为展开空间,对沿线区域的贸易和生产要素进行优化配置,推进投资贸易便利化、深化经济技术合作、建立自由贸易区,促进区域经济一体化,最终实现区域经济和社会同步发展。21世纪海上丝绸之路则将中国和东南亚国家临海港口城市串起来,通过海上互联互通、港口城市合作机制以及海洋经济合作等途径,最终形成海上"丝绸之路经济带",不仅造福中国与东盟,而且能够辐射南亚和中东。"一带一路"构建出崭新发展蓝图。

为更好地推动多式联运的发展,贯彻落实国家"一带一路"发展战略,海关总署计划在全国重要节点城市设立"多式联运海关监管中心",并指出"多式联运海关监管中心"属于将各种运输方式的货物进行换装、仓储、中转、集拼、配送等作业为一体的综合型海关监管场所,通过整合监管资源,优化监管流程,实现中心运转高效,运行成本较低的目标。多式联运海关监管中心还可享受上海自贸区海关政策先行先试。

2014年8月21日,全国首家多式联运海关监管中心在西安落地,开启了多式联运发展的全新时代。2014年12月11日,青岛多式联运海关监管中心正式获批,全国第二家、沿海地区第一家多式联运海关监管中心在青岛胶州落地,多式联运真正实现了"海陆空"的全面对接。

四、多式联运单据与单证业务

(一) 多式联运合同

1. 多式联运合同的条件与特征

在国际多式联运全过程中,其运输合同,即多式联运合同应由多式联运经营人与发货人订立。该合同成立应具备以下条件:

(1) 使用两种或两种以上运输方式完成货物运输。
(2) 必须是货物运输,而且是国际间的。
(3) 接受货物运输,因有合同而对货物负有运输和保管责任。
(4) 该合同必须是一种承揽,合同的形式表现为书面的运输单证,即空运货运单,《海牙议定书》又称其为空运单或空运路单。在铁路、公路货运公约中,合同的形式也是以所使用的运单来体现,发货人与承运人在运单上一经签字,即认为双方缔结了运输合同。

2. 多式联运合同的订立

多式联运合同的订立有以下两种形式:

(1) 托运人与经营多式联运业务的经营人订立合同。
(2) 托运人与第一承运人订立运输合同。

(二) 多式联运单据

1. 多式联运单据的性质与作用

《联合国国际货物多式联运公约》对单据所下的定义与《汉堡规则》对提单所下的定义一致,即"提单是指用以证明海上运输合同和承运人接受或装载货物,以及承运人保证据以交付货物的凭证单据中关于货物应按记名的指示或不记名人的指示交付给提单持有人的规定,便是这一保证"。可见,即使是多式联运单据,其作用也是:

(1) 多式联运合同的证明;
(2) 多式联运经营人收到货物的收据和凭其交货的凭证。

2. 多式联运单据的种类

由于《联合国国际货物多式联运公约》至今没有生效,因此没有可适用的国际公约,现在多式联运中使用的单证,在商业上是通过订立合同产生的,同时,还有一些组织制定了的标准格式。除联合国外,波罗的海国际航运公会(BIMCO)和国际货运代理人协会联合会(FIATA)也制定了多式联合单据的格式。

(1) Combidoc。它是由 BIMCO 制定的,通常为经营船舶的多式联运经营人所使用,并得到了国际商会的认可。

(2) FIATA 多式联运提单(FBL)。它由 FIATA 制定,供作为多式联运经营人的货运代理企业使用。

(3) Multidoc(MTO)。它是由 UNCTAD(联合国贸易和发展会议)为便于《联合国国际货物多式联运公约》得以实施而制定的,它并入了《联合国国际货物多式联运公约》中责任制定的规定。

(三) 多式联运单证业务

1. 多式联运业务

（1）订立多式联运合同。国际多式联运经营人以契约承运人的名义与托运人签订国际多式联运合同。托运人应根据货物运输的需要及时托运和备货，并准备各种出口所需的单证，也就是根据信用证或买卖合同对货物品质所规定的要求，申请检验和出证、制作单证（包括贸易单证和运输单证）、报关，然后向多式联运经营人托运。

（2）出运地货物交接。托运人根据多式联运合同的规定，应及时将所托运的货物交至指定的地点。托运人还应办理其他相关的手续。通常由多式联运经营人提供集装箱，发货人可以自己装箱，也可以委托多式联运经营人代为装箱。

多式联运经营人对货物的状况等进行检验，在确认无误后接受货物。多式联运经营人根据具体运输计划和所采用的运输方式，签发多式联运单据。

（3）多式联运经营人安排货物运输。国际多式联运经营人按托运人的托运要求安排运输线路、订舱配载、接货，安排内陆运输仓储、装箱，将装妥货物的集装箱运至实际承运人指定的堆场或港口堆场，以待装上运输工具，实际承运人向多式联运经营人签发提单或运单。货物装上运输工具后，国际多式联运经营人应随时注意货物的流转并将有关信息和单证及时送达目的地。

（4）目的地交接货物。货物运抵目的地后，由多式联运经营人或其代理人将货物交给收货人。

货物运抵目的地时，多式联运经营人通常应通知收货人做好提货准备，并办理货物的出口手续。当收货人出具了多式联运单据或其他有效证明，并支付了到付的费用后，就可以办理货物的交接手续，将货物交付给收货人。

2. 多式联运单证的内容

多式联运单证的基本内容包括："货物名称、标志、件数、重量、尺码、包装形式、危险品等特殊货物的特性，注意事项；国际多式联运经营人的主营业所；托运人名称、收货人名称、接收货物的日期、地点；交付货物的地点；签发日期和地点；国际多式联运经营人或其授权人的签字；可转让或不可转让的声明；交接方式；运费支付；约定的到达期限，货物中转地点；多式联运单据条款"等。

3. 多式联运单证的种类

在多式联运中，主要的单证即国际多式联运提单。按《联合国国际多式联运公约》的规定和目前的实际运作，多式联运提单的种类按是否可转让的原则可分为两大类：可转让提单和不可转让提单。而可转让提单又可分为按指示交付或向持票人交付两类。不可转让提单一般为记名提单。

（1）指示提单。指示提单（Order B/L）是指在正面收货人一栏中载明"由某人指示"（Order of ×××）或"指示"（Order）字样的多式联运提单。通常对于前者规定可以是发货人指示（Order of Shipper）或银行指示（Order of Bank），后者一般视为发货指示。不论哪一种形式，指示人通常以背书的形式确定收货人，具体分为记名背书（Special Endorsement，即指示人在提单背面书写被背书人的背书）和空白背书（Endorsement in Blank，即指示人在提单背面只签署自己的姓名，而不写明被背书人的背书）。对于记名背书提单，承运人或其代表在目的地交付货物时应把货物交给被背书人或其进一步指示的收货人。对于空白背书的提单，应将货物交给出示提单的人（同不记名提单）。

两种指示提单均需要指示人背书后才能转让，实现提单的流通。如果指示人不作任何背书，则意味着指示人保留对货物的所有权，只有指示人本人才有提货权。

指示提单是目前在多式联运中被实际使用最多的可转让提单。

（2）不记名提单。不记名提单（Bearer B/L）又称空白提单（Blank B/L），是指在正面收货人栏不写明具体收货人或由某人指示，通常只注明"持有人"（Bearer）或"交持有人"（To Bearer）字样的多式联运提单。对于不记名提单，承运人或其代表应将货物交给持有提单的人。

不记名提单的转让不需要背书即可进行，因此这种提单具有很强的流通性，但也给货物买卖双方带来很大的风险，实践中极少采用。

（3）记名提单。记名提单（Straight B/L）是指正面收货人一栏中载明作为收货人的特定的人（或公司）的提单，一般不能转让流通（有些国家规定可经背书或司法部门批准后转让）。由于这种提单流通性差，在实践中较少采用，仅在贵重物品、个人赠送品、展览品等货物运输中使用。

4. 多式联运提单的流转程序

下面以一程是公路运输，二程是海上运输，三程是铁路运输的多式联运为例，说明多式联运经营人签发的多式联运提单几个区段单证的流转程序。

在实际业务中，多式联运提单和各区段实际承运人的货运单证的缮制大多交由多式联运经营人的各区段代理负责，多式联运经营人主要充当全面控制和发布必要指示的角色。以下为多式联运经营人签发的多式联运提单及各区段实际承运人签发的运输单证的流转程序：

（1）多式联运经营人起运地分支机构（或代理）缮制并签发全程多式联运提单，其中的正本交给发货人，用于结汇；副本若干份交付多式联运经营人，用于多式联运经营人留底和送交目的地分支机构或代理。

（2）多式联运起运地分支机构或代理将货交一程承运人后，一程承运人签发以多式联运经营人或其起运地分支机构（或代理）为托运人、以多式联运经营人或其二程分支机构（或代理）为收货人的公路运单，运单上应注有全程多式联运提单的号码。多式联运经营人起运地分支机构（或代理）在货物出运并取得运单后，应立即以最快的通信方式将运单、舱单等寄交多式联运经营人二程分支机构（或代理），以便二程分支机构（或代理）能用此提货；与此同时，还应向多式联运经营人提供运单副本以及运载汽车离站时间及预计抵达时间等信息，以便多式联运经营人能全面了解货运进展和向二程分支机构（或代理）发出必要的指示。

（3）多式联运经营人二程分支机构（或代理）收到运单后，凭此单从一程承运人（或其代理）处提取货物，并交付二程承运人（或其代理）。二程承运人或其代理收到货物后，签发以多式联运经营人或其二程分支机构（或代理）为托运人，以多式联运经营人或其三程分支机构（或代理）为收货人的提单，提单上应注明全程多式联运提单的号码。多式联运经营人二程分支机构（或代理）在货物出运并取得提单后，应立即以最快的通信方式将正本提单、舱单等寄交多式联运经营人三程分支机构（或代理），以便三程分支机构（或代理）能用此提货；同时，还应向多式联运经营人提供提单副本以及船舶离港报告等，以便多式联运经营人能全面了解货运进展和向三程分支机构（或代理）发出必要的指示。

（4）多式联运经营人三程分支机构（或代理）收到运单后，凭此从二程承运人（或其代理）处提取货物，并交付三程承运人（或其代理）。三程承运人（或其代理）收到货物后，签发以多式联运经营人或其三程分支机构（或代理）为托运人，以多式联运经营人或其目的地分支机构（或代理）为收货人的铁路运单，运单上应注明全程多式联运提单的号码。多式联运经营人三程分支机构（或代理）在货物出运并取得提单后，应立即以最快的通信方式将正本提单、舱单等寄交多式联运经营人目的地分支机构（或代理），以便目的地分支机构（或代理）能用此提货；同时，还应向多式联运经营人提供提单副本以及火车动态等，以便多式联运经营人能全面了解货运进展和向目的地分支机构（或代理）发出必要的指示。

（5）多式联运经营人目的地分支机构收到铁路运单后，可凭此从承运人（或代理）处提取货物，并向收货人发出提货通知。收货人付款赎单后取得多式联运经营人签发的全套正本多式联运提单，凭此套正本提单可向多式联运经营人目的地分支机构（或代理）办理提货手续。多式联运经营人目的地分支机构（或代理）经与多式联运经营人寄交的副本提单核对，并在收取应收取的运杂费后，将货物交付收货人。

多式联运提单及各区段实际承运人签发运输单证的流转程序如图9-1所示。

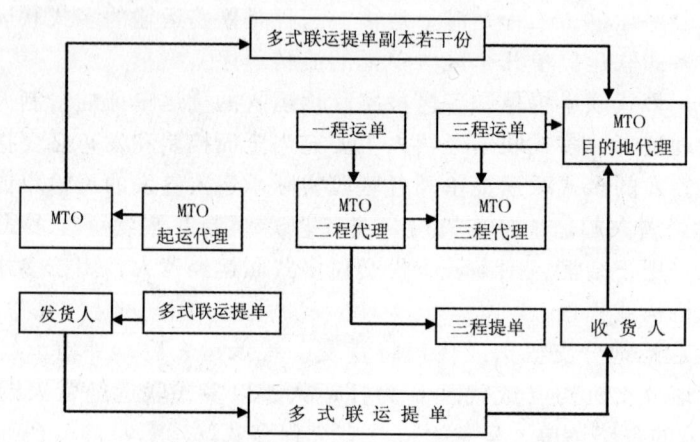

图9-1　多式联运提单及各区段实际承运人签发运输单证的流转程序

【复习题】

1. 国际多式联运有哪些特征？
2. 请分别解释一下多式联运中记名提单与不记名提单的异同点。

【案例分析】

中国土畜产进出口公司××畜产分公司委托××对外贸易运输公司办理333只纸箱的男士羽绒滑雪衫出口手续，外运公司将货装上××远洋运输公司的货轮，并向畜产进出口公司签发了北京中国对外贸易运输总公司的清洁联运提单，提单载明货物数量共为333箱，分装

3只集装箱。同年6月29日，货轮抵达目的港日本神户，7月6日，日方收货人在港口装卸公司开箱发现其中一个集装箱A的11只纸箱中，有5箱严重湿损，6箱轻微湿损。7月7日，运至东京日方收货人仓库，同日，由新日本商检协会检验，10月11日出具的商检报告指出货损的原因是由于集装箱有裂痕，雨水进入造成箱内衣服损坏，实际货损约合1868338日元。在东京进行货损检验时，商检会曾邀请××远洋运输公司派人共同勘察，但该公司以"出港后检验无意义"为由拒绝。日方收货人从AIU保险公司取得赔偿后，AIU公司取得代位求偿权，于次年9月25日向上海海事法院提起诉讼，要求被告货运代理人和实际承运人赔偿日方损失，并承担律师费和诉讼费。两被告答辩相互指出应由另一被告承担全部责任，并要求原告进一步对减少货损的合理措施进行举证。

分析：

根据"拆箱报告"和商检报告，本案中货损的原因是由于集装箱有裂痕，雨水进入箱内所致，由于承运人签发的是清洁联运提单，所以发生货损应当归于承运人的责任，根据××远洋运输公司提单条款的规定以及该运输公司与××对外贸易公司的协议约定，两被告均应对货损承担责任。

本案中日方收货对货损也应承担一定的责任，依据商检管理，日方收货人在发现货物有湿损时，应及时在卸货港当地申请商检，并采取适当救济措施以避免损失扩大，但日方在未采取措施情况下将货物运至东京再检显然应对货物损失承担部分责任，对于因日方过错导致货物扩大损失的部分，应由日方自身负责，无权向承运人追偿。

具体两被告哪一方应对货损承担责任，根据他们之间的协议，应在共同对外承担责任后，查明事实后合理分担。

【技能训练】

根据所学知识，画出国际多式联运业务流程图。

单元四

货 代 英 语

【知识目标】

□ 了解和掌握国际货代的常用业务缩略语、常用附加费名称和常用提单名称

□ 熟悉国际贸易和国际物流的相关词汇和短文

【技能目标】

□ 了解国际货代英语在实际工作中的运用

□ 掌握国际货代术语,并在此基础上正确理解和应用

模块10 货代英语

【模块任务】

货代英语有其专业性和特殊性,熟练掌握货代英语术语,能够独立阅读英文的货代资料是当前国际货运代理的一项基本技能。那么,货代英语有哪些常用的业务术语呢?

一、常用货运业务缩略语(英汉对照)

缩写	英文全称	中文名称
AA	always afloat	保持漂浮;永远漂浮
a.a.r	against all risks	一切险

AC	account current	经常账户
A/C	for account of	费用由……承担
acc.	Acceptance, accepted	已接受
acc. cop	according to the custom of the port	按照……港口惯例
acct.	account	账目
acpt.	acceptance	接受
a. c. v	actual cash value	实际现金价值
a. d.; a/d	after date	……日期以后
ADCOM/ADD. COMM	Address commission	订舱佣金，租船佣金
Add – on	tariff (also proportional or arbitrate in U. S. A)	费率标记
ADFT	aft draft	船尾吃水
ADP	automated data processing	自动数据处理
ADR	European Agreement Concerning the International Carriage of Dangerous Goods by Road	欧洲国际公路危险品运输公约
adv.	advise or advance	通知或提前
A. F	advanced freight	预付运费
A. F. B	air freight bill	空运运费
AFRA	average freight rate assessment	运费费率平均价
Agcy.	agency	代理公司
Agrd.	agreed	同意
Agrt.	agreement	协议
Agt.	agent	代理人
a. g. w.	actual gross weight	实际毛重
AGW	all going well	一切顺利
A. H.	after hatch	后舱
air draft	length between water level and vessel's rail	水平面至船舷的高度
AM	ante meridiem = before noon	上午
AMT	Air Mail Transfer	航空邮寄
amt.	amount	金额
A. N.	arrival notice	到达通知

A. O.	account of	……的账上
A/or	and/or	和、或
A/P	account paid	已付账款
approx.	approximately	大约
A/R	All Risks	一切险
arr.	arrival	到达
arrd.	arrived	到达
a/s	after sight	见票后……
A/S	alongside	靠码头，并靠他船
ASAP	as soon as possible	尽快
ASF	as follows	如下
Ass.	associate	准会员，公司
ATA	actual time of arrival	实际到达时间
ATD	actual time of departure	实际出发时间
ATP	Agreement for the International Carriage of Perishabale Foodstuffs	国际易腐货物协议
attn.	attention	由……收阅
Atty.	attorney	律师，代理人
auth.	authorized	授权的，认可的
aux.	auxiliary	辅助的，辅助设备
A. V; Ad Val.	ad valorem accord in	运价标记，从价费率
AWB	Air Way Bill	空运单
BA	Bale Capacity	包装容积
B. A. C	bunker adjustment charge	燃油附加费
B. A. F	bunker adjustment factor	燃油附加费系数
Bags/Bulk	Part in bags, part in bulk	货物部分袋装、部分散装
Bal.	Balance	平衡
BALTIME	UNIFORM TIME CHARTER	统一定期租船合同，巴尔的摩期租合同
B. C.	bulk cargo	散装货
B/D	bank (er's) draft	银行汇票
b. d. i.	both dates (days) inclusive	包括始末两天

Bdl.	Bundle	捆
Bdth.	breath	宽度，型宽
bdy.	boundary	边境，界线
BENDS	Both Ends	装卸港
B/G	bonded goods	保税货物
BIMCO	BALTIC INTERNATIONAL MARITIME CONFERENCE	波罗的海国际航运公会
biz.	business	业务
Bk.	bank	银行
bkge.	brokerage	佣金，经纪费
BL	bale	包（装）
B/L	Bill of Lading	提单
BLFT	bale feet	包装尺码（容积）
BLK.	bulk	散装
BLKR.	bulker	散装船
break down	an itemized account of … item by item	细目分类
B. RGDS.	best regards	致敬，致意
brl.	barrel	桶（分英制美制两种）
B. W.	bonded warehouse	保税仓库
bxs.	boxes	盒，箱
CABLEADD	Cable Address	电报挂号
CAConf.	Cargo Agency Conference（IATA）	货运代理公会（IATA）
C. A. F.	currency adjustment fac	货币贬值附加费系数
C. A. S	currency adjustment surcharge	货币贬值附加费
CASS	Cargo Accounts Settlement System（IATA）	货运费用结算系统
C. B.	container base	集装箱底
c. b. d.	cash before delivery	交货前付现
CC	carbon copy	抄送
CC	charge collect	收取运费
CCL	customs clearance	清关

CCS	Consolidated cargo (container) service	集中托运业务
c. & d.	collection and delivery	运费收讫、货物交毕
C/D	Customs Declaration	报关单
CEM	European Conference On Goods Train Timetables	欧洲货运列车时刻表会议
C&F	Cost and freight (INCOTERMS)	成本加运费（……指定目的港）
Corp.	corporation	公司
C. O. S.	Cash on shipment	装船费
COSCO	CHINA OCEAN SHIPPING COMPANY	中国远洋运输（集团）总公司
COTIF	Convention Concerning Int'l Carriage by Rail(CIM – CIV)	国际铁路运输公约
CP	Carriage Paid	运费已付
C/P	Charter Party	租船合同
C/P blading	Charter Party Bill of Lading	租船提单
CPLTC	Conference Port Liner Term Charges	港口班轮装卸条款公会
CPT	carriage paid to (INCOTERMS)	运费付至（……指定目的地）
CQD	customary quick despatch	按港口惯常速度快速装卸
CSC	Container Service Charge	集装箱运输费用
CSC	Int'l Convention of The Safe Transport of Containers	国际集装箱安全公约
CSConf.	Cargo Service Conference (IATA)	货运业公会
CST	Container Service Tariff	集装箱运输费率
CT	combined transport	联合运输
C. T.	Conference Terms	公会条款
C/T	container terminal	集装箱码头
CTD	Combined Transport Document	联合运输单证
CTO	Combined Transport Operator	多式联运经营人

CTPC	Cargo Tariff Procedures Committee（IATA）	国际航空运输协会
cub.	cubic	立方
Cu. ft；C. F.	cubic foot（feet）	立方英尺
cu. in.	cubic inch（es）	立方英寸
CUM	cubic meter	立方米
CVGK	customs value per gross kilogram	（毛重）每千克海关价值
CVGP	customs value per gross pound	（毛重）每磅海关价值
CWE	cleared without examination	未经查验过关的
CWO	cash with order	订货时预付款
cwt.	hundredweight	担。（英制）等于112磅，（美制）等于100磅
CY	container yard	集装箱堆场
D	diesel oil	柴油
D300	diesel oil 300 tons	柴油300吨
D/A	document against acceptance	承兑交单
DAF	delivery at frontier（INCOTERMS）	边境交货（……指定地点）
D. A. S	delivery alongside ship	船边交货
Dbk.	drawback	退（关）税
DCAS	Distribution Cost Analysis System	分拨费用分析系统
DDP	delivered duty paid（INCOTERMS）	完税后交货（……指定目的地）
DDU	delivered duty unpaid（INCOTERMS）	未完税后交货（……指定目的地）
Dem.	demurrage	滞期费
Dep.	departure	（船舶）离港
Dept.	departure	离港；外部
DEQ	delivered ex quay（duty paid）（INCOTERMS）	目的港码头交货（关税已付）
DES	delivered ex ship（INCOTERMS）	目的港船上交货
Desp.	despatch money	速遣费
CFS	container freight station	集装箱货运站

C. H.	carriers haulags	承运业
C. H. C.	cargo handling charges	货物装卸费
Ch. Fwd.	charges forward	运费到付
c. i. a.	cash in advance	交货前付现款
CIC	China Insurance Clause	中国保险条款
CIF	cost, insurance and freight	到岸价格（成本、保险费加运费）（……指定目的港）
CIF & C	cost, insurance, freight and commission	到岸价加佣金
c. i. f. c. & e.	cost, insurance, freight commission and exchange	到岸价、佣金加汇费
c. i. f. c. & i.	cost, insurance, freight commission and interest	到岸价、佣金加利息
c. i. f. & e.	cost, insurance, freight and exchange	到岸价加汇费
c. i. f. & i.	cost, insurance, freight and interest	到岸价加利息
c. i. f. i. & c.	cost, insurance, freight, interest and commission	到岸价、利息加佣金
c. i. f. i. & e.	cost, insurance, freight, interest and exchange	到岸价、利息加汇费
c. i. f. L. t.	cost, insurance, freight, London terms	伦敦条款到岸价格
c. i. f. w.	cost, insurance, freight/war	到岸价格加战争险
CIM	International Convention Concerning the Carriage of Goods by Railway	国际铁路货运公约
CIP	carriage and insurance paid to	运费、保险费付至（……指定目的地）
CIV	International Convention On The Carriage of Passenger And Luggage By Railway	国际铁路旅客货运公约
CKD	completely knocked down (unassembled)	完全分解的

CL. B/L	Clean Bill of Lading	清洁提单
cm	centimeter（s）	厘米
cm³	cubic centimeter（s）	立方厘米
Co.	company	公司
C/O（in）	care of	由……转交
CMR	Convention On the Contract for the International Carriage of Goods by Road	国际公路货运合同公约
C/N	Consignment Note	发货通知书
Cnee.	consignee	收货人
Cnmt./consgt.	consignment	发运
Cnor.	consignor	发货人
C/O	Certificate of Origin	原产地证明
COA	CONTRACT OF AFFREIGHTMENT	包运合同
C. O. D.	cash on delivery	货到付款
C. O. F. C.	Container-on-flat-car（rail flat-car）	（铁路）装运集装箱平板车
COMBITERMS	Delivery Terms for Int'l Groupage Traffic	国际成组运输交货条款
comm.	commission	佣金
CONBILL	Conference Bill of Lading	公会提单
CONGENBILL	Conference General Cargo Bill of Lading	公会杂货提单
CO-OP	co-operation	合作
COP；CP	customs of port	港口惯例
DESPONENT OWNER	second owner of the vessel	二船东
D. F	dead freight	空舱费
Dft	draft	吃水
DHD	demurrage and half despatch	滞期费，速遣费为滞期费的一半
DHDWTS	despatch half demurrage and for working time saved	速遣费按滞期费的一半，并按节省的工作时间计算

dia.	diameter	直径
dir.	direct	直接
dm	decimeter	分米
dm³	cubic decimeter (s)	立方分米
D/O	Delivery Order	提货单
DOCIMEL	Electronic Cim Document	电子单证
D/P	document against payment	付款交单
D. T. A.	definite time of arrival	船舶确切到港时间
DWX	deadweight capacity	受载量
DWCC	deadweight cargo capacity	载重量
DWCT	deadweight cargo tonnage	载重吨
DWT	deadweight tonnage	载重吨
DWTC	deadweight tonnage of cargo	货物载重吨
ECE	International Convention for the Harmonization of Frontiers Controls of Goods	国际边境货物、人员过境公约
ECU	European Currency Unit	欧洲货币单位
EDI	Electronic Data Interchange	电子数据交换系统
EDIFACT	Electronic Data Interchange for Administration, Commerce and Transport	电子数据交换管理、商贸与运输
EDP	Electronic Data Processing	电子数据处理
E. G.	example gratia = for example	例如
EIR	Equipment Interchange Receipt	设备交接单（集装箱）
EIU	even if used	即使使用（也不算）
e. l. & u. l.	exclusive of loading and unloading	不包括装卸
E/M	Export Manifest	出口载货清单
Encl.	enclosure or enclosed	附件或所附的
ep.	express paid	快递费付讫的
ETA	estimated time of arrival	（船舶）预计抵港时间
ETAD	estimated time of arrival and departure	（船舶）预计到达和离开时间

ETB	estimated time of berthing	（船舶）预计靠泊时间
ETC	estimated time of commencement	预计开始时间
ETCD	estimated time of cemmencing discharging	（船舶）预计开始卸货时间
ETD	estimated time of departure	（船舶）预计离港时间
ETL	estimated time of loading	（船舶）预计开装时间
ETS	estimated time of sailing	（船舶）预计开航时间
ex.	extra	额外的
excl.	excluding	不包括，除……外
Exp.	export	出口
Exps.	expenses	（费用）支出
EXW	ex. works（INCOTERMS）	工厂交货（……指定地点）
F	fuel oil	燃油
F300	fuel oil 300 tons	燃油 300 吨
F. A. A.	Free of ALL Average	一切海损不赔
f. a. c.	fast as can（loading or discharging）	尽快（装卸）
F. A. C.	forwarding agent's commission	货运代理人佣金
FAK	Freight All Kinds	（不分品种）同一费率
FALPRO	Special Program on Trade Facilitation（UNCTAD）	简化贸易手续特别计划
F. & D.	freight and demurrage	运费和滞期费
F. A. Q.	fair average quality	中等质量货物
FAS	free alongside ship（INCOTERMS）	船边交货（……指定装运港）
FBL FIATA	Multimodal Transport Bill of Lading（FIATA Document）	多式联运提单
FCA	free carrier（INCOTERMS）	货交承运人（……指定地点）
FCL	full container load	（集装箱）整箱货
FCR	Forwarders Certificate of Receipt（FIATA Document）	货运代理人收讫货物证明

FCSR & CC	Free of Capture, Seizure, Riots and Civil Commotions	掳获、捕捉、暴动和内乱不赔险
FCT	Forwarders Certificate of Transport（FIATA）	货运代理人运送证明
FDft	fore draft	船首吃水
FEU	forty equivalent unit	40英尺标准集装箱
FFI FIATA	Forwarding Instructions（FIATA Form）	国际货运代理协会联合会代运说明
f. g. a.	Free of General Average	共同海损不赔险
FHEX	Fridays and Holidays Excepted	节假日除外
F. I.	free in	（船方）不负担装货费用
f. i. a. s	free in and stowed	（船方）不负担装货和理舱费用
f. i. b.	free into barge	驳船上交货
FIC	freight, insurance, carriage	运费、保险费
f. i. h	free in harbor	港内交货
f. i. l. o.	free in and liner out	（船方）不负担装货费用，但负担卸货费用
f. i. l. s. d.	free in lashed, secured and dunnaged	（船方）不负担装货、捆扎、加固和隔垫等费用
f. i. o.	free in and out	（船方）不负担装、卸费用
f. i. o. s.	free in, out and stowed	（船方）不负担装卸和理舱费用
f. i. o. s. t.	free in and out, stowed and trimmed	（船方）不负担装、卸、积载和平舱费用
firavv.	first available	最有效的
FIS	freight, insurance and shipping charges	运费、保险费和装船费
f. i. w.	free into wagon	（船方）不负担装入货车费
FLT	forklift truck	叉车
FLT	Full Liner Terms	全班轮条款
FM	from	从……；来自……
F/M	Export Freight Manifest	出口载货运费清单

FOB	free on board (INCOTERMS)	离岸价格（船上交货）（指定装运港）
F. O. C.	flag of convenience	方便船旗
F. O. D.	free of damage	损坏不赔
f. o. w.	first of water	第一解冻日
FPA	Free From Particular Average	平安险
F. P. A.	Free of Particular Average	单独海损不赔
FPAD	freight payable at destination	目的地付运费
FRG	for your guidance	供你参考
Frt. fwd.	freight forward	到付运费
frt. ppd.	freight prepaid	预付运费
Frt. ton	freight ton	运费吨
FT	foot or feet	英尺
FWC	full loaded weight & capacity (container)	满载重量和容积
fwd.	forward	前部
FWDft	fresh water draft	淡水吃水
Fwdr.	forwarder	货运代理人
FWR FIATA	Warehouse Receipt (FIATA Document) FIATA	仓储收据
G. A.	General Average	共同海损
G. A. A.	General Average Agreement (Bond)	共同海损协议
G. A. C.	General Average Contribution	共同海损分摊额
G. B. L.	Government Bill of Lading	政府海运提单
G. C.	general cargo	杂货
G. C. R.	General Cargo Rates	杂货费率
GDP	Gross Domestic Product	国内生产总值
GENCON	UNIFORM GENERAL CHARTER	统一杂货租船标准合同
GFA.	General Freight Agent	货运总代理
GMT	Greenwich Mean Time	格林尼治标准时间
GNP	Gross National Product	国民生产总值
GR	grain capacity or gross	（船舶）散装容积或毛重

Grd.	geared	带吊杆的
GRT	gross register tonnage	总登记吨
GSA	General Sales Agent	销售总代理
GSP	GENERALIZED SYSTEM OF PREFERENCE	普惠制
GW	gross weight	毛重
HA	hatch	舱口
HADim	hatch dimension	舱口尺寸
HATUTC	half time used to count (as laytime)	实际所使用时间的一半应计算（为作业时间）
HAWB	House Air Waybill	货运代理运单
HD	heavy diesel	重柴油
hdlg	handling	处理，手续
HERMES	Handling European Railway Message Exchange – System	欧洲铁路运输信息交换系统
hgt.	height	高度
h/lift	heavy lift	重件货
ho.	hold	货舱
H. Q.	head quarters	总部
hrs.	hours	小时
i. a. w.	in accordance with	按照
ICC	Institute Cargo Clauses, London	伦敦协会货物条款（保险）
I. E.	id est = that is	即是……；那就是……
IMDC	International Maritime Dangerous Goods Code	国际海运危险品编码
imp.	import	进口
in.	inch (s)	英寸
inc. ; incl.	including	包括
INCOTERMS	International Rules for the Interpretation of Trade Terms	国际贸易术语解释通则
INMARSAT	International Convention on the International Maritime Satellite Organization	国际海运组织

inst.	instant	本月的
intrm.	intermediate point	中转点
int.	intention	意下，企图
inv.	invoice	发票
IOP	irrespective of percentage	不管百分比
i. o. u.	I owe you	借据，欠条
I. P. A.	Including Particular Average	包括单独海损（保险）
IU	if used	如果使用
K. ATT	kind attention	请交；请转；请……收阅
kg	kilogram	千克
km	kilometer	千米
km²	square kilometer	平方千米
km. p. h.	kilometer per hour	时速
kn	knot	节
kW	kilowatt	千瓦
kWh	kilowatt－hour	度，千瓦时
L／A	Loyd's agent	劳埃德保险公司代理人，劳埃德船级社代理人
LADEN DRAFT	the draft when vessel is laden	（船舶）满载吃水
LASH	Lighter Aboard Ship	子母船
Lat.；lat.	latitude	纬度
lb（s）	pound（s）	磅
LBP	length between perpendiculars	（船舶）垂线间高
L／C	letter of Credit	信用证
LCL	less than container load	（集装箱）拼箱货
LD	light diesel	轻柴油
ldg.	leading	导航的，主要的
LDT	length deadweight	轻载重吨
l／&d.	loss and damage	损失与残损
leg.	legal	法律上的，合法的
LEL	lower explosive limit	最低爆炸极限
LFL	lower flammable limit	最低燃烧极限

L/G	Letter of Guarantee	保证书，保证信
lgt.；L/T	long ton，long tons	长吨
LH	lower hold	底舱
liq.	liquid	液体（的）
Lkg/Bkg	leakage & breakage	漏损与破损
L/L	Loading List	装货清单
LNG	liquefied natural gas	液化天然气
LO/LO	lift on，lift off	吊上吊下；吊装
LOA	length over all	船舶全长
load.	loading	装货
loc.	location	当地，位置
Long；Long	longitude	经度
LPG	liquefied petrochemical gas	液化石油气
LSD	loading, storage and delivery charge	装船、仓储和交货费用
LT	Letter Telegram	书信电报
LT	Liner Terms	班轮条款
L. T.	local time	当地时间
LTA	Lighter Than Air System（Airships）	气垫船
Ltd	limited	（有限）公司
ltg.	Lighter age	驳船费
ltr.	Lighter	驳船
lump	lump sum	包干费，总数
l. & u.	loading and unloading	装卸
M.	measurement（s）	按货物的体积计算运价
m	meter（s）	米
m^3	cubic meter（s）	立方米
M	minimum（rate classification）	最低（运费）
MACH	modular automated container handling	集装箱自动化装卸
MAWB	Master Air Waybill	总运单（空）
max	maximum, the most	最大（多）

Mdm	Madame	夫人，女士
Mdse.	merchandise	商品
MFN	MOST FAVOURED NATION	最惠国
M. H.	Merchants Haulage	商船运输
min	minimum, the least	最小（少）
MOLOO	more or less at owner's option	溢短装由船东选择
MOLSO	more or less at shipper's option	溢短装由卖方选择
M+R	maintenance and repair (centre)	维护修理
M/R; M. R.	mate's receipt	大副收据
Mrs.	mistress	夫人
Ms	miss, mistress	小姐，女士；夫人
msbl	missing bill of lading	丢失提单
msca	missing cargo	灭失货物
MT	Motor Tanker	内燃机油船
M/T	metric ton	公吨
MTD	Multimodal Transport Document	多式联运单证
MTO	Multimodal Transport Operator	多式联运经营人
MTON	measurement ton	尺码吨
MV	Motor Vessel	内燃机船
N	normal (rate classification)	普通货（运价）
NAABSA	not always afloat but safely aground	不经常漂浮但安全坐浅
NAOCC	Non Aircraft Operating Common Carrier	无航空器公共承运人
NAWB	Neutral Air Waybill (Forwarders Air Waybill)	货运代理人空运分运单
n. c. v.	non customs (commercial) value	无商业价值
n. e. s.	not elsewhere specified	不另说明
n. f. o.	not free out	不管卸货
n. l. t.	not later than	不迟于，不晚于
N/M	NO MARK	无唛头
n/n	non-negotiable	不可转让的
N.; No.; Nr.	number	编号

N/O	no order	无订单
n. o. e.	not otherwise enumerated	不另编号
n. o. p.	not otherwise provided	未令列出
n. o. r.	not otherwise rated	未估价
NOR	NOTICE OF READINESS	装卸准备就绪通知书
n. o. s.	not otherwise specified	未列名
NRT	net register tonnage	净登记吨
NT	net weight	净重
n. v. d.	no value declared	未声明价值
NVOCC	Non Vessel Operating Common Carrier	无船公共承运人
O – B – O	Oil – Bulk – Oil (Carrier)	矿石，散货和石油度用途船
OBS	Oil Bunker Surcharge	燃油附加费
OB/L	Ocean Bill of Lading	海运提单
OCP	Overland Common points	内陆公共点
o. d.	on deck	甲板上
o. d. s.	operating defferential subsidy	经营差别补贴
OFA	Ocean Freight Agreement	海运运费协议
o. r.	owner's risk	风险由船舶所有人或货主承担
ORB	owner's risk of breakage	破损风险由货主承担
ORD	owner's risk of damage	损失风险由货主承担
ORF	owner's risk of fire	火灾风险由货主承担
OP	open top (container)	开顶式集装箱
o. t. o. r	on truck or railway	经公路或铁路
P. A.	Particular Average	单独海损
p. a.	per annum (year)	每年
P	paragraph	文章的段或节
p	payment	支付，赔偿
P. A.	paid by agent	由代理支付
P. C.	Paramount Clause	最重要条款
p. p. c. f.	pounds per cubic foot	每立方英尺……磅

P. chgs	Particular Charges	特别费用（保险）
pct.	percent	百分比
pd	paid	已付款
p. d.	partial delivery	部分交付
PDPR	per day or per rate	按天计算，不足一天按比例计算
P&D	pick up and delivery	提箱期
PENAVICO	China Ocean Shipping Company	中国外轮代理总公司
p. h. d.	per hatch per day	每天每舱口（租船）
P. & I. Clause	Protection and Indemnity Clause	保赔条款
P&I Club	Protection and Indemnity Club	船东保赔协会
pkg.	package	包装
P. L.	partial loss	部分损失
P. & L.	profit and loss	收益和损失
PLP	parcel post	包裹邮寄
PLTC	Port Liner Term Charges	港口班轮费
PM	post meridiem = afternoon	下午
pmt.	prompt	即时的
P/N	promissory note	期票，本票
P. O. B.	post office box	邮政信箱
P. O. D.	payment on delivery; paid on delivery	交货时付讫
POD	port of delivery	卸港
POL	port of loading	装港
POR	port of refuge	避难港
pp/ppd	prepaid	预付
pro. rata	in proportion	按比例（计算）
prox	proximo = next month	下个月
p. t.	per ton	每吨
pt. /dest.	port of destination	目的港
pt. /disch.	port of discharge	卸港
PTL	partial total loss	部分和全部损失
ptly. pd	partly paid	已付部分款

p. t. w.	per ton weight	按吨计
PWWD	per weather working day	每晴天工作日
Q	Quantity (rate classification)	数量
Q. C. O.	quantity at captain's option	数量由船长决定
Qn	quotation	引述，引用
q. v.	quod vide (which see)	见本项
S	Surcharge (rate classification)	附加费
SB	Safe Berth	安全泊位
S/C	surcharge	附加费
S. & C.	Shipper and Carrier	托运人与承运人
SCR	Special Commodity Rate	列名商品费率
S/D	sailing date	起航日期
S/d	sight draft	即期
S. d.	small damage	小量损坏
SDR	Special Drawing Rights	特别提款权
SDT	Shipper Declaration for the transport of dangerous goods (FIATA)	发货人运输危险品申报表
S. & F. A.	Shipping and Forwarding Agent	运输代理
SHEX	Sundays, Holidays excepted	星期日和节假日除外
SHINC	Sundays, Holidays included	星期日和节假日包括在内
SINOCHART	China National Charter Corporation	中国租船公司
SINOTRANS	China National Foreign Trade Transportation Crop	中国对外贸易运输总公司
s. l. & c.	shippers load and count	发货人装船和计数
SLI	shippers letter of instruction	发货人说明
s. l. /n. l.	ship lost or not lost	船舶灭失与否
S/O	Shipping Order	装货单，关单，下货纸
S. O. L	ship owner's liability	船舶所有人的义务
SOS	save our ship; a message for help	（船舶遇难）呼救信号
S/P	stowage plan; cargo plan	货物积载图，船图
S. P. A.	Subject to Particular Average	平均分摊单独海损

SPACETONS	measurement tons including broken stowage space	包括亏舱在内的尺码吨
sq. cm（s）	square centimeter（s）	平方厘米
sq. in（s）	square inch（es）	平方英寸
SRCC	Strike, Riots and Civil Commotion	罢工，暴乱和内乱（保险）
SS	Steam Ship	蒸汽机船
stvdrs.	stevedores	码头装卸工人
SUB–CHARTERER	Third Owner of the Same Vessel	再租人，三船东
sub. L/C	subject to letter of credit being opened	按照开立的信用证
SUBLET	transfer the charter ship	转租
sub licence	subject to license being granted	按照批准的许可
subs.	substitute	代替
SWAD	Salt Water Arrival Draft	抵港海水吃水
SWDft	Salt Water Draft	海水吃水
T. A.	Telegraphic Address	电报挂号
TACT	the Air Cargo Tariff（FIATA）	空运货物费率
TB	to be	将要……
TBL	Through Bill of Lading	联运提单
TBN	to be named（or nominated）	待派（船），待指定
TC	type cranes	单杆吊（船舶吊杆类型）
T. C. T.	Time Charter on Trip Basis	航次期租船
TD	time of departure	开航时间
TD	type derricks	双杆吊（船舶吊杆类型）
t. d.	tween deck	二层柜
TDO	Telegraph Delivery Order	电报交货单
tdy	today	今天
TEEM	Trans–European–Express Merchandises（rail service）	横贯欧洲快运货物
TEU	twenty feet equivalent unit	20英尺集装箱换算单位
TIF	International Transit by Rail	国际铁路运输

tks.	thanks	感谢
TL	Total Loss	全损
TLF	tariff level factor	费率水平系数
tlx.	telex	电传
tnge.	tonnage	吨位
T. O. D.	time of discharge	卸货时间
TOFC	Trailer on board flatcar	平板车载运带拖车的
T. O. R.	time of receipt	收到时间
TOT	time of transmission	传递时间
tot.	total	总共
TOW	tare on weight (container stacking according to weight)	集装箱皮重
TPI	ton per inch	每一英寸载重吨
TPN	Theft, Pilferage and Non delivery	偷盗和提货不着（保险）
T/T	Telegraphic Transfer	电汇
T. T.	Terms of Trade	贸易条款
TT	Turbine Tanker	汽轮机油船
u. c.	usual conditions	通常情况下
U. D.	under deck	下层甲板
U. DK	upper deck	上层甲板
ULCC	Ultra-Large Crude Carrier	特大型油船
ULD	unit load device (aircraft)	成组货载装置
ult.	ultimo, last month	上月的
UU	unless used	除非使用
V	voyage	航程，航次
val.	value	价值
VAT	value added tax	增值税
V/C	Voyage Charter	程租船
Ves.	vessels	船舶
VIC	Very Important Cargo	非常重要货物
VIO	Very Important Object	非常重要目标
VLBC	Very Large Bulk Carrier	大型散装船

VLCC	Very Large Crude Carrier	大型油船
VOCC	Vessel Operating Common Carrier	有船公共承运人
v. v.	vice versa	反之亦然
W	gross weight	按货物的毛重计算运价
W. A.	With Average (Institute Cargo Clause)	承保海损
W/B	Way Bill	运货单
w. c.	with costs	付费的
w. c. c. o. n.	whether cleared customs or not	无论清关与否
W/d	working day	工作日
whf.	Wharf age	码头搬运费
whse.	warehouse	仓库
WIBON	whether in berth or not	（船舶）不管靠泊与否
WICCON	whether in customs clearance or not	（船舶）不管通关与否
WIFPON	whether in free pratique or not	（船舶）不管检疫与否
WIPON	whether in port or not	（船舶）不管抵港与否
wk.	week	周，星期
W/M	gross weight or measurement	按货物重量与体积分别计算，按高者收费
W/O; w/o	without	没有，不
WOG	without guarantee	没有保证
WP	without permits	天气许可的条件下
WPA	With Particular Average	承保单独海损
w. pri.	without privileges	无例外
W. R.	Warehouse Receipt	仓库收据
W. R. I.	War Risk Insurance	战争险
WRITING	we (I) shall write to you about it later	详情函告
wt.	weight	重量
w/t	weight tons	重量吨
WTS	working time saved	节省的工作时间
WTSBENDS	working time saved at both ends	装卸港均以节省的工作时间计算（速遣费）

w/v	weight/volume	重量或体积
WW	Warehouse Warrant	仓库栈单
ww	world-wide	世界性的
WWD	weather working day	晴天工作日
WWDSHEX	weather working day Sundays, holidays excepted	星期日和节假日除外的晴天工作日
WWDSHINC	weather working day Sundays, holidays included	星期日和节假日包括在内的晴天工作日

二、常用附加费名称（英汉对照）

缩写	英文全称	中文名称
	Alteration Charge	变更卸货港附加费
ANER	Asia North America Eastbound Rate	亚洲北美东行运费协定
BAF	Bunker Surcharge or Bunker Adjustment Factor	燃油附加费
	Cleaning Charge	洗舱费
C.S.C	Container Service Charge	货柜服务费
CAF	Currency Adjustment Factor	货币汇率附加费
CFR	Cost And Freight	成本加海运费
C&F	Cost And Freight	成本加海运费
CIF	Cost, Insurance, Freight	成本，保险加海运费
CIP	Carriage and Insurance Paid To	运费、保险费付至目的地
DDC	Destination Delivery Charge	目的港码头费
	Direct Additional	直航附加费
	Deviation Surchare	绕航附加费
EBS	Emergency Bunker Surcharge	应急燃油附加费
ERC	Equipment Reposition Charge	空箱调运费
EPS	Equipment Position Surcharges	设备位置附加费
FAF	Fuel Adjustment Factor	燃料附加费
	Fumigation Charge	熏蒸费
GRI	General Rate Insurance	整体费率上调
H/C	Handling Charge	代理费
	Heavy-lift Additional	超重附加费

	Ice Surcharge	冰冻附加费
	Long – Length Additional	超长附加费
O/F	Ocean Freight	海运费
ORC	Original Receiving Charge	产地接货费、本地收货费用（广东省收取）
	Optional Fees or Optional Additional	选择卸货港附加费
PCS	Port Congestion Surcharge	港口拥挤附加费
PSS	Peak Season Surcharges	旺季附加费
	Port Surcharge	港口附加费
	Suez Canal Sucharge	苏伊士运河附加费
T.O.C	Terminal Operations Option	码头操作费
T.R.C	Terminal Receiving Charge	码头收柜费
T.H.C	Terminal Handling Charges	码头操作费
YAS	Yard Surcharges	码头附加费
	Transhipment Surcharge	转船附加费

三、常用提单名称（英汉对照）

英文	中文
Advanced B/L	预借提单
Air Way Bill	空运提单
Ante – dated B/L	倒签提单
Bill of Lading（B/L）	海运提单
Blank B/L 或 Open B/L	不记名提单
Charter party B/L	租船合同提单
Clean B/L	清洁提单
Direct B/L	直达提单
Foul B/L	不清洁提单
House B/L	货运提单
Liner B/L	班轮提单
Minmum B/L	最低运费提单
MT B/L	多式联运提单
Omnibus B/L 或 Combined B/L	并提单或拼装提单
On Deck B/L	舱面提单或称甲板货提单

Order B/L	指示提单
Parcle Receipt	包裹提单
Shipping B/L	收货待运提单
Saparate B/L	分提单
Shipped or Board B/L	已装船提单
Straight B/L	记名提单
Switch B/L	交换提单
Through B/L	联运提单、转船提单

四、不正常运输的货物种类和代号（英汉对照）

英文全称	英文缩写	中文
Offloaded	OFLD	卸下，拉货
Shortshipped	SSPD	漏（少）装
Overcarried	OVCD	漏卸（运过境）
Mislabeled Cargo		贴错标签货物
Missing Label		标签脱落
Missing Cargo	MSCA	少收货物
Found Cargo	FDCA	多收货物
Missing AWB	MSAW	少收货运单
Found AWB	FDAW	多收货运单
Damage		破损

五、货代英语范文阅读

Unit 1
The Practice of International Ocean Cargo Transportation

Shipping constitutes the principal mode of international transport and is estimated to carry about 90 percent of international trade in terms of volume. *Consequently, it is very important for the freight forwarder to be able to identify the formalities relating to carriage of goods by sea to be able to provide an efficient service*[①].

1. Transport Geography

An international freight forwarder should be familiar with international trade routes[②]. He or she should have knowledge of main traffic routes, location of ports, *trans – shipment points*③ and inland centers. A freight forwarder should also have a general idea of the pattern of international trade and its changing trends.

2. Different Types of Shipping Services

The international shipping market offers four types of service, namely, *conference lines*④, non – conference lines, non – vessel operating common carriers and tramp service.

2.1 Conference Lines

*A shipping conference is a group of shipping lines operating in any particular route under agreement to provide a scheduled service with a common tariff and a fixed itinerary of ports of call*⑤.

*The purpose of a shipping conference is to eliminate price competition among member lines and reduce outside competition by trying to capture most of the traffic for member lines through loyalty arrangements with shippers*⑥.

*The main advantages of the conference system to shippers are stability of freight rates and regularity of services*⑦. However, the disadvantages are obvious. *Rates are usually high. Rates do not fluctuate according to supply and demand as in a tramp service. Rules and procedures are inflexible*⑧.

2.2 Non – conference lines

*In recent years, along most international routes, non – conference lines have posed a challenge to the conference system*⑨. *This is attributable to the development of containerization and emergence of many independent carriers*⑩. As a result, along some routes, the conference lines have been forced to come to terms with the *non – conference lines in regard to rates, and terms and condition of service*⑪.

2.3 Non – vessel operating common carrier (NVOCC)

*An NVOCC is a carrier who operates a regular scheduled service. He does not own or operate the vessels by which sea transportation is provided*⑫. Although the NVOCC is a arriver in his relationship with the actual shipper, he is a shipper in his relationship with the actual carrier. He assumes the role of a principal and performs sereral functions. He assumes responsibility for ocean carriers, both conference and non – conference lines. He renders a useful service by providing groupage or consolidation services, particularly to small shipper who do not have much bargaining power in negotiating rates.

2.4 Tramp service

Tramp service has no fixed itinerary or schedule and is operated on any route according to supply and demand. Tramp vessels are usually chartered at negotiated rates, particularly when the quantity of cargo is large.

3. *Shipping documents*

*The documents commonly used in carriage of goods by sea are bills of lading, sea waybills, manifests, shipping notes, delivery orders and mate's receipts*⑬.

The bill of lading by itself is not a contract of carriage as it is signed only by the carrier. However, it provides evidence of contract of carriage. It serves as a receipt for goods delivered to the carrier. Besides, the bill of lading serves as a document of title enabling the goods to be transferred from the shipper to the consignee or any other party by endorsement.

A sea waybill is replacement of the traditional ocean bill of lading. The waybill is a non-negotiable document and made out to a named consignee who is allowed, upon production of proper identification, to claim the goods without presenting the waybill.

A cargo manifest provides information regarding cargo on board. A freight manifest gives information regarding freight rates, surcharges, rebates, ect. The manifest is prepared by the carrier's agent but the freight forwarder has to handle it while dealing with the customs and port authorities.

A shipping note is issued by the shipper to the carrier requesting allocation of shipping space. It is a commitment on the part of the shipper to ship goods and serves as the basis for the preparation of the bill of lading.

A delivery order is issued by the carrier or his anent to enable the consignee or his forwarding agent to take delivery of the cargo (import cargo) from the vessel.

A mate's receipt is the receipt issued by the carrier in the acknowledgement of the goods received on board (export cargo) which is subsequently exchanged for the bill of lading.

New words and Expressions

allocation　　n. 分配
bargaining　　n. 讨价还价，交涉
consolidation　n. 拼箱，合并
containerization n. 集装箱运输，集装箱化
endorsement　n. 背书，签注
itinerary　　n. 航线，路线
carrier　　　n. 承运人
charter　　　v. 租船
consignee　　n. 收货人
principal　　n. 委托人
shipper　　　n. 托运人
carriage of goods by sea　海上货物运输
common carrier　公共承运人
contract of carriage　货物运输合同
delivery order　提货单

document of title　物权凭证
freight rate　运费率
non-conference lines　非班轮公会航线
non-vessel operating common carriers (NVOCC)　无营运船公共承运人
pattern of international trade　国际贸易方式
port authorities　港务局；港口主管机关
ports of call　挂靠港；停靠港
receipt for goods　货物收据
scheduled service　定期航运
shipping conference　班轮公会
shipping marker　航运市场
shipping space　舱位
supply and demand　供应

Notes

1. 因此，对货运代理来说，重要的是能够了解有关海上货运代理的手续，以便提供有效的服务。
2. 国际货运代理应熟悉国际贸易线路。
3. 转运地，货物从一艘船到另一艘船运输的地点。
4. 班轮公会运输。
5. 班轮公会是按预定的船期表在特定的航线上从事营运的班轮公司的组织，具有共同的费率表、固定的挂靠港。
6. 班轮运输的目的是消除会员公司之间在运价上的竞争，通过与托运人之间达成的忠诚协议为会员争取大量货源，以减少外部竞争。
7. 班轮公会对于托运人而言，具有稳定的运费率、定期的运输服务等方面的好处。
8. 不像不定期船那样，运费率随供求关系的变化而变动，规则和程序不灵活。
9. 近几年，出现在大多数国际航线上的非班轮公会运输，对班轮公会提出了挑战。
10. 这是由于集装箱运输和许多独立承运人的出现。
11. 结果航运公会被迫在运价、运输条件上和非班轮公会公司达成协议。
12. 无船承运人是从事定期营运的承运人，但并不拥有或经营海上运输的船舶。
13. 货运单证。

海上货物运输常用的单证包括提单、舱单、托运单、提货单和大副收据。

提单（bills of lading）是海上货物运输合同的证明（evidence of contract of carriage）。它是货物交付给承运人的收据（receipt）。另外，提单可作为物权凭证（document of title），使提单通过背书（endorsement）将货物的所有权从托运人转移到收货人或其他方手中。

海运单（sea waybill）替代了传统的提单。它是一种不可流通的单据（non-negotiable document）且指定收货人，该收货人在提供身份证明后，无须出示提单即可提货。

货物舱单（manifest）提供已装船货物的信息。

托运单（shipping notes）是托运人签发给承运人要求分配舱位的单证。

提货单（delivery orders）由承运人或其代理签发给收货人或其代理，使后者能够从船上提货。

大副收据（mate's receipts）由承运人签发，是对货物装船的确认，以后可用大副收据取提单。

formalities 手续
be familiar with 熟悉
trade routes 贸易线路
Scheduled 船期表的
tariff 费率表
Member lines 会员公司
price competition 运价竞争
Tramp service 不定期船运输
supply and demand 供求
Pose a challenge to 对…提出了挑战
be attributable to 可归因于
Come to terms with 达成协议
in regard to 关于
Operate 营运

Exercise

1. Answer the following questions according to the text.

(1) What are the advantages of the conference system?

(2) What is a mate's receipt?

(3) What is a delivery order?

(4) What are the main functions of a bill of lading?

(5) What are the features of tramp service?

2. Single choice questions (choose the one answer which is correct in the followings).

(1) Ships that do not sail on regular trade routes or have regular schedules are called. (   )

A. liners   B. tramps
C. charters   D. NVOCCs

(2) (   ) is the list of current freight rates issued by a liner conference.

A. Tariff   B. Schedule
C. Manifest   D. Shipping note

(3) (   ) is a document signed by the mate of a ship as proof that the goods specified in the document have been loaded onto his ship.

A. Delivery order   B. Shipping note
C. Mate's receipt   D. Manifest

(4) Which of the following terms refers to a person or company that carries goods from place to place? (   )

A. shipper   B. charter
C. operator   D. carrier

(5) Which of the following is the amount of money payable under a contract for the carriage of goods by sea? (   )

A. delivery   B. endorsement
C. freight   D. receipt

3. Decide whether the following statements are true or false.

(1) An international freight forwarder should have knowledge of international trade. (   )

(2) Conference lines do not provide a scheduled service. (   )

(3) Tramps move from port to port without following a fixed route. (   )

(4) A sea waybill is a negotiable document. (   )

(5) A delivery order is issued by the carrier enable the shipper to load the cargo. (   )

4. Multiple choice questions (choose at least two answers which are correct in the followings).

(1) Which of the followings are the functions of marine bills of lading? (   )

A. contract of carriage   B. receipt for goods delivered

C. shipping notes　　　　D. document of title

(2) Which of the following documents can be issued by a carrier?

A. delivery order　　　　B. mate's receipt

C. shipping note　　　　D. bill of lading

(3) What are the disadvantages of a shipping conference?

A. stability of freight rate

B. high rates

C. Rates do not fluctuate according to supply and demand

D. regularity of services

(4) An international freight forweoter should be familiar with?

A. International trade routes　　B. location of ports

C. trans – shipment points　　D. pattern of international trade

(5) Which of the following descriptions are true about NVOCC?

A. He operates a regular scheduled service.

B. He owns or operates vessels.

C. He assumes responsibility for both conference and non – conference lines.

D. He provides a useful service by providing groupage or consolidation services.

5. Translate the following terms into Chinese.

(1) carriage of goods by sea

(2) endorsement

(3) mate's receipts

(4) shipping conference

(5) shipping documents

6. Translate the following terms into English.

(1) 托运人　　　(2) 运价表　　　(3) 集装箱化

(4) 舱单　　　　(5) 提单

Unit 2
International Rail and Road Transport

*Rail transport plays more or less the same role as road transport in the domestic economy of a country*①. *Rail transport and road transport are often complementary, with rail transport undertaking the long haul and road transport undertaking the local collection and distribution*②. *Freight forwarders should be able to organize the carriage of goods by load and rail efficiently.*

*In the contract of carriage of goods by road, the rights, duties and responsibilities of the road carrier may be discussed under Convention de Merchandise Par Routes (CMR) and the national law*③. *The CMR convention is the convention on* contract for international carriage of goods by road which was adopted in 1956 and which generally governs international transport of goods by road④. The CMR convention has been ratified only by countries in Europe and road transport in the countries outside Europe is to a great extent governed by national laws and ordinances which vary from country to country⑤. However, it is of benefit to forwarders outside Europe to be aware of the convention as they could then understand the legal regime applicable to movement of cargo when they act as intermodal transport operators, when land transport in Europe forms part of the intermodal transport system⑥.

Under CMR convention, the carrier is responsible for:

· *the acts and omissions of his agents and servants or other persons whose services he makes use*⑦; and

· *loss of or damage to the goods occurring between the time he takes over the goods and the time of delivery as well as for any delay in delivery*⑧.

However, the carrier is relieved of liability if the loss, damage or delay is due to:

· *any wrongful act or neglect of the consignor*;

· *inherent vice of the goods*⑨; and

· circumstances which he could not avoid and the consequence of which he was unable to prevent.

*The carrier shall not be relieved of liability by reason of defective condition of the vehicle used by him in order to perform the carriage, or by reason of the wrongful act or neglect of the person from whom he may have hired the vehicle or of the agents or servants of the latter*⑩.

New words and Expressions

complementary	adj. 补充的，补足的	domestic economy	国内经济
consequence	n. 结果，后果	intermodal transport	多式联运
incorporate	vt. 结合	inherent vice	固有缺陷
liability	n. 责任	long haul	长途运输
ordinance	n. 法令，市政令	carriage of goods by road	公路货物运输
omission	n. 不做为，忽略	rail transport	铁路运输
ratify	vt. 批准，认可	road transport	公路运输
regime	n. 体制，政体	Convention de Merchandises Par Routes	
undertake	vt. 承担	(CMR) 国际公路货物运输合同公约	
limitation of liability	责任范围限制		

Notes

1. 在一国国内经济中，铁路运输或多或少与公路运输扮演同一角色。
2. 铁路和公路运输通常是辅助性的，铁路运输承担长距离运输，公路运输从事本地的集散。
3. 在公路运输合同中，公路承运人的权利义务和责任在国际公路货物运输合同公约和国内立法中有详细论述。
4. CMR 公约是指国际公路货物运输合同公约。该公约于 1956 年被采用。而且通常用来调整国际公路货物运输。
5. CMR 公约仅被欧洲国家认可，而欧洲以外国家的公路运输很大程度上是受国内的法律和法规制约的，各国的规定又不尽相同。
6. 然而，欧洲以外的货运代理了解该公约也是有益的，因为一旦他们作为多式联运的营运人并且当欧洲的陆路运输构成该多式联运的一部分时，他们可了解货物运输所适用的法律体制。
7. 承运人的代理人，受雇人或其他人的作为和不作为。
8. 自他接管货物到交付期间发生的灭失和损害及延迟交付。
9. 货物的固有缺陷。
10. 对由于为履行运输而使用之车辆的不良状态或由于承运人已租用其车辆的人或其代理人或其受雇人的错误行为或过失，承运人不应免责。

Haul（货物的陆地）运输
distribution 配销，分销
Convention de Merchandisese Par Routes（CMR）国际公路货物运输合同公约
to a great extent 很大程度上
be of benefit 有益
be aware of 了解
intermodal transport operators 多式联运营运人
take over the goods 接管货物
delay in delivery 延迟交付

Exercise

1. Answer the following questions according to the text.
（1）What kind of role does rail transport play in the national economy?
（2）What is the relationship between rail transport and road transport?
（3）What is CMR?
（4）Where has CMR been ratified?
（5）Why should freight forwarders outside Europe have knowledge of CMR?

2. Multiple choice questions（choose the one answer which is correct in the following）.
（1）Road transport undertakes（　　）.
A. the local collection and distribution　　B. long haul
C. the domestic economy　　D. rail transport
（2）When was the CMR convention adopted?（　　）
A. in 1965　　B. in 1956
C. in 1946　　D. in 1964
（3）The CMR convention generally governs（　　）.
A. carriage of goods by sea　　B. carriage of goods by air
C. international transport of goods by road　　D. long distance transport
（4）Which countries have ratified the CMR convention?（　　）

A. countries outside Europe B. developed countries
C. developing countries D. countries in Europe

(5) Road transport in the countries outside Europe is to a great extent governed by ( ).

A. the CMR convention B. international laws
C. national laws D. the same rules

3. Decide whether the following statements are true or false.

(1) Rail transport plays more or less the same role as road transport in the domestic economy of a country. ( )

(2) Rail transport usually undertakes local cargo distribution. ( )

(3) Roads are important in local transportation. ( )

(4) The CMR convention has been ratified countries around the world. ( )

(5) National laws and regulations for road transport vary from country to country. ( )

4. Multiple choice questions (choose at least two answers which are correct in the followings).

(1) In the contract of carriage of goods by road, the rights, duties and responsibilities of the road carrier may be discussed ( ).

A. under Convention de Merchandises Par Routes (CMR)

B. under the national law

C. by railway company

D. by intermodal transport operators

(2) Which of the following statements are true about CMR convention? ( )

A. It is the convention on contract for international carriage of goods by sea

B. It was adopted in 1956.

C. It generally governs international transport of goods by road.

D. The CMR convention has been ratified only by countries in Europe.

(3) Why is it beneficial for forwarders outside Europe to be aware of the CMR convention? ( )

A. Land transport in Europe forms part of the intermodal transport system.

B. They could then understand the legal regime applicable to movement of cargo when they act as intermodal transport operators.

C. The CMR convention has been ratified by countries all over the world.

D. Road transport all over the world is to a great extent governed by CMR convention.

(4) Under CMR convention, the carrier is responsible for ( ).

A. inherent vice of the goods

B. the acts and omissions of his agents and servants or other persons whose services he makes use

C. any wrongful act or neglect of the consignor

D. loss of or damage to the goods occurring between the time he takes over the goods and the time of delivery as well as for any delay in delivery

(5) The carrier is not responsible for the loss, damage caused by (   ).

A. any wrongful act or neglect of the consignor

B. inherent vice of the goods

C. circumstances which he could not avoid

D. the acts and omissions of his agents and servants or other persons whose services he makes use

5. Translate the following terms into Chinese.

(1) Limitation of liability

(2) intermodal transport

(3) inherent vice

(4) long haul

(5) carriage of goods by road

6. Translate the following terms into English.

(1) 铁路运输　　　(2) 公路运输　　　(3) 发货人

(4) 分发；配销　　(5) 国内经济

Unit 3
Multimodal Transport

*Multimodal transport*① refers to a transport system usually operated by a carrier with more than one mode of transport under the control or ownership of one operator. Goods moving in international trade often have to pass through the hands of more than one carrier and over more than one mode of transport. Under the conventional system of segmented transport, the consignor *enters into separate contracts*② with each carrier, the liability of each carrier being limited to the carriage performed by him. *The consignor or his agent has also to attend to another, including, if necessary, warehousing of the goods at any transshipment point*③.

Multimodal transport has the following advantages:

Minimizing time loss at transshipment points: multimodal transport, which is planned and co-ordinated as a single operation, minimizes the loss of time and the risk of loss, pilferage and damage to cargo at transshipment points. The multimodal transport operator maintains his own communication links and co-ordinates interchange and onward carriage smoothly at transshipment points.

Providing faster transit of goods: the faster transit of goods made possible under multimodal transport reduces the disadvantages of distance from markets and the tying – up of capital.

*Reducing the burden of documentation and formalities*④: the burden of documentation and other formalities connected with segmented transport is reduced to a minimum.

Saving costs: the savings in costs resulting from these advantages are usually reflected in the through freight rates charged by the multimodal transport operator and also in the cost of cargo insurance.

Establishing only one agency to deal with: the consignor has to deal with only the multimodal transport operator in all matters relating to the transportation of his goods, including *the settlement of claim*⑤ for loss of goods, or damage to them, or delay in delivery at destination.

Reducing cost of exports: the inherent advantages of multimodal transport system will help to reduce the cost of exports and improve their competitive position in the international market.

Currently, different types of multimodal transport operations involving different combinations are taking place. These are sea/air, air/road, rail/road/inland waterways – sea – rail/road/inland waterways, mini – bridge, land bridge, piggyback and sea train.

Sea/air combines in itself the economy of sea transport and the speed of air transport. *The economics of this combination mode favor high value items like electronics, electrical goods, computers and photographic equipment*⑥. In air/road, road transport is now being increasingly used for trucking air freight over long distance, sometimes across national boundaries, to connect with the main bases of airlines operating long haul services such as transpacific, transatlantic and intercontinental.

Rail/road/inland waterways – sea – rail/road/inland waterways mode is in common use when goods have to be moved by sea from one country to another and one or more inland modes of transport such as rail, road or inland waterways have to be used for moving goods from an inland center to the seaport in the country of origin or from the seaport to an inland center in the country of destination. Mini – bridge involves the movement of containers, under a through bill of lading issued by an ocean carrier, by a vessel from a port in one country to a port in another country and then by rail carrier's terminal in the second port city.

Land bridge system concerns itself with shipment of containers overland as a part of a sealand or a sea – land – sea route. In this case, the railways are paid a flat rate by the ocean carrier who issues the through bill of lading. This system is in operation for the movement of containers on certain important international routes.

Piggyback is a system of unitized multimodal land transportation of transport by road and rail. It combines in itself the speed and reliability of rail on long trunk hauls with door – to – door flexibility of road transport for collection and delivery.

Sea train is another innovation in the multimodal transport system involving the use of rail and ocean transport. It is similar to the roll – on, roll – off system except that in the place of the place of the（删除）ro – ro vehicle a rail car is used so that geographically separated rail systems can be connected by the use of an ocean carrier.

New words and Expressions

carriage	n. 运费，运输		洋彼岸的
competitive	adj. 竞争的	transshipment point	转运点
innovation	n. 改革，创新	air freight	空运货物
interchange	v. 相互交换	enter into	缔结
liability	n. 责任，义务	flat rate	统一费用
piggyback	n. 驮运联运	freight rate	货运价格
pilferage	n. 行窃，偷窃	inter – continental	洲际间的
reliability	n. 可靠性	land bridge	陆桥运输
route	n. 路线，路程，通道	mini – bridge	小陆桥运输
settlement	n. 解决，结算	sea train	火车车厢运输船
transatlantic	adj. 大西洋彼岸的，横渡大西洋的	tying – up of capital	资金紧张
		settlement of claims	索赔结算
transpacific	adj. 横渡太平洋的，太平		

Note

1. 多式联运。
2. 签订不同的合同。
3. 这里 if necessary 是插入成分，意思是"如有必要"，transshipment point 是指货物的转运点。
4. 减少文件和手续的复杂性。
5. 索赔的处理。
6. 这种组合运输模式适合运输诸如电子电器产品，计算机和照相机设备等高价值的物品。

Exercises

1. Answer the following questions according to the text.
（1）What is multimodal transport?
（2）What are the advantages of multimodal transport?
（3）What are the different types of multimodal transport operations?
（4）What is the sea/air transport operation?

(5) What is the minibridge system?

2. Multiple choice questions (choose the one answer which is correct in the followings).

(1) Another innovation in the multimodal transport system involving the use of rail and ocean transport is called (   )

A. sea train B. air freight

C. sea/air D. road

(2) A transport system of utilized multimodal land transportation of transport by road and rail is called (   )

A. land bridge B. piggyback

C. sea train D. mini – bridge

(3) The multimodal transport system involving the use of rail and ocean transport is (   )

A. landbridge B. mini – bridge

C. sea train D. sea/air

(4) The system combining in itself the economy of sea transport and the speed of air transport is (   )

A. mini – bridge B. sea train

C. land bridge D. sea/air

(5) Which of the following is not one of the multimodal transport's advantage? (   )

A. saving costs B. providing the fast transit of goods

C. reducing the cost of export D. issuing a landing permit

3. Decide whether the following statements are true or false.

(1) Multimodal transport refers to a transport system usually operated by a carrier with more than one mode of transport under the control or ownership of one operator

(2) One of the advantage of multimodal transportation is to provide faster transit of goods

(3) Sea train is another innovation in the multimodal transport system involving the use of rail and ocean transport.

(4) By employing multimodal transport, burden of documentation and formalities in transportation can be reduced to a minimum

(5) Air/road combines the economy of sea transport and the speed of air transport

4. Multiple choice questions (choose at least two answers which are correct in the following).

(1) Multimodal transport has the following advantage (   )

A. minimizing time loss

B. providing faster transit of goods

C. saving costs

D. Establishing only one agency to deal with

(2) Different types of multimodal transport operations include (   )

A. sea/air   B. air/road

C. mini – bridge   D. land bridge

(3) The innovations in the multimodal transport system refer to (   )

A. sea train   B. land bridge

C. sea/air   D. air/road

(4) Multimodal transport has the following characterisitics, they are (   )

A. it involves more than one mode of transport

B. it can provide faster transit of goods

C. it saves costs

D. it can cut down the costs of exports

(5) In terms of minimizing time loss at transshipment points, multimodal transport can (   )

A. minimize the loss of time

B. reduce the risk of loss

C. cut down pilferage to cargo

D. minimize the damage to cargo

5. Translate the following terms into Chinese.

(1) multimodal transport

(2) transshipment point

(3) insurance coverage

(4) full container loads

(5) liability insurance

6. Translate the following terms into English.

(1) 空运货物   (2) 统一费用   (3) 货运价格

(4) 陆桥运输   (5) 资金紧张

参考文献

1. 童宏祥、孙婧：《国际货运代理基础》，上海财经大学出版社，2007年版。
2. 顾丽亚：《航空货运业务》，华东师范大学出版社，2007年版。
3. 姚大伟：《国际货运代理实务》，中国商务出版社，2007年版。
4. 张敏、周敢飞：《国际货运代理实务》，北京理工大学出版社，2007年版。
5. 方仲民、赵继新：《物流法律法规基础》，机械工业出版社，2007年版。
6. 中国国际货运代理协会：《国际货运代理理论与实务》，中国商务出版社，2007年版。
7. 李秀华：《货代作业实务》，机械工业出版社，2007年版。
8. 张成武、张宏伟、曹旭平：《国际商法》，上海财经大学出版社，2007年版。
9. 杨鹏强：《国际货运代理实务》，电子工业出版社，2011年版。
10. 何银星：《货代高手教你做货代》，中国海关出版社，2014年版。
11. 钱琳伊、张法坤：《国际货运代理实务》，中国财政经济出版社，2011年版。
12. 王艳、李作聚：《国际货运代理业务流程设计》，清华大学出版社，2014年版。
13. 张小彤：《国际货运代理实务》，中国财富出版社，2014年版。
14. 肖建辉：《国际货运代理实务》，清华大学出版社，2012年版。
15. 孙学农：《国际货运代理实务》，中国财富出版社，2014年版。
16. 邓传红：《国际货运代理实务（第二版）》，大连理工大学出版社，2014年版。
17. 顾晓峰：《国际货运代理实务》，北京大学出版社，2015年版。
18. 李志文：《物流实务操作与法律》，东北财经大学出版社，2012年版。
19. 孙家庆：《国际货运代理（第四版）》，东北财经大学出版社，2014年版。
20. 刘娜、施丽华、韩杨：《国际货运代理》，清华大学出版社，2014年版。